链政经济

区块链如何服务新时代治国理政

吴桐　王龙 / 著

人民东方出版传媒
東方出版社

他序一：和声是容介态

《链政经济：区块链如何服务新时代治国理政》一书即将付梓之际，应作者吴桐君的邀请，再次为他们的力著来作序。真有一种重任在肩的感觉，丝毫不敢怠慢。

我和吴桐君是忘年之交，论年龄一个是“50后”，一个是“90后”。我们俩几乎是生活在不同时空维度的人，但却为区块链技术所吸引，有缘走到一起成为挚友。由于思想上能在一个频道上共鸣，使我们俩成了忘年之交。

我为吴桐君第一次作序，是他的《链改：重塑社会结构和经济格局》一书，当时所作的序，题为《价值重塑的和声》。而这一次，是吴桐君第二次邀我为他的书作序，由于目前区块链技术的应用正站在一个“十字路口”上，我显然就不如第一次作序时那么得心应手了。所以就一拖再拖，迟迟未能下笔，故而在此深表歉意。

吴桐和王龙的这本新书，对区块链技术的描述是十分专业的，这自不必多说。但这本书真正扣住我心弦的是：他们把区块链技术与政务管理的应用结合在一起。区块链技术如何拓展应用场景？这是我一直十分关注的问题。他们在本书中，已经抓住了区块链技术应用的痛点，并且把政务体系作为拓展应用场景的切入点，凭着他们这样努力探索的思维，我认为本书所研究的方向，具有十分重要的意义。

区块链技术，是发展数字化技术的一个重要的新突破口，历史也许会证明，它是数字技术发展过程中的一个重要里程碑。我一直认为，区块链技术是仿生于生命基因，是一种具有“中心底层化”和“体系全息化”两个重要特征的新技术。这个技术，无疑为原有的互联网数字技术赋予了新生命。中本聪以这两个技术特征为基础，再加上特殊算法和加密技术，在所构建的数字空间里，发掘出具有终极稀缺性的“数字物”。并以此打造出数字资产，也可谓是恰到好处。因此，以比特币为代表的加密数字资产应运而生。并且在数字经济领域异军突起，掀起了滔天波澜，自然也就不足为奇。不过区块链技术在加密数字资产上的应用，并且被疯炒之后，目前显然导致出现了一个歧义性的现象，即数字世界正在背离物理世界。

笔者是为了研究信息能量在动力上的应用，而步入研究自然信息的。关于自然信息，有多少人在研究，我们不得而知。但是，随着生命科技的进步，随着基因遗传密码被揭秘，宇宙中存在着自然信息已不再被怀疑了。迄今为止，人类能够接触到的信息，都是载体信息，真正存在于宇宙自然中的主体信息，仍然是一种猜想。即使是想研究主体信息，目的无非是要了解主体信息和物质的关系。研究的切入点，多半也只能从载体信息入手。所以一但离开物理世界，有用的信息便失去了载体。当把有用的信息提升为数据之后，如果没有对应的物理现实，目前用途并不大。

因此，通过发展数字技术，形成数字空间与现实的物理空间相对应，其最大的用处是，它既来自物理空间又反作用于物理空间，从而实现价值容介态，这才是我们所追求的美妙和声。音乐的单弦律是横向的，音乐的和声是纵向的。和声之所以美，是音乐多音符在纵向上的容介态。可是现在有一种观点，认为数字信息是元宇宙，这样的观点真难以苟同。逻辑学的思维，总喜欢找出一个逻辑起点，然后推导到它的终点，以为这样就很完美。可是事物到了终点之后，它又将怎样变化呢？逻辑学的“完美”并不圆满。不是说逻辑学思维没有用，它在局部或某阶段中的规律是合理的，但扩大到整个宇宙观，就很难让人完全信服。所以宇宙不是单元的，它是信息和物质这二元为基础的“和声”容介态。宇宙正因为是物质和信息二元的，才会出现容介态进化。所以，对立统一的哲学观点仍然是完全正确的，“对立”意味着二元，“统一”便是容介态进化。如果把宇宙归纳为只有信息单元的，这就很容易使今天的数字技术发展方向出现偏差，这就是我认为区块链技术的发展，今天站在了一个“十字路口”的原因。

比特币是依靠它的稀缺性，让财富向它身上依附，从而体现出它存在的价值。比特币由于依附其之上物质信息形态的变化，从而出现了价值的波动。比特币这个数据刚出现时，一开始它并没有明确对应的物理现象，如果说“挖矿”时所耗电能是它对应的物理现象，可是为它耗费的电能已经永远逝去，因此对它赋值最有效的办法还是得靠炒。众所周知，比特币最早的一次炒作是用它买“披萨”。前一轮比特币暴涨，是由于国际上一些高科技企业大举入市。这些国际高科技企业，为了在高科技研究方向不断烧钱，只好不断抬高市值做融资，当财务回报的现金流量跟不上时，就只能进入比特币数字资产市场去“割韭菜”。这种情况的出现，也许就是当初买“披萨”对比特币赋值的初衷。谁都看得出，那些以高科技企业进入加密数字资产市场的国家，是这场赌局游戏的庄家，它们割全世界的“韭菜”，给本国的高科技研发添加“燃料”。因此，现在很多也热衷于折腾加密数字资产的投资人，不过是把自己卖了还帮别人数钱的主而已。做一个数字的局，然后把自己需要的故事往里装，再找机会割韭菜，对这种玩法如果不加甄别，只能是掉进了人家挖的坑。

现在我们更关心的是，在物理世界中，还蕴藏着很多重要的信息，人们长期以来对它熟视无睹，未能把它的价值发掘出来。我们希望通过数字技术，把这样的价值要素发掘出来。所以，应用新的数字技术，更希望它所形成的数字信息能和物理现实一一对应，从而把物理世界的价值充分发掘出来。如果这个看法可以被认可的话，那么我们更关心的是：区块链技术怎么契合物理世界，以达到发展数字技术的初心。

互联网技术不断发展之后，人们面临的新问题是：如果自然宇宙中存在着与物理空间对应的自然信息平行空间（我本人一直是持有这种猜想的）。那么自然宇宙中的平行世界映射到现实社会，就是重要的科技创新。我们可以在已有的物理空间之外，利用数字技术建设一个数字平行空间。这个数字平行空间以数字云的形式存在，从而与物理空间形成价值共振和容介态进化，以达到社会价值（也包括经济价值）最大化。目前，人们能掌握的还只是载体信息，有用的信息空间是一定要依附于物理现实的，也就是说载体信息只能是以物理现实为中心。这是非常重要的观念，背离这个观念，就容易出错。

区块链技术出现以后，有一个重要概念被反复炒作。即所谓的“去中心化”。区块链真的是去中心的吗？显然不是！如果区块链是对生命基因的仿生的话，它是中心效率更高的“中心底层化”。而“中心底层化”并不是去中心。我对人类构建的通讯管理中心，用一个很简单的式子表示：其效率 $L=2n+1$，式中 L 表示“中心”的效率，n 表示通讯中的管理层级。当我们使用有总机交换系统的有线电话时，“中心”只有一个层级，则其效率 $L=4$。比如甲要与乙打电话，要通过总机丙，那么甲要向总机丙呼叫一次，得到丙的答复后是第二次；这之后丙向乙呼叫一次，得到乙的答复后又是两次，这之后才可能让甲乙直接连通，则 $L=4$ 是说明其通讯效率要经过 4 次往复呼叫后才能连接上。如果这样的原理用在机构管理指挥上，道理是一样的。“中心”的层级越多，呼叫联系的往复次数越多，L 的数值越大，则效率越低。如果“中心底层化”之后，我们设定 $n=0$（0 就表示“底层”），那么 $L=2$，则是意味着通讯双方可以点对点直接联系上，效率是最高的。所以“中心底层化”的好处是明显的，但并非“去中心”，至少我们所了解的客观宇宙都有“中心”，恒星系以恒星为中心，月亮作为卫星则以地球为中心，任何体系都有中心，无非是显性化或底层化（隐性化）的区别而已。中心底层化之所以是隐性的，是因为中心由信息程序所构成。没有物理的中心并不等于体系中没有中心。所以“去中心化”的观点背离实际真相，这种观点对区块链技术的发展显然无益。

所以，在数字化中应用区块链技术，不是为了背离现实物理空间。而恰恰相反，是为了让数字信息更好地和物理世界一一契合。而这才是区块链技术应用的发展方向。如果区块链技术只能做加密货币等数字资产，而不能做别的事，那只能说目前的区块链技术还很初级，还需要努力提升和发展。而这正是区块链技术眼下的痛点，不解决这个痛点，区块链技术的生命力就存在着明显的问题。区块链技术还有第二个重要的特征，即“体系全息化”，区块链在加密货币上的应用，只是把这个特征应用于“分布式账户”。而实际上“体系全息化”的特征，恰恰是区块链技术对应于相应物理空间最重要的技术手段。它是在数字化空间里，最能够体系性地表达物理空间的技术方法。“体系全息化”在今后发展高级智能技术中是不可或缺的，这个技术特征的重要意义，人们一直是重视不够的。而这也是导致区块链技术应用场景拓展不开的重要痛点。

本书的重要意义在于：作者没有回避区块链技术发展过程中的痛点，并正试图从这个方面进行探索。政务体系是物理现实的一个模拟形式，如果能把政务体系和区块链进行有效的融合应用，无疑是对区块链技术应用场景的拓展作出有益的尝试。希望本书能对积极从事区块链应用的探索者有很好的启示，从而促进区块链技术在各个领域的应用蓬勃发展。

区块链技术的应用是价值重塑的和声；而和声是容介态进化。故笔者谨以此文，权作为本书之序。

林左鸣（中国航空工业集团有限公司原董事长、中共十八届中央委员、中国航空学会理事长）

2021 年 6 月 28 日

他序二：从江湖到庙堂，从链改到链政

2018 年 11 月，吴桐博士的《链改：重塑社会结构和经济格局》出版。这本书明确提出“链改”对象是经济系统和社会系统，进而提出“链改”的思维逻辑、资产形态、组织方式、技术框架，并基于大历史观论证了以区块链为底层技术的数字金融的价值。“链改”的核心目标是：用区块链对经济和社会进行改造，进而实现帕累托优化的过程。

2021 年夏末，三年过去，吴博士和王龙先生合著的《链政经济：区块链如何服务新时代治国理政》出版问世。这本书在较为全面地介绍区块链基础知识，系统梳理了相关的学界观点与相应研究成果的基础上，运用对于中外历史的阐述与比较方法，做出“区块链和政务体系都是信息处理系统”的论断。在这本书的最后一个部分，作者详细介绍了基于区块链的政务系统所具备的框架与功能。不仅如此，本书作者充分肯定中国在数字金融方面的全球领先之举措，强调了数字人民币的重要意义，以及对于脸书发行的 Diem（原 Libra）的影响。在这样的叙事结构中，本书作者希望证明：（1）区块链有别于一般分布式账本技术的地方在于其通证（即本书中所强调的“可流通的加密数字资产和权益证明”）激励系统，拥有“自运营和自组织的源动力”，有助于达成“以人为本的经济学目标”；（2）去中心化并非区块链的特质，区块链可能也是高效集权的工具。

可以这样说，这本《链政经济：区块链如何服务新时代治国理政》折射了在过去三年区块链和数字货币领域的复杂演变历程。我们不妨简单回顾：

2018年下半年，吴桐博士的《链改：重塑社会结构和经济格局》出版的那个时段，人民银行等七部委的“94禁令”公布不到一年，ICO在大陆成为过街老鼠，加密货币交易所也相继退出中国。比特币、以太坊等主流公链的通证价格从当时的历史高峰暴跌不止；联盟链能否赋能实体受到广泛质疑；行业充斥着泡沫、欺瞒、诈骗和内斗；很多人选择退出行业另谋出路。中国区块链行业在迷茫中开始寻求艰难转型。

2019年，历史的天平出现向区块链的倾斜。处在金融、科技、贸易三条赛道交汇处的区块链成为国际博弈的重要工具。2019年6月，以区块链为流通网络的全球稳定币Libra（后改名为“Diem”）白皮书发布，在全球范围内引起轰动。2019年下半年，人民银行主导的数字人民币的研发、试点也在加速落地，旨在对内提高对货币和数据的管理效率，对外以中国数字货币模式参与货币竞争。中国从移动互联网最发达的国家正在向处于法定数字货币最前沿的国家演进。2019年10月，中共中央政治局就区块链技术发展现状和趋势进行了集体学习，区块链赋能实体、脱虚向实成为中国的国家意志。2019年10月中共十九届四中全会第一次从中央层面提出将数据纳入到生产要素中，为数字资产的大发展提供了政策环境。

2020年，新冠疫情肆虐全球，以前所未有之势倒逼企业、社会和人的数字化转型。数以十亿人计的、遍布全球的分布式办公第一次以前所未有的规模展开。这意味着一种更加分布式的、更具弹性的、更能发挥人的潜能的新型组织具有巨大的发展潜力。这种新型组织可能会对公司制度实现部分迭代，证明区块链行业倡导的分布式自治组织（DAO，Decentralized Autonomous Organization）的必要性和可行性。包括区块链元素的数字范式开始了对传统全球化模式的深刻改变。

进入2021年，加密资产在全球范围内的认可度进一步提升，主流公链也取得长足发展。比特币开始被美股和港股上市公司大量持有，逐步被作为重要的另类资产被纳入到主流金融体系。灰度信托在数字市场崛起，其产品GBTC也成为散户和普通企业进入市场的重要入口。2021年3月，全球第二大加密资产管理公司 CoinShares 在瑞典上市；2021 年 4 月，加密货币交易所 Coinbase 在纳斯达克上市。高盛、摩根等金融巨头也开始为客户提供加密资产的敞口。美国证券交易委员会（SEC）主席 Gary Gensler 对区块链和数字货币态度有所缓和，似乎美国通过比特币 ETF（交易所交易基金，Exchange Traded Fund）只是时间问题。基于以太坊的链上金融也开启了快速发展的通道。以太坊成为区块链行业最重要的基础设施，继续成为大多数公有链项开发平台。在 2021 年上半年，区块链在开放式金融（Defi）、分布式存储（IPFS）、非同质化通证（NFT）和元宇宙（Metaverse）四个领域都有突破性和爆发性的表现。特别是 NFT 极大地打开了无形资产的价值天花板，为实现人类精神充实富足这一长远目标提供了一道曙光，为真正实现虚实结合的元宇宙场景奠定了坚实的技术基础。萨尔瓦多宣布成为世界上第一个将比特币作为法定货币的国家。这一切，都推动了加密数字货币的价值。在欧美市场，以比特币和以太币为代表的加密货币价格都达到了历史最高水平，并且“飞入寻常百姓家”，吸引更多民众拥有加密数字货币。截至 2021 年 5 月，全球比特币持有地址超过 1 亿个。2021 年 6 月，中国政府通过严禁“数字货币”挖矿，对全球加密数字货币生态和市场产生了前所未有的影响。

现在不过是 2021 年 7 月末。在未来四五个月，区块链领域还会有怎样的故事上演，难以预测。但是，可以肯定的是：区块链行业的社会影响力与日俱增，正逐步从江湖走向庙堂，又从江湖辐射到庙堂，正逐步将数字经济推进到一个前所未有的深度。

如果说，2018 年，在吴桐博士撰写和出版《链改：重塑社会结构和经济格局》的时候，区块链尚以民间为主体，那么，到了 2021 年，吴博士和王龙先生合著和出版《链政经济：区块链如何服务新时代治国理政》的时候，区块链已经被体制内所接受，区块链应用与实践空间得到前所未有的拓展。《中华人民共和国国民经济和社会发展第十四个五年规划和 2035 年远景目标纲要》明确提出推动区块链技术创新，以联盟链为重点发展区块链服务平台和金融科技、供应链管理、政务服务等领域应用方案。

在中国，“政务系统是适合区块链应用的场景”基本已经形成广泛共识，各地都在如火如荼地建设区块链政务系统。但是，需要看到，公众的区块链思维和教育并未得到普及，人们对于区块链的认知水平和人才很是不均衡，存在相当严重的低水平重复建设，区块链技术难以实现“乐高式”利用。政务系统区块链建设意义甚大，关乎区块链的前途和政府治理系统的进一步现代化。吴博士和王先生的这本《链政经济：区块链如何服务新时代治国理政》，不仅填补了这方面的研究空白，阐述区块链对政务系统改革的现实意义，而且对如何实现区块链和政务系统改革提出了提纲挈领式的思路和方案。

若要提出改进建议，作者行文中或可结合案例探索建立场景化的区块链政务模型，给到读者更有实体感受的具象化概念。还有作为全著，需要注意整体性、衔接性和针对性。但瑕不掩瑜，两位作者在推动中国区块链行业发展中做出了难得的努力和贡献。我在此诚挚向各位读者推荐这本《链政经济：区块链如何服务新时代治国理政》。

朱嘉明（“改革四君子”之一，数字资产研究院学术与技术委员会主席，莫干山研究院学术委员会联席主任）

2021 年 7 月 23 日

修订于山西阳泉

他序三：互联网的演进——从 TCP/IP 到区块链

在过去的五年内，没有哪一项新兴技术像区块链这样，在中国乃至全球引发如此大的关注。由于公有链的去中心化、无准入门槛和监管困难，我国政府对以比特币、以太坊为代表的加密货币采取了相对严管态势，选择以具有准入许可的联盟链作为主要的落地方式。与中国不同的是，美国、欧洲等主要经济体将比特币、以太坊等公有链纳入到数字资产和数字证券的监管框架。从历史的发展逻辑来看，区块链是价值互联网的基础技术，这次我们能否抓住机遇关系到未来数十年历史天平的摆向。

区块链的“污名化”是一个存在已久的现象，这不仅体现在我国，也体现在美国、欧洲和其他地区。“去中心化”“不可篡改”等名词成为形容区块链的特定概念，但事实上对这些概念的理解决定了区块链应用的走向和价值如何重新被界定。任何技术最终都要回归于应用，而技术的应用也将反作用于底层技术的研发。2018 年 11 月，吴桐博士的《链改：重塑社会结构和经济格局》出版，主要从经济和社会层面论述如何使用区块链进行改造，并提出“链改”的方法论。时隔三年，区块链被应用于政务系统和社会治理层面的需求越来越大，甚至被纳入到我国的顶层设计，吴博士和王龙先生合著的《链政经济：区块链如何服务新时代治国理政》可为恰逢其时，这本书提出了“链政经济”的概念，探讨了如何将区块链应用在政务系统和社会治理之中。事实上，历史不会简单地重复，但总是押着相同的韵脚，我们从互联网发展的历程中可以为区块链的发展积累宝贵的经验，也可对未来的发展方向做出展望。

区块链从理念上延续了互联网时代的“密码朋克主义”，诞生于2008年国际金融危机后的比特币反映了其创始者Satoshi Nakamoto对中心化金融体系的不满和改进，这是最早区块链的来源，当前已形成层次丰富的加密世界。这种思潮在互联网诞生的早期同样出现过。早在1996年，J. P. Barlow就认为：互联网将形成一个新的世界，传统的“财产”“表达”“身份”“行为”等概念都需要重新定义，相关的法律法规也不再适用，“网络公民”将摆脱中心化政府的控制，并借助去中心化的网络实现自治。作为密码朋克创始人之一的Timothy May在1998年就曾基于互联网日益增长和扩散的新型无政府主义提出警告。但互联网历史证明了Barlow的设想不过是一厢情愿，除了用户端的体验更加便捷之外，服务商、应用商店以及云计算平台的出现，反而推动形成了一个更加中心化的网络，少数几家公司便垄断了大部分信息的分发和网络交易。

现阶段在全球范围内的数字经济反垄断则是这一趋势的集中体现。2020年10月，美国众议院下属的司法委员会发布《数字市场调查报告》，该报告确认脸书、亚马逊、苹果和谷歌四家互联网巨头存在借助市场势力打压竞争者、压制行业创新的行为。2021年1月以来，美国两党议员在参众两院引入多个版本的反垄断立法提案，对反竞争行为进行了详细认定并列出相关清单，引发美国各界的广泛讨论。2021年1月，因涉嫌“杀手并购”行为，欧盟和英国宣布将对英伟达（Nvidia）以400亿美元收购英国芯片设计公司安谋（Arm）的交易展开反垄断调查。2021年4月，欧盟委员会指控苹果公司在音乐服务方面存在反竞争行为，苹果或将面临千亿元罚单。我国也加快了数字经济领域反垄断的步伐：2020年监管叫停了蚂蚁集团的IPO；2021年4月，国家市场监督管理总局集中公布了包括阿里巴巴、百度、腾讯、京东、拼多多、美团、新浪微博、字节跳动、快手、滴滴、爱奇艺、携程等在内的34家互联网平台企业的《依法合规经营承诺》；2021年7月网络安全审查办公室对“滴滴出行”启动网络安全审查。基于互联网构建的数字平台如果不够开放，将可能导致更大程度的垄断和社会不公，这在全球已引起广泛的关注和相当的重视。

各国政府监管重点是本法律辖区的互联网服务提供商和提供互联网基础服务的大型中介机构，并授权这些机构维护互联网秩序。互联网本质上也成了政府进行社会管理的工具，这对区块链的监管和治理具有一定借鉴意义。这也就是为什么当Tether、Circle等区块链企业发行USDT、USDC等稳定币时，并没有引起各国监管层的广泛重视。但当Facebook等互联网巨头意图发行Libra（后改名为“Diem”）时，包括美国、欧盟等在内的各国监管开始干涉规制，这在很大程度上导致了Diem的“难产”。

因此，“去中心化”可能只是一个区块链理论上的概念，这种误读在互联网发展初期也出现过，当事先规定好记账节点时，区块链更有可能成为一个信息和价值的集成系统。从历史的逻辑而言，从TCP/IP到HTML再到区块链，是互联网核心技术的进一步演进。信息固然是客观存在的，由于各种方式形成的价值也是客观存在的，当价值在全球范围内无摩擦流动时，其价格才能更好地被发现。这也是为什么每一个公有链项目本质上都是一个全球化的项目。这在2021年8月美国证券交易委员会（SEC）对中国公司申请在美国上市的信息披露提出新要求的背景下，具有深刻意义。市场发现的是资产的公允价值，而公允价值在任何一个地方都是应该被客观地认可的，不管创造这一价值的主体是在中国，还是在美国。事实上，这也是推动人类命运共同体的客观要求。当记账主体分布范围越广泛时，其公允价值的被认可程度就越高；当记账主体遍布全球时，才能实现全人类范围的生产、分配、交换和消费。这才是区块链被历史赋予的使命，也是互联网演进的基本逻辑。

李晓东（伏羲智库创始人、主任，中国互联网协会副理事长，原中国互联网络信息中心主任，清华大学公共管理学院教授）

2021年8月20日

自序

这是一个好时代，我们每天都在经历着科技的发展给生活带来的改变，区块链、人工智能、大数据、云计算、物联网、数字货币无时无刻不在给我们的生活带来新的元素，我们生活的便利性、舒适程度也在前所未有地提高，十年前，今天的这种生活是难以想象的；数字技术的发展助推我们越来越向数字社会的深处迈进，我们的才能、观点和优势从来没有可以如现在一般地自由呈现。这是一个艰难的时代，我们正在经历百年一遇的新冠疫情，经济和社会正在伤痛之中慢慢恢复，无数的人面对数字化的冲击迷惘失措，人们承受着越来越大的生活压力，数字平台垄断与反垄断的斗争前所未有地激烈，全球政治经济局势愈发波诡云谲。这是一个变革的时代，人们的交互方式发生了日新月异的变化，“90后”“00后”等互联网一代逐渐接过历史的传承，社会结构、金融市场和其治理方式正在发生深刻变革，只有变化本身才是不变的。在这样的时代变革洪流中，除了躬身入局，我们似乎没有别的选择。

过去的五年，因为一系列偶然和必然因素，我深入参与了区块链和数字资产行业的研究，见证了它的发展与变革，我有幸得以在传统经济和金融的视角下审视区块链和数字资产，也有幸可以从区块链和数字资产视角注视传统经济和金融的演进。区块链和数字资产已经度过了概念验证阶段，正在全球范围内实现大规模的落地和一轮又一轮的实践。数字经济的“大航海时代”，中国不应也不能缺席。任何一项事物大规模落地和实践的过程，必然也是其庸俗化的过程：区块链因去中心化的棱角分明而被世界关注，也将因微观层面的分布式和宏观层面的集成性而被纳入政务系统中，进而具备“飞入寻常百姓家”的可能性；比特币这类数字资产在早期独立于传统金融市场之外，但随着其市值越来越大而不可避免地被卷入全球金融市场的洪流之中，进而在一些金融工具的作用下与现有金融系统日益相融。“出世”和“入世”、“无用”和“有用”是任何一项事物，也是我们每个人都面临的命题。我们如何选择，则会影响历史的走向与进程。

具体到2021年——我们党成立100周年的这个特殊年份，在习近平新时代中国特色社会主义思想和区块链重要讲话精神的指导下，我们探讨将区块链应用于政务系统、构建链政经济体系具有更加深刻的现实意义。在过去的一百年里，我们走出了一条前无古人的壮阔之路，当下和未来仍然面临着发展经济、深化改革、改善民生的严峻挑战。作为一个自信、开放、包容、创新、进步的政党，我们从来不会拒绝积极先进的因素，只要有利于推动社会生产力的发展、有利于实现人民的愿望、满足人民的需要、维护人民的利益，我们都会认真研究、积极吸纳。

本书的写作历时两年有余，在2018年出版《链改：重塑社会结构和经济格局》后，我常常觉得以“去中心化”去描述区块链是简单而粗糙的，通过区块链系统结构的设置我们就能够实现微观层面的市场化和宏观层面的集成化，这是适应现代政务系统发展演进的优良性质。在2019年10月中共中央政治局集体学习区块链后，这一想法得到了进一步的确认。2019年12月后，新冠疫情开始在全球范围内肆虐，我国的政务系统和治理模式优势在抗击疫情上发挥了重要作用，也进一步反映了利用区块链改进现有政务系统的合理性和可行性。这进一步增强了我完成本书的必要性和紧迫性。倘若本书能为优化我国政务体系、推动我国数字经济发展起到微毫之作用，则于我本人可谓不负此生、不负时代矣。

吴桐

2021年4月21日于深圳

目 录

前言

2019年10月24日，中共中央政治局就区块链技术发展现状和趋势进行第十八次集体学习。中共中央总书记习近平在主持学习时强调，区块链技术的集成应用在新的技术革新和产业变革中起着重要作用。我们要把区块链作为核心技术自主创新的重要突破口，明确主攻方向，加大投入力度，着力攻克一批关键核心技术，加快推动区块链技术和产业创新发展。这一消息不仅令中国人振奋，更令世界震惊，区块链第一次在国内获得令全社会尊重的地位。2020年3月，中央政治局常委会召开会议提出，加快5G网络、数据中心等新型基础设施建设进度。2020年4月，国家发改委指出，新型基础设施主要包括三方面内容：一是信息基础设施，主要指基于新一代信息技术演化生成的基础设施；二是融合基础设施，主要指深度应用互联网、大数据、人工智能等技术，支撑传统基础设施转型升级，进而形成的融合基础设施；三是创新基础设施，主要指支撑科学研究、技术开发、产品研制的具有公益属性的基础设施。其中区块链属于信息基础设施中的新技术基础设施，在整个新基建中起到信任链接器的重要作用。

在2019年之前，区块链行业经过了一个曲折的发展历程。2013年12月中国人民银行、证监会等五部委联合印发的《关于防范比特币风险的通知》、2017年9月中国人民银行、证监会等七部委联合发布的《关于防范代币发行融资风险的公告》以及2018年8月公安部、人民银行等五部委联合发布的《关于防范以“虚拟货币”“区块链”等名义进行非法集资的风险提示》都对基于区块链的加密货币保持了高压监管态势。抛开加密货币，仅就区块链技术本身而言，尽管我国政府持积极正面态度，也在《“十三五”国家信息化规划》一类的文件中有所提及，但其重要程度与人工智能、大数据等数字技术不可同日而语，甚至一度面临边缘化境地。中央政治局的集体学习和习近平总书记的重要讲话意味着一切已发生深刻变化，中国区块链发展将进入一个新的时代，我国将成为全球产业区块链的策源地。

2019 年习近平总书记的重要讲话中提到：“要探索利用区块链数据共享模式，实现政务数据跨部门、跨区域共同维护和利用，促进业务协同办理，深化‘最多跑一次’改革，为人民群众带来更好的政务服务体验。”事实上，区块链作为一种具有极大可能成为数字经济基础设施的技术对于重塑政务体系、深化政府“放管服”改革具有深刻意义。传统行业语境下的“去中心化”是一个伪命题，区块链可极大提高政务系统的效率、透明度和公平性，进而更加巩固“中心”的位置，这也是本书的核心思想，力图纠正固有的错误观念。我把基于区块链的政府调控下的社会主义市场经济称为“链政经济”，它是以实现微观上更加市场化、宏观上调控能力更强为目的的新型经济体。事实上，在党的十九届四中全会后，我国已有将科技因素纳入治国理念的征兆。此外，我国如何推动链政经济的落地和发展也是本书探讨的重要内容。

区块链作为一项组合型技术，其内涵和外延已远远超出技术本身，涉及经济、金融、激励、治理等多个领域。区块链十余年的发展和演变历程具有极其深刻的经济、政治、金融、社会和文化逻辑，数字经济和数字资产的发展脉络也统一于人类历史进程的宏大背景之中。理解区块链和数字经济需要从经济、政治、金融、社会和文化全角度进行审视，链政经济的落地不仅需要成熟的技术，更需要较高的社会接受度和理解度、完善的监管治理模式和恰当的应用场景。中国人民银行正在推出的法定数字货币具有极其深刻的现实含义，将在引领工业经济向数字经济迁徙的过程中发挥“定海神针”般的作用。同时，另一条非常鲜明的趋势线是，全球数字经济和数字金融的领导权争夺在加剧。2019 年 6 月 Facebook、calibra 等二十余家科技巨头成立了 Libra 协会，发布了定位于全球稳定数字货币的 Libra 白皮书。Libra 团队的主要人员在听证会时多次提到与中国在数字经济领域的竞争，表示如果美国的监管层过于保守的话，则会导致数字经济和数字金融领导权的旁落。而 Libra 白皮书的发布及其后续推进对我国法定数字货币的研发推出也具有显著的促进作用。在这种科技、金融、贸易、制度全面竞争的时代大背景下，链政经济有助于促进国家治理体系和治理能力现代化建设，增强我国的制度优势，进而实现中华民族的伟大复兴。

2019 年年末突如其来的新冠疫情及抗疫现实既反映了推进国家治理体系和治理能力现代化任重道远，也反映了从电子政务向数字政务转型的必要性。习近平总书记指出，要用信息化手段更好感知社会态势、畅通沟通渠道、辅助决策实施。构建“智治”模式，就要实现信息数据的共享，将物联网、云技术、区块链等技术融入社会治理之中，服务于新时代社会治理。其中，链政经济将扮演一个至关重要的角色。同时，2021 年是中国共产党成立 100 周年，如何在已经取得的辉煌成就的基础上进一步提高治理能力，则是摆在我们面前的重要命题。

本书将展现一个宏大而又将与每个人息息相关的链政经济体系。未来已来，只是尚未流行。但当未来真正流行的时刻，我们的生活将更加便利，隐私进一步得到保护，更加在数字社会中如鱼得水，幸福感也会进一步增强；同时，国家的治理体系和治理能力的现代化程度会更高，社会主义市场经济将进一步发展，实现中华民族伟大复兴的中国梦也渐行渐近。

第一章　区块链：一个多维度的复合体

从 2009 年比特币诞生算起，区块链已有超过十年的发展历程，这十多年中数度沉浮，但仍有不少人坚定看好区块链未来，直到中国政府官方认可。其中一条铁的逻辑是：区块链是最有可能成为数字经济基础设施的技术。数字经济是人类通过数字化的知识与信息的识别、选择、过滤、存储、使用和引导，进而实现资源的快速优化配置与再生、实现经济高质量发展的经济形态。数字经济是迥异于工业经济的经济范式，自 2016 年以数字经济为主题的 G20 杭州峰会召开以来，数字经济在全球受到普遍关注和广泛实践。近年来，我国各级政府都将发展数字经济作为工作重点之一。2016 年杭州 G20 峰会发布的《二十国集团数字经济发展与合作倡议》将数字经济定义为："以使用数字化的知识和信息作为关键生产要素、以互联网 / 物联网作为重要载体、以通信技术的有效使用作为效率提升和经济结构优化的重要推动力的一系列经济活动。"

相比财务报表驱动的工业经济范式，数据驱动的数字经济范式已发生深刻变化。数字经济范式中最重要的市场要素是数据，其市场规则是算法，其市场参与者是节点，其市场边界处于不断自我演化的状态中，因此本质上并没有边界，其价值表现是通证（Token），其流通方式是无摩擦的等价交换，其分配方式是按土地、劳动力、资本、技术、数据等多种要素进行分配，其发展方向是代码化、自动化和智能化。2019 年 11 月 5 日，党的十九届四中全会发布了《中共中央关于坚持和完善中国特色社会主义制度　推进国家治理体系和治理能力现代化若干重大问题的决定》，提出“健全劳动、资本、土地、知识、技术、管理、数据等生产要素由市场评价贡献、按贡献决定报酬的机制”，从中央层面首次将数据纳入生产要素范畴，这为数字经济的发展奠定了坚实的基础；而在数字经济的发展中，区块链是必不可少的，换言之，区块链是数字经济的基础设施。

区块链作为一个跨学科、跨领域的复合型技术，其发展和应用与多个学科都息息相关，涉及计算机、商业金融、数学、法律等近百个领域，无论从其中的哪个单一视角认识区块链都不免有一叶障目之虞。本书将从技术、金融和社会三个角度阐述区块链，力图呈现一个较为立体、真实和鲜活的区块链。

1.1 基于技术角度的区块链阐释

互联网技术、点对点通信、密码学以及块链数据结构的发展，为区块链技术的发展奠定了坚实的基础。与其说区块链技术是一项全新的技术创新，不如说区块链是一系列技术的组合（包括点对点通信、密码学、块链数据结构等）产生的模式创新，这一点在2008年10月31日发布的中本聪（Satoshi Nakamoto）的区块链创世论文《比特币：一种点对点的电子现金系统》（Bitcoin: A Peer-to-Peer Electronic Cash System）中非常充分地体现了出来。

尽管不同机构和个人对于区块链的定义有所不同，但并不妨碍我们对于区块链的理解。工信部指导下的中国区块链技术和产业发展论坛在其2016年10月发布的《中国区块链技术和应用发展白皮书》中对区块链进行了较为准确和权威的定义，白皮书从狭义和广义两个角度对区块链进行了界定：从狭义来讲，区块链是一种按照时间顺序将数据区块以顺序相连的方式组合成的一种链式数据结构，并以密码学方式保证的不可篡改和不可伪造的分布式账本；从广义来讲，区块链技术是利用块链式数据结构来验证与存储数据、利用分布式节点共识算法来生成和更新数据、利用密码学的方式保证数据传输和访问的安全、利用由自动化脚本代码组成的智能合约来编程和操作数据的一种全新的分布式基础架构与计算范式。笔者为普及区块链知识，提高社会对区块链的认知水平，将区块链做了一个简单的公式定义：区块链 = 共识机制下的分布式账本 + Token（当前有人将其译为“通证”“共票”等）+ 社群。在传统互联网语境下，“Token”的意思为“令牌”，而在区块链行业的语境下，“Token”就是通常所说的数字货币，在区块链系统中主要起到价值激励、润滑摩擦以及价值流通的作用。

根据区块链的读写权限与中心化的程度，可分为公有链、私有链与联盟链。公有链是指全世界任何人均可读取，确认交易所有人均可参与其共识的区块链，其中的代表为比特币、以太坊。公有链的节点运行在互联网上，世界上任何一台可以连接互联网的设备均可以对区块链产品进行读写、确权操作。联盟链是介于公有链与私有链之间的一种区块链，联盟链是半公开的，只有预先指定的几个节点才能获取到记账权，其他加入的节点仅有交易权利。联盟链的代表性项目为“金链盟”（全称“金融区块链合作联盟”）、Libra（已改名为“Diem”）、超级账本等。私有链顾名思义就是其写入权限掌握在某个组织或个人手中，其他任何人都没有记账权。我国正在推出的法定数字货币（Digital Currency Electronic Payment，DC/EP）很大可能采用私有链的架构，仅有中国人民银行具有记账权。公有链由于没有准入门槛，需要通过 Token 进行治理，容易产生非法融资和金融混乱，因此联盟链和私有链成为各国政府较为推崇的落地方式。事实上，近年来全球对于公有链的监管呈现逐步加强的趋势。2019 年 10 月 24 日，习近平总书记就区块链发表重要讲话后，在全国范围内针对加密货币交易所和进行 ICO 融资的区块链项目的监管也在加强，这些强监管行动直接导致了比特币、以太坊等加密货币的价格在短期的大幅下跌。

在区块链技术诞生之前，不同的技术构成要素都经历了相对漫长的发展过程，然而比特币作为基于区块链的第一个成熟产品的伟大创新之处在于将这些要素重新组合，进而迸发出新的生机与活力。事实上，完全横空出世的创新在这个世界上是不存在的，强如牛顿，也需要“站在巨人的肩膀”上。当把每个创新分解到足够微观的程度时，我们会发现，每个创新本质上都是要素的重新组合。

1.1.1 密码学与区块链

密码学以及与之相关的安全技术在整个信息技术领域的重要地位无须多言。如果没有现代密码学和信息安全的研究成果，人类社会根本无法保证信息安全，更无法进入信息时代。作为信息领域的一个分支，区块链技术也大量依赖了密码学和安全技术的研究成果。密码学领域中跟区块链相关的基础知识主要包括 Hash 算法与数字摘要、加密算法、数字签名、数字证书、PKI 体系、Merkle 树、布隆过滤器以及同态加密等。2020 年 1 月 1 日，《中华人民共和国密码法》正式开始实施，为密码层面的区块链运用奠定了坚实的基础。

（一）Hash 算法

Hash（哈希或散列）算法是非常基础和重要的计算机算法，它能将任意长度的二进制明文串映射为较短的（通常是固定长度的）二进制串（Hash 值），并且不同的明文很难映射为相同的 Hash 值。Hash 值在应用中又常被称为指纹（Finger Print）或摘要（Digest），Hash 算法的核心思想也经常被应用到基于内容的编址或命名算法中。

高质量的 Hash 算法能实现如下功能：第一，正向快速。给定明文和 Hash 算法，在有限时间和有限资源内能计算得到 Hash 值。第二，逆向困难。给定若干 Hash 值，在有限时间内基本不可能逆推出明文。第三，输入敏感。原始输入信息发生任何改变，新产生的 Hash 值都应该出现很大不同。第四，冲突避免。很难找到两段内容不同的明文，使得它们的 Hash 值一致。

冲突避免有时候又称为“抗碰撞性”，分为“弱抗碰撞性”和“强抗碰撞性”。如果给定明文前提下，无法找到与之碰撞的其他明文，则算法具有“弱抗碰撞性”；如果无法找到任意两个发生 Hash 碰撞的明文，则称算法具有“强抗碰撞性”。在很多场景下，也往往要求算法对于任意长的输入内容，可以输出定长的 Hash 值结果。

目前常见的 Hash 算法主要包括 MD4、MD5 和 SHA 系列算法等。MD4（RFC 1320）是 MIT 的 Ronald L. Rivest 在 1990 年设计的，MD 是 Message Digest 的缩写，

其输出为 128 位。MD4 目前已被证明不够安全。

MD5（RFC1321）是 Rivest 于 1991 年对 MD4 的改进版本。它对输入仍以 512 位进行分组，其输出是 128 位。MD5 比 MD4 更加安全，但过程更加复杂，计算速度要慢一点。MD5 已被证明不具备"强抗碰撞性"。

SHA（Secure Hash Algorithm）并非一个算法，而是一个 Hash 函数族。NIST（National Institute of Standards and Technology）于 1993 年发布其首个实现。目前知名的 SHA-1 算法在 1995 年面世，它的输出为长度 160 位的 Hash 值，抗穷举性更好。SHA-1 设计时模仿了 MD4 算法，采用了类似原理。SHA-1 已被证明不具备"强抗碰撞性"。

为了提高安全性，NIST 还设计出了 SHA-224、SHA-256、SHA-384 和 SHA-512 算法（统称为 SHA-2），跟 SHA-1 算法原理类似。SHA-3 相关算法也已被提出。目前 MD5 和 SHA1 已经被破解，一般推荐至少使用 SHA2-256 或更安全的算法。MD5 是一个经典的 Hash 算法，和 SHA-1 算法一起都被认为安全性已不足应用于商业场景。

Hash 算法一般都是计算敏感型的，意味着计算资源是瓶颈，主频越高的 CPU 运行 Hash 算法的速度也越快。因此可以通过硬件加速来提升 Hash 计算的吞吐量。例如采用 FPGA 来计算 MD5 值，可以轻易达到数十 Gbps 的吞吐量。也有一些 Hash 算法不是计算敏感型的，例如 scrypt 算法，计算过程需要大量的内存资源，节点不能通过简单地增加更多 CPU 来获得 Hash 性能的提升，这样的 Hash 算法经常用在避免算力攻击的场景。

（二）加密算法

加解密算法是密码学的核心技术，现代加解密系统的典型组件一般包括：加解密算法、加密密钥、解密密钥。其中，加解密算法自身是固定不变的，并且一般是公开可见的；密钥则是最关键的信息，需要安全地保存起来，甚至通过特殊硬件进行保护。一般来说，对同一种算法，密钥需要按照特定算法每次加密前随机生成，长度越长，则加密强度越大。加解密的基本过程如图 1-1 所示。

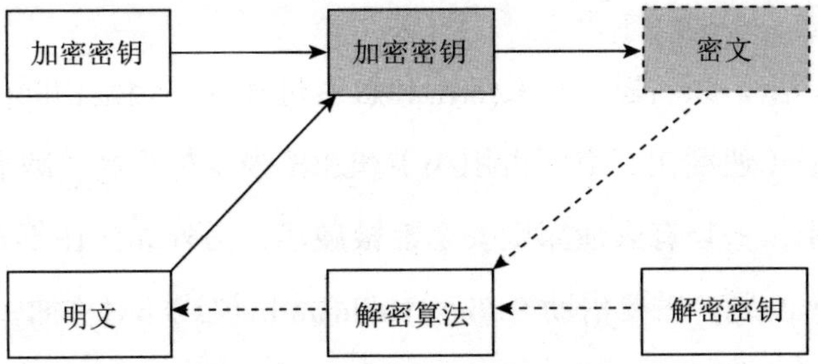

图 1–1　加密和解密的基本过程

加密过程中，通过加密算法和加密密钥，对明文进行加密，获得密文。解密过程中，通过解密算法和解密密钥，对密文进行解密，获得明文。

根据加解密过程中所使用的密钥是否相同，算法可以分为对称加密（Symmetric Cryptography）和非对称加密（Asymmetric Cryptography）。两种模式适用于不同的需求，恰好形成互补。某些时候可以组合使用，形成混合加密机制。

并非所有加密算法的安全性都可以从数学上得到证明。公认的高强度的加密算法和实现往往经过长时间各方面充分实践论证后，才被大家所认可，但也不代表其绝对不存在漏洞。因此，自行设计和发明未经过大规模验证的加密算法是一种不太明智的行为。即便不公开算法加密过程，也很容易被攻破，无法在安全性上得到保障。实际上，密码学实现的安全往往是通过算法所依赖的数学问题来提供，而并非通过对算法的实现过程进行保密。

加密算法从设计理念上可以分为两大基本类型——对称加密和非对称加密。对称加密和非对称加密的主要区别如表 1–1 所示：

表 1–1　对称加密和非对称加密的区别

算法类型	特点	优势	缺陷	代表算法
对称加密	加解密的密钥相同	计算效率高 加密强度高	需提前共享密钥 易泄露	DES、3DES、AES、IDEA
非对称加密	加解密的密钥不相同	无须提前共享密钥	计算效率低 仍存在中间人攻击可能	EIGamal、RSA、椭圆曲线系列算法

对称加密算法，顾名思义，其加密和解密过程的密钥是相同的。该类算法优点是加解密效率（速度快，空间占用小）和加密强度都很高。缺点是参与方都需要提前持有密钥，一旦有人泄露则安全性被破坏；另外如何在不安全通道中提前分发密钥也是个问题，需要借助 Diffie - Hellman 协议或非对称加密方式来实现。

对称密码从实现原理上可以分为两种：分组密码和序列密码。前者将明文切分为定长数据块作为基本加密单位，应用最为广泛。后者则每次只对一个字节或字符进行加密处理，且密码不断变化，只用在一些特定领域，如数字媒介的加密等。

典型的分组对称加密代表算法包括 DES、3DES、AES、IDEA 等。DES（Data Encryption Standard）是一种经典的分组加密算法，1977 年由美国联邦信息处理标准（FIPS）采用 FIPS-46-3，将 64 位明文加密为 64 位的密文，其密钥长度为 64 位（包含 8 位校验位），目前已经很容易被暴力破解。3DES 采取"加密→解密→加密"的三重 DES 操作，处理过程和加密强度优于 DES，但现在也被认为不够安全。AES（Advanced Encryption Standard）是由美国国家标准研究所（NIST）采用，取代 DES 成为对称加密实现的标准，1997—2000 年 NIST 从 15 个候选算法中评选 Rijndael 算法（由比利时密码学家 Joan Daemon 和 Vincent Rijmen 发明）作为 AES，标准为 FIPS-197。AES 也是分组算法，分组长度为 128、192、256 位三种。AES 的优势在于处理速度快，整个过程可以用数学描述，目前尚无有效的破解手段。IDEA（International Data Encryption Algorithm）是 1991 年由密码学家 James Massey 等联合提出，设计类似于 3DES，密钥长度增加到 128 位，具有更好的加密强度。

非对称加密算法同样非常容易从字面理解，即加密密钥和解密密钥是不同的，分别称为公钥（Public Key）和私钥（Private Key）。私钥一般需要通过随机数算法生成，公钥可以根据私钥生成。公钥一般是公开的，他人可获取的；私钥一般是个人持有，他人不能获取。非对称加密算法的优点是公私钥分开，不安全通道也可使用。缺点是处理速度（特别是生成密钥和解密过程）往往比较慢，一般比对称加解密算法慢 2—3 个数量级；同时加密强度也往往不如对称加密算法。

在非对称加密中，由于公钥是公开可以获取的，因此任何人都可以给定明文，获取对应的密文，这就带来选择明文攻击的风险。为了规避这种风险，现有的非对称加密算法（如 RSA、ECC）都引入了一定的保护机制。对同样的明文使用同样密钥进行多次加密，得到的结果完全不同，这就避免了选择明文攻击的破坏。

在实现上可以有多种思路。一种是对明文先进行变形，添加随机的字符串或标记，再对添加后结果进行处理。另外一种是先用随机生成的临时密钥对明文进行对称加密，然后再对对称密钥进行加密，即混合利用多种加密机制。混合加密机制同时结合了对称加密和非对称加密的优点，先用计算复杂度高的非对称加密协商出一个临时的对称加密密钥（也称为会话密钥，一般相对所加密内容来说要短得多），然后双方再通过对称加密算法对传递的大量数据进行快速的加解密处理。

（三）消息认证码

消息认证码全称是“基于 Hash 的消息认证码”（Hash-based Message Authentication Code，HMAC）。消息验证码基于对称加密，可以用于对消息完整性（integrity）进行保护。其基本过程为：对某个消息利用提前共享的对称密钥和 Hash 算法进行加密处理，得到 HMAC 值。该 HMAC 值持有方可以证明自己拥有共享的对称密钥，并且也可以利用 HMAC 确保消息内容未被篡改。

典型的 HMAC（K，H，Message）算法包括三个因素，K 为提前共享的对称密钥，H 为提前商定的 Hash 算法（一般为公认的经典算法如 SHA-256），Message 为要处理的消息内容。如果不知道 K 或 H 的任何一个，则无法根据 Message 得到正确的 HMAC 值。

消息认证码一般用于证明身份的场景。如 Alice、Bob 提前共享 HMCA 的密钥和 Hash 算法，Alice 需要知晓对方是否为 Bob，可发送随机消息给 Bob。Bob 收到消息后进行计算，把消息 HMAC 值返回给 Alice，Alice 通过检验收到 HMAC 值的正确性可以知晓对方是否是 Bob。注意这里并没有考虑中间人攻击的情况，假定信道是安全的。消息认证码使用过程中主要问题是需要共享密钥。当密钥可能被多方拥有的场景下，无法证明消息来自某个确切的身份。反之，如果采用非对称加密方式，则可以追溯到来源身份，即数字签名。

（四）数字签名

与在纸质合同上签名确认合同内容和证明身份类似，数字签名基于非对称加密，既可以用于证实某数字内容的完整性，又同时可以确认来源（不可抵赖，Non-Repudiation）。

一个典型的场景是：Alice 通过信道发给 Bob 一个文件（一份信息），Bob 如何获知所收到的文件即为 Alice 发出的原始版本？ Alice 可以先对文件内容进行摘要，然后用自己的私钥对摘要进行加密（签名），之后同时将文件和签名都发给 Bob。Bob 收到文件和签名后，用 Alice 的公钥来解密签名，得到数字摘要，与收到文件进行摘要后的结果进行比对。如果一致，说明该文件确实是 Alice 发过来的（别人无法拥有 Alice 的私钥），并且文件内容没有被修改过（摘要结果一致）。

知名的数字签名算法包括 DSA（Digital Signature Algorithm）和安全强度更高的 ECDSA（Elliptic Curve Digital Signature Algorithm）等。除普通的数字签名应用场景外，针对一些特定的安全需求，产生了一些特殊数字签名技术，包括盲签名、多重签名、群签名、环签名等。

盲签名（Blind Signature）是在 1982 年由 David Chaum 在论文《Blind Signatures for Untraceable Payment》中提出。签名者需要在无法看到原始内容的前提下对信息进行签名。盲签名可以实现对所签名内容的保护，防止签名者看到原始内容；另一方面，盲签名还可以实现防止追踪，签名者无法将签名内容和签名结果进行对应。典型的实现包括 RSA 盲签名算法等。

多重签名（Multiple Signature）即 n 个签名者中，收集到至少 m 个（n>=m>=1）的签名，即认为合法。其中，n 是提供的公钥个数，m 是需要匹配公钥的最少的签名个数。多重签名可以有效地被应用在多人投票共同决策的场景中。例如双方进行协商，第三方作为审核方，三方中任何两方达成一致即可完成协商。比特币交易中就支持多重签名，可以实现多个人共同管理某个账户的比特币交易。

群签名（Group Signature）即某个群组内一个成员可以代表群组进行匿名签名。签名验证可以来自该群组，却无法准确追踪到签名的是哪个成员。群签名需要存在一个群管理员来添加新的群成员，因此存在群管理员可能追踪到签名成员身份的风险。群签名最早于 1991 年由 David Chaum 和 Eugene Van-Heyst 提出。

环签名（Ring Signature）由 Rivest、Shamir 和 Tauman 三位密码学家在 2001 年首次提出。环签名属于一种简化的群签名。签名者首先选定一个临时的签名者集合，集合中包括签名者自身。然后签名者利用自己的私钥和签名集合中其他人的公钥就可以独立地产生签名，而无须他人的帮助。签名者集合中的其他成员可能并不知道自己被包含在最终的签名中。环签名在保护匿名性方面有很多的用途。

（五）数字证书

对于非对称加密算法和数字签名来说，很重要的一点就是公钥的分发。理论上任何人都可以公开获取到对方的公钥。然而这个公钥有没有可能是伪造的呢？传输过程中有没有可能被篡改掉呢？一旦公钥自身出了问题，则整个建立在其上的安全体系的安全性将不复存在。

数字证书机制正是为了解决这个问题，它就像日常生活中的一个证书一样，可以证明所记录信息的合法性。比如证明某个公钥是某个实体（如组织或个人）的，并且确保一旦内容被篡改能被探测出来，从而实现对用户公钥的安全分发。

根据所保护公钥的用途，可以分为加密数字证书（Encryption Certificate）和签名验证数字证书（Signature Certificate）。前者往往保护用于加密信息的公钥；后者则保护用于进行解密签名进行身份验证的公钥。两种类型的公钥也可以同时放在同一证书中。

一般情况下，证书需要由证书认证机构（Certification Authority，CA）来进行签发和背书。权威的证书认证机构包括 DigiCert、GlobalSign、VeriSign 等。用户也可以自行搭建本地 CA 系统，在私有网络中进行使用。

（六）PKI 体系

在非对称加密中，公钥可以通过证书机制来进行保护，但证书的生成、分发、撤销等过程并没有在 X.509 规范中进行定义。

实际上，安全地管理和分发证书可以遵循 PKI（Public Key Infrastructure）体系来完成。PKI 体系核心解决的是证书生命周期相关的认证和管理问题，在现代密码学应用领域处于十分基础和重要的地位。

需要注意的是，PKI 是建立在公私钥基础上实现安全可靠传递消息和身份确认的一个通用框架，并不代表某个特定的密码学技术和流程。实现了 PKI 规范的平台可以安全可靠地管理网络中用户的密钥和证书。目前已有多个实现规范，比较知名的有 RSA 公司的 PKCS（Public Key Cryptography Standards）标准和 X.509 相关规范等。

一般情况下，PKI 至少包括如下核心组件：CA（Certification Authority）负责证书的颁发和作废，接收来自 RA 的请求，是最核心的部分；RA（Registration Authority）对用户身份进行验证，校验数据合法性，负责登记，审核过了就发给 CA；证书数据库存放证书，多采用 X.509 系列标准格式，可以配合 LDAP 目录服务管理用户信息。其中，CA 是最核心的组件，主要完成对证书信息的维护。

常见的操作流程为，用户通过 RA 登记申请证书，提供身份和认证信息等；CA 审核后完成证书的制造，颁发给用户。用户如果需要撤销证书则需要再次向 CA 发出申请。

（七）Merkle 树结构

Merkle（默克尔）树，又叫哈希树，是一种典型的二叉树结构，由一个根节点、一组中间节点和一组叶节点组成。在区块链系统出现之前，广泛用于文件系统和 P2P 系统中，如图 1–2 所示。

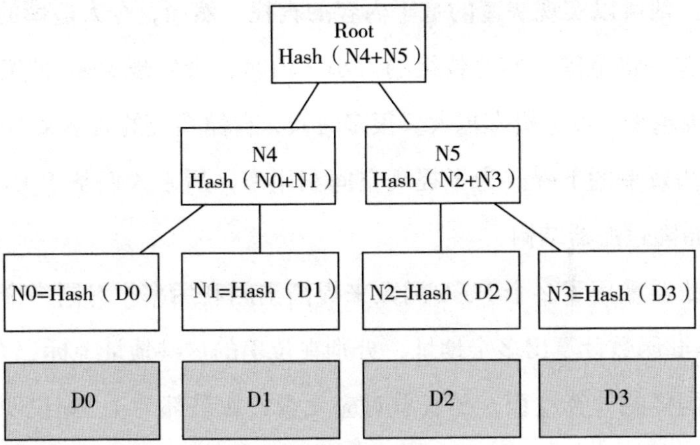

图 1-2　Merkle 树示例

其主要特点为：最下面的叶节点包含存储数据或其哈希值；非叶子节点（包括中间节点和根节点）都是其两个子节点内容的哈希值。进一步地，默克尔树可以推广到多叉树的情形，此时非叶子节点的内容为其所有子节点内容的哈希值。

默克尔树逐层记录哈希值的特点，让它具有了一些独特的性质。例如，底层数据的任何变动，都会传递到其父节点，一层层沿着路径一直到树根。这意味树根的值实际上代表了对底层所有数据的"数字摘要"。

（八）布隆过滤器

布隆过滤器（Bloom Filter）于 1970 年由 Burton Howard Bloom 在论文《Space/Time Trade-offs in Hash Coding with Allowable Errors》中提出。布隆过滤器是一种基于 Hash 的高效查找结构，能够快速（常数时间内）回答"某个元素是否在一个集合内"的问题。布隆过滤器因为其高效性大量应用于网络和安全领域，例如信息检索（BigTable 和 HBase）、垃圾邮件规则、注册管理等。

Hash 可以将任意内容映射到一个固定长度的字符串，而且不同内容映射到相同串的概率很低。因此，这就构成了一个很好的"内容→索引"的生成关系。如果给定一个内容和存储数组，通过构造 Hash 函数，让映射后的 Hash 值总不超过数组的大小，则可以实现快速的基于内容的查找。然而，令人遗憾的是，当映射后的值限制在一定范围（如总数组的大小）内时，会发现 Hash 冲突的概率会变高，而且范围越小，冲突概率越大。很多时候，存储系统的大小又不能无限扩展，这就造成算法效率的下降。为了提高空间利用率，后来人们基于 Hash 算法的思想设计出了布隆过滤器结构。

布隆过滤器采用了多个 Hash 函数来提高空间利用率。对同一个给定输入来说，多个 Hash 函数计算出多个地址，分别在位串的这些地址上标记为 1。进行查找时，进行同样的计算过程，并查看对应元素，如果都为 1，则说明较大概率是存在该输入，如图 1–3 所示。

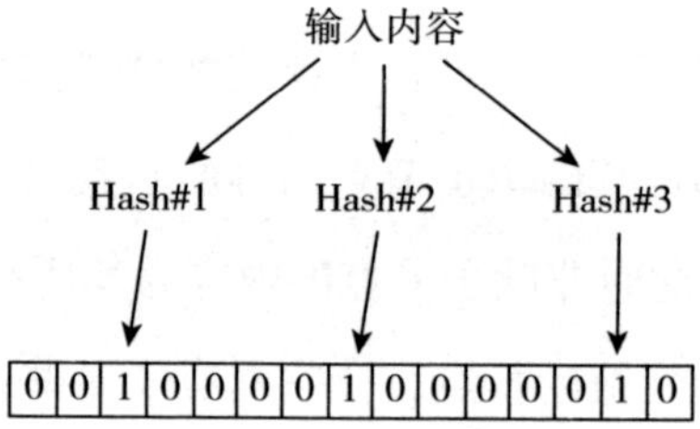

图 1–3　布隆过滤器

布隆过滤器相对单个 Hash 算法查找，大大提高了空间利用率，可以使用较少的空间来表示较大集合的存在关系。实际上，无论是 Hash 算法，还是布隆过滤器，基本思想是一致的，都是基于内容的编址。Hash 函数存在冲突，布隆过滤器也存在冲突。这就造成了两种方法都存在着误报（false positive）的情况，但绝对不会漏报（false negative）。

布隆过滤器在应用中误报率往往很低，例如，在使用 7 个不同 Hash 函数的情况下，记录 100 万个数据，采用 2 MB 大小的位串，整体的误判率将低于 1%；而传统的 Hash 查找算法的误判率将近 10%。

（九）同态加密

同态加密（Homomorphic Encryption）是一种特殊的加密方法，允许对密文进行处理得到仍然是加密的结果，即对密文直接进行处理，跟对明文进行处理后再对处理结果加密，得到的结果相同。从抽象代数的角度讲，保持了同态性。

同态加密可以保证实现处理者无法访问到数据自身的信息。如果定义一个运算符 Δ，对加密算法 E 和解密算法 D，满足：E（XΔY）=E（X）ΔE（Y）则意味着对于该运算满足同态性。

同态性来自代数领域，一般包括四种类型：加法同态、乘法同态、减法同态和除法同态。同时满足加法同态和乘法同态，则意味着是代数同态，称为全同态（Full Homomorphic）；同时满足四种同态性，则称为算数同态。对于计算机操作来讲，实现了全同态意味着对于所有处理都可以实现同态性；只能实现部分特定操作的同态性，称为特定同态（Somewhat Homomorphic）。

但同态加密同样面临着问题与挑战。同态加密的问题最早是由 Ron Rivest、Leonard Adleman 和 Michael L. Dertouzos 在 1978 年提出，同年提出了 RSA 加密算法。但第一个"全同态"的算法直到 2009 年才被克雷格·金特里（Craig Gentry）在论文《Fully Homomorphic Encryption Using Ideal Lattices》中提出并进行数学证明。仅满足加法同态的算法包括 Paillier 和 Benaloh 算法；仅满足乘法同态的算法包括 RSA 和 ElGamal 算法。

同态加密在云计算和大数据的时代意义十分重大。目前，虽然云计算带来了包括低成本、高性能和便捷性等优势，但从安全角度讲，用户还不敢将敏感信息直接放到第三方云上进行处理。如果有了比较实用的同态加密技术，则大家就可以放心地使用各种云服务了，同时各种数据分析过程也不会泄露用户隐私。加密后的数据在第三方服务处理后得到加密后的结果，这个结果只有用户自身可以进行解密，整个过程第三方平台无法获知任何有效的数据信息。

另外，对于区块链技术，同态加密也是很好的互补。使用同态加密技术，运行在区块链上的智能合约可以处理密文，而无法获知真实数据，极大地提高了隐私安全性。目前全同态的加密方案主要包括如下三种类型。

基于理想格（Ideal Lattice）的方案：金特里和Halevi在2011年提出的基于理想格的方案可以实现72 bit的安全强度，对应的公钥大小约为2.3 GB，同时刷新密文的处理时间需要几十分钟。

基于整数上近似GCD问题的方案：Dijk等人在2010年提出的方案（及后续方案）采用了更简化的概念模型，可以降低公钥大小至几十MB量级；

基于带扰动学习（Learning With Errors，LWE）问题的方案：Brakerski和Vaikuntanathan等在2011年左右提出了相关方案；Lopez-Alt A等在2012年设计出多密钥全同态加密方案，接近实时多方安全计算的需求。

目前，已知的同态加密技术往往需要较高的计算时间或存储成本，相比传统加密算法的性能和强度还有差距，但该领域被关注度一直很高，相信在不远的将来会出现接近实用的方案。

与同态加密相关的一个问题是函数加密。同态加密保护的是数据本身，而函数加密保护的是处理函数本身，即让第三方看不到处理过程的前提下，对数据进行处理。该问题已被证明不存在对多个通用函数的任意多密钥的方案，目前仅能做到对某个特定函数的一个密钥的方案。

1.1.2 区块链的不同共识机制

共识（Common Sense）顾名思义就是“共同的认识”。人与人之间以及企业与企业之间是不同的，这种不同不仅体现在人的身材、长相、能力的区别，更体现在个人和企业在文化、观点、想法、利益诉求等方面的差别。但与此同时，一个群体的成员必须要在某一方面达成一致的意见，否则群体或组织就难以运转，这就叫作“共识”。一个群体要完成协作，它需要在规则上达成共识，所以就要有一个达成共识的方式。事实上，共识机制和组织是双向决定的。

诉诸武力和权威，是人类组织达成共识、维护共识的基本方式，也是人类社会在文明程度较低时最为普遍的方式。正是因为这种共识机制，决定了人类组织的中心化。随着人类社会的文明进程，直接依靠武力达成共识的组织越来越少，人类社会有了道德、法律、选举、协商、仲裁以及各种制度，这些设施成为组织和社会达成共识、解决争端的方式。这些组织包括政府、企业、学校、协会、社会团体等。虽然这些组织不直接依靠武力达成共识，但仍需要某个或某些中心化的机构来制定规则、维护规则，其组织形式依然是中心化的。

而区块链作为人类进入信息时代的重要工具和基础设施，共识机制在区块链系统内具有非常重要的基础性作用。区块链是一个公共、公开的数据库，同时也是一个点对点的协作网络。协作方（节点）共同维护数据，每个节点都有一份完整的数据备份，所有节点的数据内容必须完全一致，每个节点都可以在本地查找交易记录，每个节点也可以在本地添加交易。由于没有一个中心来指挥协调，因此要完成这个协作，区块链就必须有一个共识机制，而共识机制必须解决两个核心问题：第一，谁有权写入数据——一次只有一个人可以记账；第二，其他人如何同步数据——要保持账本的一致性。共识机制之于区块链，就如法律之于现代社会。区块链的共识机制本质上是区块链的治理问题。

在区块链技术产生的十多年时间里，不断有新的共识机制被创造出来，区块链的发展史本质上也是共识机制的迭代发展史。比特币的初衷是建设一个开放的公有区块链基转账系统，网络中的节点可以自由地加入及退出，平等地竞争记账权。中本聪在比特币白皮书《比特币：一种点对点的电子现金系统》中提出了一种能够应用到区块链中的“POW”（Proof of Work，工作量证明）共识机制，其核心思想是通过要求网络中的节点付出一定量的算力竞争记录区块的权利（即记账权）来保证共识的一致性。其后根据 POW 机制的缺陷和不足，区块链行业内不断迭代产生了 POS、DPOS、PBFT 以及 DAG 等典型共识机制。

（一）POW 机制

POW 是区块链第一代共识机制，也是比特币的基础共识机制。简单而言就是“按劳取酬”，“矿工”付出多少工作量，就会获得多少报酬（以比特币为代表的加密货币）。在区块链系统里，劳动量就是“矿工”为网络提供的计算服务（算力乘以时长），提供这种服务的过程就是“挖矿”。POW 机制的优点和缺点都很鲜明，其优点主要有：在理想状态下，这种模型设计可以吸引很多用户参与其中，特别是越先参与的获得越多，会促使加密货币的初始阶段发展迅速，节点网络迅速扩大。在 CPU 挖矿时代，比特币吸引了很多人参与“挖矿”就是很好的证明；通过“挖矿”的方式作为比特币的一级发行市场，把比特币按照工作量分散给“矿工”，实现了机会上的相对公平。

然而，其缺点也非常明显：算力是计算机硬件（CPU、GPU 等）提供的，需要消耗大量的电力，产生对能源的直接消耗，与人类追求节能、清洁、环保的可持续发展理念相悖。2018 年 8 月根据普林斯顿大学计算机学院的数据，挖掘比特币每天约消耗 5000 兆瓦的电量，略低于世界电力消耗的 1%。事实上，2021 年 2 月特斯拉高调入局比特币 15 亿美元，并在 3 月接受比特币作为支付特斯拉产品的一种形式，也受到了不少非议，认为这与特斯拉新能源汽车的定位不符合。不过部分“加密货币价值论”的拥护者认为正是由于 POW 机制消耗了能量，凝结了劳动和工作量，因而具有价值。

这种机制发展到今天，算力提供方式已经历数次演变和迭代，早已不是当年的“CPU 挖矿时代”了，而是逐步发展到 GPU（Graphic Processing Unit，图形处理器）、FPGA（Field-Programmable Gate Array，现场可编程门阵列）乃至 ASIC（Application Specific Integrated Circuits，专用集成电路）矿机挖矿的时代。用户也从个人挖矿发展到大的矿池、矿场，算力集中越来越明显。这与去中心化的方向背道而驰、渐行渐远，集中和垄断程度日益提高，网络安全也逐渐受到威胁，其中一个非常典型的例子就是 51% 攻击。51% 攻击是指掌握了基于 POW 的区块链（如比特币）全网的 51% 算力之后，用这些算力来重新计算已经确认过的区块，就会破坏区块链去中心化的特性，同时也让网络处在自私挖矿、取消所有转账、双花以及随机分叉这些攻击风险之下。

2018 年引起行业广泛关注的事是，市场排名前三的矿机厂商比特大陆、嘉楠耘智、亿邦国际开启了 IPO 征程。2019 年 11 月 22 日，嘉楠科技（嘉楠耘智）在美国纽约纳斯达克挂牌上市，成为全球“区块链第一股”，这也反映了中国矿机制造商在全球的巨大影响。

比特大陆目前是全球最大的比特币矿机供应商，其设计的比特币矿机算力占据全网算力的70%。目前比特大陆的蚂蚁矿机S9系列采用16nm制程的ASIC芯片，算力达到14TH/s，单位功耗低至94W/THs，凭借其性价比、稳定的工作状态、良好的售后服务而近乎垄断了市场。比特大陆也向产业链下游延伸，目前控制了三个矿池进行比特币挖矿，Antpool、BTC.com、ConnectBTC，这三个矿池的算力合计达到全球算力的近40%。与此同时，比特大陆也对外出售针对莱特币、以太币、门罗币等其他加密货币的ASIC矿机，并逐步转型向云基础设施、AI计算领域靠拢。

2021年围绕比特大陆两位创始人吴忌寒和詹克团的“宫斗”终于得到妥善解决。詹克团以6亿美元的价格购买了吴忌寒和一群创始股东持有的比特大陆近一半股份。而吴忌寒将辞去比特大陆首席执行官和董事长一职。此外，双方还进行了“分家”。比特小鹿和美国以及挪威的矿场将从比特大陆分离出来，吴忌寒将担任比特小鹿董事长，Matt Kong将担任比特小鹿的CEO，而同样分离出来的Antpool（蚂蚁矿池），则由詹克团来领导。

2018年6月24日，亿邦国际首次递交港交所上市申请，但该申请于当年12月失效。2018年12月20日，亿邦国际二次向港交所提交上市申请，2019年6月21日，港交所披露信息显示，矿机巨头“亿邦国际”招股书已失效，这是亿邦国际招股书的第二次失效。2020年4月24日，亿邦国际向美国证券交易委员会（SEC）递交招股书，2020年6月26日，亿邦国际正式登陆纳斯达克，股票代码为“EBON”，开盘价为4.6美元。

此外，还有一些上市公司大举涉足区块链挖矿业务。2021年1月纳斯达克上市公司第九城市宣布，前嘉楠耘智联席董事长孔剑平等四人签订具有法律责任的合作和投资条款约定书，九城将以约定分期方式授予合作方股份及认股权证，获取合作方的现金投资，以及排他性的协助九城开展数字货币相关业务。此举标志着第九城市正式开启数字货币矿机业务。

POW 机制类似于马克思经典政治经济学中严格的“按劳分配”方式，只是这儿的劳动已经变成了信息时代的劳动。而在信息时代下的劳动量基本由各种机器完成，机器在工业时代又是重资产，信息时代的“劳”和工业时代的“资”以这种不可分割的方式糅合在一起，这也反映了当下的确是工业文明和信息文明的过渡时代。

（二）POS 机制

POS机制（Proof of Stake，权益证明机制）则是系统根据节点持有的Token（代币）的数量及时间的乘积（币天数）分配相应的记账权，拥有的越多，获得记账权的概率越大。Token 就相当于区块链系统的权益（Stake），因此被称为基于权益证明的工作机制。

POS 机制是点点币（PPC）的创新。这种机制没有挖矿过程，在创世区块内写明了股权分配比例，之后通过转让、交易的方式（通常就是 ICO，Initial Coin Offering，首次代币发行），逐渐分散到用户手里，并通过“利息”的方式新增货币，实现对节点的奖励。POS的优点有以下几个：第一，相比 POW 机制更加节能，不用算力挖矿，不需要大量耗费电力和能源。第二，去中心化程度更强。首先，“中心化”和“去中心化”是一个相对概念。相对于比特币、以太币等基于 POW 机制的加密货币，基于 POS 机制的加密货币对计算机硬件基本上没有过高要求，不用担心算力集中导致中心化的出现，而单个用户通过购买获得 51% 或更多的货币量，需要的成本更高，因此网络更加安全有保障。第三，避免基于 POS 的加密货币成为“紧缩货币”。基于 POW 机制的加密货币，由于数量最终具有上限，因此可能导致通货紧缩。但是基于 POS 机制的加密货币按一定的年利率新增货币，可以有效避免紧缩出现，保持基本稳定。这非常类似于美国经济学家米尔顿·弗里德曼（Milton Friedman）的“单一规则”（Single Rules）政策，即货币供给按照一个不变的增长率增长的货币规则。在比特币之后，很多新产生的加密货币采用 POS 机制，很多采用 POW 机制的老币，也存在修改协议，“硬分叉”升级为 POS

机制或“POS+POW”混合机制。例如将在2091年初完成的以太坊君士坦丁堡硬分叉升级的一个重要内容就是实现以太坊网络从POW机制向POS机制的过渡。

另外，POS机制的缺点也非常明显。第一，完全基于POS机制产生的加密货币，只能通过ICO的方式发行，发行缺乏约束机制，同时也会导致少数人（通常是发行Token的项目方）获得大量成本极低的加密货币，在巨大利益面前，很难保证他们不在代币上数字货币交易所后大量抛售，从而导致短时间内价格暴跌。第二，基于POS机制的加密货币，其信用基础不够牢固。人们一方面在吐槽POW机制消耗能源和电力的同时，也发现基于POW产生的加密货币凝结了无差别的机器劳动和运算，这至少为此类加密货币提供了“价格锚”的效应。而纯粹基于POS的加密货币则没有这种效应。为解决这一问题，很多产生较晚的加密货币纷纷采用“POW+POS”的混合机制，通过POW机制挖矿发行加密货币，并使用POS机制维护网络稳定；或者通过POW机制挖矿发行加密货币，采用DPOS机制通过社区选举的方式，增强社群之间的信任。

（三）DPOS机制

DPOS（Delegated Proof of Stake，权益授权证明）机制是在POS机制的基础上产生的。POS机制是拥有Token（加密数字货币）就拥有获得记账的权利，而DPOS是指拥有Token的人投票给固定的节点，这些节点作为权益人的代理去行使记账的权利。这些获得投票认可的代表根据一定的算法依次获得记账权。不同于POW机制和POS机制理论上全网都可以参与的竞争记账模式，DPOS机制的记账节点在一定时间段内是确定的。

DPOS机制是比特股（BitShares）最先引入的。比特股是一种支持包括加密货币、法币以及贵金属等有价值实物的开源分布式交易系统，由Invictus公司推出。比特股首次提出了去中心化自治公司（Decentralized Autonomous Corporation，DAC）的理念，比特股的目的就是用于发布DAC Token。后来，DAC的概念又进一步演化，产生了DAO（Decentralized Autonomous Organization）的概念。这些无人控制的公司发行股份、产生利润，并将利润分配给Token持有者；而实现这一切不需要信任任何人和中心化组织，因为每件事都是被硬编码到软件中，并通过代码强制执行的。

对于基于 POS 机制的加密货币，每个节点都可以创建区块，并按照个人的持股比例获得“利息”；而 DPOS 机制是由被社区选举的可信账户来创建区块。为了成为正式受托人，用户要去社区拉票，获得足够多用户的信任，用户根据自己持有的加密货币数量占总量的百分比来投票。事实上，关于 DPOS 机制的运作模式在现实生活中也有很多例子。现实生活中有更多的类似于 DPOS 的制度，比如我国的根本政治制度——人民代表大会制度，每个省市通过选举选择出自己的代表，然后由这些代表参加人民代表大会，这样会更有效率地行使民主，也能组织起更多的人，有效扩大民主的范围。

DPOS 机制的优点主要有以下几个：第一，能耗更低。DPOS 机制将节点数量进一步减少，在保证网络安全的前提下，整个网络的能耗进一步降低，网络运行成本最低。第二，由去中心化变成多中心化，中心化程度看似提高了，但实际效果则更加去中心化。目前对于比特币而言，个人挖矿已经不现实了，比特币的算力都集中在几个大的矿池手里，而每个矿池都是中心化的。基于 POS 机制的加密货币（比如未来币），要求用户开着客户端，事实上用户并不会天天开着电脑，因此真正的网络节点是由几个大股东保持的，去中心化程度也不能与 DPOS 机制的加密货币相比。第三，DPOS 机制具有更快的确认速度。每个块的时间为 10 秒，一笔交易（在得到 6–10 个确认后）大概需要 1 分钟，一个完整的周期大概仅仅需要 16 分钟。而比特币（基于 POW 机制）产生一个区块需要 10 分钟，一笔交易完成（6 个区块确认后）需要 1 个小时。点点币（POS 机制）确认一笔交易大概也需要 1 小时。而 DPOS 机制的缺点主要表现为：对于作恶节点的处理存在诸多困难。社区选举不能及时有效地阻止一些破坏节点的出现，给网络造成安全隐患。POS 和 DPOS 机制的结构如图 1–4 所示：

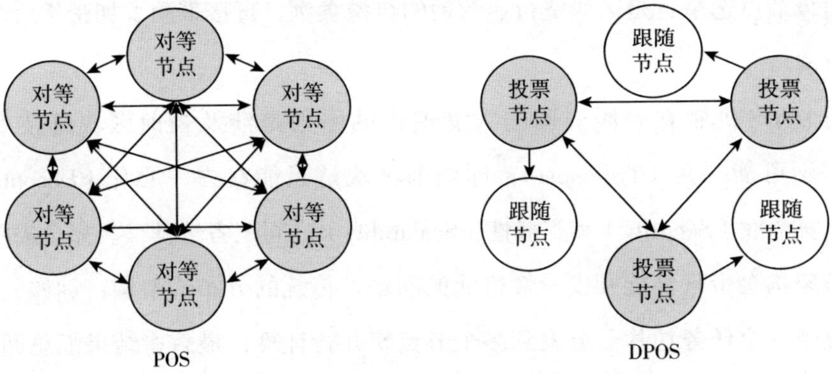

图 1-4 POS 和 DPOS 机制

在 DPOS 机制下的区块链治理与现实社会中的社区和国家治理具有一定程度的相似性。以 DPOS 机制的典型区块链项目 EOS（Enterprise Operation System）为例，EOS 是商用分布式应用设计的一款区块链操作系统，通过引入区块链架构，旨在实现分布式应用的性能扩展。根据 EOS 的白皮书，EOS.IO 架构中区块产生是以 21 个区块为一个周期。在每个出块周期开始时，21 个区块生产者会被投票选出，前 20 名出块者首选自动选出，第 21 个出块者按所得投票数目对应概率选出。所选择的生产者会根据从块时间导出的伪随机数进行混合，以便保证出块者之间的连接尽量平衡。每次生成一个块时，EOS.IO 系统都会奖励该区块生成者一个新的 Token，所创建的 Token 数量由所有区块生成者所公布的期望报酬的中位数决定。EOS.IO 系统可能被配置为限制区块生成者所得奖励上限，这样 Token 供应的年总增长不超过 5%。

简而言之，EOS 持有人投票产生 21 个超级节点（区块生产者），21 个超级节点进行记账的激励是巨大的奖励。EOS 代币一共 10 亿个，假设每年增发 5%，即 5000 万个，一共 21 个超级节点，则每个节点可以分到 238 万个。以 EOS 2019 年的价格 15 元人民币计算，每个节点每年收益高达约 3600 万人民币。而如果 EOS 价格上涨，超级节点的收益也会相应地提高。而 EOS 在 2018 年 6 月主网上线之前的超级节点选举，是区块链行业营销的典型案例，直接带动了加密货币市场的一波行情。

而 DPOS 机制在一段时间内大受追捧的原因是涉及当前区块链技术的瓶颈——不可能三角（Trilemma），即当前区块链只能在去中心化（Decentralization）、安全性（Security）和扩展性（Scalability）之间三者选其二。完全去中心的区块链架构会带来性能和安全性方面的问题。传统的分布式架构，例如云计算，是通过把一个任务切片，分发到多个节点来并行计算，最后将结果汇总回单点，因此效率很高，但中心化程度也很高。完全去中心的区块链架构是把同一个任务放在多个节点同时运行，结果最后达成共识，共识的结果成为最终状态。可想而知，完全去中心的效率会远远低于前者，但在安全性和可信任程度上又远远高于前者。而 DPOS 机制给出的解决方案本质上是舍弃去中心化而实现安全性和扩展性。区块链三难选择的示意图如图 1–5 所示：

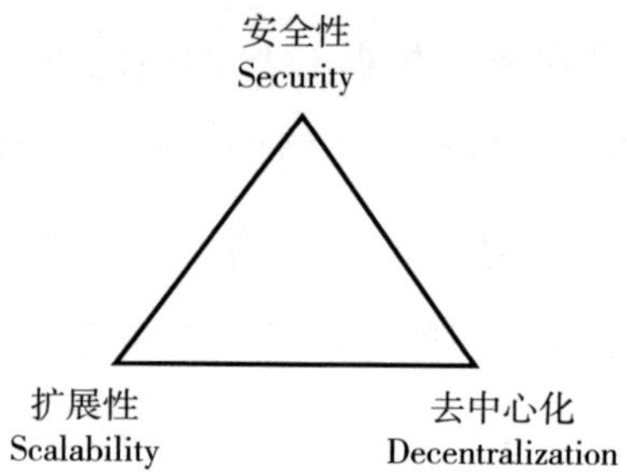

图 1–5　区块链三难选择

“三元悖论”的三个角对于区块链的重要意义在于：完全抛开三角中的其中任意一角，那就不是区块链。例如，微信和支付宝的 TPS 大多数情况下都在千的数量级，在高峰期会到万数量级，相比目前公链的 TPS 很高，但它是中心化的，而非区块链所面对的“多方参与、共同记账”的开放环境。再比如联盟链就是一种 TPS 很高的区块链，但它在安全和去中心化程度上都有一定的妥协，仅能用于成员已知且可信的环境，而非区块链公链所面对的开放成员（Open Membership）

环境。

（四）PBFT 机制

PBFT 是“Practical Byzantine Fault Tolerance”的缩写，即实用拜占庭容错算法。该算法是卡斯特罗（Miguel Castro）和利斯科夫（Barbara Liskov）在 1999 年提出来的，解决了原始拜占庭容错算法效率不高的问题，算法的时间复杂度是 O（n^2），使得在实际系统应用中可以解决拜占庭容错问题。该论文发表在 1999 年的“操作系统设计与实现”国际会议上（OSDI99）。其中利斯科夫就是提出了著名的里氏替换原则（LSP）的人，2008 年图灵奖得主。以下拜占庭容错问题简称“BFT”。

BFT 是区块链共识算法中需要解决的一个核心问题。以比特币和以太坊为代表的 POW，EOS 为代表的 DPOS，以及今后以太坊逐渐替换的共识算法 POS，这些都是公链算法，解决的是共识节点众多情况下的 BFT。PBFT 是在联盟链共识节点较少的情况下 BFT 的一种解决方案。

PBFT 算法由于每个副本节点都需要和其他节点进行 P2P 的共识同步，因此随着节点的增多，性能会下降得很快，但是在较少节点的情况下可以有不错的性能，并且分叉的概率很低。PBFT 主要用于联盟链，但是如果能够结合类似 DPOS 这样的节点代表选举规则的话也可以应用于公链，并且可以在一个不可信的网络里解决拜占庭容错问题，其 TPS 应该是远大于 POW 的。

（五）DAG 机制

DAG（Directed Acyclic Graph，有向无环图）原本是计算机领域一种常用数据结构，因为独特的拓扑结构所带来的优异特性，经常被用于处理动态规划、导航中寻求最短路径、数据压缩等多种算法场景。DAG 机制的数据结构如图 1-6 所示：

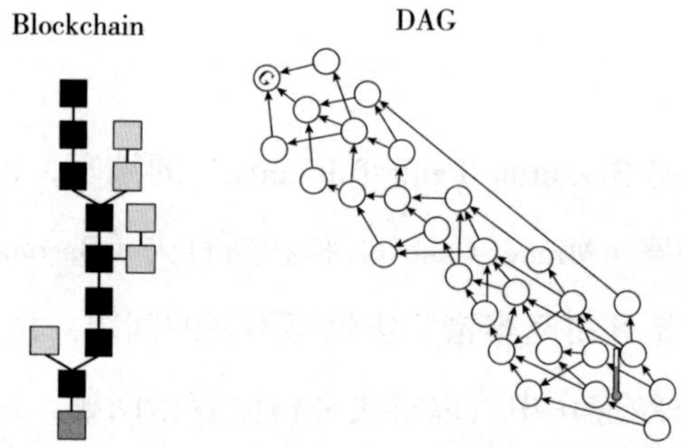

图 1–6　区块链和 DAG 的数据结构

2015 年 9 月，Sergio Demian Lerner 发表了《DagCoin: a cryptocurrency without blocks》一文，提出了 DAG–Chain 的概念，首次把 DAG 网络从区块打包这样粗粒度提升到了基于交易层面，但 DagCoin 本身是一篇论文，并没有从代码层面实现。DagCoin 的思路是让每一笔交易都直接参与维护全网的交易顺序，交易发起后直接广播全网，跳过打包区块阶段，达到所谓的“Blockless”（无区块），这样省去了打包交易出块的时间。DAG 最初跟区块链的结合就是为了解决效率问题，现在不用打包确认，交易发起后直接广播网络确认，理论上效率得到了质的飞跃。DAG 进一步演变成了完全抛弃区块链的一种解决方案。2016 年 7 月，IOTA 在 Bitcointalk 论坛公布创世贴横空出世，随后 ByteBall 也闪亮登场。IOTA 和 Byteball 是 DAG 网络的第一次实现，此时，有“无块之链”（Blockless）之称的 DAG 链家族雏形基本形成。概括起来，DAG 是面向未来的新一代区块链，从图论拓扑模型宏观地看，从单链进化到树状和网状、从区块粒度细化到交易粒度、从单点跃迁到并发写入，是区块链从容量到速度的一次革新。而定位为全球第一条专注穆斯林世界的公有链的 Qitmeer，主要的应用场景为伊斯兰金融产品及服务、清真产品溯源、天课捐赠、产权与遗产登记、文化教育等领域，采用的共识机制就是 DAG。2019 年 2 月 Qitmeer 基于 BLOCKCHAIN 的底层成功在西安测试完成了 P2P 的传输，2019 年 3 月 Qitmeer 的公链团队在上海联调成功了基于 DAG 技术的 P2P

传输。

1.1.3 技术进步下的数字货币形式演变

数字货币不是横空出世的，其概念源于电子支付，由电子货币、虚拟货币等概念演变而来，并逐渐与电子货币和网络虚拟货币有分离之势。事实上，加密货币的概念兴起已久，早在20世纪80年代加密货币的概念已风靡一时，蒂莫西·梅（Timothy May）提出了黑网（Black Net）的设想，建立一个充满各国政府秘密的市场，泄露各国政府秘密的人可以获得一种不可追踪电子加密货币的奖励，即加密信用（Crypto Credits）。而学术界普遍认为电子支付的实践发源于荷兰，在20世纪80年代末期，荷兰偏远地区的加油站经常发生抢劫现金的事件，安保人员工作危险大，而且对于加油站来说聘用成本过高。后来，有人将钱储存在新型智能卡上，提供给卡车司机消费，避免了卡车司机使用现金从而面临被抢劫的风险。与此同时，荷兰当时最大的零售商Albert Heijn推动银行发明了一种新的支付方式，可以让购买者直接用银行账户来支付，这就是现在POS（Point of Sale）机的前身。在电子支付诞生的现实下，部分学者和研究机构持续开展了对数字货币的理论探索和实践应用的研发工作（李建军、朱烨辰，2017）。

“电子货币”的概念最早是大卫·乔姆（David Chaum）在1983年提出来的，他在论文中构造了一个具有匿名性、不可追踪等特性的货币系统，该系统被认为是最早的数字货币方案，其构造原理采用了密码学技术——盲签名。盲签名技术可以使签名者在不获取所签署具体内容信息的情况下完成签名。在该电子货币方案中，货币发行方使用盲签名技术对付款方的支付信息进行签名，签名后付款方可以进行验证，并将支付信息发往收款方完成收款，从而实现了电子货币的匿名性和不可追踪性。由此，密码学的原理和方法可被认为是构造电子货币系统的基础。随后大卫·乔姆创建了DigiCash公司，并将其技术产业化为E-cash系统，这种不可追踪的现金引起了前所未有的关注。但是E-cash系统采用中心化的架构，从而导致了其应用范围较小，一旦中心化的公司、中央服务器崩溃，该系统就不可维持。尽管如此，后来大多数电子加密货币都继承了 E-cash 重视隐私安全的特性，E-cash 用来保护匿名性的盲签名技术在数字货币发展史上也留下了浓墨重彩的一笔。

随着通信技术和密码技术的发展，数字货币的发展方案也得到了不断优化。主流数字货币的发展方案大致分为两种：第一种是在 E-cash 系统基础上进行扩展的未使用区块链技术的数字货币，这种货币本质上来说仍是中心化的，第二种是以比特币的诞生为重要标志，使用区块链为底层技术的分布式记账数字货币。

1996 年出现的 E-gold 电子货币系统完全独立于常规金融机构 E-gold 软件保证支付过程的安全和高效。E-gold 的发明者力求创建一个私人的黄金货币体系，包括基于互联网的交易，其表现优于国家货币（Mullan，2014）。然而 E-gold 最后演化成一种被犯罪分子利用的传销手段，已经被各国政府封杀。1997 年亚当・巴克（Adam Back）发明了哈希现金（Hash Cash），用到了工作量证明（Proof of Work，简称 POW）（Back，2002）。工作量证明机制简而言之就是，记账权和记账奖励和矿工的工作量成正比，其理念类似于卡尔・马克思的按劳分配（Distribution According to One's Performance）制度。在信息社会下，劳动的形式和内涵也发生了深刻的变化，"码农""金融民工"等称谓并不全是调侃，而是在一定程度上反映了劳动的形式和内容发生了深刻的变化。

1998 年是加密货币历史上比较重要的一年，有两款加密货币的代表性产品相继出现。1998 年 Wei Dai 提出了一种具有匿名性、分布式等特点的电子加密货币系统——B-money。值得一提的是，Wei Dai 是一名华裔工程师，中文名字为戴伟，同时是密码朋克的狂热追随者。20 世纪 90 年代密码朋克开始兴起，密码朋克是一群倡导使用强密码术以保护隐私的活动家。B-money 的设计在很多关键的技术特质上给了比特币启发和思路，《比特币：一种点对点的电子现金系统》的第一篇参考文献就是 Wei Dai1998 年的论文——《A scheme for a group of untraceable digital pseudonyms to pay each other with money and to enforce contracts amongst themselves without outside help》。同时在区块链 2.0 的代表产品以太坊（Ethereum）

的白皮书里也出现了对 B-money 的介绍：In 1998，Wei Dai's b-money became the first proposal to introduce the idea of creating money through solving computational puzzles as well as decentralized consensus，but the proposal was scant on details as to how decentralized consensus could actually be implemented。正如以太坊的白皮书所言，B-money 对于比特币最大的贡献在于其提出了分布式思想，分布式的另一种表述也就是业内所熟知的"去中心化"，分布式（去中心化）理念是比特币最重要的特性，而 B-money 被广泛认为是这一特性的启蒙者，B-money 具有点对点的网络，每个节点都在维护一个数据库账本。但是另一方面，不得不承认的是，B-money 也具有一些致命的缺陷：B-money 的每个节点并不能记录全部交易信息，而是记录它们各自认为准确的记录，这就导致了全体节点无法对"工作量证明"达成一致，继而导致"造币"过程难以实现。Wei Dai 为此设计了复杂的奖惩机制以防止作弊，但没有从根本上解决问题，这也是 B-money 最终没有普及的重要原因。

同年尼克·萨博（Nick Szabo）提出理念非常接近比特币的比特黄金（Bitgold），但由于技术能力不足并没有将其变为现实。比特黄金利用 POW 将困难问题解答结果用加密算法串联在一起公开发布，构建出一个产权认证系统。该系统的理论体系如下：第一，首先一条公开的字符串——"谜题"被创建；第二，Alice 在她的计算机上使用某个标准函数进行解密，并生成她的"工作量证明"（即她的计算结果）；第三，工作量证明会被加盖一个时间戳，加盖过程应该在一个分布式的时间戳服务里运行，而不是依赖于某个特定的时间戳服务商；第四，Alice 将"谜题"和带有时间戳的工作量证明，添加到一个分布式的注册表以获得 Bitgold，在这里依然不存在任何特定的单一服务器来存储注册表；第五，下一条公开字符串——"谜题 2.0"被创建；第六，为了验证 Alice 是该 Bitgold 的所有者，Bob 会在注册表中检查 Alice 所留下的无法伪造的信息；第七，为了验证该 Bitgold 是否有价值，Bob 会检查并验证"谜题"与工作量证明、时间戳的正确性。尽管尼克·萨博缺乏具体代码实现的能力，但 Bitgold 的架构已经非常接近于比特币的体系构造，因此尼克·萨博也一直被认为是中本聪的候选人，尽管尼克·萨博本人早就对此作出了否认。值得一提的是，维基百科曾一度准备删除比特币的相关词条，中本聪为了让维基百科接受它，对比特币作出了这样的描述："比特币是 Wei Dai 在网络朋克中所提到的 B-money 构想和尼克·萨博提出的 Bitgold 的具体实现。" B-money 和 Bitgold 在当时的影响力可见一斑。

1998 年还曾出现过两个生命十分短暂的数字货币——BEENZ 和 FLOOZ，两者十分相似，它们都声称将创造一种用于网络消费的统一货币，并且将挑战传统货币。然而，在与信用卡的竞争中，它们败下阵来，2001 年宣布失败。

在比特币出现之前的所有虚拟货币中，Q 币比较特殊，而且在中国广为人知。Q 币开始是作为腾讯公司开发的仅能用于购买腾讯内部虚拟商品和服务的虚拟货币，更多的是发挥腾讯生态内价值符号和流通手段的职能。正如我在《链改：重塑社会结构和经济格局》中所言：价值尺度、流通手段、贮藏手段是三大基本货币职能，其中价值尺度和流通手段是最基本的两个职能；基于区块链项目发行的 Token 本质上是信用而不是货币。Q 币也是同样的道理，其价值取决于对应的腾讯的虚拟商品和服务、供给和需求的相对情况以及腾讯的基本面等因素。但是随着 Q 币在中国被越来越多人接受，许多线下的商品和服务也开始接受 Q 币支付，Q 币的使用范围大大超越了虚拟货币的范畴，信用属性减弱而货币属性增强。再加上市场的混乱和被不法分子的利用，Q 币最终被政府限制了使用范围，恢复了虚拟货币的身份，其货币属性也大大降低。

事实上，在比特币诞生之前，大多数虚拟货币或数字货币的探索仅仅停留在纸上谈兵阶段，而无代码或现实实现能力，少数付诸实施的虚拟货币系统也均以失败告终，失败的原因基本在于流通范围的局限性，极其有限的流通范围扼杀了虚拟货币的生命力。究其深层次原因，不外乎有两点：第一，这些虚拟货币的组织结构为中心化的。在缺乏国家信用支撑的情况下，一旦发行和维护组织破产或遭受法律、道德指责，或保管总账的中央服务器被黑客攻破，这些货币系统将面临信用破产与内部崩溃的风险；第二，在虚拟货币生态和受认可程度逐步扩大时，虚拟货币就潜在地挑战了法定货币的地位，进而会受到政府部门的强势监管。

但与此同时，虚拟货币的“中心化”和“去中心化”又存在悖论，如果采取“去中心化”的结构，那么如何对虚拟货币的运营和流通进行监管就成了政府面临的一个棘手的问题。事实上，当前对于基于区块链的数字货币仍未找到一条非常有效的监管方式。此外，如果采取分布式的结构，数字货币也容易遭受复制和篡改，而且数字货币在网络中的流通记录最终必然要记录于某个账本中，如果遭受黑客攻击和篡改，则将对整个体系带来毁灭性的破坏。因此，要保障数字货币系统的安全性，需要解决两个非常重要的问题：第一，如何避免货币伪造；第二，如何避免双重支付（即“双花”，Double Spending），即利用货币的数字特性两次或多次使用“同一笔钱”完成支付。这两个问题在比特币诞生之前，没有在现实中得到很好解决。

之后的数字货币技术又有了新的发展，比特币开创性地提出了一套解决方案。中本聪（2008）在密码学邮件组发表了一篇论文，提出了比特币的概念。中本聪认为，借助金融机构作为可信赖的第三方来处理电子支付信息，受制于“基于信用的模式”（Trust-based Model）的弱点，因此希望创建一套基于密码学原理，使得任何达成一致的双方不需要第三方中介参与，能够直接进行支付的电子支付系统，该系统能够杜绝伪造货币和双重支付。比特币的核心支撑技术是区块链，其主要特点是去中心化，能够通过运用数据加密、时间戳、分布式共识和经济激励等手段，在节点无须互相信任的分布式系统中实现基于去中心化信用的点对点交易、协调与协作，从而为解决中心化机构普遍存在的高成本、低效率和数据存储不安全等问题提供了一种可选的解决方案。比特币是一个开源项目，其源代码也作为其他的一些软件项目的基础。由比特币衍生出来的最常见的形式，就是替代性的去中心化货币，简称“竞争币”，这类货币使用了跟比特币相同的模式，创建区块链来构建自己的电子货币系统。

比特币的出现为虚拟货币或电子货币提供了一种完全不同于以往的解决方案。基于区块链技术较为知名的数字货币有以太币（Ether）、莱特币（Litecoin）、狗狗币（Dogecoin）、点点币（Peercoin）、门罗币（Monero）、达世币（Dash）等。

李建军和朱烨辰（2017）从虚拟货币（数字货币）的源流和发展进程角度进行分析，归纳出了数字货币发展演变的决定因素，表示成四元组模型：DF=f（T，A，P，L）。其中，T 表示技术（Technology）条件，数字货币是伴随着信息技术的发展而产生与发展的。正是由于互联网、分布式网络以及云计算等的普及和发展，才有了区块链技术，才有了基于不同共识机制的更多形式的数字货币。A 代表应用（Application）需求，数字货币的发展是由应用需求驱动的，2008 年国际金融危机的爆发对区块链的产生带来了深刻的影响（吴桐、李家骐，2018），实践探索出的经验对数字货币的发展起到了关键性的作用。P 代表支付环境（Payment），数字货币的发展与支付环境密切相关，数字货币与电子支付、移动支付的发展密不可分，是数字货币发展的前提条件之一。L 表示法制（Law），数字货币的发展受到法规制度与政策环境的影响，从各国政策对比特币价格的影响可以看出，法规制度与政策环境能够显著影响数字货币的发展。2018 年的数字货币熊市与全球监管趋紧密不可分，主要国家的监管态势对数字货币生态具有至关重要的影响。

1.2 基于金融角度的区块链阐释

区块链的起点是技术，然而其本身又类似于一个经济系统，而其有机组成部分 Token 一旦公开交易和流通，就具有了金融产品的属性。此外，基于区块链的第一个产品——比特币又诞生于影响深远的 2008 年国际金融危机之后。因此区块链和经济学密不可分，区块链经济学是诞生下一个诺贝尔经济学奖的土壤。当前已有多位在全球范围内具有重要影响力的经济学家开始关注和研究区块链。

区块链从经济学视角可以概括为分布式账本、通证以及社群制度的有机结合。分布式账本是区块链技术最主要的特征。分布式账本是一种通过去中心化的方式集体维护一个可靠数据库的技术方案，任何参与到区块链网络的节点，都允许获得一份完整的数据库拷贝。节点间基于一套共识机制，通过竞争计算共同维护整个区块链。任一节点失效，其余节点仍能正常工作。这也就是说，区块链的运行规则是公开透明的，所有的数据信息也是公开的，因此每一笔交易都对所有节点可见。由于节点与节点之间是基于技术信任的，因此节点之间无须公开身份，每个参与的节点都是匿名的，单个甚至多个节点对数据库的修改无法影响其他节点的数据库。区块链中的每一笔交易都是通过密码学方法与相邻两个区块串联，因此可以追溯任何一笔交易（Nakamoto，2008）。区块链分布式记账的方式本质上是公共记账，不同于当前基于复式记账法的关联方记账。信息披露在会计和金融领域都是一个重要问题，对包括资本成本在内的诸多要素也有重要影响（Wiedman et al.，2000；Healy et al.，2001；Christiano et al.，2008），美国发生于1929年的“大萧条”与未能及时建立一套统一的会计处理和会计信息披露方法体系密切相关（汪祥耀等，2010）。

具体而言，以比特币区块链为代表的公有链（Public blockchain）账本与银行账本的差异主要体现在以下三个方面：第一，区块链账本的开户是匿名的，账本的交易细节是全部公开的，而银行开户实名制，账本交易不公开。匿名开户保证了中本聪在白皮书《Bitcoin：A Peer-to-Peer Electronic Cash System》中阐述的电子现金的第一个属性——匿名性，唯一性则是通过账本的共识来实现。账本在全网达成共识的基础上，通过匿名的身份（私钥）控制账户的余额，又可以不暴露身份，账本余额从某种意义上而言就是电子现金。第二，区块链账本与银行账本的做账方式有所差异：银行账本的记账方式是基于复式记账法的“1+1借贷式”；区块链账本的记账方式是基于共识机制（POS、POW等）的“1+N式记账”，其模式为一方记账，多方核对账本。第三，区块链账本是基于交易的账本，而银行账本则是基于账户的账本。在传统的会计核算体系中，资产负债表和现金流量表是相对独立的两张表，而区块链账本将支付跟清算合并，有可能会将目前的记账方法变回流水账式，资产负债表的作用将会弱化，只剩下现金流量表。如果这一目标可以实现，这将对金融行业的中间业务收入，乃至对金融行业的底层运营的逻辑产生根本性的影响。

同时联盟链（Consortium Blockchain）则是数据结构上公链的完全分布式和传统数据中心化结构的结合。联盟链只针对特定某个群体的成员和有限的第三方，内部指定多个预选的节点为记账人，每个块的生成由所有的预选节点共同决定，其他接入节点可以参与交易，但不过问记账过程，其他第三方可以通过该区块链开放的应用程序编程接口（API）进行限定查询。联盟链有了准入机制，可以使得交易性能更容易提高，避免由参差不齐的参与者产生的一些问题（Zheng et al.，2017；Brousmiche et al.，2018）。联盟链是在当前全球对包括 ICO 在内的区块链融资监管趋紧的情况下，针对特定公司或组织进行网络框架搭建的区块链架构。与公链相比，联盟链不仅准入门槛低，而且由于节点少，不会面对交易速度慢的问题；另外因为没有涉及融资活动，也不需要担心政策监管的风险。

联盟链的数据结构特征与供应链金融匹配，供应链金融发展的目标是为了依托供应链核心企业，对产业上下游相关企业提供全面的金融服务，最终能够降低整个供应链运作成本，并通过金融资本和实体经济的协作，构筑银行、企业和供应链的互利共存、持续发展的产业生态（胡跃飞，2007；Lamoureux，2008）。联盟链使得核心企业的信用传递从一级供应商延伸至第二级、第三级供应商，再通过物联网技术对联网的产品进行实时监控及溯源，保险对业务全程的覆盖，信用证管理跨境物流，从而对上游供应商企业进行应付账款融资，对下游企业进行应收账款融资，对物流提供方进行库存融资（可信区块链推进计划，2018）。

而私有链（Private Blockchain）的写入权限掌握在某个组织手中，其他任何人都没有记账权，其数据结构和信息传递方式与传统中心化组织无本质区别，主要作用在于对企业内部的组织管理进行重构，降低企业的组织与沟通成本以及确保企业数据的不可篡改性。

将一个区块链项目作为单独的经济系统考察，无论是公有链还是联盟链都能在一定程度上缓解信息不对称，但每个区块链之间互通性障碍极大程度地限制了区块链的应用空间，造成了大量“信息孤岛”的存在。当前包括公证人机制（Notary Schemes）、侧链 / 中继（Sidechains/Relays）、哈希锁定（Hash-locking）以及分布式私钥控制（Distributed Private Key Control）等在内的主流跨链技术实现了价值跨链进行直接流转，极大地实现了价值的互联互通（Chen et al.，2017；Tasca et al.，2017）。而在传统金融市场中，人力资源、商品以及资金的互联互通对于拓展市场边界、提高资源配置效率、增强市场有效性等都具有重要作用（刘荣茂等，2015；严佳佳等，2015）。

1.2.1 国际金融危机与区块链

2008 年的国际金融危机以一种破坏性极强的方式提示人们，现行的金融体系具有极大的不稳定性，同时这次金融危机也对全球产生了极其深远的影响。2018 年 10 月比特币白皮书问世，次年 1 月 4 日比特币正式诞生，同时也是区块链技术第一次以完整的形式呈现在世界面前。2008 年爆发的国际金融危机和比特币的诞生之间有着深刻的经济逻辑和历史逻辑。

当前相当一部分区块链经济的研究者认为，比特币的诞生原因如下：货币由政府垄断发行，政府具有超发货币的倾向（超发货币有助于实现稳定物价、充分就业、促进经济增长和平衡国际收支等目标），进而导致货币的不稳定性。尽管这种观点具有一定的合理性，但事实上并非完全如此。基于国际金融危机前后的一些基本事实进行考察，就会发现这种观点有失偏颇（吴桐和李家骐，2018）。

美国 M2 的增速在 2008 年金融危机前与 GDP 增速大致一致，并没有出现严重的超发现象。20 世纪 70 年代在欧美主流资本主义国家出现的“滞胀”危机使得业界和学界重新审视凯恩斯主义范式，并相继导致了货币主义、供给学派和理性预期主义等经济学派的诞生。通货膨胀存在“皮鞋成本”，并会增加与交易需求相关的成本，同时在通货膨胀环境中人们的行为倾向于短期化，从而不利于经济增长的质量。在这种背景下，主流政学界意识到将货币政策附属于财政政策的做法已不可持续，与此对应的措施是中央银行获得独立性，货币政策最主要目标由复合目标中相机抉择变为维持物价稳定，也就是所谓的“通货膨胀目标制”。在基于“泰勒规则”的通货膨胀目标制下，金融市场基准利率是产出缺口和通胀缺口的加权平均数，货币供应量与 GDP 增速也基本保持相对平衡。

由政府垄断货币发行这一现象几乎存在于当前大多数国家，主流大国更是全部如此。但如果说比特币的诞生是反对政府超发货币，这个观点是不准确的，因为考察 2008 年国际金融危机之前的情况，事实上处于国际货币体系中心地位的美国并没有超发货币，M2 增长率基本上和经济增长率保持大致均衡。

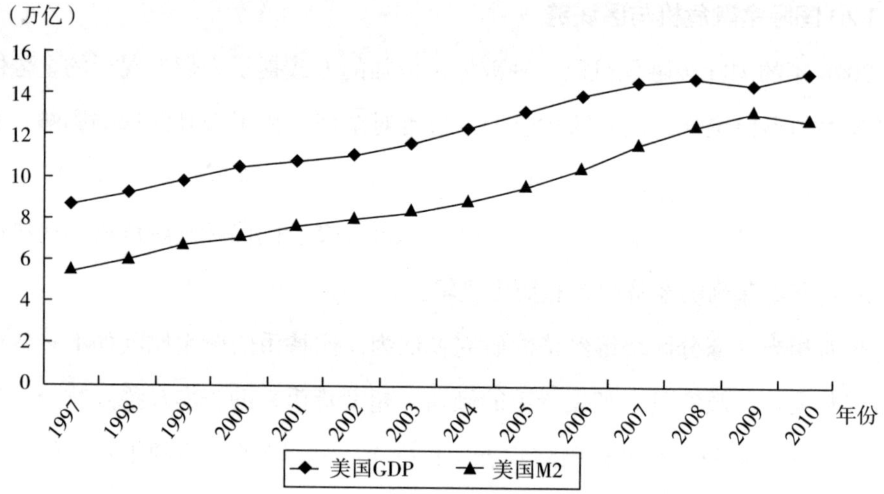

图 1-7　2008 年金融危机前后美国 M2 和 GDP 走势图

数据来源：Wind，作者整理。

另一方面，2008 年国际金融危机是由美国次贷危机引起的，而引发美国次贷危机的直接原因也不是通货膨胀，而是泛滥的资产泡沫。资产泡沫的根本原因在于，20 世纪 90 年代开始流行的通货膨胀目标制将通货膨胀保持在稳定且比较低的一个状态，并认为在这种状态下对于经济发展是最有利的。同时实行通货膨胀目标制意味着赋予中央银行极高的独立性，中央银行无须考虑经济发展、就业率以及收支平衡等问题，而专注于物价稳定。在此之前，如果经济不景气或出现失业率过高以及收支失衡的状况，政府会有通过央行超发货币以促进经济增长、提高就业以及维持国际收支平衡的倾向。但是在通货膨胀目标制框架下，中央银行只负责盯住通货膨胀，而无须关心经济增长、就业以及国际收支等问题，在此背景下世界进入“大稳健”（Great Moderation）时代。“大稳健”的概念由 Stock 和 Watson 在 2002 年提出，并随着 2004 年伯南克（Ben Bernanre）的演讲而引发全球广泛关注。“大稳健”时代用以形容从 1984 年到 2007 年国际金融危机发生之前的这一时期，其特点为一方面经济长期增长，另一方面摆脱了经济大幅波动的困扰，同时通胀保持在较低的稳定水平。

从理论上而言，货币增长率 = 经济增长率 + 通货膨胀率 + 实际货币余额增长率（由货币增长全微分方程推导出）。自然利率，又称“均衡利率”或“中性利率”，最早由瑞典经济学家克努特·维克塞尔（Knut Wicksell）提出。维克塞尔一生完成了不少高质量的著作，主要有《价值、资本和租金》（1893 年）、《利息与价格》（1898 年）、《国民经济学讲义》上下卷（1901—1906 年），其中代表作是《利息与价格》。在这部著作中，他首次把利率区分为自然利率与货币利率，并以此建立了著名的累积过程学说。这一学说的创立使维克塞尔在经济学说史上占有重要地位。

维克塞尔把利息率区分为两种，一种是货币利息率，即金融市场上实际存在的利息率，而另一种为自然利息率。自然利息率的解释维克塞尔主要基于三点：（1）自然利息率是相当于实物资本生产率的利率；（2）自然利息率是借贷资本供求（即储蓄等于投资）相一致是所形成的利率；（3）自然利息率是使货币保持中立、商品一般价格水平保持稳定的利息率。

“大稳健”时期美国 M2 的投放基本与 GDP 增速保持一致。货币供给保持稳定的低速增长同样压低了名义利率，提高了美国的当期消费，扩大了其进口需求，名义利率与各类资产的价格都呈反比，低利率的环境下资产价格普遍高估（房地产、股票、期权等），导致了各种证券化、衍生品大行其道，进而增大了资产泡沫。

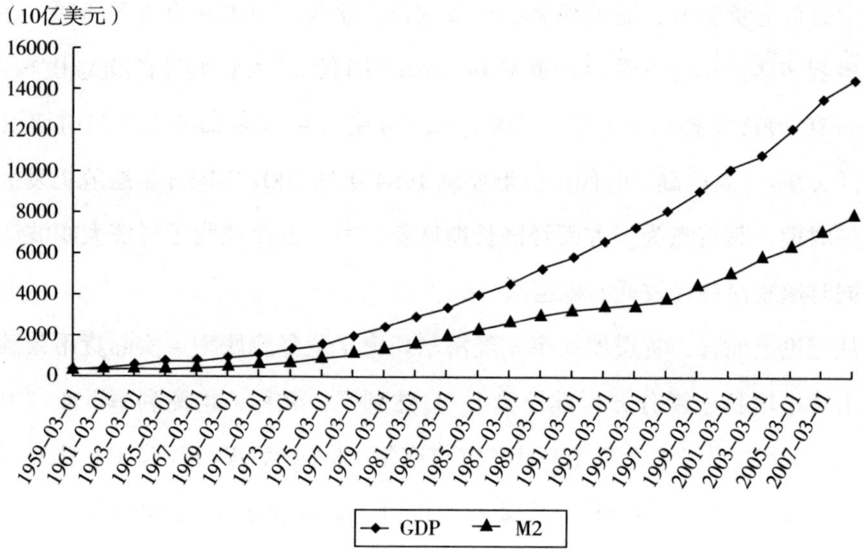

图 1-8　2007 年次贷危机前美国 GDP 和 M2 走势图

“影子银行”（Shadow Banking System）第一次作为一个专有名词登上世界舞台，而房地产市场在其中扮演了极其重要的角色。“次贷”即“次级按揭贷款”（Subprime Mortgage Loan）。“次”指的是信用和还债能力较低的证券。在美国贷款是非常普遍的现象。美国消费者和投资者很少全款买房，通常都是长时间贷款。另外美国失业和再就业是很常见的现象，这些收入并不稳定甚至根本没有收入的人，买房因为信用等级达不到标准，就被定义为次级信用贷款者。次级抵押贷款是一个高风险、高收益的行业，指一些贷款机构向信用程度较差和收入不高的借款人提供的贷款。与传统意义上的标准抵押贷款的区别在于，次级抵押贷款对贷款者信用记录和还款能力要求不高，贷款利率相应地比一般抵押贷款高很多。那些因信用记录不好或偿还能力较弱而被银行拒绝提供优质抵押贷款的人，会申请次级抵押贷款购买住房。美国次级抵押贷款市场通常采用固定利率和浮动利率相结合的还款方式，即购房者在购房后头几年以固定利率偿还贷款，其后以浮动利率偿还贷款。从 2001 年开始，由于美国住房市场持续繁荣，加上前几年美国利率水平较低，美国的次级抵押贷款市场迅速发展。随着美国住房市场的降温尤其是短期利率的提高，次贷还款利率也大幅上升，购房者的还贷负担大为加重。同时，住房市场的持续降温也使购房者出售住房或者通过抵押住房再融资变得困难。这种局面直接导致大批次贷的借款人不能按期偿还贷款，银行收回房屋，却卖不到高价，大面积亏损，引发了次贷危机。

美国次贷危机让“影子银行”体系的概念为全球所熟知和热议，也使得这个自20世纪60年代在欧美国家产生发展起来的、已深刻改变世界的金融体系浮出水面。影子银行“制造”的金融合约主要是没有正式存款保险制度覆盖的短期债券，同时延长了金融中介链条，颠覆了传统银行时代的“太大而不倒（Too Big To Fail）”的状况，使得金融体系进入“太关联而不倒（Too Connected To Fail）”的新时代。这次国际金融危机的本质是由对影子银行系统的挤兑而引发的流动性危机，美国政府为避免加剧系统性风险，也只好对其实施救助。因此比特币诞生的直接原因不光是货币不稳定，资产泡沫同样是不可忽视的因素。事实上，比特币处理交易速度为7笔/秒（TPS，Transactions Per Second），如果在系统不升级和扩容的情况下，这一点决定了比特币不会成为真正的货币，而更类似于资产。

中本聪对于比特币的阐述是考察其创造比特币初衷的最直接证据。中本聪在比特币创世区块留下了一条非常重要的证据——“The Times 03/Jan/2009 Chancellor on brink of second bailout for banks（2009年1月3日，财政大臣正处于实施第二轮银行紧急援助的边缘）”。其中中本聪对政府在金融危机中进行银行救助的反对之意昭然若揭。国际金融危机后政府对于大型金融机构援助分为直接援助和间接援助，直接援助更多的是通过财政政策实现。

2008年10月3日，时任美国总统布什签署有史以来最大规模的7000亿美元的金融救援计划。此外，布什政府还对濒临清盘的金融机构直接注资。2008年9月，美联储向国际集团提供了1500亿美元的救助资金；对债券和基金进行回购和担保，宣布计划从“政府资助机构”收购100亿美元的抵押贷款支持债券，并计划动用多于500亿美元外汇稳定基金（ESF）为货币市场基金提供临时担保。

2009 年 2 月 10 日，奥巴马政府出台“金融稳定计划”。2 月 17 日奥巴马签署高达 7870 亿美元的《美国复苏与再投资法案》，该法案把保障就业作为应对经济危机的直接举措，而发展清洁能源作为美国经济未来转型和发展的一个长远战略，后一项是奥巴马政府全力打造的化解金融危机、振兴美国经济、领跑全球经济的新的增长点。2 月 18 日奥巴马政府公布“房屋所有者负担能力和稳定性计划”，用至少 2750 亿美元资金实现保障美国家庭的“清偿力”、“稳定性”和加强对“两房”的支持以维持较低按揭利率水平的目标。尽管与此同时，美国也推出了相应的货币政策，包括前期的降息降准的常规货币政策以及之后举世闻名的“量化宽松政策”，但是货币政策的作用并不如财政政策的作用来得直接。仅从货币层面考虑比特币诞生的国际经济背景有失偏颇。

1.2.2 区块链如何改造传统金融

（一）金融危机的根源

2008 年的国际金融危机来源于美国的次贷危机，而引发美国次贷危机的直接原因是资产价格泡沫，前文也指出这是由于通货膨胀目标制造成的，但这依然不是问题的最终答案，而是导致一次金融危机的具体原因。通过对历史上众多次金融危机的回顾，还可以进一步挖掘金融危机背后的深层次逻辑。我在《链改：重塑经济结构和社会格局》中将导致金融危机的深层次原因概括为以下三点：

第一，信息不对称。信息不对称是传统金融业固有的且难以解决的弊病。增长和波动是经济领域两个最核心的基本问题，如果能完全消除信息不对称，经济系统的波动性就会极大降低，从而获得较为稳定的增长。自 1932 年 Fisher 首次提出“债务—通货紧缩”理论来解释 20 世纪的大萧条以来，“过度负债”和“债务清偿”成为引发金融危机的关键。Tobin（1975）进一步拓展了“债务通缩”理论，将贷款方综合考虑进分析框架，逻辑链条拓展为“价格下降——工资和收入下降——债务本金和利息占比提高——所有者权益占比下降——再贷款能力减弱——企业破产和违约——借款人和金融机构流动性遭受负面冲击——进一步借款萎缩和投资下降”。Minsky（1982，1992）从资本市场角度将“债务通缩”理论进一步拓展，从资产价格下降的货币价值和财富效应两个渠道论证了债务清偿的“廉价销售”（Fire Sale）效应。Bernanke 等（1989）以“债务通缩”理论为基础，结合信息不对称、金融市场不完善等理论建构了金融加速器（Financial Accelerator）模型，发展出通缩自我加强效应的完整分析框架。2008 年国际金融危机后学界对金融危机从债务杠杆角度（Goodhart，2010）、杠杆周期角度（Geanakoplos，2010）及金融周期角度（Borio，2014）等不同角度进行阐述，这些研究将导致金融危机的核心问题归纳为债务杠杆、抵押贷款、金融风险认知、融资约束和资产错配等，而这些问题本质上都是由信息不对称导致的。

第二，贫富差距的日益扩大。实际上，造成贫富差距扩大的一个重要原因是资本和劳动收入的不平等。在《资本论》中马克思对这一机制中有过比较详细的论述：“在资本主义下的雇佣劳动制度中，劳资双方处于不平等地位，劳动者工资既构成生产成本又是有效需求的重要来源。资本家为了提高利润会压低工资，然后导致消费不足。所以在资本主义的框架内，金融危机无法根除。”尽管马克思的观点带有鲜明的阶级色彩，但却精辟而严谨地阐述了社会有效需求不足的机制。2008 年国际金融危机之后，收入平等与金融危机的关系再次成了学者们讨论的重要问题。

Rajan 在 2010 年出版的书籍《Fault Lines》是对贫富差距与金融危机的关系的一个系统性的分析。在书中，Rajan 分析了美国的状况，认为美国居民从 20 世纪 80 年代后就开始通过减少储蓄、增加信贷的方式来应对相对长期收入的下降，贫富差距越大，这种现象就越明显，最终导致了信贷泡沫的产生。许多学者也都支持这一观点（Reich，2010；Kumhof and Rancière，2010；Kumhof et al，2012；Galbraith，2012；Palley，2012 等）。根据 Piketty（2014）的研究，在过去的 300 年的长时间序列数据中，投资回报平均维持在每年 4%—5% 的收益率，而 GDP 平均每年保持 1%—2% 的增长率。资本收益率远高于经济增长率（$r > g$），这是导致收入差距扩大的根本性原因。Kumhof et al.（2015）还给出了一个分析收入不平等与金融危机的动态随机一般均衡框架，再次论证了两者之间的因果关系。

第三，投资者的非理性情绪。投资者的非理性可能会导致金融资产的错误定价，进而引发资产泡沫，严重时引发金融危机。事实上，投资者的非理性与信息不对称有着很大的关联，投资者无法获得作出理性判断所需要的完备信息。这主要表现在两个方面，一是单个投资者的非理性情绪，表现为容易扩大乐观情绪和悲观情绪；二是投资者群体之间的非理性情绪，主要表现为投资者情绪会互相传染，从而导致情绪偏差的扩大。投资者非理性跟信息不对称具有比较强的关联性。正是信息不对称的存在导致和加剧了投资者的非理性。如果在信息完全对称的情况下，尽管投资者非理性这种现象并不会完全消失，但是会极大程度地降低。即使不同投资者得到相同的完全信息，不同的投资者由于认知差异之类的原因也会出现不同的判断，绝对的投资者理性在现实中是不存在的。关于投资者非理性问题的研究在学术界也早已成为热点。2013 年诺贝尔经济学奖得主之一的 Robert J. Shiller 在这一方面颇有建树，而其也因为成功地预测到了两次美国股市的泡沫而世界闻名。Shiller（1981b）指出了股票存在过度波动的问题，而这种过度波动很难用传统的理性投资者的理论来解释，这可能预示着“潮流”和对基本面变化的过度反应。Shiller& Perron（1985）、Summers（1986）更正式地指出，短期可预测性检验的功效很可能非常低。在 Shiller 最初工作之后，许多研究者开始使用个人行为和偏见的心理学证据，包括前景理论（Kahneman & Tversky，1979）、过度自信（Oskamp，1965）和心理账户（Kahneman& Tversky，1984；Thaler，1985）。从心理学的角度对投资者非理性行为进行了解释。总而言之，投资者存在非理性的行为和心理已经成了学术界的一个主流观点，投资者的心理和情绪将会在很大程度上影响市场。Baker &Wurgler（2007）还提出了一个“情绪指数”，并证明其与股票累计回报率高度相关。

（二）区块链如何改造传统金融体系

在上部分分析了金融体系固有弊病的基础上，本部分结合区块链的特点，论述区块链如何帮助传统金融体系克服其自身的固有缺陷。

首先，区块链技术可以极大程度地解决信息不对称问题。区块链的分布式记账将传统商业模式的基于复式记账法的各自记账变成了社会公共记账。在链上所有的交易都是透明的，按照一定规则进行的，这极大地降低了信息不对称的程度。

其次，基于区块链的经济系统可以在相当程度缓解贫富差距扩大问题。在现行的金融体系中，资本是系统内最重要的要素，贫富差距问题难以得到根本性的解决。在近三十年中，世界各国基本都出现了贫富差距扩大的情况，而区块链为这一问题的解决提供了可能。在一个比较完善的区块链经济系统内，寻求的是包括社群成员、矿工、开发团队以及其他的利益相关者在内的相对平衡的分配模式。比特币作为全球第一个区块链项目，其分配方式为0%归投资人或开发团队，100%归矿工，淋漓尽致地诠释了区块链精神，实际上算力成了数字经济时代的劳工。它不同于以往过于倾向资本要素的分配方式，更容易实现“以按劳分配为主体，多种分配方式并存”的分配制度，进而可以有效地解决收入差距过大这一问题。

事实上，区块链对传统金融体系的改造已在多个方面有所体现，比如资产证券化、保险、供应链金融、资产托管、大宗商品交易、贸易融资、银团贷款等领域。金融的不同细分领域具有不同的特点，以上细分领域对于区块链具有较为合适的行业切入点，适合作为区块链改造金融的先行军。

以供应链金融为例，中国供应链金融市场较大，但是痛点突出。2017年10月，国务院办公厅发布了《关于积极推进供应链创新与应用的指导意见》，政策层面对供应链金融扶持较大，与此同时供应链金融也是解决中小企业融资问题的重要途径，对于实现普惠金融具有积极意义。当前供应链金融主要有以下两个特点：一是发展空间巨大；二是行业痛点明显。行业痛点主要表现在四个方面：一是企业无法自证偿还能力；二是交易本身真实性难以验证；三是信息相互割裂，无法共享；四是履约风险无法控制。

区块链可以利用自身特点分别解决供应链金融行业的四个痛点：第一，分布式记账、共识算法可以解决信任问题，时间戳和一些其他机制可以提高可追溯性和防篡改；第二，智能合约可以防范履约风险；第三，信任可沿供应链有效传导。第四，可以降低合作成本，提高履约效率。

此外，在资本市场上，数字资产已表现出一定程度上相对传统资产的避险属性。以区块链为底层技术的数字货币，通过机器和算法信任代替原有法定货币的主权信任，改变了信任的底层逻辑。基于 POW（Proof of Work，工作量证明机制）的数字货币通过“挖矿”产生，与黄金开采过程具有一定相似性，大部分具有最终数量恒定、具有一定“开采”成本等特点，比如数字货币中产生最早、市值最大的比特币，最终数量为 2100 万个，在数字货币中具有重要地位的莱特币的总量为 8400 万个；同时数字货币和黄金两者都具有无主权国家属性的特点，这使得数字货币具有“类黄金”的商品货币属性，因此也有学者将比特币称为“电子黄金”或“数字黄金”（Rogojanu &Badea，2014；Popper 2015）。当地缘政治、宏观经济以及金融市场出现较大波动时，数字货币具有因算法信任、去中心化、匿名交易、全网交易等特征反而具有吸引避险资金流入的潜在能力（吴桐等，2018），进而可能挑战黄金一类传统避险资产的地位。

吴桐等（2020）将避险性定义成两种：一种是在外部政治经济环境突然发生较为剧烈的变动时，避险资金进入该市场的属性，定义为短期避险性；另一种是在外部政治经济环境长期保持不确定的情况下，避险资金进入并停留于该市场的属性，定义为中长期避险性。他分别对两种数字资产的避险性进行了研究，结果显示：数字资产在短期对于宏观经济和金融市场均具有较强的避险属性；数字资产在中长期无论是信息一阶矩传递层面还是信息二阶矩传递层面都对来自金融市场的不确定性表现出显著的避险功能，而对宏观经济不确定性仅在信息二阶矩传递层面表现出避险效应；数字资产对金融市场的避险功能的大小具有动态时变性，投机性的增强可能会削弱其避险性，其避险特征与黄金高度相似，可能会对黄金具有一定程度的替代作用。

1.2.3 区块链：传统金融发展的镜子

（一）国内金融视角

在国际金融危机之后，作为全球第二大经济体的中国也采取了与美国类似的做法，与美国不同的是，影子银行是导致美国次贷危机的原因，而中国影子银行则是国际金融危机的结果，这似乎是宿命的轮回，也反映在了中美两国金融周期的差异。金融周期作为中周期波动的分析框架，持续的时间较长，一个完整的金融周期大概在 15—20 年，所以一个金融周期可能包含多个经济周期。经济周期一般看 GDP 增长率指标、CPI 通胀类指标这两类指标；而金融的顺周期性来自银行信贷和广义信用，包括影子银行信贷和房地产价格相辅相成所带来的顺周期性。房地产作为信贷抵押品的特殊角色，使得房地产价格和银行信贷在一段时间内相互促进。美国的金融周期已在 2008 年见顶，而中国的金融周期在 2008 年还处于一个底部。

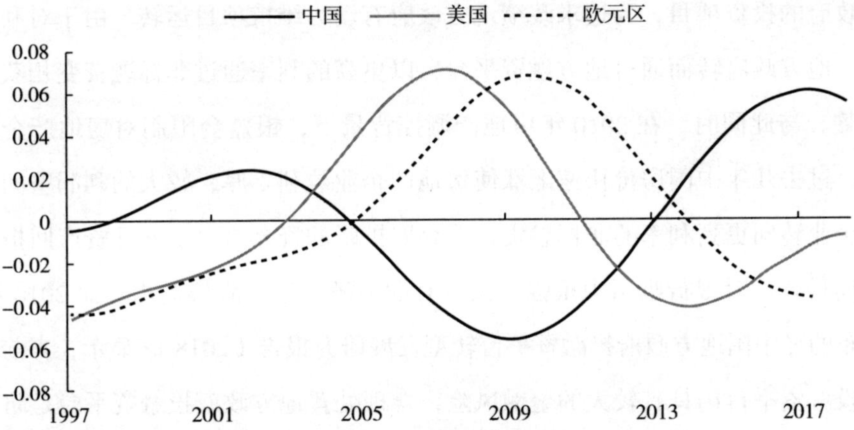

图 1-9　全球主要经济体金融周期出现分化

为对冲国际金融危机带来的风险，中国政府于 2008 年 11 月推出了进一步扩大内需、促进经济平稳较快增长的十项措施。据初步匡算，实施这十大措施到

2010年年底约需投资4万亿元人民币，这一揽子计划简称“四万亿计划”。在这些做法下诞生了中国式的影子银行。中国影子银行发展历程本质上是一场业务创新与监管博弈的猫鼠游戏（任泽平等，2017）。“四万亿计划”带来了大量新增贷款需求，但受到存贷比（Loan-deposit Ratio）、资本金（Capital）和合意贷款规模（Suitable Loan Size）的限制，银行表内信贷业务难以满足超额的贷款需求，借助外部机构进行表外放贷成为银行的必然选择，中国式影子银行应运而生。2010年中国宏观调控收紧，进一步加大了信贷出表的压力。投资限制少、可以发放贷款的信托公司成为银行首选的合作通道，银信合作规模在这一阶段爆发式增长。中国式影子银行不仅影响了中国的经济和金融进程，也深刻地影响了全球区块链经济的历史进程。

与此同时，“四万亿计划”同样对地方经济产生了重大影响，财政刺激促使地方政府上马了大量周期长、回报率低的基建项目，这些项目配套资金主要是银行贷款。2010年银信合作和信贷政策都开始收紧，银行信贷资金难以按计划发放给地方政府的投资项目，为追求政绩地方政府有动力维持项目运转。由于对利率不敏感，地方政府转而通过地方融资平台，以更高的利率通过非标融资变相获取银行贷款。与此同时，在2010年房地产调控背景下，银监会限制对房地产企业的贷款，过去几年中国房价快速上涨使房地产企业盈利丰厚，较大的利润空间使房地产企业转向更高利率的非标融资，以获取扩张的资金。由于非标资产回报率高于同期贷款，对银行吸引力很强，银行有动力满足这些融资需求。而2018年11月发布的《中国地方政府投融资平台转型发展研究报告（2018）》显示，当前地方政府投融资平台仍具有较大的金融风险，合理处置地方政府投融资平台是防控金融系统性风险的重要工作。

2013年年底开始房地产投资增速下滑，2014年以来国内经济增速延续放缓态势。自2014年7月末开始央行通过降低回购利率来引导同业拆借利率走低，2014年11月21日央行宣布下调金融机构人民币贷款与存款基准利率，此后一年多的时间里多次降准降息，开启了新一轮货币宽松。2015年2月4日，中国人民银行宣布下调金融机构人民币存款准备金率 0.5 个百分点。同时，央行宣布对小微企业贷款占比达到定向降准标准的城市商业银行、非县域农村商业银行额外降低人民币存款准备金率 0.5 个百分点，对中国农业发展银行额外降低人民币存款准备金率 4 个百分点。2015 年 2 月 28 日，中国人民银行宣布自 2015 年 3 月 1 日起下调金融机构人民币贷款和存款基准利率：金融机构一年期贷款基准利率下调 0.25 个百分点至 5.35%；一年期存款基准利率下调 0.25 个百分点至 2.5%，其他各档次存贷款基准利率及个人住房公积金存贷款利率相应调整。2015 年 4 月 19 日，中国人民银行决定自 2015 年 4 月 20 日起下调各类存款类金融机构人民币存款准备金率 1 个百分点。对农信社、村镇银行等农村金融机构额外降低人民币存款准备金率 1 个百分点。2015 年 5 月 10 日，中国央行宣布自 2015 年 5 月 11 日起金融机构人民币一年期贷款基准利率下调 0.25 个百分点至 5.1%；一年期存款基准利率下调 0.25 个百分点至 2.25%，同时将金融机构存款利率浮动区间的上限由存款基准利率的 1.3 倍调整为 1.5 倍。2015 年 6 月 28 日中国人民银行宣布，降息 0.25 个百分点，定向降准 0.5 个百分点。2015 年"811"汇改则造成了人民币贬值，引发了资本持续流出的局面。央行通过 SLF（常备贷款便利）、MLF（中期贷款便利）等方式投放短钱对冲外汇占款下降的方式助推了资金面期限错配和债市加杠杆。2014—2015 年的货币放水先后带来股市、债市、房市的暴涨。在此过程中，商业银行借助各类通道，拉长套利链条规避监管，将资金投向股市、债市、房市等领域，这一过程中影子银行规模持续扩张，各类影子银行业务繁荣发展。在这种宏观金融环境下，资金寻找高收益资产（Search For Yield）成为中国金融市场的主旋律，这也为 2016 年下半年开启的数字货币大牛市奠定了基础。

2015—2016 年期间，货币政策持续宽松，实体投资回报率持续下行和资金成本不断提高，资金"脱实向虚"现象严重，与此同时影子银行资金链条拉长、杠杆升高加剧股市、债市波动，并催生房地产泡沫，系统性金融风险开始积聚。此外，银行"惜贷"加大了中小企业的融资难度，有限的贷款资源大量流向产能过剩行业及杠杆率偏高的国有大型企业，并造成这类企业杠杆率过高，不利于实体经济去杠杆。2015 年 12 月中央经济工作会议提出供给侧改革，政府开始从供给端对过剩产能进行整改和清肃。为了配合供给侧改革推进，2016 年 7 月以来，“一行三会”开始推进金融市场去杠杆进程，并出台了一系监管文件。金融强监管的另一面是大类资产投资收益率的降低，这也促使大量资金涌入比特币、以太坊等数字货币市场，并带来一波牛市。

2016 年 7 月证监会针对基金、证券公司、期货公司等在内的证券期货经营机构发布《证券期货经营机构私募资产管理业务运作管理暂行规定》（新八条底线），要求这些机构在开展私募资产管理业务时不得损害投资者利益、不得不当销售、不得保本保收益、产品杠杆受限制等，其中股票、混合类资产管理杠杆倍数最多不超过 1 倍，期货、固定收益、非标类资管计划杠杆不得超过 3 倍，此外其他类型资产管理计划杠杆倍数不得超过 2 倍，集合类资管计划的总资产不得超出净资产的 140%。

2016 年 7 月，中共中央政治局会议提出要全面落实“去产能、去库存、去杠杆、降成本、补短板”五大任务，并强调要“抑制资产泡沫”。2016 年 8 月以来，人民银行对逆回购和 MLF 操作期限结构进行调整，相继重启 14 天、28 天逆回购，MLF 操作则暂停 3 个月品种，使得逆回购和 MLF 操作的期限均有所延长。央行“锁短放长”的操作抬高了短期资金的成本。2016 年 12 月中央经济工作会议强调“把防风险放在更加重要的位置上，集中处置一批风险点”。

2017 年一季度，人民银行正式将表外理财纳入银行“广义信贷”范畴，并在此基础上对银行进行 MPA 考核。2017 年 2 月，中国人民银行会同中央编办、法制办、证监会、银监会、保监会、外汇局成立“统一资产管理产品标准规制”工作小组，起草《关于规范金融机构资产管理业务的指导意见（征求意见稿）》，拟按照资管产品的类型，统一各类资管机构的监管标准，尽可能减少监管套利空间。2017 年 3 月底、4 月初，银监会发布了 8 份监管文件，要求银行对过去几年开展的各类套利、空转和不当创新的业务模式进行自查，对银行业内存在的风险进行摸底排查，陆续规范上述业务模式，引导行业支持实体经济的发展。其中整治银行“三违反”“三套利”“四不当”的文件直指影子银行业务灰色地带。

2017 年 7 月习近平总书记在全国金融工作会议上指出，服务实体经济、防控金融风险、深化金融改革是金融工作的三项任务。截至 2017 年 6 月，金融去杠杆已初见成效：广义货币增速明显下降，M2 同比增速由 2017 年 1 月的 11.3% 下降至 2017 年 5 月的 9.6%，首次出现个位数增速，“股权投资及其他项下”减少 1.4 万亿；影子银行信用扩张效应得到有效遏制，同业存单发行规模由 2017 年 3 月的 2.1 万亿元连续降至 2017 年 5 月的 1.2 万亿元，银行同业负债规模由 2017 年 1 月的 13.88 万亿持续下降至 2017 年 5 月的 12.49 万亿；随着短端市场利率上升压缩套利空间，银行间 7 天同业拆借加权利率由 2017 年 1 月的 2.74% 上升至 2017 年 6 月的 3.33%，银行资金成本逐渐提高，商业银行总资产增速下降，同比增速由 2017 年 1 月的 15.15% 持续下降至 2017 年 5 月的 11.99%。

由传统金融运作方式导致的 2008 年国际金融危机打破了原有的共识，为挽救危机中心化的组织采用了更加中心化的方式挽救大型金融机构，确保头部资源最大限度地免受侵害，稳定了公众信心，但也导致了一系列问题。其中一个非常明显的弊端是资金“脱实向虚”，金融“虚火过旺”。中国金融业占国民经济中的比重在主要大国中位居榜首。2015年，中国金融业增加值占GDP的比重达到8.5%的历史峰值，高于美国（7.2%）和英国（7.3%），约为日本、德国、法国、意大利和西班牙的 2 倍。2017 年，中国金融业在经济中的比重已经下降为 7.9%，但在主要大国的金融发展史中，中国当前金融业比重仍仅次于英国在 2009 年危机前后曾经达到的峰值。

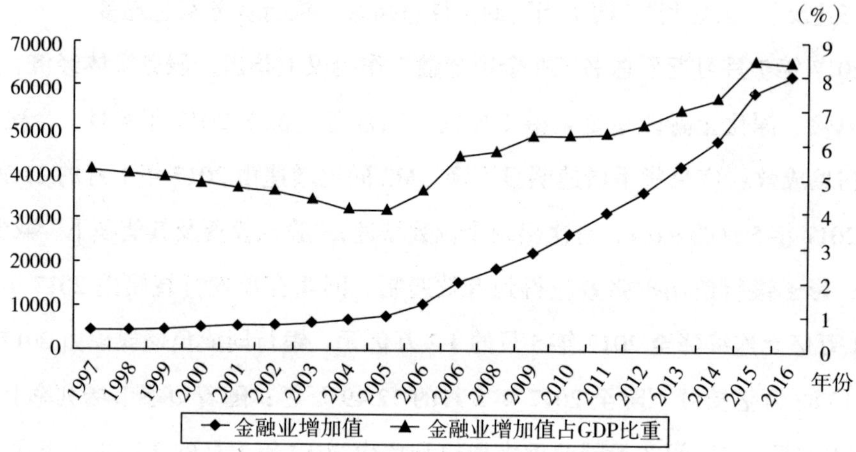

图 1–10　中国金融业增加值及其 GDP 占比走势

数据来源：Wind，作者整理。

章曦（2016）对 2002 年 2 月至 2015 年 9 月中国系统性金融风险进行了研究，构建了中国系统性金融风险的金融压力指数和分指数，发现系统性金融风险呈现整体的周期性和市场间的传染性；中国系统性风险 2008 年国际金融危机爆发时和 2015 年“股灾”前后，有两次明显的高危时期；但在 2015 年下半年由于一系列的整治措施，中国金融系统性风险出现明显的下降。

整治金融系统性风险的同时也将金融投资的整体收益率压低，中国数年来超发货币积累了大量的货币，过量货币急于寻找优质的投资标的。中国抑制金融化的措施同样压低了大类资产收益。2013 年中国大类资产收益中最高的是创业板，年收益率是 82.73%；2014 年中国大类资产收益中最高的是上证 50，年收益率是 63.93%；2015 年中国大类资产收益中最高的是创业板，年收益率是 84.41%；2016 年中国大类资产收益中最高的是房地产市场，年收益率是 118.54%；2017 年中国大类资产收益中最高的是上证 50，年收益率是 25.08%。

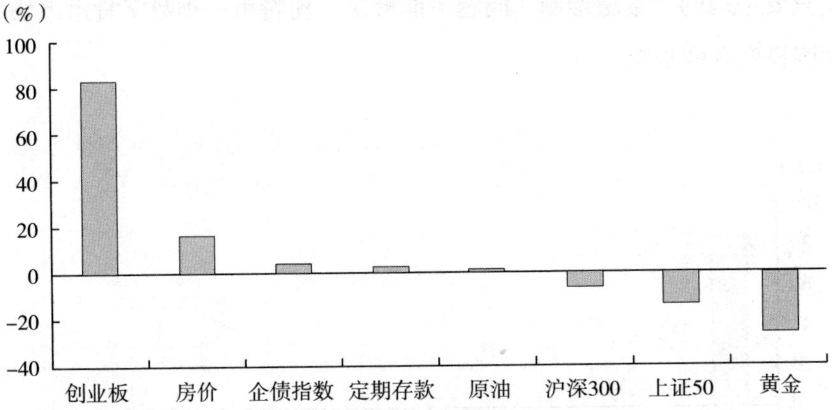

图 1-11　2013 年中国大类资产收益图

数据来源：Wind，作者整理。

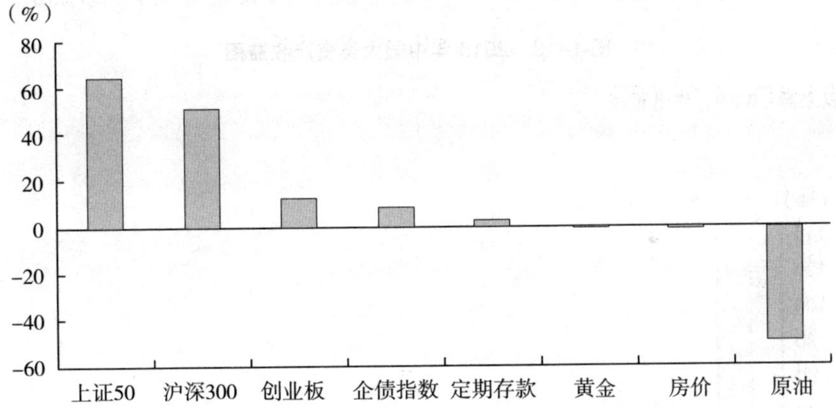

图 1-12　2014 年中国大类资产收益图

数据来源：Wind，作者整理。

以加密数字货币为代表的比特世界和传统经济金融活动所在的现实世界之间犹如隔了一面镜子，透过镜子双方既能看到彼此，又仿佛看到了自己。Ladislav Kristoufek（2015）通过实证分析发现比特币的收益率与上证 A 股指数存在显著的负向收益，换句话说，来自中国资本市场的投资资金对于数字货币市场具有重要的支撑作用。当散户在 A 股市场被割韭菜时，则会心灰意冷地进入数字货币市场。

因此，只要中国的“金融抑制”问题不能解决，比特币一类数字货币市场上就将充满中国投资者的身影。

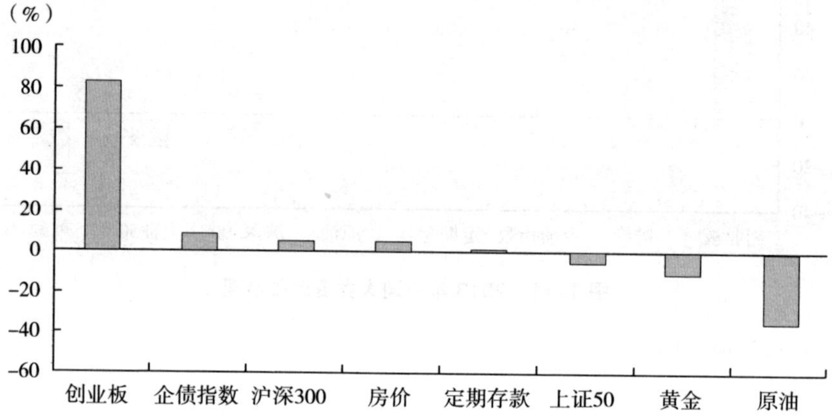

图 1-13　2015 年中国大类资产收益图

数据来源：Wind，作者整理。

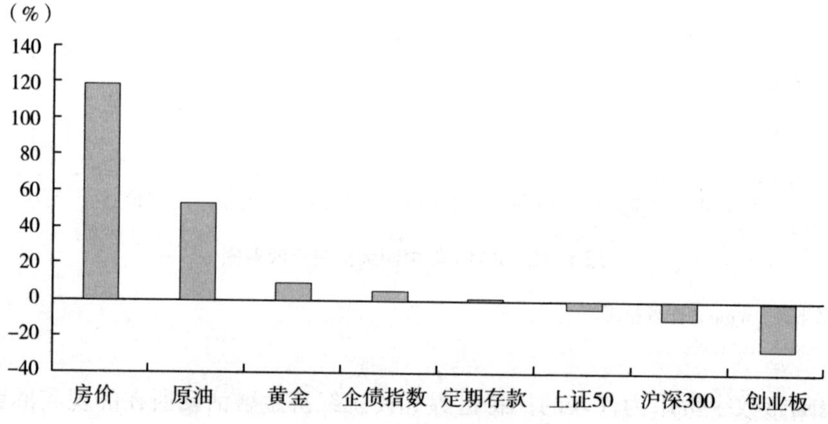

图 1-14　2016 年中国大类资产收益图

数据来源：Wind，作者整理。

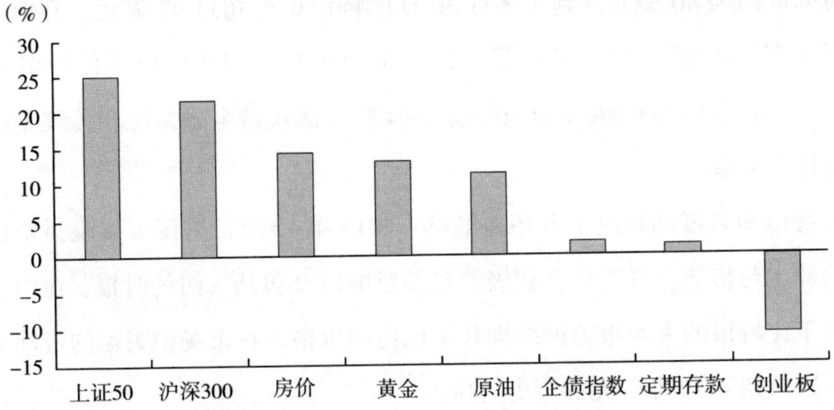

图 1-15　2017 年中国大类资产收益图

数据来源：Wind，作者整理。

在中国投资资金相对过剩的情况下，中国投资者由于存在外汇管制而不能充分在全球配置大类资产，国内投资标的收益率的下降使他们将目光投向了数字货币。由于数字货币市场相对传统金融市场体量较小，大量资金注入很容易引发牛市；而 2015 年 A 股的“股灾”也为数字货币市场提供了新的流量。在 2017 年 9 月 4 日中国人民银行、工信部等七部委发布《关于防范代币发行融资风险的公告》后短期内比特币价格迅速下跌，然后很快实现“报复式”上涨，一举突破 20000 美元，实现了比特币 2017 年几乎全年的大牛市。这也给各国监管层提出警醒，仅靠机械式的管制是行不通的，建立健全全球区块链监管治理机制势在必行。

（二）国际视角

从国际视角来看，包括数字货币在内的区块链经济系统与世界政治经济的发展密切相关，成为世界长河流淌过程中的一条支流。尽管 2009 年比特币就诞生了，但比特币真正跳出小圈子，在一定程度上被全球所知晓是在 2013 年。2013 年 3 月末，欧洲小国塞浦路斯爆发金融危机，银行储户损失惨重，很多塞浦路斯的银行储户选择使用比特币作为保值工具，大量资金进入比特币市场，这使得比特币大幅升值。根据比特币交易网站 Mt.Gox 提供的数据，比特币在 2013 年 3 月

5 日的单价约为 40 美元，到了 3 月 30 日比特币单价超过 92 美元，升值 130%。比特币也第一次进入全球的视野。传统金融体系的问题导致了传统资金（old money）进入了区块链金融系统中，这也反映了区块链金融系统和传统金融系统的“镜像”关系。

比特币知名度的持续上升还在继续。2013 年 10 月，美国参议院讨论比特币带来的冲击与机遇。受听证会积极消息的影响以及包括《纽约时报》在内的主流媒体关于比特币的大幅报道继续推升了比特币价格，在市场中买家的带动下，比特币价格站到了 1200 美元的历史新高。

比特币价格的暴涨引起了各国政府的广泛关注。为了预防潜在的金融风险，2013 年 12 月，中国人民银行、证监会等五部委联合发布《关于防范比特币风险的通知》，明确了比特币的非货币属性，禁止各金融机构和支付机构开展与比特币相关的业务。这影响了市场对于比特币市场的信心，比特币转入暴跌区间，全球区块链行业也进入“至暗时刻”，直到 2016 年这一趋势才得以改变。

2016 年是比特币价格腾飞的第二个周期，内部因素是比特币进入了第二次减产周期，外部因素是全球化进程受到挫折，“逆全球化”在一定程度上抬头。比特币减产从供给端影响了比特币价格，而“逆全球化”之风则更加割裂了全球贸易、商业和金融版图，为比特币这种传统金融的“反王”提供了喘息和发展之机。2016 年 6 月英国“脱欧”公投投票开始，最终支持脱欧选民占总投票数 52%，支持留欧选民占总数 48%。而在这天，比特币兑美元上涨了 12%。2016 年 11 月 9 日，特朗普出人意料地当选美国总统，全球金融市场普遍暴跌，而比特币 24 小时内交易量和价格都上涨 5% 以上，涨幅超过黄金。2016 年 12 月意大利修宪公投失败，比特币单价最高涨至 5480 元人民币。

与逆全球化思潮相伴的是全球经济复苏缓慢，这不仅意味着经济一体化进程受挫，也意味着工业经济的发展范式受挫。而比特币打着“去中心化”的旗号，同时基于数字化形式运行，这两个特点为它提供了在过去相当长的时间内良好的生长土壤。尽管区块链不等于比特币，但在过去相当长的时间内，比特币就是区块链的代名词。

1.2.4 区块链与金融的融合发展

目前来看，区块链企业融资或借助区块链进行融资的方式主要有三种：IPO（首次公开募股，Initial Public Offerings）、ICO（Initial Coin Offering，首次代币发行）以及 STO（证券类通证发行，Security Token Offering）。IPO 的融资方式相对比较传统，区块链企业采取的较少，当然大部分区块链企业目前也达不到 IPO 的要求。ICO 是在区块链发展早期比较流行的融资方式，特点是快捷便利、拥有全球融资市场，缺点是缺少监管和底层资产，易导致诈骗和空气币泛滥。ICO 在早期区块链发展过程中起到了一定积极作用，但同时也导致了 2018 年下半年以来的区块链熊市。证券类通证（Security Token，简称 ST），是指将股权、债权、房产、利润、艺术品等金融资产作为担保物而发行的代币，2017 年 12 月美国证券交易委员会（SEC）主席 Jay Clayton 的《Statement on Cryptocurrencies and Initial Coin Offerings》（《关于加密货币和 ICO 的声明》）是 SEC 官方将“证券类通证”作为一个相对独立的个体进行陈述的开始。证券化通证通过区块链技术产生的通证赋予传统的证券和资产全新的外在形式，并在一定程度上改变了其内涵。STO 类似于 ICO 和 IPO 的有机组合，目前区块链行业内正在积极探索。

（一）ICO：快速起飞后迅速下落

2017 年 9 月 4 日中国人民银行、中央网信办、工信部、工商局、银监会、证监会、保监会联合发布了《关于防范代币发行融资风险的公告》，规定任何组织和个人不得非法从事代币发行融资活动（ICO），一时间 ICO 成为中国社会的热点。2018 年 8 月 24 日银保监会、中央网信办、公安部、人民银行、市场监管总局五部委联合发布了《关于防范以“虚拟货币”“区块链”名义进行非法集资的风险提示》，更是将 ICO 作为重点整治对象。

ICO 是“Initial Coin Offering”的缩写，即“首次代币发行”，其概念来源于传统金融市场中的 IPO。IPO 即“首次公开募股”，是指一家企业或公司（股份有限公司）第一次将它的股份向公众出售。通常，上市公司的股份需要遵循相应证监会出具的招股书或登记声明中约定的条款，通过经纪商或做市商进行销售。简单来说，IPO 就是增发股票，让新的、更多的投资者把钱投资到公司里面来，同时给这些投资者一些新的股票，允许他们以后参加企业的分红。所以本质上 IPO 仍然是一种融资行为，只不过在 IPO 之前，企业的融资是“私募”性质，即仅面向一部分投资者的融资，但是 IPO 是面向公众的融资。所以，IPO 是将企业的股票拿到公开市场上，即各类的交易所中交易的过程，具体包含主板、中小板以及创业板构成的场内市场。

IPO 为公司的股东们提供了股权退出的渠道，使得股票有了二级市场的流动性，因此公司的 IPO 可以看作是一个企业的成功的标志。只有各行业的头部企业才能满足证监会的上市要求，因此成功 IPO 后在市场交易的企业数目也相对有限。截至 2016 年 12 月 30 日，我国的主板市场，具体包括上交所股票与深交所的非中小板与创业板股票，企业数量 1660 家，中小板市场上市公司数 822 家，创业板市场作为为高科技和成长型企业提供专属融资的平台包含 570 家上市公司。

正是由于监管对于 IPO 的规定才使得只有符合要求的优秀企业才能进入股票市场融资，因此 IPO 是只有少数优秀企业才能完成的事情。高大上的另一面是不接地气，对于大部分小微企业而言“融资难、融资贵”仍然难以解决。

从概念上看，IPO 是指一家企业或公司（股份有限公司）第一次将它的股份向公众出售（首次公开发行，指股份公司首次向社会公众公开招股的发行方式）。ICO 首次公开发币是区块链初创公司通过发行加密数字代币的方式进行融资。IPO 与 ICO 本质上都是企业或项目的融资行为，但是 IPO 是在股票市场上进行发售股票，ICO 是区块链项目首次发行代币，募集比特币、以太坊等主流数字货币的行为。首先，ICO 重要的一个特点在于募集的资金形式：ICO 募集的是加密货币，诸如比特币、以太坊等主流加密货币。而传统意义上的 IPO 募集是主权国家的法定货币。另外，投资者参与 IPO 与 ICO 后都是参与被投资的企业与项目，差异在于得到的东西的不同：一个是公司的股票，一个是项目的代币。在 ICO 中，项目发行的代币成为日后使用对应区块链项目的凭证，当然也可以在二级市场交易。同时，ICO 具有流动性高、变现能力强、融资流程简单、融资效率高等特点。最后，除了募集的资金形式特点外，区块链初创项目的 ICO 不需要任何监管机构审批即可向公众募资。大部分 ICO 项目未设定投资者门槛，借助于主流数字资产点对点发送的便利，ICO 具有全球范围融资的特点。因此，与传统融资方式相比，ICO 被认为能更利于高效快速解决区块链初创企业融资难题，但与此同时也易导致各种项目蜂拥而入，垃圾项目层出不穷，这也是政府叫停 ICO 的最重要原因。

正是由于 ICO 融资方式的便捷与全球范围融资等多种优势，市场对于 ICO 愈来愈青睐，这也导致了 2017 年和 2018 上半年以 ICO 为融资方式的垃圾项目和庞氏骗局层出不穷。对比 ICO 与 IPO 存在的差异，主要包括以下几个方面：

第一，融资的出资形式不同。与 IPO 过程中对发行人股权的认购募集不同，ICO 过程中认购的是发行人发行的数字代币，即基于区块链进行验证并生成的代币。而 IPO 的融资资金为法定货币（央行等中央机构享有货币发行权，法定货币的供应量具有一定程度的不确定性）。与 IPO 相比，ICO 创造性地把使用权、股权和货币属性合而为一。当投资人用法定货币或等值的比特币、以太币等数字货币买入项目方发行的代币，就表明投资人拥有了一定比例的该项目使用权。项目方通过这种方式融资，推动项目发展，而项目代币的价格也会随着项目的升值而水涨船高。代币拥有者可以选择消费代币即使用项目服务，也可以通过现有的加密数字货币交易所转让项目代币获得差价盈利。而数字代币天生具有虚拟货币属性，其交易流通性和便利性远大于 IPO。

第二，融资发生的行业和发行主体不同。目前由于对比特币、以太坊等数字货币的认可程度的差异，ICO 主要发生在区块链行业，发行主体不一定为实体法人，也可能是非实体企业的团队乃至个人；而 IPO 的发行主体来自各个行业，且必须为经过股改的法人主体。

第三，监管定位和投资主体不同。ICO 在中国的法律定位尚不明确，目前在政策上予以禁止。尽管中国政府相继出台了《关于防范比特币风险的通知》、《关于防范代币发行融资风险的公告》以及《关于防范以“虚拟货币”“区块链”名义进行非法集资的风险提示》等政策文件，但并没有对其进行法律定性，其监管也相对处于空白，而IPO已有相应成熟的监管法律法规。IPO虽也面向大众，但在监管上对投资者提出了相关限制，具有较高的门槛限制。在ICO过程中，目前没有证监会或者类似机构的监管，不需要IPO上市审批排队，发行后没有持有禁售期。ICO从开始到结束，所有发行环节一步到位，非常高效便捷，同时也加大了相关风险。

第四，中介服务机构存在差异。ICO的相关服务中介机构为区块链孵化器、币圈资本、区块链媒体、底层技术团队以及数字货币交易所等，而IPO则需依赖于证券经纪商、会计师事务所、律师事务所等中介机构。

第五，投资者参与的目的不同。ICO参与者大多数本身并不在意股权，而在于以数字资产或者虚拟货币增值，具备较大的投机性；而IPO是强调股权的获得，以及在二级市场上股票的溢价转让。ICO作为一个新的融资模式应运而生，门槛极低，不需要专业的投资经历，周期短，投资者很容易就被其超高的收益所吸引，对应着较高的风险溢价。ICO中的发行方可快速发行代币，交易平台赚取交易佣金和引流，推广团队获得酬劳，普通投资者认购获得溢价收益，使得ICO霎时火热起来。相对于IPO的昂贵而漫长的历程以及合规化缴纳的成本，ICO高效而便捷的优点很快就吸引了大量的投机者，但作为硬币的另一面，ICO也缔造了大量的垃圾项目和庞氏骗局，增大了金融市场的风险。ICO是技术创新驱动融资方式变革的有益探索，但在当前监管不健全、投资者素质不高的现实下却是不利于市场发展的。

ICO毫无门槛和不受监管的特性极易对国家金融稳定造成威胁，当前树立红线意识是第一位的，ICO及其相关业务仍是不被国内政策所允许的。ICO的故事在国内已经终结，但ICO的理念已经有了萌芽和初步的发展，利用科技进行融资的事情未来仍不可避免。因此对于我国监管层而言，建立健全区块链金融监管治理机制时不我待。

各国普遍认定首次代币发行（ICO）为一种公开融资活动，多数国家将其界定为证券发行行为。对于法定数字货币，各国均予以密切关注、积极跟踪研究，但多数国家尚未提出实质性的具体发行计划。针对金融科技的快速发展，监管者应遵循“技术中立”原则，按照金融业务本质实施监管，维护市场公平竞争；及时对金融科技/互联网金融业务进行“穿透定性”，防止冒用“技术”名义违法违规开展金融业务；加强对金融机构与科技企业合作的监管，强化对信息科技风险、外包风险和其他操作风险的管控；同时，持续加强跟踪研究和监测分析，做好专业知识、人才队伍、政策措施等方面储备。

（二）STO：尚未起飞、整装待发

在当前的行业背景下，如何实现通证的合法化势在必行，而合理的重中之重也在于通证系统的设计。尽管当前中国并没有出台专门的法律以规制ICO等行为，但ICO的行为逻辑背后确实违反了我国现有的法规政策。2017年9月《中国人民银行、中央网信办、工业和信息化部、工商总局、银监会、证监会、保监会发布《关于防范代币发行融资风险的公告》，该公告既不属于行政法规，也不是法律，仅是各主管部门联合发布的规范性文件，具有规范效力，不是真正的法律文本，但在中央没有法律政策对ICO这类行为进行明确界定的情况下，该类规范性文件实质上代表了中央政府的态度。根据公告，代币发行融资是指融资主体通过代币的违规发售、流通，向投资者筹集比特币、以太币等所谓“虚拟货币”，本质上是一种未经批准非法公开融资的行为，其违反的具体规则包括但不限于《中华人民共和国人民银行法》《中华人民共和国商业银行法》《中华人民共和国证券法》《中华人民共和国网络安全法》《中华人民共和国电信条例》《非法金融机构和非法金融业务活动取缔办法》，涉嫌的罪名包括但不限于非法发售代币票券、非法发行证券、非法集资、金融诈骗、组织领导传销活动等。

美国证券交易委员会（SEC）将加密货币划分为两类：实用型通证（Utility Token）和证券型通证（Security Token）。实用型通证也被称为应用通证（App Token）或用户通证（User Token）。这类通证大多都是企业针对自己提供的服务或者产品为项目募资而发行的，实用型通证更具体地强调自己的开发平台或生态系统，它的价值与平台或生态系统内参与者的活跃度成正比。实用型通证被细分为两类：产品或服务通证（Product or Service Token）和奖励通证（Reward Token）。

产品或服务通证某种程度上类似于产品或服务预售，一旦项目完成后，通证持有人可以使用自己的通证购买产品或服务。产品或服务通证具有如下优点：随着产品和服务需求的增加，通证数量的固定可能会带来其价值的增加；这类通证可以在交易所进行交易，因此是基于供求法则的；为用户提供了获得公司产品或服务的权利；用户可以获得投票和参与权。同时产品或服务通证的缺点：不受任何政府部门法规管制；证监会尚未就实用型通证给出官方指导；具有加密货币骗局、网络攻击和价格浮动等风险。

证券型通证是具有真实资产例如资产权益、有限责任公司股份以及大宗商品等作为支撑的通证，证券型通证被用来支付红利、收益、利息，或者通过投资其他通证为通证持有人带来利益。2018 年 9 月 Shares Post Research 高管 Rohit Kulkarni 在 Nasdaq 发文称，2019 年将属于 ST 证券型通证。ST 证券型通证结合了实用型通证和风险投资的特征。当前美国很多项目负责人认为证券型通证能较快地吸引企业和散户投资者的兴趣。此外，推动数字货币演变的市场力量可能促使一大批私营科技公司通过证券型通证筹集资金。证券型通证的优点主要有：符合联邦法规的证券型通证比操作 IPO 成本更低、作为传统金融部门与区块链之间的桥梁、具有更低的法律风险、进入金融市场的门槛更低、有可能带来更好的回报；缺点主要有：不遵守法规可能会带来惩罚，甚至可能使项目脱轨、交易限制，由于目标市场针对受信投资人，因此具有市场限制。

事实上当前在界定证券型通证与实用型通证时会遇到一些障碍，一些项目为了规避监管常定义自己为实用型通证，只具备使用价值而没有投资价值，而不是证券型通证。但实际上进行适用标准衡量时国际法院通常会采取“实质重于形式”的原则。美国联邦证券法对证券的认定主要包含两种形式：第一，股票、票据、债券、其他形式的股权和债务工具；第二，任何形式的投资合同。而关于后者投资合同的界定标准来自1946年的豪威测试（Howey Test），若满足以下四种特定条件，便会被定性为证券：第一，利用钱财进行投资；第二，投资于一个普通企业；第三，仅仅由于发起人或第三方的努力；第四，期望使自己获得利润。2018年9月在美国证券交易委员会（SEC）主席Jay Clayton出席的亚特兰大小组会议上，有专员提出自己的看法："如果通证可以满足投资者合同的Howey Test，则被认定为证券型通证。若一个通证通过预售后只在平台内使用，而没有进入二级市场交易，则将被宣布为实用型通证。"可见，如果ST具有传统证券的一般属性，本质上就是一种新型证券。

美国业界将证券型通证从法律的视角分成了两类：第一种是第一代ST，是一种受监管的Token产品，适用于美国证券交易委员会的"豁免"一项，意即适用Regulation D（美国）和Regulation S的融资不需要在SEC注册。一般针对的是合格投资人和富有个人。Regulation D、Regulation S以及Regulation A＋是适用STO的SEC主要监管法规。第二种是第二代ST，一种简化合格投资者身份认证的新一代ST。简化身份认证就是通过智能合约把KYC（了解您的客户）和AML（反洗钱）这两个机制自动化。不同国家的监管规则将被编纂进智能合约，跨境交易将变得更简单易行。

事实上，证券型通证不仅处于加密资产与传统金融产品的交叉领域，而且还是可编程证券和可编程所有权的表现形式，任何具备所有权的资产都可以并将被通证化。因此STO将是区块链行业与传统行业落地相结合的热点，也是链改的一个重要方向，我国国内的机会就在于监管层合适能够出台相关政策与规定。这一点《链改：重塑社会结构和经济格局》中有过详细论述。总结来看，推动证券型通证发展有五大驱动力：

第一是降低监管风险，加强尽职调查，以期被主流社会接受和认可。在美国的法律框架下，适用于监管要约豁免（例如Regulation D或Regulation S）是合规化的第一步，而在证券型通证2.0时代，通过将各国针对KYC和AML的规定写入智能合约，有望实现自动可编程的合规。

表 1–2 不同法律条款的募集条件

主要条款	Reg D		Reg S	Reg A	
	506（b）	506（c）		第一层	第二层
募集金额限制	无	无	无	2000 万美元	5000 万美元
证券类型限制	无	无	无	不允许资产支持证券	允许资产支持证券
是否需要 SEC 审核	否	否	否	是	是
是否需要所在州注册	免除	免除	——	需要	免除
禁售期	有	有	有	无	无

第二是使用证券型通证可将资产进行原子化的分割，实现上链即托管、代码即合规、交易即清算，进而实现资产 T + 0 流通，从而极大地降低流通和合规成本，提高资源配置的效率。2018 年 6 月中国证监会发布包括《存托凭证发行与交易管理办法（试行）》在内的 9 份规章及规范性文件，CDR（中国存托凭证，Chinese Depository Receipt）细则的正式出炉意味着独角兽回归 A 股市场的通道得到了拓宽。但中国互联网企业在美股上市后，若要回归 A 股、港股等交易所，需要经历私有化退市、拆除 VIE（可变利益实体，Variable Interest Entities）结构再进入 IPO 排队或借壳的复杂流程，而证券型通证有望改变这一状况，从而极大程度地降低独角兽回归 A 股的成本。此外，传统的房地产交易以及跨境证券的结算也都需要通过公证公司、托管公司、清算公司等，繁复的流程导致流动性极度降低，并极大地提高了交易成本。VIE 常见的结构如图 1–16 所示：

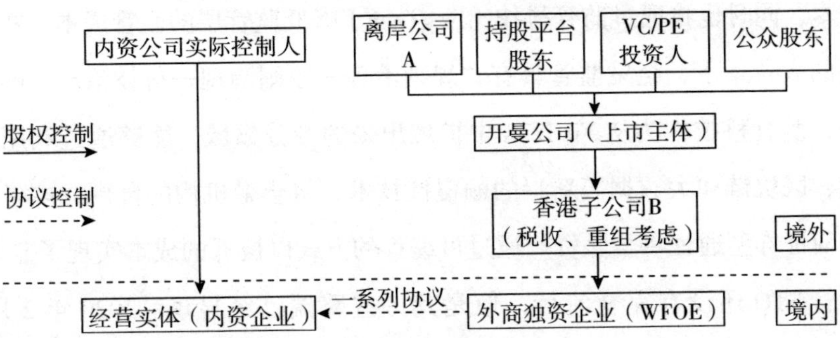

图 1-16　VIE 常见结构图

第三是在全球范围内寻求资产的高收益率（Search For Yield）、分散投资风险以及实现更高的阿尔法收益（Alfa Earnings）。事实上，自 20 世纪 90 年代以来以中国为代表的新兴市场经济体的宏观经济高速增长为全球投资者“Search For Yield”提供了绝佳场所，近年来由于产业转移一类因素，越南、菲律宾等国家的经济增速加快，成为新一轮 FDI（Foreign Direct Investment，外商直接投资）追捧的对象。另外，资产配置全球化也给包括新兴市场经济体在内的全球投资者分享美股、港股等较为稳健资本市场收益的权利。

第四是证券型通证可以在全球范围内极大地降低资产的流通成本，并使得证券型通证获得潜在的流动性溢价优势。流动性（Liquidity）是指将一项投资性资产转化成现金所需要的时间和成本，在较短的时间以接近市价的价格将资产转换成现金则称该资产有较高的流动性。证券型通证的高流动性使得它几乎相对于任何现存的证券和票据都具有流动性溢价优势。

第五是证券型通证将极大地降低合规成本和监管成本。根据《2017 汤森路透合规成本报告》针对全球重要企业、机构和银行近 900 位合规专家的调查，合规官们认为未来监管充满着不确定性，而愈发复杂化的监管环境将驱使企业走向一个关键的转型阶段：企业需要针对风险和合规挑战寻求更多创新性解决办法而不是盲目地进行资金投入。证券型通证将会通过代码将证券标准化进而极大地降低合规成本，同时也将通过监管科技（RegTech）降低监管层的监管成本。在信息科技发展的大背景下，金融监管具有“规则治理→原则治理→科技治理”的发展演进脉络，监管科技作为从FinTech中扩展出来的细分领域，能够通过利用诸如人工智能、区块链和大数据等新兴的颠覆性技术，将金融机构的合规成本降低50%以上；而证券型通证将金融资产通过可编程的方式以极低的成本实现了监管。

尽管STO还没有完全流行，但是其一些弊端已经显现。2020年2月6日，美国证券交易委员会委员Hester Peirce在于芝加哥举办的国际区块链大会上发表题为《空白运行：填补监管与去中心化之间空白的提案》（Running On Empty: A Proposal To Fill The Gap Between Regulation and Decentralization）的演讲，并提出《代币安全港提案》（Token Safe Harbor Proposal）。Peirce认为，豪威测试存在两方面问题：首先是难以界定投资行为与Token的关系，即使销售代币的合同是投资合同，其合同的对象Token也可能不具有证券的特征；其次，不应该以投资人的主观意愿来判断Token性质，不能因为买家购买Token是为了获利或者卖方以此进行宣传销售，就以此为标准判定Token的性质是证券，更不能以Token存在升值空间就认定其为证券。监管不应该一味地扩大权力，而需要始终思考监管权力的边界在哪里。

Peirce系统介绍了去中心化的区块链项目应对SEC监管的六种方法，并指出其缺陷：第一种是为了避免成为证券，只发布白皮书、开源代码和挖出创世区块，然后听天由命，等待用户有机增长，这种做法非常消极，成功机会微乎其微；第二种是抱着侥幸心理偷偷发行，风险很大，一旦被抓住，基本都将入罪；第三种是初创企业通过Reg D注册，在其约束范围内可豁免在SEC登记发行证券，但Reg D对于合格投资人和流动性的限制使得此选项对项目团队毫无吸引力；第四种与第三种类似，是通过Reg A规则进行非公开募集，但这一条路线不但耗资不菲，而且Token需要在持牌机构当中注册和流转，与去中心化系统的特质相违背；第五种是出海，即在美国境外开展业务，但很难保证业务完全与美国无干，而且长此以往，美国将失去重要的经济发展机会；第六种就是获得注册或者豁免注册，但通过SEC无异议函，获得注册豁免，但这种做法基于一事一议，决定权在SEC，这向市场传达了不良的信号。

（三）IPO、ICO和STO的区别与联系

首次公开募股（IPO）是指一家企业或公司（股份有限公司）第一次将它的股份向公众出售，这是传统金融市场最重要的直接融资方式。首次币发行（ICO）源自股票市场的首次公开发行（IPO）概念，是区块链项目首次发行代币，募集比特币、以太坊等通用数字货币的行为。STO类似于简化版的IPO和有监管和底层资产的ICO的组合，三者之间既有区别，又有联系。本节将从监管环境、发行难度、对应资产、投资门槛以及交易的便利性和安全性等层面进行阐述。

1. 监管环境

IPO主要分成核准制和注册制。核准制即所谓的实质管理原则，以欧洲各国的证券制度为代表。依照证券核准制的要求，发行人在申请发行股票时，不仅要充分公开企业的真实情况，而且必须符合有关法律和证券监管机构规定的必要条件，证券监管机构有权否决不符合规定条件的股票发行申请：证券监管机构对申报文件的全面性、准确性、真实性和及时性作审查，还对发行人的营业性质、财务状况、经营能力、发展前景、发行数量和发行价格等条件进行实质性审查，并据此作出发行人是否符合发行条件的价值判断和是否核准申请的决定。注册制以美国的证券制度为代表，是指证券发行申请人依法将与证券发行有关的一切信息和资料公开，制成法律文件，送交主管机构审查，主管机构只负责审查发行申请人提供的信息和资料是否履行了信息披露义务的一种制度。

ICO不受监管和门槛限制，发行成本极低，没有底层资产作为支撑，容易滋生非法集资和传销诈骗，具有极高的风险性，世界各国对ICO采取审慎的监管态度，并且逐渐呈现加强的趋势。

STO发行的证券类通证，具有证券的特征，在一些监管部门看来（如SEC），应与证券的监管规则相同。因此STO应积极配合所在国监管部门的监管。

2. 发行难度

IPO 作为一国最重要的金融活动之一，始终处于各国监管部门的强监管之下，发行人需要数年甚至更长的时间准备，经过各中介机构的支持券商（包括券商的辅导以及会计师事务所、律师事务所的辅助合规），递交材料后，还需要接受监管部门的审查和各种提问；同时严格的信息披露制度将贯穿筹备上市以及上市后阶段。IPO 是三者之中发行难度最大的。

ICO 从白皮书撰写、项目孵化到代币上数字货币交易所，几乎不受监管，无盈利和市值要求，仅需向特定机构支付固定的费用，发行难度最小。

ST 具有证券的属性，接受所在国证券监管机构的监管。STO 虽然仍然基于区块链技术，但能通过技术层面的更新，实现监管口径的对接，同时具有底层资产，相比 ICO 难度更大。与此同时，相对于复杂耗时的 IPO，STO 更加高效便捷。

3. 对应资产

IPO 投资人通过支付主权国家法定货币认购发行人发行的拟上市公司股份，该股份可以在证券交易所进行公开交易和流转。

ICO 是使用主流的加密货币（如比特币、以太币等）来认购 ICO 发行人通过区块链技术生成的代币，从而享有某种权益。这种可能是基于现实生活中的某种使用权或收益权，也可能并不对应现实中的任何资产或收益权，仅靠代币上线数字货币交易所后通过二级市场退出。

STO 可以对应的底层资产范畴较广，如股票、债券、不动产、黄金、收益权等。

4. 投资门槛

在传统金融中，很多资产难以实现高流动性或颗粒化细分，因此交易双方需要复杂的合同协议或权证等方式进行约定和确认。此外，一些国家和地区由于存在“金融抑制”，其证券市场实行“合格的境外机构投资者（QFII）”机制，这在一定程度上限制了发行人的融资范围。事实上，IPO 具有较高的投资门槛。

ICO 由于缺乏系统化的监管政策，事实上并没有投资人门槛的限制。

STO 的投资者门槛介于 ICO 和 IPO 之间，只有相关法律法规认定的合格投资者可以参与投资，非合格投资者不能再投资 STO 项目。

5. 交易的便利性和安全性

区块链技术对资本市场运作的模式影响在于将原本复杂的IPO流程变得快捷、简便、标准化和自动合规。在无监管的ICO项目中，投资者参与相关项目投资后，由于信息不对称和权责不对等，很难知道项目的真实发展情况。引入监管端口的STO实质上使得原有的ICO更安全、更高效和更有保障。IPO、ICO和STO的对比如表1–3所示：

表1–3 IPO、ICO和STO对比

	IPO	ICO	STO
监管	强	弱	中等
底层资产	股权 风险低	使用权 风险极高	股权和收益权 风险中等
交易的便利性和安全性	便利性差 安全性高	便利性高 安全性差	便利性高 安全性适中
发行难度	高	低	中等
投资门槛	高	低	中等

涵盖资本市场在内的金融体系对包括区块链在内的高新科技具有重要作用，无数的案例已经反复证明这一点。金融与区块链的融合发展集中体现在资本市场对于高新科技发展的促进作用上。区块链行业早期的乱象，比如市场资金疯狂炒作加密代币、过量资金追逐较少的项目，这在资本市场的历史上并不罕见，资本市场总有这样的趋势，只是这次故事的主角变成了区块链。另外，由于代币或通证作为区块链的经济激励和价值流通系统具有较大的炒作空间，这就更加引发了资本逐利的原始渴望。

客观而言，数字货币（通证）作为区块链系统的经济激励和价值流通部分，对于区块链行业的发展、社会关注度的提高以及相关企业的融资便利等方面起到了一定程度的促进作用。相关区块链企业需要严格遵守国家法律政策，严禁ICO一类的非法行为，但也不要把一些概念“妖魔化”或“污名化”。当前各国在区块链领域的竞争加剧，正确引导社会对行业的认知对区块链行业的健康发展非常重要。在 2017 年区块链泡沫之前另一个非常典型的资产泡沫例子是 21 世纪初的互联网泡沫，通过比较可以发现，互联网泡沫跟 2017 年的区块链投资泡沫具有相当程度的相似性。互联网泡沫指自 1995 年至 2001 年间在互联网领域产生的投机泡沫。在 2000 年 3 月 NASDAQ 指数到达 5048.62 的最高点时互联网泡沫达到顶峰，之后迅速破裂，互联网泡沫破裂之后诞生了亚马逊、eBay 等互联网巨头，当前仍在引领互联网的时代潮流。当前数字货币市场熊市反而是一个优质区块链项目落地的契机。如何在不违反政策法律红线的前提下实现经济激励和价值流通应该是区块链企业亟待解决的问题。

区块链与金融科技的其他重要领域（如人工智能、大数据、云计算等）的一个重要区别在于：人工智能、大数据、云计算主要涉及生产力领域，而区块链除了涉及生产力的发展，还涉及生产关系的变革，因此对监管层的挑战更大，包括 ICO 在内的行为对金融稳定和政府铸币权构成了一定程度的挑战。但是从资本市场对于先进技术的引导和推动作用而言，2017 年的区块链泡沫与历史上的历次资产泡沫没有本质上的区别。

在当前数字货币市场逐步被外界关注以及政府对于包括 ICO、虚拟货币交易等在内的相关业务高压监管的行业背景下，传统金融如何支持区块链行业健康发展，就是金融对区块链的救赎。区块链的发展一定要跟传统金融市场结合起来，在 ICO 之类活动被严禁的情况下，区块链行业如何利用传统金融市场实现经济激励和价值流通是一个重要的命题。2018 年 ICO 的行为出现锐减，具体如图 1–21 所示：

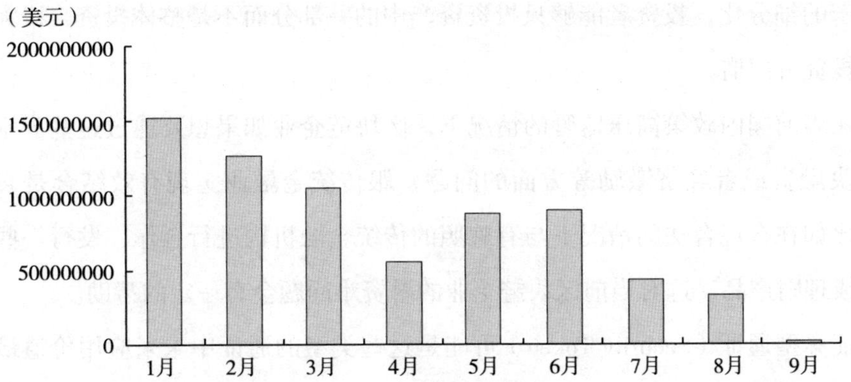

图 1-17　ICO 行为在 2018 年下半年锐减

美国证券交易委员会将 Token 分成了两大类四小类：从大类来看，一是实用型通证。这种通证大多都是依托企业自己提供的服务或者产品发行。实用型通证被细分为两小类：产品或服务通证（Use of Product）和奖励通证（Reward Token）。

奖励通证是当通证持有人或者用户在一定时期内维持自己与企业之间的关系会发行的通证。客户通过网络为相应的企业建立的声誉的行为可以通过通证筹赏获得回报。持有人 / 用户的忠诚度可以让他们拥有获得新产品和服务的特权，也可以用于在未来购买时获得折扣甚至得到免费商品。

第二大类是证券型通证。证券型通证通常是有真实资产作为支持，例如资产权益、有限责任公司股份以及大宗商品等。证券型通证也被进一步细分为两类：权益通证（Equity Token）和资产通证（Asset Token）。权益通证被认为是当前最具发展前景的一类证券型通证，它代表一种资产的所有权，例如债务或者公司股份。权益通证使创业公司能够通过发行通证（Token generation event），而不是传统的首次公开募股（IPO）来募集基金。权益通证极大程度地消除了普通投资者或者初创型公司进入金融市场的障碍。

资产型通证是另一类证券型通证。这类通证通常都与真实世界的资产相连，例如不动产、黄金、上市公司的股票或债券等。通过通证化的机制，得以实现基础资产的细分化，投资者能够只投资资产中的一部分而不是整体投资，极大地降低了投资者门槛。

在当前国内政策高压监管的情况下，区块链企业如果想要通过这些类别的通证解决融资或者经济激励等方面的问题，跟传统金融业实现有效结合是必由之路。比如在合规合法的情况下与有牌照的传统金融机构进行合作，发行一些信托产品或理财产品，这对当前区块链企业的融资难问题会有一定的帮助。

证券型通证（Security Token）可能是这些类型的通证中未来应用价值最大的一种形式，证券型通证具有将来成为智能证券的潜质。与传统证券相比，其优点在于可编程性提高，更容易上链实现流转与交易，未来可以为非上市公司发行业务提供载体。但是需要注意的是，STO 绝对不可能取代 IPO，虽然 STO 是 ICO 的衍生品，但具有真实资产作为支撑，类似于扩大版的 ABS，与实体经济结合更加紧密，对实体经济的支持力度远超 ICO，对企业优化流动性管理、扩大融资渠道以及降低融资成本都具有积极意义。尽管当前业界对证券型通证寄予厚望，但目前政策还没有完全放开，当前区块链企业还是要深耕实体，静待时机。

区块链的发展需要传统金融市场更大程度的介入和融合，目前已有了非常清晰的趋势。2017 年 12 月芝加哥期权交易所（CBOE）推出了比特币期货合约，对于比特币 2017 年年末的一波增长以及近两万美元价格大牛市的实现，都具有积极的促进作用。2018 年 8 月据美国主流媒体报道，CBOE 非常接近于推出以太币期货，这对于投资者对冲以太币市场风险、实现以太币合理定价以及提升以太币投资信心都具有非常积极的作用。2021 年 2 月全球首个比特币 ETF（交易所交易基金，Exchange Traded Fund）在加拿大获得批准，并于 2 月中旬在多伦多证券交易所由 Purpose 投资推出。截至 2021 年 3 月，其资产规模已达 10 亿美元，拥有超 14000 枚比特币。而在美国，包括资产管理巨头富达（Fidelity）在内的多家机构均已向美国证券交易委员会提交了比特币 ETF 注册申请文件，预计美国比特币 ETF 在 2021 年通过是大概率事件。

另一个金融救赎区块链非常明显的迹象是区块链巨头纷纷开始收购传统的主

板上市公司或者新三板公司。典型案例有火币并购桐成、Coinbase 收购 Distributed Systems、Penta 收购 CCP 、Bibox 收购 Chain Capital、币安收购 Trust Wallet、Coinbase 收购多家证券交易商、Monex 收购 Coincheck 等。2019 年火币收购香港上市公司桐成控股并更名为“火币科技”。2021 年 3 月火币科技发布公告，其全资附属公司火币资产管理（香港）有限公司（火币资产管理）已经获得香港证监会授牌，允许发行加密货币基金。火币资管将会发行三只加密货币基金，分别为比特币追踪基金、以太坊追踪基金和多策略虚拟货币基金。

区块链企业需要借助传统金融市场进行发展，不仅是从融资角度的“一时之谋”，而且也是提高公司规范程度和社会形象、加快主流社会的认可进程等行业战略意义的“万世之谋”。区块链作为一项具有强大生命力的先进技术，终究要“飞入寻常百姓家”，而不是只局限在一个相对狭小的圈子中，努力被主流社会所接受是区块链行业的重大历史使命。下一波数字货币市场的超级反弹很可能由进入加密市场的大型机构推动，从而引发其他机构投资者的“FOMO 现象（Fear Of Missing Out）”。自 2018 年 8 月以来，美国最大的三家投资银行花旗、摩根士丹利和高盛都公布了促进机构投资者对比特币需求计划，并全部建立了系统来处理从传统金融部门进入加密市场的资金，目前正在等待内部程序启动其加密监管。2021 年 3 月，摩根士丹利宣布将向高资产客户（指拥有资产超过 200 万美元的客户）推出比特币投资基金，成为首家为客户提供比特币基金的美国大型银行。2021 年 3 月，高盛表示在二季度向其私人财富管理集团的客户提供比特币和其他数字资产投资工具。

从 CBOE 推出的 BTC 期货以及未来将推出的以太币期货来看，发展主流数字资产的衍生品市场是金融救赎区块链行业的另一个重要方向。从传统的金融衍生品市场便可窥其端倪，传统金融衍生品市场具有远大于其基础权证的市值。世界银行数据显示，截至 2017 年全球 GDP 总量为 77.68 万亿美元，已开采黄金（每盎司价格按 1275 美元计算）总价值为 7.7 万亿美元，全球房地产市场规模约为 217 万亿美元，全球各国债务（包括政府债、公司债和个人债）总量约为 247 万亿美元，全球的股市市值约为73万亿美元，而全球金融衍生品市场至少有544万亿美元的市值。根据Crypto Briefing的一份报告显示，2019年将是加密货币衍生品之年。2018年9月，加拿大数字货币交易平台Coinsquare子公司Coincapital在多伦多证券交易所推出两个交易所基金（ETF）：Coincapital STOXX区块链专利创新指数基金（LDGR）和Coincapital STOXX B.R.AI.N。

传统金融对区块链行业的支持还体现在数字货币熊市之下以USDT为代表的稳定币的快速发展以及体现出的避风港效应上。稳定币的思路是通过为加密货币设定抵押资产或根据加密货币的需求动态调整其供给以实现加密货币价格的相对稳定。稳定币几乎是完全借鉴的传统金融市场的理念和操作手法。以当前稳定币里市场份额最大、运作最成熟的USDT为例，泰达币（USDT）是Tether公司推出的基于稳定价值货币美元（USD）的代币Tether USD（简称USDT），发行方称用户可以随时使用USDT与USD进行1∶1兑换。Tether公司严格遵守1∶1的准备金保证，即每发行1个USDT代币，其银行账户都会有1美元的资金保障，其本质就是一个准备金率为100%的离岸美元市场，保持稳定的方式类似于传统金融市场中的回购操作。在加密货币处于熊市以及美元进入加息周期的背景下，以USDT为代表的稳定币成了加密货币的避风港。2018年6月有相关公司为USDT是否为100%的准备金率做过审计，审计结果显示USDT的准备金率的确为100%。尽管该审计报告的市场认可度并不高，但USDT是不是100%的准备金并不重要，因为货币市场天生是不透明的，不透明性在很多情况下反而可以提供更好的流动性（Bengt Holmstrom，2015）。

除了USDT基于单一法币抵押的方式，还有基于一篮子货币抵押的稳定币，其思想来源于SDR（特别提款权，Special Drawing Right）；基于金融资产或者数字资产抵押的稳定币，由于其抵押资产价格波动更加剧烈，这种抵押方式一般采取超额准备金。根据摩根士丹利2018年的一份报告显示，2017年10月使用USDT进行比特币交易的市场份额不足1%，在2018年3月USDT的比特币交易份额已经到了14.2%，而在2018年8月这一数据已接近50%。加密货币熊市之下稳定币的避风港效应非常显著。

此外，数字资产托管服务也是当前数字资产发展的一个重要方向，而且当前存在较大的市场空白。传统托管人没有处理数字资产的经验，数字货币交易所作为托管人和交易的双重身份，存在利益冲突并引发监管问题。因此数字资产托管服务是数字资产运营商的绝佳突破方向。2018 年以来 Coinbase、Gemini 和 BitGo，一直致力于建立托管解决方案，先后启动了加密托管服务。2019 年 3 月，Coinbase Custody 对基于 POS 共识的区块链项目 Tezos 为客户提供 Token 托管服务，扣除相关费用后，投资者的年收益率约为 6.6%。这也就是区块链行业广为人知的"Staking Economy"。

1.2.5 开放式金融：金融功能的原子化

开放式金融本质上是基于区块链的、以金融基本功能为模块的原子化金融。开放式金融相对传统金融具有显著优势，可降低中心化金融导致的风险，有助于提高数字资产的价格发现效率和市场化程度，分布式账本有助于提高交易透明度及可审查性，智能合约则提高了金融的标准度、可编程性、灵活度及风险的相对隔离性。但开放式金融在实现数量和内涵等维度增长的同时，还面对行使资产和货币职能的代币种类有限、系统缺乏最后贷款人、金融业的公共性和商业实体的逐利性难以协调，以及无法支撑起大规模的安全商业应用等制约条件。为推动开放式金融的健康发展，应促进相关数字技术的发展，逐步提高资产通证化比例，通过机制设置创设最后贷款人，更加明确货币和信用的区别与联系，建立适应大规模商业应用的技术框架和协调机制，与中心化机构实现一定程度的融合并加强监管。

（一）开放式金融概况

开放式金融（Decentralized Finance，简称 DeFi）可定义为无须中心化机构许可、基于智能合约和在分布式网络中构建的应用所组成的金融生态系统。具有去中心化、无须事先信任、开放式和自治性等特征的区块链技术则天然地成为开放式金融的底层基础性技术，而人工智能、大数据、云计算等新兴技术也会在数字经济时代发挥重要作用。科技的进步为金融发展钉下了“金钉子”，并有了为现代金融业带来根本性变革的可能。在以区块链为代表的新兴技术与金融业的深度融合下，开放式金融逐渐兴起并呈现蓬勃发展之势。根据经营对象和操作方式的不同，可将传统金融机构分为银行、证券公司、保险公司、信托公司等，各种金融机构通过信息链接和资产交易融合形成一个完整复杂的金融市场。而科技的发展则使金融机构的业务流程不断优化，金融市场的信息和价值传递效率不断提高，金融机构和金融市场的边界也基于技术的进步不断调整和重组，进入 21 世纪以来这一趋势日趋明显。在过去的近 20 年，金融在科技助力下经历了传统金融的大发展及金融科技（Fintech）的逐步深化两个阶段。与此同时，开放式金融初露峥嵘，以 Dai、Compound 、Uniswap、Augur、0x 及 Dharma 为代表的开放式金融项目方兴未艾，有了引领下一次广泛的金融变革的可能性，金融业也有望进入一个新的智能时代。开放式金融的最大特点在于软件开源、规则透明及无须中心化机构准入，并因此实现更低的运营成本、更高的资源配置效率及更大范围的普惠金融。从金融功能看，开放式金融也更有利于实现便利清算和支付、聚集和分配资源及风险分散等核心金融功能。

目前，开放式金融仍然处于起步阶段，其大规模商业推广从理论和现实层面都面临挑战，演化和推广过程并不是一蹴而就的。相对于传统金融模式的中心化风险，在开放式金融中更为严峻的是技术风险和由此导致的系统性风险，加之监管政策不确定、上链代币（Token）种类有限、缺乏最后贷款人、难以均衡逐利性和公共性及公链性能较低等问题，都会制约开放式金融的进一步发展。

（二）开放式金融的产生与发展

21 世纪以来，以 2008 年国际金融危机为界限，金融发展历程大致可分为两个阶段：第一阶段为 2000—2007 年，处于“大稳健时代”的末期，长期的经济增长和稳定的低通胀掩盖了日益积累的金融泡沫，金融机构的主动创新催生了影子银行，加剧了金融市场的联动效应和金融系统的脆弱性，全球储蓄、投资、消费和贸易的失衡则进一步加剧了金融泡沫的堆积并延长了其存续时间。第二阶段为2008年国际金融危机之后，全球经济和金融界一方面探索如何出台一系列救市措施，使世界经济和金融走出危机泥潭，另一方面也在加强金融监管的基础上寻求新的金融发展模式，以避免重蹈覆辙。2008年后，金融监管环境的深刻变化及科技创新的爆发式增长使以人工智能、区块链、大数据、云计算等数字技术为核心的金融科技被广泛应用于金融业，这些极具创新性和替代性的新兴技术重新定义了金融业态和模式，给金融体系带来结构性影响，也开启了以数字智能为核心的金融新时代。

尽管金融科技利用新兴技术优化改造传统金融业务和金融服务，实现了金融业务和服务的手段与方式创新，对于广大发展中经济体而言，也在一定程度上扩大了普惠金融覆盖面，但运用金融科技的主体传统金融机构和新兴金融科技企业，仍然具有一定的准入门槛并受到所在区域的法律政策限制与监管。巴克斯特（Baxter）将金融科技区分为保持型金融科技和破坏型金融科技，其中保持型金融科技是传统金融机构为提高效率、保障市场地位而使用的新兴信息技术，而破坏型金融科技则是原生的金融科技企业利用新兴技术提供金融服务和产品。不管是保持型金融科技还是破坏型金融科技，本质上都是通过新兴科技简化流程、提高效率、降低成本，但中心化的管控思维和准入逻辑并没有发生变化。同时，金融科技的主体仍是依照所在地区法律注册的商业实体（以公司制为主要形式），这一点与传统金融机构并无本质区别。在金融科技逐步发展的同时，一种依靠开源软件保证普遍的可访问性、通过智能合约保障金融条款的可执行性及无须中心化机构许可下的准入以实现更大范围普惠金融的开放式金融应运而生。开放式金融秉承金融自由化的理念，改变了需要监管机构准入的基本逻辑，变为依据一定的透明原则即可进入，而这一原则的实现则建立在智能合约的基础上。换言之，开放式金融将证券行业“注册制”的概念扩充到整个金融体系，将金融系统从“核准制”迁徙到“注册制”。

2009年1月诞生的比特币通过分布式记账、非对称性加密算法和时间戳等技术手段，实现了点对点的价值传输，体现了密码朋克对于中心化金融系统的改进，通过技术信任实现了金融系统核心功能中的支付功能，任何节点都可以无障碍、自由地成为比特币系统的记账节点并可自由退出，比特币的诞生成为开放式金融的起点。但由于比特币的非图灵完备性，开发者无法在比特币系统上构建支付功能之外的开放式金融系统，这也决定了比特币无法成为整个开放式金融系统的基础设施和底层操作系统。为解决开放式金融的可拓展性，2013 年 12 月维塔利克・巴特林（Vitalik Buterin）提出建立开源的、图灵完备的区块链平台——以太坊，并提供了智能合约及其编程语言。基于代码的智能合约得以构建实现金融功能的基本单元，而复合化的智能合约则可实现不同金融基本功能的排列组合，进而生成不同种类的金融产品，这符合现代金融工程用最基础的金融工具通过“积木法”构建复杂金融工具的逻辑和方式。除以太坊外，后来诞生的 EOS、TRON、IOST 等公有链也成为一些开放式金融项目的底层操作平台。

大部分开放式金融项目不是以公司制的形式存在，而是以分布式自治组织（DAO）作为主要存在形式。这种新型组织依靠一系列公开规则进行运作，可以在无人干预和管理的情况下实现自我运营，参与者可通过购买其代币（Token）分享该组织发展的收益或消费该组织提供的商品和服务。DAO 不存在传统公司金融中的“负债”概念，其资产即为所有者权益。金融科技和开放式金融从工具性层面看具有一定程度的相似性，但其根本理念有较大差别，两者将长期并存，且存在一定程度的转化。此外，介于两者之间的中间形态的“半开放型金融”产品和组织会大量衍生并长期存在，其中一个代表性的项目就是全球广泛关注的 Facebook 发起的数字货币项目 Libra（2020 年 6 月更名为 Diem）。尽管 Libra 仍然需要中心化的机构去运营，但其领导核心 Libra 协会本质上是个多中心化组织，其分布式程度较传统的、由中心化公司发起的项目更高。更为重要的是，Libra 通过区块链技术和储备资产（一篮子银行存款和短期国债）创造了定位于全球支付的无息货币（相当于 M0），货币发行机制类似于港币发行机制，同时与我国 2013 年之后频繁采用的常备借贷便利、中期借贷便利等一些非常规性货币政策也有相似之处。

Libra通过技术手段和若干要素的组合完成了中央银行和商业银行的部分职能，这诠释了开放式金融的本质——利用区块链和智能合约等技术及若干其他要素构建金融机构和金融市场的某一或某些功能（支付、借贷、融资、投资等），同时在一定程度上克服了传统金融市场和机构的一些缺陷。

开放式金融在权益类金融市场中较早的应用是ICO，ICO通过将区块链项目的代币出售给参与者以获得融资，不过融得的资金标的不是法币，而是比特币、以太币等主流加密货币。ICO本质上是基于区块链的股权众筹融资，但这一模式对于融资主体并无门槛限制，同时使融资主体得以规避相关法律政策，依据智能合约完成了类似IPO的行为。但由于缺乏普遍接受的价值依托、投机氛围严重、币值波动巨大及伪ICO项目涉及传销等原因，ICO融资模式遭受重大挫折。2017年9月我国七部委发布的《关于防范代币发行融资风险的公告》明确禁止各种形式的ICO；而美国证券交易委员会则力图将ICO纳入证券监管的框架，2018年3月美证券交易委员会发布了《关于可能违法的数字资产交易平台的声明》，凡是通过"豪威测试"的代币都属于证券，并受委员会的监管。在ICO存在巨大弊病和全球监管趋严的情形下，诸如股票、房地产等金融资产上链成为权益类开放式金融市场的重要发展方向。资产上链构建的开放式金融具有智能化、可编程、"7×24小时"交易及消除金融中介等优势。如，Polymath Network旨在通过证券代币化实现万亿量级美元市值的证券向区块链迁移，而Neufund则利用智能合约实现了加密货币和股权市场的连接。

开放式金融将金融业务基于金融功能观进行重构，将数据、算力、算法等数字要素纳入金融系统，改变了中心化交易和集中化结算清算的金融模式，同时加强了金融资产的安全性和可识别性，降低了中央对手方的风险积聚，有助于在互联网经济的基础上构建数字金融体系。开放式金融除在稳定币和资产通证化之外，还在支付、基础设施、数字身份认证、流动性提供与交易、衍生品服务、预测市场、去中心化交易所等多方面发展，并呈现日渐系统化的发展趋势。截至2019年8月，以太坊上已部署了超过20万份基于开放式金融的智能合约，锁定市值已超过 5 亿美元，而 2018 年 8 月开放式金融仅锁定约 1.8 亿美元，可见开放式金融具有巨大的增长空间和极快的增长速度（见表 1–4）。

表 1–4　开放式金融主要落地领域及代表性项目

主要落地领域	代表性项目
基础设施	Connect、Settle、Dutch X、Oxcert、Ox、Bounties、Foam
数字身份认证	Selfkey、Sovrin、Civic、Uport、Evernym、AirPlatform
稳定币	Dai、USDC、Digix、Gemihi、True USD
流动性提供与交易	Uniswap、Marble、Centrifuge、Airswap、Bancor、Hydro
衍生品服务	Expo、dYdX、Daxia、bZx、MARKET Protocol、方图
预测市场	Augur、WINGS、Predictions.Global、XYO Network
金融借贷	Bloqboard、SALT、Dharma Protocol、Whalelend、Lendroid
去中心化交易所	DDEX、Kyber Netowrk、Hodl Hold、OmegaOne

数据来源：作者整理。

（三）开放式金融的优势和制约条件

开放式金融通过区块链和智能合约等技术进一步强化了金融功能观的价值逻辑，同时大数据、云计算和物联网等则为其提供大量的宏微观市场数据，并成为其金融市场定价的决定性要素。目前，开放式金融还处于应用的早期阶段，相对现有中心化金融体系具有某些特定优势，发展空间广阔，但受制于若干制约条件，开放式金融大规模推广还面临严峻的挑战。

本章将从开放式金融的主要优势和制约条件等方面进行论述。开放式金融的主要优势如下：

第一，开放式金融分布式的结构极大降低了中心化金融带来的风险。这些风险主要表现为：集中式结算及清算风险、中心化违约风险、“大而不倒”的道德风险及第三方资金资产托管风险等。在日益复杂的现代金融网络中，由于产品的同质化和价格的稳定性，货币市场的透明性较低，在正常状态下交易者对于市场信息不敏感，通过各种途径增加的流动性会把风险推至尾部，逐步积累成潜在的系统性风险。

区块链为解决货币市场的弊病提供了两种解决方案：第一种是货币系统的账本在区块链上，但储备资产被抵押在区块链下的中心化金融机构中，代表性项目如 USDC、TUSD 及 Libra 等。第二种是货币系统的账本在区块链上，储备资产也被抵押在区块链上，链上资产可作为行使相关金融职能的“燃料费”，这属于开放式金融的范畴，代表性的项目如 DAI、Compound 等，用户可按照一定规则无门槛地生成和销毁稳定币。原生加密货币剧烈的价格波动无法为交易者提供稳定的交易环境，这不利于数字金融的长期发展，而法定货币由于技术的不兼容无法直接使数字金融资产行使流通职能，只能行使价值尺度功能，这就极大地刺激了稳定币的发展。相比资产链外抵押模式，开放式金融资产链上抵押模式具有更加智能化、中心化干预程度更少、运营成本更低等优势。此外，基于区块链的货币市场交易通过分布式账本技术实现多个记账节点共同更新账本和存储，同时将支付、清算和结算三者并行，在很大程度上降低了运营成本和相关金融风险。

以 DAI、Compund、Dharma 和 Uniswap 等为代表的开放式金融项目分别提供了基于以太坊的超额抵押的去中心化货币借贷方案。通过超额抵押创造流动性的方式在金融史上由来已久，是按市场利率、手续费、保险费、保管费等确定抵押综合费率，并约定在一定期限按照一定价格回购的金融行为。由于抵押品具有市场基准价格，抵押行为无须进行价格发现即可快速获得流动性，有效降低了相关成本。开放式金融借贷项目秉承了这一理念，通过智能合约抵押具有市场均衡价格的主流加密货币（ETH、EOS 等），按照一定折现率获取与法币（以美元为主）锚定的稳定币（如 DAI）。以 DAI 为例，在抵押期间，当抵押资产（ETH）价格上升时，抵押者可享受价格增值红利，当抵押资产价格下降至清算阈值时会被自动打折出售回购以清偿流动性。而抵押出的流动性可以再次购买抵押资产进行再次抵押以获取流动性，假设在 DAI 中抵押一单位 ETH 可以获得价格为 σ（$\sigma < 1$）单位 ETH 的稳定币，理论上共可释放 $1/\sigma$ 单位 ETH 的流动性，本质上起到了加杠杆的作用。当抵押资产价格出现大幅下跌时，稳定币项目权益代币 MKR 的

持有人（本质上是项目股东）则会充当“最后贷款人”的角色对系统价值进行清算。

第二，开放式金融有助于提高数字资产的价格发现效率和市场化程度。映射到区块链上的数字资产可实现无摩擦流动和极低成本的兑换，基于智能合约的借贷协议允许投资者双向交易数字资产，数字生态中的使用者、交易者和投资者行为产生的大数据则成为数字金融市场的微观和宏观信息，区块链分布式记账的方式在一定程度上消除了信息不对称，极大提高了数字资产价格形成的市场化程度。在现有金融体系中，金融摩擦、信息不对称、限制做空等交易限制都将降低资产的价格发现效率和市场化程度，这也是导致金融风险产生的重要原因，而开放式金融可有效规避这些问题和风险。如，以股票市场为代表的权益市场的核心功能是实现资源配置和提供风险分担，其价格发现过程是实现核心功能的主要方式；而区块链分布式记账的方式可有效提高信息披露的效率和准确度，对于证券登记、交收、结算、清算等环节有很大改进空间。以区块链为核心技术的开放式金融可在大幅降低成本、简化流程的情况下提高权益类产品市场的运行效率，重塑这一市场的微观结构。

第三，开放式金融通过分布式账本提高了交易的透明度及可审查性，并通过代码提高了金融灵活度、标准化及风险的相对隔离性。分布式账本全网节点共享、复制及同步数据库提高了交易的透明化程度，增强了交易后的可追溯性和可审查性，有助于提高金融监管的效率，降低审查阻力，实现穿透式监管。随着金融多元化需求的增强，基于代码构建的智能合约会日益丰富，技术端的标准化提高了开放式金融的标准化程度，只要按照一定技术标准部署都可加入该开放式金融项目。此外，数字钱包相当于传统金融体系中的账户，使用一个数字钱包可不受阻碍地同时借入多个数字资产，不同数字资产的风险可实现相对隔离。

第四，开放式金融在一定程度上有助于推动普惠金融的发展，在解决普惠金融“最后一公里”问题上起到重要作用。尽管传统金融机构利用金融科技进行业务升级迭代在表现效果上与开放式金融有一定程度的相似性，但两者内涵和逻辑有本质区别，其区别主要体现在金融科技仍然是中心化模式，区块链等新兴技术仅仅被作为实现特定金融功能的工具，仍然具有较高的准入门槛，持牌经营是从事相关金融业务的必要条件。而开放式金融秉承了金融自由化的思想，整个系统的信任逻辑基于开源代码，任何在技术上可行的金融功能都可以被构建，仅有准入规则而无准入门槛，对事前信任的需求程度达到最小化，有利于吸引数字货币和数字资产的大规模流入，从而有助于推动普惠金融的发展。如，以 DAI 为代表的稳定币只要持有以太币等加密货币就可获得一定比例的信贷，这与银行等金融机构通过历史征信数据决定是否授信不同。此外，互联网的深度发展为推动开放式金融下的普惠金融奠定了坚实的基础。引起全球广泛关注的数字货币项目 Libra 在 2019 年 6 月发布了白皮书，也将推进普惠金融作为其重要着力点。Libra 白皮书显示，截至 2019 年全球仍有 17 亿成年人从未接触到银行业提供的现代金融服务，而在 17 亿成年人之中有大约 10 亿人拥有智能手机，将近 5 亿人可较为便利地接入互联网，通过智能手机注册的数字钱包可有效在这一群体中推进普惠金融。

尽管开放式金融相对于传统金融体系具有某些显著优势，但市值仍然较小，落地成果有限，目前仍存在若干制约其发展的条件，主要表现为：

第一，在开放式金融系统内行使资产和货币职能的 Token 种类较为有限，以太坊之外的资产难以进入开放式金融系统中。受限于物联网等技术的发展，实物资产和金融资产通证化取得的进展有限：原生的链上资产需要跨链基础设施和协议的兼容，连比特币这类早期加密货币因其协议的不兼容也无法作为智能合约自动执行的数字资产标的；链下资产上链则对去中心化预言机存在较强依赖，而目前去中心化的预言机并不成熟。

第二，开放式金融不存在最后贷款人，仅依靠算法机制能否保证该金融系统稳定运营存在疑问。中央银行作为最后贷款人，为出现问题的金融机构提供流动性支持是金融长期发展下历史选择的结果，依靠算法机制本质上还是通过对金融市场参与者的激励机制维护系统稳定，在系统外不存在最后贷款人，这在金融史上已被证明难以实现长期稳定。

第三，开放式金融旨在通过不受管制的金融协议提高运营效率，但金融业具有显著的外部性和公共性，这一矛盾难以协调。将金融业完全交给私营部门运营会导致以盈利为目的的商业实体过度创造具有公共属性的金融产品，这会增大金融风险，严重时甚至会引发金融危机。

第四，开放式金融仍无法支撑起大规模的安全商业应用，尤其在可回滚性、实时交易性及互操作性等方面难以满足商用标准。可回滚性意味着健全金融基础设施的容错机制，当交易发生错误或账户出现问题时，可通过身份信息之类的验证进行找回和修复，但开放式金融范式下的数字资产持有依赖于私钥，私钥丢失意味着数字资产无法找回。同时，基于工作量证明机制的数字资产交易回撤则依赖于51%以上的算力重新挖一个分叉链，这种操作既不经济，也不易行。开放式金融受到作为其基础设施的公链数据处理能力的制约，以太坊的每秒数据吞吐量约为25，已成为制约开放式金融发展的重要技术约束，未来开放式金融应会向其他高速公有链进行迁移。此外，跨链技术尚不成熟，各公有链间进行信息和价值传递存在障碍，“孤岛效应”仍然存在，各开放式金融项目间互操作性较差。

第五，开放式金融的业务逻辑无法满足有金融需求的全部人群。开放式金融的规则全部由代码写在区块链上，用户通过开放式金融获取借贷、流动性、衍生品、数字身份认证等服务的前提是将Token抵押在链上，这要求用户具有一定的原始数字货币或资产。以开放式金融的借贷业务为例，其要求用户将数字货币或数字资产抵押在链上，按照一定比率获得即时流动性，但很多用户借贷需求无法满足的原因就是缺乏原始资金，这种业务逻辑无法满足对于普惠金融最为刚性的需求。

（四）推动开放式金融健康发展的建议

开放式金融相对于传统金融，其金融科技范式的优势及全球范围内对普惠金融的需求使之具有巨大的发展空间，但也面临较大障碍，如何推动开放式金融这一新型金融范式的发展是区块链、金融等行业共同面临的问题。同时，如何对开放式金融实行有效监管也考验各国监管机构的能力和智慧。针对开放式金融的制约条件，应从以下若干方面推进开放式金融的健康发展。

第一，推动相关数字技术的发展，逐步提高资产通证化的比例。通过推动物联网、大数据等数字技术的发展，逐步提高实物资产和金融资产通证化的比例。据互联网数据中心（IDC）预测，全球数据总量预计2020年达44个泽字节（ZB），我国数据量将达到8060个艾字节（EB），占全球数据总量的18%，数据资产发展空间巨大。应充分发挥区块链在数据确权、定价、交易中的核心作用，提高全球原生数据资产的市值，增加开放式金融抵押品的种类。除原生数字资产外，在法定数字货币推出后，应将一些主权信用较强的法定数字货币纳入抵押品框架，提高各国监管机构对开放式金融的接受程度。通过发展跨链技术和完善跨链协议为开放式金融真正成为智能金融奠定技术基础。预言机为链下资产上链和链上资产的交易流转提供了条件触发机制，应探索多种机制的去中心化预言机技术方案。

第二，通过机制设计创设最后贷款人。应规定开放式金融的社群和权益类通证的持有者，在特定央行、商业银行等中心化机构的数字钱包中留存一定数量的该国法定数字货币或全球稳定币（如Libra等），作为开放式金融项目危机发生时的“救市启动保证金”。当“救市启动保证金”留存在中心化机构的数字钱包中时，则由该机构担任系统的最后贷款人角色。中心化机构在“救市”过程中投入的资金可按一定比价由智能合约转化为权益类通证，实现开放式金融下的“债转股”。由中心化机构担任开放式金融项目的最后贷款人可极大地提高系统在极端条件下的稳定性，提高中心化机构与DAO两种范式的融合程度。

第三，更加明确货币与信用的区别和联系。尽管开放式金融可通过数字技术和经济模型构建类货币产品，但其本质上不是货币，仍是商业信用，无法覆盖所有应用场景，不具有无限法偿性。事实上，随着现代数字技术的发展，货币正逐渐呈现“解构”的趋势。过去货币集价值尺度、流通手段、贮藏手段、支付手段等多种职能于一体，在互联网、区块链等技术发展的数字经济浪潮下，专注于某一货币职能（以流通手段和支付手段为主）的类货币型信用产品正在快速发展。

主权货币是数千年货币演进至今的主要形式，只有主权货币才是真正意义上的货币，货币和信用之间的鸿沟难以逾越。因此，要进一步明确货币与信用的区别。

第四，建立适应大规模商业应用的技术框架和协调机制。区块链行业应着力提高开放式金融的底层框架在可回滚性、实时交易性及互操作性等方面的性能，建立统一的技术标准框架，实现开放式金融的大规模商业应用。当前，区块链的不可回滚性来源于比特币区块链，比特币区块链只有在联合 51% 以上算力的情况下才能实现回滚，而这种回滚模式无疑是不可持续和代价巨大的。但以太坊和智能合约的出现为实现可回滚性提供了去中心化的智能合约验证这一新的方式。随着区块链成为我国核心技术自主创新的重要突破口，以及全球对区块链技术重视程度的提高，通过修改共识机制、链上扩容、构建链外支付通道及分片等方式实现实时交易性的成熟方案将更快推出。同时，对底层技术研发的重视也将加速跨链技术的成熟，进而提高开放式金融项目的互操作。

第五，实现与中心化机构一定程度的融合。由于完全意义上的开放式金融项目治理框架不完善、底层技术不成熟及迥异于传统金融的运行范式，短期内传统金融体系内的资金难以大量涌入开放式金融系统，与中心化金融机构结合的半开放式金融项目则是较为容易推进的。因此，未来三年内应重点推进半开放式金融项目。如我国拟将推出的法定数字货币（Digital Currency /Electronic Payment，DC / EP）的境外兑换机制可采用半开放式金融模式：将境外居民持有的人民币存款资产与 DC/EP 按照 1 : 1 的兑换机制写入智能合约，境外居民可基于既定规则自行生成和赎回 DC/EP。在 DC/EP 生成阶段，我国央行扣减境外人民币存款，等额发行 DC/EP；在赎回阶段，这一过程则相反。发展半开放式金融项目是向智能金融演进的有效务实策略。

第六，加强对开放式金融的监管。从监管视角而言，由于充足的链上抵押金是开放式金融运行的基础和前提，因此对于系统性风险的监控可通过关注链上数字资产的信息来实现。但监管部门要高度重视开放式金融可能导致的资本外逃问题。监管资本外逃可通过动态监管法币与数字货币（资产）的兑换接口在一定程度上实现，但这种方式无疑是效率低下、难以持续的。创新监管科技是解决这一问题的重要思路。同时，由于开放式金融实质上从事的是金融业务，但没有金融牌照，会导致监管套利问题，并且不缴纳税收。针对这一问题，监管部门可考虑设置监管沙盒，由开放式金融项目自愿入驻，经过沙盒测试期后，监管部门可发放该国开放式金融牌照，通过一系列的条款和指标规避相关金融风险。同时，监管部门可按照一定规则向获得牌照的开放式金融项目征税，税收规则写入智能合约，在链上执行，由该项目权益类通证持有者按照持有比例承担。

以区块链为核心技术的开放式金融通过智能合约在分布式网络中构建了一个无须中心化机构许可、自我演化与发展的金融系统。开放式金融将进一步模糊金融机构的边界，突出金融的基本功能和核心作用，并在一定程度上增强金融市场的作用，不同信息透明度的金融业务都将通过开放式金融进行重构，实现了金融功能的原子化。

1.3 基于社会角度的区块链阐释

当我们进入纷繁庞杂的社会和生活事务中，发现事情并不是非黑即白的。在非正式组织和开放式组织中，也普遍存在着治理。我们在生活中经常发现，一些人在工作岗位的业务能力或许并不强，看起来也没有不同于常人的本领，但在小群体中往往可以影响他人，这其实也是一种治理方式。治理与其说是一种制度，更不如说是一种自发形成的现象，在任何人类组织中都可以观察到。但在社会治理中，这一过程更加复杂化和多元化。基于区块链的去中心化自治组织DAO（Decentralized Autonomous Organization）和去中心化自治企业（Decentralized Autonomous Corporation，DAC）尤其如此，并不需要以垂直权威和监管权为前提。区块链对社会治理的意义不止于此，将“善度”基于区块链实现度量，并将此纳入社会治理框架中开创了数字社会治理的新范式。这也是区块链相对于其他数字技术独有的重要作用。

1.3.1 数字经济时代的社区自治

进入数字经济时代，每个人的身份日益多元化和虚拟化，每个人除了正常的工作之外，还可能因为兴趣、爱好等生活原因和投资等个人配置原因产生一些基于线上的虚拟身份。社区化是一种更加细颗粒度的社会组织模式，提高效率，以及降低外生冲击的影响。因此数字经济时代如何实现社区自治尤为重要。而数字经济时代的社区自治越来越依赖于去中心化自治组织。

DAO 是一个以公开透明的计算机代码来体现的组织，它的金融交易记录和程序规则均保存在区块链上。随着信息技术的发展以及组织自身复杂性的不断增加，传统组织的雇佣关系、管理模式等已经很难适应复杂多变的环境以及新一代个体对组织的要求。DAO 将去中心化、自主、自治与通证经济激励相结合，将系统内的各个元素作为资产，使得货币资本、人力资本以及其他要素资本充分融合，从而更好地激发组织的效能并实现价值流转，为解决现有的组织管理问题提供了很好的思路。DAO 是将组织不断迭代的管理和运作规则（共识）以智能合约的形式逐步编码在区块链上，从而在没有第三方干预的情况下，通过智能化管理手段和通证经济激励，使得组织按照预先设定的规则实现自运转、自治理、自演化，进而实现组织的最大效能和价值流转的组织形态。

事实上，DAO 并非一个全新的概念，自然界中的自组织现象、互联网中的动态网民群体组织（Cyber Movement Organizations，CMOs）以及人工智能的重要分支——分布式人工智能（Distributed Artificial Intelligence，DAI）等均可认为是 DAO 的理念，这些都为其出现奠定了理论及现实基础，但与 DAO 相比，又有很大的不同。

自组织现象（Self-organization Phenomenon）是自然界中极为普遍的现象，它是由生物个体之间的协同交互所导致的，蚁群、蜂群、鸟群及菌落等在生物系统中的聚集、迁移、合作觅食等众多涌现行为。在交互的过程中，每个个体都自发地倾向于从无序的运动到由个体之间关联而引起的协调合作的运动。人类历史的发展也经历过这个过程，在进化过程中作为智商最高的动物人类建立了一套相对严格的秩序和具有层级化的管理方式提高效率。与此同时，人类多维度地拓展具有了多重身份，在最主要的几个维度之外，很难套用严格的秩序进行组织管理，这些身份的组织运作在一定程度上出现了“返祖现象”，即回到弱约束下的自组织状态，这在互联网时代已得到充分体现。在互联网层面，移动互联网和移动智能设备的普及使得网络虚拟世界成为人们日常活动的重要空间，并催生了大规模CMOs，指由事件或目标引导，短期内聚集在一起，参与、讨论并共同实施某些社会行为的在线网民群体，如人肉搜索、水军、众包等。CMOs的演化轨迹与DAO的虚拟性、弱中心、自主性等特征极度吻合，为DAO的诞生提供了网络参考模型。

此外，区块链和人工智能的结合领域——分布式人工智能也进一步为DAO的智能化管理提供了实现基础。分布式人工智能主要研究在逻辑或物理上分散的智能系统如何并行、相互协作地求解问题，在一个分布式系统中，既没有全局控制，也没有全局的数据存储，系统中的各路径和节点既能并发地完成信息处理，又能并行地求解问题，因此分布式人工智能系统比集中式系统更具开放性和灵活性。分布式人工智能系统并非一个封闭的系统，实现系统规模的指数级扩大。这样不仅提高了系统的灵活性、降低了问题的求解代价，同时也为智能化管理提供了实现手段。面向未来，DAO必然与人工智能相结合，从自动化走向智能化。未来DAO中的每个个体都将是具备感知、推理、决策功能的智能代理，能够部分或全部替代人类个体参与组织的运营、管理和决策。

区块链作为分布式数据存储、点对点传输、共识机制、加密算法等技术的集成化组合，具有去中心化、去信任、不可篡改、集体维护等特点，可安全、高效地实现信息传输和价值转移 。而开源的承载智能合约功能的公有链开发平台（如以太坊），使得个体和组织可以借助区块链技术任意构建去中心化应用（Decentralized Application，DAPP），组织的管理和运作规则便可能以智能合约的形式编码在区块链上，从而在没有第三方干预的情况下，依照预先设定的业务规则自主运营，实现分布式、自动化、自治型治理。

2016年全球首个DAO——The DAO被开发出来，成为当时世界上最大的众筹项目，融资额达到 1.3232 亿美金。从此之后，一系列的 DAO 被相继推出，如 Polkadot、Aragon DAO、Dash DAO 等。然而，DAO 在实际落地的过程中仍面临一些问题，如安全性问题、法律问题、技术不成熟及智能化治理难题等。

DAO 具有分布式与去中心化（Distributed and Decentralized）、自主性与自动化（Autonomous and Automated）、组织化与有序性（Organized and Ordered）、智能化与通证化（Intelligence and Tokenization）等特征，为数字经济时代的社区自治奠定了技术和制度基础。

综合而言，DAO 可分为基础技术层、激励机制层、治理运作层、组织形态层和表现形式层五个层次（丁文文等，2019）。DAO 的基础技术层包括支持 DAO 及其衍生应用的所有基础设施，包括互联网基础协议、区块链、人工智能、大数据、物联网等。DAO 的激励机制层主要依靠通证的发行 / 流通、锁仓 / 收回、市值管理以及声誉系统等发挥作用。每个 DAO 都可以发行通证，并且通常可以根据项目属性，对通证的发行量、流通量、锁仓期、分配方式等通证模型的相关要素进行设置。通证模型设计本质上是机制设计问题，目标是促进参与主体的激励相容。

DAO 的治理运作层本质上是一种智能化自治，根据组织的性质和目标，将系列公开公正且获得共识的制度通过智能合约代码化，以数字化为起点、人工智能技术为保障、链上链下协同为治理手段，以及无边界的群体价值创造，实现组织的自治理和自演化。

DAO 是一个混序、扁平、平行、人机合一的多中心的生态立体网状组织结构，它打破了基于权责的层级式组织结构和基于分工的功能式组织结构，实现了从垂直协同到平行协同、从井然有序到混序、从追求稳固和固化到追求相对稳定和动态平衡、从相对单一的形态到多样化的形态的转变。DAO 的运行仅需要少量的基础团队，但需要大规模的社区自治。DAO 的五层架构参考模型如图 1–18 所示：

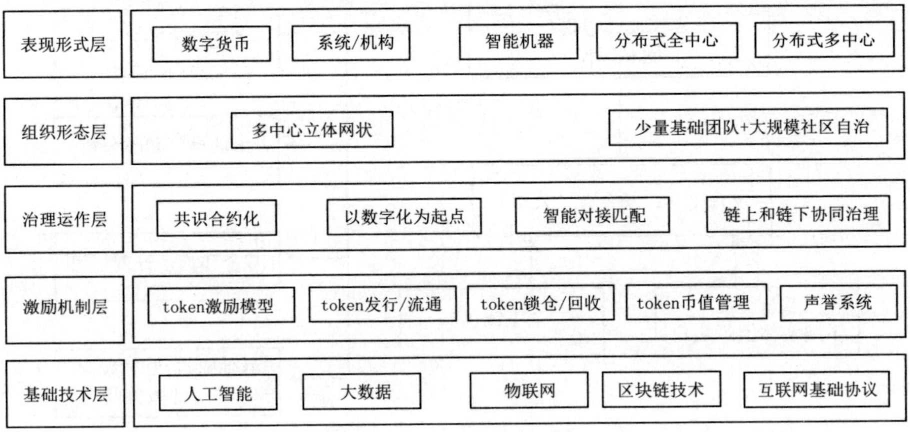

图 1–18　DAO 的五层架构参考模型

资料来源：丁文文等，2019。

DAO 具有丰富多样的表现形式，根据其所提供的服务，表现形式既可以是数字货币，也可以是一种底层系统（以太坊平台），或者是互联的智能机器（如无人驾驶）。根据组织的控制力，DAO 既可以是分布式全中心化（如公有链形态），也可以是多中心（如联盟链形态）。在法律结构实体上，DAO 通常借鉴“非盈利性基金会 + 受委托公司”的形式（如开源社区），具体方式为由基金会作为通证发行主体进行资金的募集、分配、管理以及监督等，同时委托部分公司进行技术开发、市场推广和运营、基金投资和管理以及其他法律服务。然后，以开源社区或其他组织的模式呈现，推动 DAO 展开链上和链下的协同治理。除此之外，部分组织还会使用离岸实体控股基金会。DAO 的法律结构实体如图 1–19 所示：

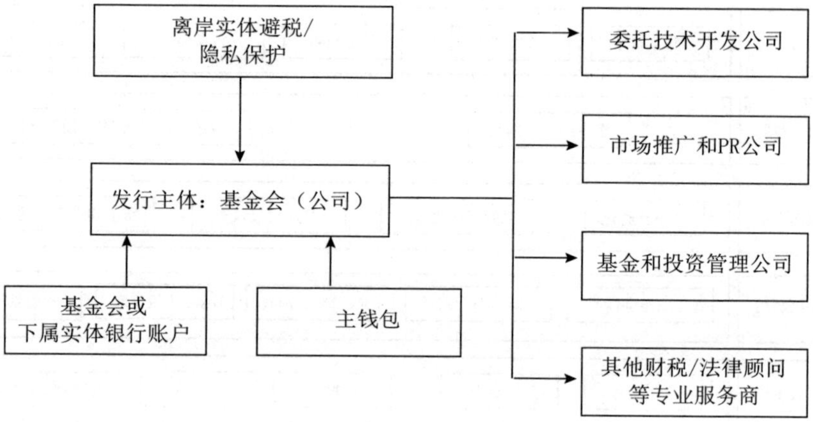

图 1–19　DAO 法律结构实体

资料来源：丁文文等，2019。

尽管 DAO 为数字经济时代的社区自治提供了技术和治理基础，但我们需要正视的是，DAO 还存在不少的问题，距离大规模的应用还有较长的路，理论研究匮乏、安全问题待解决、存在一定的技术局限性、智能化治理尚不健全、各国没有从立法层面予以保护都是阻碍 DAO 进一步发展的障碍。比如 DAO 立法层面的缺失，现阶段《中华人民共和国公司法》《中华人民共和国合同法》《中华人民共和国证券法》《民商法》等都未对 DAO 作出界定，一旦实际运营过程中出现法律问题，将会导致难以追责以及缺乏事后救济等问题，只能通过链上重新挖一条链进行回滚交易。因此，未来五年 DAO 发挥作用的场景将以线上虚拟场景为主，难以“飞入寻常百姓家”。现阶段我们需要探索一种将区块链更大范围地融入社会治理中的新型模式。

1.3.2 纳入“善度”的社会治理框架

新时代加强和创新社会治理是基于党委领导、政府负责，同时强调社会协同、公众参与，充分发挥社会组织力量和群众参与，形成共建共治共享的社会治理新格局。这意味着治理主体的多元化，可集中力量共同参与；最大化决策的民主性以及丰富治理方式的多样化。基层社会治理是国家治理的基石，提升基层社会治理水平，是实现国家治理体系和治理能力现代化的重要环节。将区块链、大数据等数字技术注入包括疫情防控在内的社会治理之中，对优化人流、信息流和资金流都起到了重要作用。

例如，具体到社会组织的最基层单元——社区，有些社区合力打造的党建引领微平台、开展微实事，通过互联网等信息平台来听取民声、汇集民情，将碎片化的社区资源整合，充分发挥基层党组织的先锋战斗力。在此次疫情中，社区通过网格化、地毯式的治理思路，运用科技平台，街道党组织的书记、社区主任、网格员、楼栋长通过科技移动终端，实时监测、巡查、上报小区人员情况，大大提升了社区疫情治理工作的针对性、有效性，受到居民群众的好评。同时，相关医务人员以及医务用品数据的实时共享，有利于各主体之间的协调互动，打破信息壁垒和沟通障碍，提升治理手段的高效性、技术性与创新性，能够在短时间内完成情况研判、问题聚焦与决策。这是实现治理现代化的重要支撑。

除了刚性、有战斗力的国家治理体系和资源动员能力，社会治理的柔性化越来越重要。在刚性的法律框架之外，越来越多的诸如高空抛物、高铁霸座、扒地铁车门、乱丢垃圾、胡乱涂鸦等个体不文明现象以及环境污染、高碳排放、浪费资源等群体不文明现象时有发生。同时，对拾金不昧、斑马线礼让、搀扶老人、垃圾分类、见义勇为等文明行为则缺乏有效的激励或奖励。法律是准绳，任何时候都必须遵循；道德是基石，任何时候都不可忽视。在新的历史条件下，我们要把依法治国基本方略、依法执政基本方式落实好，把法治中国建设好，必须坚持依法治国和以德治国相结合，使法治和德治在国家治理中相互补充、相互促进、相得益彰，推进国家治理体系和治理能力现代化。基于区块链的纳入“善度”的社会治理框架对实现依法治国和以德治国的结合具有重要的推进作用。

受限于技术条件，实现“以德治国”尚有以下若干个难点需要解决：

第一，在技术层面，过去较难对各类文明行为或善行善举进行度量、记录和证明，既缺乏量化牵引的工具，统计“小善”行为的成本也会过高。以至于公众更容易发现“大善”行为，而忽略“小善”行为。“大善”的践行者往往是富裕群体，通过出资等形式捐赠学校、教学楼、医疗设施等确实为社会带来了正能量，不过从全社会效用的角度看，可能也会因践行“大善”的门槛过高而降低普通民众的从善意愿，以致其萌生“以善小而不为”的心态。

第二，在协作机制层面，由于“惩恶”往往只需一个行政部门跟进执行，而“扬善”需要多个部门或机构的分工协调合作。如果缺乏有效的激励机制和能兼顾多方诉求的协调机制，就难以实现“协同扬善”的目标。

第三，在治理机制层面，过去较难实现信息流、资金流的穿透式管理，实现透明合规的治理，以至于资金善款去向不明、虚假募捐、价值不清晰、信息或账目错漏等现象时有发生，也大大提高了审计成本和监管成本。

如果要提升社会治理水准、进一步促进社会文明发展，有必要以技术来推动机制完善，合理度量各类善行的价值，协调和激励各方参与并明晰权责，加强“扬善”尤其是“激励小善”，优化当下的社会治理模式。

区块链、5G、物联网（Internet of Things，IoT）等数字技术的发展为社会治理模式的优化带来了现实可行性，也为我们在可持续发展的探索历程中带来了重要的契机。在 2019 年 9 月微众银行（WeBank）提出一套针对善行，实现度量、激励、跟踪、监督机制的社会治理框架——“善度”（MERITS——Measurable Ethics: Rating, Incentivisation, Tracking & Supervision Framework）。善度并非是一种具体的产品或服务，也不依赖于特定的底层平台，而是一种参考框架，任何企业或组织都可以根据这套框架实现自身的应用落地。

在参与角色设计方面，为确保善度的发行、分发、赞助、兑换、清结算、监管等环节的合法合规和高效运行，其参与者角色可设计为发行者（MERITS Issuer）、分发者（MERITS Distributor）、赞助者（MERITS Sponsor）、兑换平台（MERITS Exchange）、清结算服务提供者（MERITS Clearing and Settlement Service Provider）、监管者（MERITS Regulator）、终端用户（MERITS User）等。七大角色有效分工协作，实现共识的达成与价值的转化。

善度框架的有效性由三大核心机制共同保障。第一，度量尺度。类似温度、高度、湿度、角度、经纬度等度量衡一样，善度有望借助 5G、物联网、生物识别等技术统计度量各类文明行为，实现对各类善行善举的量化、记录、证明等，改善过去“小善”行为监控成本过高的问题。第二，激励相容。借助区块链技术的分布式治理、可溯源、可编程、不可篡改、多方共识、加密安全等特性，可以帮助不同的社会治理相关的参与者角色，发挥各自的治理职能、资源优势、技术优势，实现多方的价值共赢。第三，合规治理。善度框架要求预留监管接口，借助监管科技技术，可实现对全流程的穿透式监管及审计追踪；清结算服务可由持牌银行机构提供，所有涉及联盟成员间的资金清结算须由银行完成，从而确保善度与现有的金融监管体系有效衔接；同时，需确保价值在闭环中流转、终端用户自愿授权参与、各参与方数据严格隔离进行隐私保护，从而多维度确保生态健康有序地发展。

第二章　区块链和政务体系都是信息处理系统

政务体系和区块链从组织和管理形式方面而言仿佛处于世界的两个极端，如同火焰和冰山一般不可兼得，一个处于绝对的中心化，而另一个则是技术上的去中心化（或者叫“多中心化”“弱中心化”“分布式”）。但一个不可否认的事实是，区块链作为一项工具第一性的技术，其本质和政务体系一样，都是信息处理系统，根本目的都是提高系统内信息处理能力的“整体效率”（经过系统的稳定性、公平性等参数修正过后的效率值），实现事权和财权的平衡。

当前以人工智能、区块链、大数据、云计算、边缘计算为代表的数字经济正在蓬勃发展。数字经济是一种新的经济形态，以数字化的知识和信息作为关键生产要素，以信息网络作为重要载体，以信息通信技术的有效使用作为效率提升和经济结构优化的重要驱动力。在数字经济时代，信息成为一种极端重要的生产要素，如何全面、快速、准确地获取与处理信息成为数字经济时代的核心竞争力。事实上，随着科技和社会的进步，人类获取和处理信息的方式已发生了三次深刻的变化。

人类的历史就是一部“中心化”与“去中心化”交替演进的过程。当没有绝对的中心时，去中心化状态下的多个亚中心会为取得中心地位而彼此争斗，直到一个亚中心成为所有域的中心，进而进入稳态，而竞争中心的过程本身就是一个“优胜劣汰，适者生存”的过程；而这个稳态系统下如果中心不能保证个体效率的提高，这个稳态就会被打破，进而被新的中心取代。人类社会总是在“中心化”

和“去中心化”的开区间内游走，而无法取得端点值。但科学技术的进步、人的认知水平和对应的管理模式及手段的先进化程度提高，从大趋势而言不断地对个体进行解放，微观个体的自由程度在信息社会和数字经济时代得到了前所未有的提高，人类历史上从来没有如当前一般对“中心化”体系进行全面挑战的“去中心化”浪潮。但在深入剖析区块链和政务体系的数据处理结构之后不难发现，完全的“去中心化”是个伪命题，链政经济体系的结构适应当前及未来相当长的一段时间内的数字经济时代的生产力发展水平，有助于在保证稳定的情况下提高效率，有助于进一步推进和深化全球化，构建数字范式下的人类命运共同体，具有极其深刻的理论和现实意义。

区块链不仅仅是一项纯粹的技术，更是一项重构制度的技术。正如2019年10月习近平总书记在中央政治局第十八次集体学习时所强调的，把区块链作为核心技术自主创新重要突破口，加快推动区块链技术和产业创新发展，探索利用区块链数据共享模式，实现政务数据跨部门、跨区域共同维护和利用，促进业务协同办理，深化“最多跑一次”改革，为人民群众带来更好的政务服务体验。

事实上，每一次公共危机都是对政务体系的考验。2019年12月新冠肺炎疫情暴发以来，党中央高度重视，始终把人民群众的生命安全和身体健康放在第一位，把疫情防控工作作为当前最重要的工作来抓，对疫情防控作出全面部署。在党中央的集中领导下，在各方面共同努力下，防控工作有力开展，各项措施有力推进，举国上下凝聚起共同抗击疫情的巨大力量。但在抗疫工作取得重大进展之时，政务系统存在和暴露的问题也值得我们反思。

大数据、人工智能、云计算等信息技术已被广泛地应用于政务系统中，也在这次抗击疫情中发挥了重要作用：大数据通过追踪移动轨迹、建立个体关系图谱等，在精准定位疫情传播路径、防控疫情扩散、实时更新疫情数据等方面发挥了重要作用；人工智能用于精准识别用户信息，实现公共场所是否佩戴口罩检测及进行人脸识别；云计算精准地实行数据轨迹与分析，多个超算中心也在协同发力研究新冠疫苗。在整个的政务系统和公共管理系统中，当前区块链是缺位的，而区块链和政务系统融合的链政经济也是对当前经济系统和治理结构的全面升级。

2.1 人类获取、处理信息方式的三次变化

物质、能量、信息是构成现实世界的三大要素。而在这三大要素之中，信息随着人类社会的发展和文明程度的提高，表现出日益重要的作用。然而对于信息的深刻认识，还是近几十年的事。控制论的创始人诺伯特·维纳（Norbert Wiener）1948年在其著名的《控制论——关于在动物和机器中控制和通讯的科学》（*Cybernetics or Control and Communication in the Animal and the Machine*）一书认为：信息就是信息，不是物质也不是能量。事实上，只要事物之间的相互联系和相互作用的存在，就有信息发生。人类社会的一切活动都离不开信息，信息早就存在于客观世界，只不过人们基于自身的感官首先认识了物质，然后认识了能量，最后才认识了信息。信息具有使用价值，能够满足人们的特殊需要，可以用来为社会服务。作为资源，物质为人们提供了各种各样的材料，能量提供各种各样的动力，而信息提供各种各样的知识和信号。

同年，克劳德·香农（Claude Elwood Shannon）在《贝尔系统技术杂志》发表了《通信的数学理论》（*A Mathematical Theory of Communication*），这项发明引入了一个新的测量信息的单位——比特（bit）。香农用比特（bit）来测量信息熵，一比特就是一个二进制位，二进制则用来对信息进行编码。通过信息熵这个概念，信息量的大小和对其编码所需二进制位的多少联系到了一起。信息第一次以可量化的形式展现在了人们面前，之后信息时代的各种技术都依赖于香农的信息论。毫不夸张地说，香农引领了一个全新的信息时代，那篇划时代的论文引发了诸多领域的革新，包括但不限于物理学中的量子计算、心理学中的认知科学、生物学中的基因编码、社会学中的模因论等，以至于20世纪的物理学大师约翰·阿奇博尔德·惠勒（John Archibald Wheeler）用一句“万物源自比特”（It from Bit）概括了这一伟大的起源。而在信息作为相对独立的学科和体系诞生之前，已经深刻

地影响了人类的发展历程，人类发展的历史就是一部对信息获取和利用的深度、精度和广度不断提高的历史。

在人类社会的早期阶段，人们通过狼烟、烽火、口头、打鼓、手势、跳舞等方式传递即时信息，通过结绳和绘图等方式保留信息。正如《易·系辞下》中所言："上古结绳而治，后世圣人易之以书契。"晋代的葛洪《抱朴子·钧世》中也有言："若舟车之代步涉，文墨之改结绳，诸后作而善于前事。"文字的发明是人类发展史上石破天惊的大事，它将人们的思维、语言、经验以及社会现象记录下来，使文化得以传播交流、世代传承。当今世界拥有两大文字体系，一个是以西方文明为实体的字母文字，另一个是以中华文明为实体的汉字。第一个字母系统是由西奈半岛上的闪族商人发明，大概在公元前1800年。而关于汉字的诞生，《说文解字》中记载了"仓颉造字"的传说，仓颉是黄帝时期造字的左史官，见鸟兽的足迹受启发，分类别异，加以搜集、整理和使用，在汉字创造的过程中起了重要作用，被尊为"造字圣人"。而据《淮南子》记载，仓颉造字功成之时，"天雨粟，鬼夜啼"。文字的出现极大地提高了信息的传播度和留存性，正如沃德·贾斯特所言，"奥德修斯听到诗人吟唱他在海外的卓越事迹时，不禁潸然泪下。因为一旦被人传唱，这些事迹就不再只属于他自己，而是已经属于听到这吟唱的每个人"。事实上，人类历经数千年把这种将语言和文字表达成符号系统的能力内化为第二天性。詹姆斯·格雷克（James Gleick）在《信息简史》（*The Information: A History, A Flood*）中也认为"经过两千多年的演化，人类已经把各种信息技术内化。如果想把这部分去掉，那真需要充分发挥想象力，回到被遗忘的过去。而我们人类心智中最根深蒂固难以去除的，也是位于一切技术之先的，就是文字。这项技术在人类历史曙光初现之时就出现了，这并非偶然，因为所谓历史，正是有了文字才成其为历史。过去之所以能够称为过去，全靠文字来记录轨迹"。

另一个具有里程碑意义的事件是阿拉伯数字的发明与推广。阿拉伯数字由0、1、2、3、4、5、6、7、8、9共10个计数符号组成，是现今国际通用数字。阿拉伯数字最初由古印度人发明，后由阿拉伯人传向欧洲，之后再经欧洲人将其现代化。正因阿拉伯人的传播，成为该种数字最终被国际通用的关键节点，所以人们称其为“阿拉伯数字”。阿拉伯数字的发明与推广极大地提高了社会的量化程度，进而提高了社会的文明程度。

浙江工商大学人文社会科学资深教授、阿里巴巴集团第三届学术委员会委员何大安（2018）将人类的信息交互方式分为三个阶段：第一，“人与信息对话”阶段；第二，“人与数据对话”阶段；第三，“数据与数据对话”阶段。“人与信息对话”强调人与依靠感官、语言、文字、数字和初级工具获取的数据进行加工、利用和互动，是一种较为初级的信息获取和处理方式。“人与数据对话”阶段伴随着工业时代的来临，人们掌握了一些获得更加精准数据的方式，数据成为生产、消费、决策的重要依据，成为一种新型的生产要素，而使用这些要素的主体则是人脑。人脑通过对有限的工业数据的获取与分析按照因果关系的逻辑进行推理，并认为由此得出的结果是精确的。“数据与数据对话”产生于人类从工业时代向信息时代过渡的阶段，在这一阶段信息的数量、维度、精准度都极大程度地提高，人类第一次有可能获得数据的全貌，但分析数据、处理数据以及下达指令的主体随着科技的发展以及信息化水平的提高逐步由人脑向机器算法过渡。数字经济时代会产生两类投资者和消费者：第一类是能全面搜集、整合、分类、加工和处理信息，运用大数据思维和机器学习的“智能大脑”；第二类是从自身利益出发会效仿第一类人的选择行为的“非智能大脑”。“非智能大脑”对“智能大脑”的模仿和学习将贯穿整个数字经济时代。

获取和处理数据方式的深刻改变也带来一些问题。数据本身几乎可以无成本地复制和传播，如何确定数据的源头和其所有者？不同的数据之间质量具有显著差异，如何对不同质量的数据进行定价？如何建立海量数据的市场化交易机制，将我国的人口优势转化为数据优势？这些都是摆在我们面前的重要问题，也是区块链的使命所在。与此同时，这一问题的解决政府不能缺位，建立实现区块链和政务系统完美融合的链政经济系统，才能打造网络强国，共享数字中国，将我国建设成数字金融强国。

2.2 政务体系的信息处理结构

政务体系本质上是一套治理系统，任何治理系统都有两个核心要素——财权和事权，事权代表着治理系统的职能，而财权代表着实现职能的资源分配。不管是事权还是财权都要受信息的指导和引领，其效果又会生成信息对系统职能进行反馈。因此，信息在治理系统中起着基础性的作用，任何治理系统都是信息处理系统。

根据治理和组织形式的不同，人类社会组织方式可分为原始社会、奴隶社会、封建社会、资本主义社会和社会主义社会。在原始社会，生产力较为落后，人群通过血缘关系以部落的形式聚集，规模较小，部落首领或者酋长掌握部落权力，距离大规模的社会组织相去甚远。奴隶社会和封建社会的组织方式基本是氏族贵族统治和封建贵族统治，君主将土地分封给自己的亲戚或者官员，这些人在自己分封的土地上享有实质性的自治。这是一种化整为零的管理方式，因为政治形态不发达，管理能力有限，面对大面积的国土和居民，只能有这种方式来组织管理，但两者之间具有本质的区别。

西方国家进入资本主义社会后，政务体系本质上为发展资本主义服务，即确保资本控制权力，权力为资本服务，在马克斯·韦伯（Max Weber）提出的科层制的基础上，建立了资本主义政务系统。资本主义政务系统一方面出台了各种限制权力的法律制度安排，如“小政府、大市场”及三权分立等，另一方面则创立了一套资产阶级的意识形态，为资产阶级统治辩护，其核心目的是掩盖资本和劳动日益突出的矛盾。根据托马斯·皮凯蒂（Thomas Piketty）的《21 世纪资本论》（*Capital in the Twenty-first Century*），考察过去 100 年的长时间序列，资本的平均年化收益率为 4%—5%，而劳动的平均年化收益率为 2%—3%。在资本主义的和平时代，贫富差距不断扩大，当贫富差距扩大到一定程度时，战争则成为消除贫富差距的利器。

但收入分配过度偏向资本并非没有原因。数字化是人类历史的发展方向，数字化可以使一切经济活动更加精准，社会分工更加精细，而数字作为全球通用的工具，可以有效扩大资源配置的范围。货币的诞生与发展就是一个典型的案例，其形式日益电子化，交易和流通成本越来越低，流通范围越来越大，在更大范围内提高了社会分工的精细化程度。这与黄仁宇先生的《万历十五年》中的一个重要观点较为相似，即明朝的衰亡来自缺乏数字化管理，统计审计不力：国家有多少土地，不知道；有多少地主、多少农民，不知道；每个人有多少财产，不知道；每个地区发展状况是什么样，不知道；该上多少税合理，不知道；该给军队供给多少给养，不知道；更谈不上如何判断如果完不成任务是因为不可抗拒的天灾人祸还是官员的昏庸无能所致。近代中国在数字化方面在全球已落后一次，并导致从清末到新中国建立期间落后挨打的局面。而面对当前以区块链为基础设施的数字经济发展，中国不应该再次落后，而应该做全球领导者。

随着数字经济的发展，广大人民各种行为生成的数据成为日益重要的生产要素，利用数据的能力和分配数据收益的公平性成为全球数字经济和数字金融竞争的两大维度。哪个国家能更高效地利用数据发展经济，哪个国家能更均衡地实现数据收益分配，哪个国家就能占据全球数字经济和数字金融竞争的制高点。

2.2.1 我国古代政务体系演变

中国古代经历了奴隶社会和封建社会，其政务体系具有显著的不同。奴隶社会的代表性政务体系是周朝的分封制。分封制的逻辑类似于区块链的分片（Sharding），由于周朝地域广阔，囿于科技手段有限，信息处理能力较弱，周天子难以对广袤土地上的事务直接管辖，于是将天下分给诸侯进行管理。周天子共设七十一处封地，其中五十三处由其亲戚治理，剩下的分给其他文武官员。但这种方式到了后期带来很多的弊端，封地发展壮大之后，不听天子号令，相互征伐，抢占领地，导致生灵涂炭，社会动荡不安。直到公元前 221 年，秦灭六国建立了大一统的中央集权国家，用郡县制代替分封制，用中央选拔任命的官僚代替世袭的贵族来统治广阔的疆域和众多的人口，中国也成了世界上第一个现代意义上的国家。

封建社会的信息处理结构和方式较奴隶社会已发生较大改变。中央政府选拔任用有能力的官僚来代替世袭的贵族进行统治，地方官僚所辖区域并非自己的封地，而是帝王的私产，产权结构的变化改变了信息处理结构和方式，这当然是历史的一大进步，但封建社会的官僚体系也存在其固有弊端。中央政府任命的官僚，其职位不可能像分封制下的诸侯一样世袭，其直接对中央政府负责，因此其决策函数将完全依据中央政府的喜好与判断。但事实上，中央政府对于该地掌握的信息远不如地方官僚，所以地方官僚的决策函数很可能不是根据当地客观情况制定的。在中国封建社会的信息处理结构的演变史中，有两条明显的趋势，其中一条是中央政府的信息处理结构演变历程，如图 2–1 所示；一条是地方政府的信息处理结构演变历程，如图 2–2 所示。

西周	（分封制）
秦	（三公九卿制）
西汉	（中外朝制）
魏晋南北朝	（三长制）
隋唐	（三省六部制）
宋	（二府三司制）
元	（中书省制）
明	（废宰相、设内阁、司礼监）
清	（南书房、军机处）

图 2–1　中国古代中央政府信息处理结构演变历程

西周	（分封制、宗法制）
秦	（郡县制）
西汉	（推恩令、刺史制）
唐	（节度使）
宋	（收精兵、文官制）
元	（行省制）
明清沿用	（明废行中书省、设三司、厂卫制）

图 2-2　中国古代地方政府信息处理结构演变历程

中国古代中央政府和地方政府信息处理结构演变历程反映了两个趋势：第一，强化核心信息处理的集中性，不断减少信息处理的层级；第二，加强直属于中心的监察机构，以提高信息处理的效率和最高信息处理权的密集度。对于政务系统而言，每天至少有数以万计的事务需要处理，效率是第一位的。一个不能高效处理信息的政务系统必将崩溃。在技术手段没有突破性进展的情况下，强化核心信息处理的集中性，不断减少信息处理的层级是必然发展趋势。

封建社会的官僚总是希望将自己的职责最小化，而将自己的收益最大化，这是由人性所决定的。要防止这一弊端，就必须要对官僚进行监督，所以官僚体制必须要配套督责体制。这也是吕思勉先生在《中国政治思想史》中提出的，必须以督责之术对付封建官僚阶级，以儒家宽仁之政对待人民，即“严以察吏，宽以驭民”。

但是不是有了监督，官僚体系就万事大吉了呢？显然不是。问题依然存在，监察的官员过多会影响第一个趋势——政务系统处理信息的效率。用吕思勉先生的话来说那会导致“治官之官日多，治民之官日少”。因为人是监督不尽的，随事而督导之，势将劳而不可遍。也就是说，加强监督又会带来另一个后果，那就是督查体系里的官员会越来越多，而为民办事的官员越来越少。官员动辄得咎，那就多一事不如少一事，整个官僚体系就失去效率。两个趋势内生的矛盾也导致了封建社会政务系统的不稳定性。对这套政务系统的驾驭则在很大程度上依赖于最高统治者的个人能力。

一般而言，只有在王朝建立初期时励精图治的开国之主，或者王朝中期出现可以驾驭政务信息体系的中兴之君，才可以平衡政务系统的效率和监察问题，使得经济社会得到较大发展，否则承平日久，官僚体制犹如政治之癌，只会让封建王朝统治慢慢癌变，直至农民忍无可忍起来造反，王朝灭亡。一个朝代的灭亡看似是死于农民起义，但实则是死于政务体系的癌变。所以韩非子提出“明君治吏不治民”，正所谓治国之本在于治官，吏治则民安，民安则国定。如何跳出“其兴也勃焉，其亡也忽焉”的王朝兴亡周期率，政务信息系统的优化与改进给我们提供了新的路径，这对当下具有较强的借鉴意义。政务信息系统与王朝兴衰关系结构如图 2–3 所示：

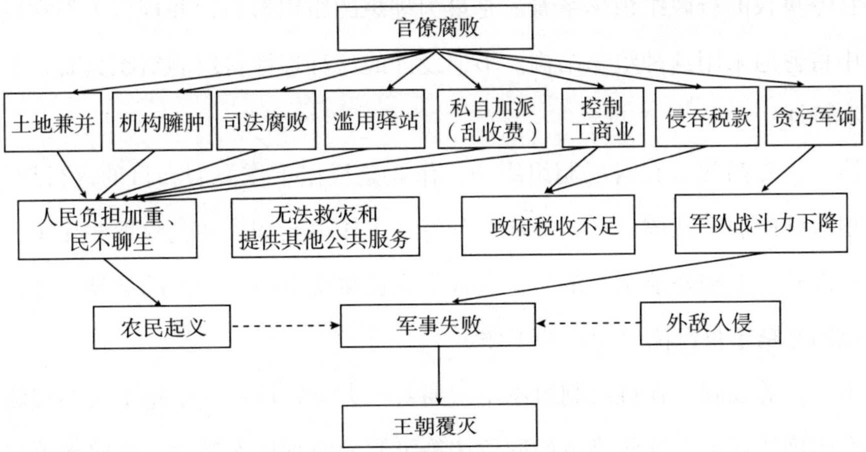

图 2–3　政务信息系统与王朝兴衰

区块链对于推进国家治理体系和治理能力现代化具有重要的意义，2019 年 10 月 24 日中共中央政治局第十八次对区块链的集体学习和 2019 年 11 月 5 日党的十九届四中全会审议通过《中共中央关于坚持和完善中国特色社会主义制度　推进国家治理体系和治理能力现代化若干重大问题的决定》仅有两周之隔，这留下了巨大的想象空间。将科技元素纳入治国理念会是未来发展的一个趋势。

2.2.2 现代政务体系基本结构

当前的政务体系基本建立在马克斯·韦伯的科层制（又称官僚制）的基础上，这一基本思想在《社会组织和经济组织理论》有过详细论述，科层制在实践上体现了德国式的社会科学与美国式的工业主义的结合。科层制指的是一种权力依职能和职位进行分工和分层，以规则为管理主体的组织体系和管理方式，科层制既是一种组织结构，又是一种管理方式。

作为一种管理方式，官僚制为现代社会的组织管理提供了有效的工具。马克斯·韦伯在对西方文明和东方文明进行广泛的历史研究和比较研究的基础上指出，任何有组织的团体，唯其实行“强制性的协调”方能成为一个整体。基于此，他将官僚集权的行政组织体系看成是最为理想的组织形态，并预言人类在以后的发展中将普遍采用这种组织结构。韦伯设计的这种理性科层制组织具有以下的五大基本特征：

第一，专门化。在科层制组织中，作业是根据工作类型和目的进行划分的，具有很清楚的职责范围，它科学地划分每一工作单元和强调删除那些无用的重复工作，以及考虑到职能交叉的必要。各个成员将接受组织分配的活动任务，并按分工原则专精于自己岗位职责的工作。

第二，等级制。在科层制组织中，拥有一大批官员，其中每个人的权威与责任都有明确的规定。这些官员的职位按等级制的原则依次排列。部属必须接受主管的命令与监督，上下级之间的职权关系严格按等级划定。

第三，规则化。在科层制组织中，组织运行，包括成员间的活动与关系都受规则限制。也就是说，每位成员都了解自己所必须履行的岗位职责及组织运作的规范。所以说，科层制组织所采取的手段能最有效地实现既定目标，领导人一时产生的错误想法或已经不再适用的程序，都不大可能危害组织的发展。

第四，非人格化。在科层制组织中，官员不得滥用其职权，个人的情绪不得影响组织的理性决策；公事与私事之间具有明确的界限；组织成员都按严格的法令和规章对待工作和业务交往，确保组织目标的实施。

第五，技术化。在科层制组织中，组织成员凭自己的专业所长、技术能力获得工作机会，享受工资报酬。组织按成员的技术资格授予其某个职位，并根据成员的工作成绩与资历条件决定其晋升与加薪与否，从而促进个人为工作尽心尽职，保证组织效率的提高。

韦伯认为，从纯技术的观点来看，官僚制能为组织带来高效率。从这一意义上可以说实行强制性官僚制是最合理的已知手段。它在严密性、合理性、稳定性和适用性等方面都优于其他任何形式，具体表现如下：

第一，严密性。权力的层级结构制度可以确保决策制度的可靠性。位于层级结构中的每个成员都有明确的职权限制，他们清楚地知道，如果发生了自己无法解决的问题，应当把问题转交给哪个部门、哪个职位；如果需要作出某项决定，那么决定应由谁来作出。这种严格按等级、法规运作权力的结果，可避免组织之间、个人之间职责不清，互相推诿的现象。

第二，合理性。科层制组织按照层级节制的原则，保证对组织成员的控制，使组织活动具有非人格化的特征。组织内部存在大批专家，他们拥有专门知识，再充分利用档案，这样，组织就有可能通过精确的计算对未来的事件进行可靠预测，从而使组织的行为建立在理性的基础之上。

第三，稳定性。在科层制组织中，专业技术知识的运用是它的一个主要优势。任何行政法令、决定、条例都有书面形式的规定和记录，详细而具体，具有很强的可操作性，从而保证了组织行为的稳定性。

第四，普遍性。在韦伯创立科层制理论以来的半个世纪中，科层制组织的崛起已被证明是一个不可逆转的趋势，工业组织、政府机构、工会、宗教机构等一切大型的组织都经历了官僚制化的历程。在当代工业社会，科层制组织已经发展成为一种最为普遍的组织形式。

科层组织的高长型结构是指具有规模较大的行政系统，其内部有很多管理层次。在每个层次上，管理人员的控制幅度较窄。这种结构有利于系统内部的控制，但对外部环境的变化反应较慢。科层组织的扁平型组织结构是指行政系统的内部管理层次较少，在每个层次上管理人员的控制幅度较宽。这种结构可以及时地反映外部环境的变化，并作出相应的反应，但容易造成管理的失控。

事实上，韦伯的科层理论也涵盖了来自东方尤其是中国的行政管理经验和文化内核。韦伯在 1915 年出版了《中国的宗教：儒教与道教》，较为全面地论述了中国思想、文化、宗教和行政体系的关系。科层制的信息传递极度依赖层级的数量，当层级数量过多时，每一层传递都会有信息的缺失，同时会影响信息传递效率。中国政治历史的两条主线是：中央集权不断加强，君主专制不断加强。从中央集权脉络来看，中国古代政治经历了：西周（分封制、宗法制）——秦（郡县制）——西汉（推恩令、刺史制）——唐（节度使）——宋（收精兵、文官制）——元（行省制）——明清沿用（明废行中书省、设三司、厂卫制）。从君主专制脉络来看，中国古代政治经历了：西周（分封制）——秦（三公九卿制）——西汉（中外朝制）——魏晋南北朝（三长制）——隋唐（三省六部制）——宋（二府三司制）——元（中书省制）——明（废宰相、设内阁、司礼监）——清（南书房、军机处）。这两条演进脉络的主题都非常明确，强化核心信息处理的集中性，不断减少信息处理的层级，同时加强直属于中心的监察机构，以提高信息处理的效率和最高信息处理权的密集度。

韦伯的科层理论首先是基于对组织中权威的分析研究。他认为，根据组织内部的权威关系，可以揭示出不同的组织所具有的特性。他的科层理论对组织的研究是从这一基本问题开始的，即个人为什么会服从命令？人们为什么会按他们被告知的那样去行事？为了阐述这一问题，韦伯对权力和权威作了区分。韦伯指出，权力是无视人们反对、强迫人们服从的能力，而权威则意味着人们在接受命令时是出于自愿；权力有很大的强制性，而权威则具有某种自愿性，并能为多数人所接受。更为重要的是，正是这种权威制度，使得下级把上级发布的命令看作是合法的。根据权威的合法性，韦伯描述出三种不同的权威：

第一，传统型权威。这种统治的形式是宗法家长制，它是建立在对古老传统的神圣不可侵犯性及对这些传统行使权力者的地位合法性的坚定信念的基础上的。

第二，个人魅力型权威。它是以对某一个人的特殊的、超凡的神圣性、英雄行为或典范品格的信仰，以及对这个人所产生的榜样力量或所发布命令的信仰为基础的。这种结构的统治形式完全取决于个人的超凡力量，内部基础并不巩固，容易造成人存政举、人亡政息的局面。

第三，法理型权威。它是以一种对正规形式的“法律性”，以及对那些升上掌权地位者根据这些条例发布命令的权力的信任作为基础的。这种组织的管理制度不仅具有合法的公认权威性，并且具有“理性”，即能够最佳的实现管理目标。

韦伯认为，法理型权威是科层理论的基础。因为：其一，它为管理的连续性提供了基础；其二，担任管理职务的人员是按照他对工作的胜任能力来挑选的，具有其合理性；其三，领导人具有行使权力的法律手段；其四，所有的权力都有明确的规定，任职者不能滥用其正式权力。

通过对权威关系的分析，韦伯认为，科层制是最有效的组织模式，对现代社会的复杂组织来说是最理想的。对韦伯来说，“理想”并不是指合乎需要，而指的是组织的“纯粹形态”。韦伯曾在《社会组织和经济组织理论》中对科层制作过精确的描述。他认为科层制主要包含以下几方面特征：第一，层级结构。其组织体系的结构呈金字塔形，分为高层管理、中层管理和基层管理。高层是负责人，其职能是决策；中层是行政官员，主要职能是贯彻决策；下层是一般工作人员，主要职能是实施决策。这样，每个官员能对其部下的行动和决定负责。第二，劳动分工。对个体来说，要学会胜任一个组织中各种各样的工作是非常困难的，所以只有当工作上有专门分工，而且按个体受过的训练及技能、经验来指派他们各自的任务时，才会有高效的结果。第三，以规章制度来控制。官方的决定和行动以成文的规章制度为依据，以此保证一致性、可预料性和稳定性。第四，淡化人情关系。如果在一个组织中去除纯粹个人的、情绪的和非理性的因素，便可建立对人员和各种活动比较有效的控制。组织的成员要在他们主管部门的指导和控制下，服从系统化的严格纪律。第五，职业定向。雇员的录用以专长为基础，升迁以年资和功绩为依据，工资与科层组织中的各级职位挂钩，个体有辞职的自由，也有权享受养老金。

韦伯认为，从纯技术的观点来看，科层制是最符合理性原则、效率最高的。它在精确性、稳定性、纪律性和可靠性方面都优于其他组织模式。在人和组织都受到集权主义的企业家和牢固建立的政治制度支配的时期，韦伯使人们从科层制组织中看到了希望。实质上，这个希望是指管理有方的科层结构比那些听凭一些个别掌权人物任意摆布的组织更公正、更没有偏见、更可预测和更加合理。确实，科层理论为当时新兴的资本主义制度提供了一种高效率的、理性的组织管理模式，对资本主义制度的发展起了一定的促进作用。当然，韦伯在认识到科层组织结构优点的同时，也注意到了极端的科层组织管理将会造成的社会性危险，例如，他认为高度正规化的和非人格的组织有可能窒息人们的创造力和自由，而大规模的失去控制的科层组织则可能对社会构成威胁。

自 20 世纪 70 年代以来，随着国际形势的变化，国际行政改革理论与实践取得了积极进展，相继出现了以新公共管理运动、公共选择理论和治理理论为代表的政府行政改革理论，并在美国、英国、法国、澳大利亚、新西兰等国家取得了很大成功。国际行政改革理论和实践的主要做法有：一是厘清政府职责界面，社会事务交由社会去承担，政府专注法律制度的制定、执行和监督；二是政府充分利用市场和社会力量，推行公共服务市场化和社会化；三是缩小政府行政范围，实行分权与权力下放；四是引入现代化管理技术，“重塑政府”，实现政府管理的现代化（马宝成、安森东，2018）。

正如道格拉斯·诺斯（Douglass C.North）所言，“体制就是降低人类社会关系不确定性的工具，以帮助人们在社会中进行沟通，完成所有类型的价值交换”。

体制不仅包括政务体系，还包括商业体系，而一个时代的政务体系和商业体系，一定是相互协同的。在人类文明历史的长河之中，商业模式基本沿着“手工作坊——合伙制——近代公司制度——现代公司制度”的方向演进，这一现象的逻辑与动力是社会化大生产、商品经济的快速发展以及现代金融及信用制度的出现。而科层制对应的工业时代，也是公司制度不断发展和完善的时代。正如马克思在《资本论》中所言：“手推磨产生的是封建主为首的社会，蒸汽机产生的是工业资本家为首的社会。蒸汽和机器引起了工业生产的革命，现代大工业代替了工场手工业。”工业的生产方式、公司制度和科层制构成了工业时代的三驾马车。而这三驾马车在当前的信息时代和数字经济时代都遇到了一定程度的问题。

传统工业化的生产方式导致中国经济供需关系正面临着不可忽视的结构性失衡，供需错位已成为阻挡中国经济持续发展的最大路障：一方面，过剩产能这一问题尤为突出；另一方面，中国的供给体系与需求侧严重不配套，总体上是中低端产品过剩，高端产品供给不足；此外，中国的供给侧低效率，无法供给出合意的需求。结构性问题主要包括产业结构、区域结构、要素投入结构、排放结构、经济增长动力结构和收入分配结构等六个方面的问题。因此，强调供给侧改革，就是要从生产、供给端入手，调整供给结构，为真正启动内需，打造经济发展新动力寻求路径。供给侧结构性改革，就是从提高供给质量出发，用改革的办法推进结构调整，矫正要素配置扭曲，扩大有效供给，提高供给结构对需求变化的适应性和灵活性，提高全要素生产率，更好满足广大人民群众的需要，促进经济社会持续健康发展。而信息在指引供给需求、平滑供给需求摩擦以及实现供需再平衡上发挥着日益重要的作用。2018 年 12 月 21 日闭幕的中央经济工作会议认为，我国经济运行主要矛盾仍然是供给侧结构性的，必须坚持以供给侧结构性改革为主线不动摇，更多采取改革的办法，更多运用市场化、法治化手段，在“巩固、增强、提升、畅通”八个字上下功夫。

而与工业制度相适应的生产关系——公司制度自荷兰东印度公司于 1602 年成立已有四百余年的历史。在第二次世界大战以后，公司制已成为经济组织的主流形式，并成为各国解决就业、创造财富、交纳税收、服务社会的主要经济组织形式，其主要内容包括公司法人制度、公司自负盈亏制度、出资者有限责任制度、科学的领导体制与组织管理制度等方面，其中跨国公司、上市股份公司和高新技术公司代表着当前最高阶段的现代公司制度形式，共同特点为销售的全球化、资本来源的社会化以及发展的动力的科技化；同时公司制度也只是人类文明发展到一定阶段的产物，必然会随着人类文明和生产力的新发展，作出必要的调整和适应。现代公司制度并非具有永恒性，只有不断创新和适应生产力发展才能延续其生命。

当现代公司制度在经济生活中发挥巨大作用的时候，也存在许多问题和弊病：公司内部和外部信息不对称带来协同的高昂成本；无论直接融资还是间接融资方式都将令公司付出较高的融资成本；当前公司的资产形态泾渭分明——股票、债券、不动产、无形资产等资产在法律上都有明确的界定和保护范围，若想改变资产的价值形态，除了法律的限制，还需要付出高昂的市场成本；公司组织结构、权利和义务在法律上相对固化，很难及时对于现实情况作出调整和适应。这些问题和弊病是现代公司自身无法克服的，社会也没有监督和监管力量助其解决。更重要的是，现代公司制度的问题和弊病在某种程度上已经阻碍了经济全球化、信息全球化以及资本全球化。与此同时，现代公司制度对于环境温室效应的产生也负有不可推卸的历史和现实责任。

在当前信息科技进一步深化的时代，市场和社会的边界不断扩大，政府的职能（政治职能、经济职能、文化职能、社会职能、运营职能）日益清晰，以科层制为基础的行政体系就力有不逮，面临着日益严重的挑战，主要有领导职能相互混淆、领导机构相对臃肿、领导管理严重滞后、用人制度缺乏活力、行政职能交叉重叠、公共服务职能相对薄弱以及绩效管理和行政问责制不够完善专业等。

2.2.3 我国行政体制基本框架及演变

行政体制是国家体制的重要组成部分，是我国改革发展事业的有机组成部分。行政体制改革包括政府权力结构变革、政府组织机构调整、政府职能转变、行政管理制度以及行政手段方式创新等。我党历来重视行政体制的理论创新和实践创新。中国改革开放四十多年来，行政体制改革取得了重大进展。

中华人民共和国成立后至改革开放前，中国行政体制建设和改革取得了重要进展：一是初步构建了与社会主义国家性质要求相适应的行政管理模式；二是创建了与计划经济体制相适应的行政体制；三是积累了中国行政体制建设正反两方面经验。这一时期的行政体制建设和改革，为改革开放后的行政体制改革提供了基本前提和重要参鉴。

1978 年中国拉开了改革开放的历史序幕。1984 年党的十二届三中全会通过《中共中央关于经济体制改革的决定》，明确提出我国社会主义经济是公有制基础上有计划的商品经济的论断。1992 年党的十四大报告第一次明确提出经济体制改革的目标是建立社会主义市场经济体制。2003 年，党的十六届三中全会通过《中共中央关于完善社会主义市场经济体制若干问题的决定》，标志着我国的经济体制改革已经进入完善社会主义市场经济体制的新阶段。2017 年党的十八大以来，以习近平同志为核心的党中央明确提出，全面深化改革的总目标是完善和发展中国特色社会主义制度、推进国家治理体系和治理能力现代化。四十多年的改革开放极大地解放和发展了社会生产力，推动了经济社会的全面进步，为行政体制改革提供了坚实的经济基础和强大内驱力和支撑力。同时，我国行政体制改革也适应经济社会发展的新变化和经济体制改革的新要求，四十多年来进行了八次大的改革，在一些重要领域和关键环节取得重大进展，为党和国家事业取得历史性成就、发生历史性变革提供了有力保障。改革开放四十多年的中国行政体制有八次大的改革，大体可分为四个阶段。

（一）以机构精简和人员分流为重点，建立适应社会主义商品经济体制要求的行政体制（1978—1992）

从党的十一届三中全会召开到党的十四大之前，行政体制改革的主要任务是：打破高度集中的计划经济体制下的行政管理模式，对建立完善中国特色社会主义行政体制进行积极探索。1982 年和 1988 年实施了两次集中的行政体制改革。1982 年的行政体制改革，国务院部门从 100 个减为 61 个，人员编制从 5.1 万人减为 3 万人。明确规定了各部门领导职能、年龄结构和文化层次。1988 年的行政体制改革，国务院部委从 45 个减为 41 个，直属机构从 22 个减为 19 个，非常设机构从 75 个减为 44 个，部委内设司局减少 20%，人员编制减少 9700 多人。这一阶段的改革重点是适应工作重点转移、转变职能、理顺关系、精简机构人员、提高工作效率。通过改革，激发了经济社会活力，促进了社会生产力的解放和发展。

（二）以减少对微观经济干预为重点，初步建立适应社会主义市场经济体制要求的行政体制（1993—2002）

从党的十四大召开到党的十六大之前，行政体制改革的主要任务是按照发展社会主义市场经济的要求深化改革。1993 年的行政体制改革，国务院组成部门设置 41 个，直属机构从 19 个调减为 13 个，办事机构从 9 个调减为 5 个，合计共 59 个。比原有 86 个减少 27 个，人员编制减少 20%。1998 年的行政体制改革，政府职能进一步转变，撤销 10 个工业专业经济部门。国务院组成部门从 40 个减为 29 个。此后五年，省市县乡各级党政群机关共精简行政编制 115 万名。这一阶段的改革重点是，转变职能、推进政企分开、明确部门职权、理顺权责关系、精简机构、压缩人员编制。通过改革，初步建立了适应社会主义市场经济体制要求的行政体制。

（三）以公共服务体系（服务型政府）建设为核心，通过完善政府职能体系深化中国特色社会主义行政体制改革（2003—2012）

党的十六大以来，行政体制改革的主要任务是推进服务型政府和法治政府建设。党的十六大提出："完善政府的经济调节、市场监管、社会管理和公共服务的职能。"党的十六届六中全会通过的《中共中央关于构建社会主义和谐社会若干重大问题的决定》完整论述了我国公共服务体系的主要内容。党的十七大提出，要加快行政管理体制改革，建设服务型政府。党的十七届二中全会通过的《关于深化行政管理体制改革的意见》确立了深化行政管理体制改革的总体目标：到

2020 年建立起比较完善的中国特色社会主义行政管理体制。通过改革，实现政府职能向创造良好发展环境、提供优质公共服务、维护社会公平正义的根本转变；实现政府组织机构及人员编制向科学化、规范化、法制化的根本转变；实现行政运行机制和政府管理方式向规范有序、公开透明、便民高效的根本转变，建设人民满意的政府。党的十七届五中全会通过的《中共中央关于制定国民经济和社会发展第十二个五年规划的建议》明确指出，坚持民生优先，推进基本公共服务均等化，努力使发展成果惠及全体人民。总之，该阶段突出围绕公共服务体系建设真正转变政府职能，围绕公共服务体系建设着力优化政府组织结构，以公共服务为重点改进行政运行机制，加大财政投入，努力推进基本公共服务均等化。

（四）以深化“放管服”为重点加快转变政府职能，推进政府（国家）治理现代化（2013 年至今）

党的十八大以来，以习近平同志为核心的党中央对加快转变政府职能提出了明确要求。新一届政府把“放管服”改革作为政府职能转变的“先手棋”和“当头炮”，在“放”上下大气力，努力做好简政放权的“减法”；在“管”和“服”上不断创新，努力做好监管的“加法”和服务的“乘法”。近五年来，逐步形成了“放管服”改革的系统工程，有效激发了企业和市场活力，对经济新常态下的稳增长、促改革、调结构、保就业、惠民生、防风险发挥了积极而重大的作用。但是，改革也存在“最后一公里”、监管“短板”和服务质量不高等突出问题。“放管服”改革是推进供给侧结构性改革、激发经济新动能、保持经济持续健康发展的迫切需要，必须多措并举、坚定不移地持续推进。这一阶段行政体制改革的主要任务是推进简政放权、放管结合、优化服务和统筹推进机构改革，将行政体制改革向纵深推进。2013 年的行政体制改革，国务院组成部门设置 25 个。实行铁路政企分开，组建国家铁路局，由交通运输部管理；组建中国铁路总公司，承担铁道部的企业职责。组建国家卫生和计划生育委员会、国家食品药品监督管理总局、国家新闻出版广播电影电视总局，重新组建国家海洋局、国家能源局。2018 年上半年的行政体制改革，大刀阔斧、建梁架柱、力度空前，是一场系统性、整体性、重构性的深刻变革，力度规模之大、涉及范围之广、触及利益之深前所未有。从完善坚持党的全面领导制度、合理配置宏观管理部门职能、完善党政机构布局、赋予省级及以下机构更多自主权、依法管理各类组织机构等5个方面作了部署。这一阶段的改革，实现了政府治理新跨越，对实现“两个一百年”奋斗目标提供了强力支撑和保障。

简而言之，我国的政务体系改革的方向为精简机构、突出职能、减少微观经济干预、强化公共服务、增强对重大事件的宏观调控能力。将区块链融入政务系统中，成为一项基础性的技术框架与我国政务系统的改革具有天然的契合性。政务信息和居民信息的上链将进一步减少政务系统需要的人力，各部门可通过在链上以模块为单位完成协作。同时，各微观经济主体作为链政经济体中扁平化的节点按照市场规则形式，中央政府和地方政府掌握不同权限的信息在链上实现更高效、更有力的监管与调控。

2.2.4 政务系统的科层制和社会的网络化

政务系统科层制和社会网络化的矛盾在此次的新冠肺炎疫情抗击中充分显现。2019年12月武汉出现新型冠状病毒感染肺炎（2020年2月8日经国家卫健委暂命名为“新型冠状病毒肺炎”简称“新冠肺炎”）疫情后，我国集举国之力予以抗击，这种倾一国之力应对重大突发事件的能力，充分体现了社会主义制度的优越性，这在资本主义国家是不可完成的。但与此同时，仍然暴露出诸多治理的矛盾与困境，如志愿服务与慈善服务信任结构不稳定、疫情相关谣言屡禁不止、网络诈骗频出等，导致相关防控效率降低。

在重大疫情发生之时，自然科学方面的理论与实践创新成果会对疫情与病毒等传染源本身产生直接影响，从医学与生物学等角度发掘控制、监测、治疗等多方面有效防控手段，但疫情防控效果的根源问题也与政府治理能力、社会舆情引导、社会治理模式创新等密切相关。战胜疫情既要依赖自然科学和技术的发展，也离不开人文社科方面理论与实践创新，归根到底依赖的是国家治理体系和治理能力。以疫情治理为例，总的来看可归纳为自上而下、自下而上、上下结合三种模式。

第一，自上而下的治理模式。自上而下，主要是以国家手段为基础进行治理与防控，体现的是国家力量的行使，主要表现为行政与法治治理，即重大疫情背景下的法治、政府与相关部门治理能力与治理模式创新。自上而下的治理模式突出了国家力量在疫情防控工作中的中心化特点。

第二，自下而上的治理模式。这种模式十分重视基层组织与机构在重大疫情防控过程中的重要作用，认为基层人员的素质与综合管理是防控全国性重大疫情的最重要因素之一，基层模拟演练是重大疫情防控中应急战略的最重要组成部分。该类研究注重基层工作在疫情防控过程中的重要作用，但基层的工作效能需要层层上传至国家中心，不仅体现了中心化的工作特征，还表现出层级化的缺陷。

第三，上下结合的模式。上下结合，即国家力量与社会公众监督力量之间的融合，加入社会公众力量、舆情力量，则更多地体现出伦理、道德方面的特征。

综合看来，三种模式总体上均为科层式社会治理模式。科层式社会治理模式是一种集权式管理模式，特征在于多层次的信息传递机制、中心化的管理体制、单一化的衔接方式。科层制的前提是集权体制的形成，如权力转换、动员模式等存在着“伞状”的形态；同时依赖着领导中心的权威、层级之间协作等基础以进行运营。

科层化的治理体制主要表现在管理体制的中心化、信息传递的层级化以及联系方式的单一化。中心化是现有疫情治理模式的首要特征之一，即资源分配、战略控制、过程调整等行动均以中心化调控机制为主进行；但这种模式下我们也看到了以次充好、资源分配存在寻租、生产无法匹配需求等乱象。导致乱象的原因一方面是控制力度被防控疫情本身所吸引，相关惩治力度难以到位；另一方面则是中心化物资分配模式的低效缺陷。物资、信息等方面的需求是相联系的，都具有分布式、指数式的规模扩张，中心化的物资分配模式需要经过至少两个步骤即统一收纳、定点分配，这一过程在分布式的需求面前极难达到预期的效果。

中心化的治理在现实中面临的矛盾主要包括信息提供与物资分配两方面。信息方面，疫情相关信息诉求的满足来自外部，人们对相关疫情信息、居家防控指南、权威医学指导等信息具有诉求，这些诉求在当下急需满足，另外疫情相关谣言、利用疫情进行诈骗等的控制与处理，亦对当下防控工作体系提出了相同的要求。这些信息诉求，无论是正面还是反面，在疫情初期都呈分布式、爆炸式和指数式上涨，原因是互联网环境和大数据技术的运用导致的需求增长。物资方面，因为传染人数逐渐增多、增速提高，又因为权威信息与谣言夹杂，物资需求可能并非完全合理，且诉求进一步增加，增速也有所提高。同时，志愿者行动、慈善捐赠等物资与服务信任度不够，公信力较差，信用结构趋于不稳定，需要进行控制与完善。结合看来，信息与物资等多方面诉求也呈分布式、指数式上涨。传统中心化的治理模式与这种分布式与指数式的需求增幅不相适配，将产生较低的防控效果。

信息传达的层级化主要表现为信息传递、指令下达、工作开展按照层级逐步展开。在疫情暴发初期，民众对武汉方面信息传递、疫情上报情况被武汉的地方政府认定为谣言，但后来的事实证明并非如此。层级上报的信息互通手段、数据交流方式是导致该问题出现的制度性原因。分层式信息管理模式本质上也是中心化的管理方式，需要逐级上报，在上报的过程中，任何一个环节认为基层所呈现的信息不实就会导致抗疫“黄金时间”的错过。在抗疫过程中，信息层层传递的时间、效率方面都与病毒传播的速率不相匹配，容易造成信息交互不及时、防控效果不达标等后果，并可能因此造成较大人身、财产损失。

另外，疫情信息采集方面，当下的信息采集方式一般最低以村镇为单位，并逐级上报县、市，上级再据以作出相应决策；同时，封村、封城等“休眠式”防控手段在不同区域步调不一，防止人口流动的目的可能难以达到。例如，相邻县市的封城情况不一致可能会导致传染者进行流动，又如禁入、禁出的不统一，也可能造成潜在感染者的出现。但基于现阶段的信息交互思维，步调一致又将重新陷入层级化的窠臼。这也就是所谓的“制度套利”，个体利用不同地区的政策和管控措施无法完全相同来实现自己的利益最大化，但这对社会而言可能不是最优选择。

联系方式的单一化指防控工作过程中，对接方式一般是点对点的、具有单一匹配性。点对点的模式有一定优势，但也有其固有的弊端。与科层制驱动有所不同，点对点模式的主要缺陷在于难以实现集成化，容易导致狭窄性缺陷，主要体现在管理工作与资源共享单位量不成正比，信息交互成本较高。如何将治理体系的分布式和集成化进行有机结合是优化和完善政务系统的重点。

但互联网一类数字技术的发展使得个体得以无成本表达，其传染性也更强，互联网一类新科技元素开始深度融入社会之中，社会结构的网络化特征日益明显。同时，个体的行为数字化特征明显增强，喜欢阅读的内容、购物的偏好、活动的路线都被纳入量化和分析框架。网络化与数据化的内容包括数据技术、多元化联系、隐性风险与共享性行业特质，具体体现在网络化背景下的诸多社会规律与行业领域特征都发生的巨大改变，如网络化导致的民众思维与观念的转变、经济领域开放性新格局与多元性平衡局面的形成等，其特征包括多元化、扁平化、去中心化及云连接，同时其运行基础在于数据互联、网络空间，而非科层式中的集权基础。

在这种网络化社会变革背景下，集舆论引导、社会服务与工作动员、经济与行业配合为一体的疫情治理模式，也将发生巨大的特征变化，如治理模式总体框架中，疫情防控工作手段的变革、疫情信息传递模式的改变等等。另外，传统疫情防控手段体系与治理模式在当下的疫情特征面前适应性不强。传统疫情防控中，以 SARS 防控经验为例，2003 年 SARS 病毒传播性与感染性强、病死率高等特征，是当时防控工作中最主要的难点之一，而此次的新型冠状病毒与 SARS 防控过程中的背景、特征、应用手段均有所不同。高铁的普及极大程度地提高了人口转移效率，网络化社会变革过程中疫情信息规制、相关舆论引导难度也极大提高。总结而言，病毒防控需求、民众情绪引导、物资调配与具体防控工作开展等多方面诉求体现出的分布式、网络化的特点，与实践操作中的科层化模式存在着极大的不匹配，并因此造成了防控效率的下降。这是这次新冠疫情给我们带来的重要经验教训，也是下一步改进的重点方向。

新冠疫情应对因加入了网络化引发的信息互联、交通运输引发的人口流动特征而改变，其分布性、指数性与网络性与传统管理模式、科层式社会治理模式的中心化、层级化、单一化之间存在着巨大的矛盾与不适配。应当将传统模式中的中心化、层级化与单一化向去中心化、扁平化、多元化转变。其中，区块链作为满足适配科技化、网络化等社会特征的新型重大疫情防控需求的制度性技术，将发挥重大作用。

2.2.5 政务体系的底线管理与优化管理

底线管理的两层含义：第一，从结果上保证底线。如在新冠疫情的影响下，中国人民大学副校长刘元春认为我国经济增速应不低于 5.5%，国务院发展研究中心原主任刘世锦则认为，国内经济应从常规增长模式转入相当长时期的“战役增长模式”，全年增长目标在 3% 左右即取得较大胜利。5.5% 和 3% 即为结果的底线。由于全球疫情和经贸形势的不确定性，在 2020 年 5 月“两会”的政府工作报告中，没有提出全年经济增长的具体目标，这其实是约束更为宽松的底线管理。事实上，2020 年我国 GDP 增长 2.3%，规模达到 101.5986 万亿，为主要经济体中唯一增长为正的国家。

第二是政策上设置底线，即在操作方式上保持一些禁忌。在新冠疫情导致的经济衰退情势下，我国开启了是否财政赤字货币化的大讨论。财政赤字货币化就是政策上的底线。在 2020 年随着新冠疫情的蔓延，美联储推出无上限的量化宽松（Quantitative Easing ，QE），其本质为财政赤字货币化。而在我国，财政赤字货币化不仅违反《中国人民银行法》的规定，而且容易造成货币投放失控，引发货币滥发和严重通胀乃至贫富分化。

优化管理的含义就是不仅要守住某一指标或区间的底线，还要对原系统进行优化和迭代，政务系统的演进如逆水行舟，不进则退。比如，我国长期推进的改革开放，就是优化管理的例子。

新冠疫情的暴发和由此导致的经济衰退促使政策向底线管理倾斜，我国在疫情期间的经济政策目标为“六稳”（稳就业、稳金融、稳外贸、稳外资、稳投资、稳预期）和“六保”（保居民就业、保基本民生、保市场主体、保粮食能源安全、保产业链供应链稳定、保基层运转）。但与此同时，疫情的发生也使得深化改革、推进开放的阻力减少，疫情之下实现政务系统的优化管理势在必行。2020 年 5 月中国人民银行、国家外汇管理局发布《境外机构投资者境内证券期货投资资金管理规定》，该规定明确落实取消合格境外机构投资者（QFII）和人民币合格境外机构投资者（RQFII）境内证券投资额度管理要求，进一步便利境外投资者参与我国金融市场；同月，中国人民银行、银保监会等发布《关于金融支持粤港澳大湾区建设的意见》，旨在进一步推进金融开放创新，深化内地与港澳金融合作，提升粤港澳大湾区在国家经济发展和对外开放中的支持引领作用。

政治经济系统的优化管理为其底线目标的形成奠定了基础。“取乎其上，得乎其中；取乎其中，得乎其下；取乎其下，则无所得矣。”没有优化管理的新元素、新机制助推发展，底线管理的目标也难以实现。底线管理与优化管理的辩证统一关系在宋朝王安石和司马光两位影响历史走势的重臣的恩怨纠葛中可见一斑。两人的恩怨纠葛、是非对错给当今仍在探索改革之路的我们诸多启示。

首先，改革和保守是一对相对概念，而不是绝对概念。将王安石和司马光界定为改革派和保守派，根据的是两人对王安石变法的态度。而在宋仁宗朝两人尚未执掌大权的青葱岁月，两人都属于改革派。宋仁宗时虽然河清海晏，“天子与士大夫共治天下”，但行政效率低下，缺少规划和执行，冗官冗兵和土地兼并现象严重，财政日益困难，对外战事不利，这反而影响了宋朝的执政基础。用欧阳修的话说，民变是“一年多如一年，一伙强于一伙”。以维稳为目的的维稳并不能实现长期的稳定。在这种形势下，改革成为士大夫阶层的主流共识。在宋仁宗去世后，司马光就曾大声疾呼：“天下之势，危如累卵。”

其次，优化管理触动既有利益格局，需要最高层的坚定决心予以推动。王安石和司马光的政治理念事实上分别代表了优化管理和底线管理，王安石具有丰富的基层工作经验，对当时市场经济非常活跃的地区——江南非常了解，因此努力追求政务系统的“优化”，以改变“三冗”和实现对外战争的胜利；而司马光缺乏基层工作经验，大部分时间在京城担任馆阁官和谏官，对市场经济的蓬勃发展和这一过程中的具体矛盾是不熟悉的，因此他认为要保住基本盘、不产生大的动荡才是要务。因此他执政之后，对王安石变法的政策悉数废止。

事实上，王安石得以变法最根本的原因在于最高执政者宋神宗的支持。王安石最得意之作，不是青苗法、募役法、方田均税法等政策法令，而是宋神宗这个皇帝。宋神宗在登基之前，就已是王安石的“粉丝”，王安石年轻时一篇《淮南杂说》便“吸粉”无数，更使其为北宋高层所知。正如凯恩斯所言：“那些认为自己完全不受任何知识影响的实干家，通常是某位已故的经济学家思想的奴隶。”这显示了思想隐性而巨大的影响力。王安石在精神意志上重塑了宋神宗，激励其有决心意志，认准了就去做，不要被流俗之言影响，这样才能打破陈腐条规，开创出一个新的气象局面。而在宋神宗之前，是宋仁宗长达四十一年和宋英宗不到四年的执政时期，出现了前文所言的监督制衡之官员太多，真正为民办事的官员太少的情况，官员动辄得咎，多一事不如少一事，整个政务体系失去了效率。而王安石改革触动了大部分官员的利益。扩大执政基础对于政权的稳定显然是十分重要的，宋朝采用的模式是“士大夫与天子共治天下”，将广大的读书人纳入了执政群体。但这极大地增加了财政负担，同时如果整个士族因循守旧、不思进取，对政权带来的损害就如同温水煮井蛙，当存在外力压迫的时候，整个系统则容易崩溃。因此，将与时俱进的新元素纳入政务系统中对其保持生命力具有重要意义。

此外，北宋“君弱臣强”“士大夫与天子共治天下”的集体领导模式导致的效率低下、“三冗”严重、对外战争不利、推诿严重等反映的政治学含义是深刻的：当信息收集充分的情况下，没有必要维持一个臃肿庞大的执行和监管群体，一个合理的官民供养结构至关重要。当政府可以通过一种技术手段低成本地收集和处理信息时，保证行政队伍的精干性就非常有可能成为现实。

再次，最高层跳出当前“一时之谋”的框架，寻求更为长远的“万世之谋”的顶层设计是极其重要的。在封建社会中，政务系统中的整个科层——官员阶层和最高统治者皇帝的利益函数是不同的。秦朝形成封建制度的标志之一就是取消了官员的世袭制度。换言之，官员财产可以世袭，但是职位不能世袭，只有皇帝职位是世袭的。这种关系类似于股东和职业经理人的关系，导致了两者利益函数的不同。而不管是两汉的察举制，魏晋南北朝时的九品中正制，还是隋唐及后期的科举制，政务系统除了其唯一的超级节点——皇帝之外的组成部分——文官阶层都被特定的群体把持，也就是所谓的“士族”。文官阶层的利益函数决定了其制定的公共政策必然向本阶层倾斜，这对国家而言并不一定是好的政策。因此，作为最高层的皇帝既要从文官阶层获得信息，通过文官阶层贯彻意志，又要跳出其桎梏，进行更为长远的顶层设计。我国历史上宦官干政屡有出现，也反映了在皇帝和文官阶层的矛盾下，宦官作为服务于皇帝个人的制度产物权力做大的现象。

最后，优化管理的实现需要一整套配套制度与措施推动和巩固，其难度较高，一旦失败，负面效应显著。实现优化管理不仅需要理想信念和顶层设计，还需要一套可以落地的配套制度与措施予以推动和巩固。王安石变法包括“富国之法”（包含“青苗法”“募役法”“方田均税法”“农田水利法”“市易法”“均输法”等）、“强兵之法”（包含“保甲法”“裁兵法”“将兵法”“保马法”“军器监法”等）以及“取士之法”（包含改革科举制度、整顿太学、唯才用人等）三大板块，配套措施较为完善。底线管理中的“从结果上保证底线”本质上也是一种措施上的“优化管理”，而在政策上设置底线则不需要复杂的制度和措施设定，仅需不突破禁忌即可。这也就是司马光固守的“祖宗之法”，求稳少变、相互制约，虽不至于“抽心一烂”，但却如“温水煮青蛙”。

到宋神宗去世，宋哲宗后，起用司马光为相，王安石之法几乎全被废掉，顶层设计的更迭造成了重大的社会资源损耗。究其失败原因颇多，但其中的一点尤其值得今天的我们注意。正如黄仁宇先生对此事的评论：“在我们之前九百年，中国即企图以金融管制的办法操纵国事，其范围与深度不曾在当时世界里其他地方提出。但现代金融是一种无所不至的全能性组织力量，它之统治所及既要全部包含，又要不容与它类似的其他因素分庭抗礼。”能否充分调动起市场资源是改革能否成功的关键，而对于市场经济已经发展出相当规模的今日具有重要的借鉴意义。

政务体系的底线管理与优化管理之旧事至今仍给我们带来深刻的启示，一些政策底线（包括但不限于财政赤字货币化）是否要突破，结果上的底线设置在何种指标以及如何实现优化管理，都将深刻地影响每一个人的生活以及我国的国运。而这些，正是链政经济可以发挥功效之处。

2.3 区块链的信息处理结构

区块链技术是利用块链式数据结构来验证与存储数据、利用分布式节点共识算法来生成和更新数据、利用密码学的方式保证数据传输和访问的安全、利用由自动化脚本代码组成的智能合约来编程和操作数据的一种全新的分布式基础架构与计算范式。其实，区块链与基因的信息处理方式有异曲同工之处，区块链也可以看成是一个“基因信息库”。区块链是由无数个区块生成的一个可信任的分布式数据库账本，这个账本包含了一定时间内网络中全部信息交流数据。随着区块不断增加，这条信息链条也就会不断增长，每一个区块的数据都不能够被篡改，从而保证这些数据的安全性；并且区块链还能够实现多人操作，共同录入，以及信息的查询与追踪。

以区块链为底层技术的组织结构和管理模式，通过分布式记账、Token激励、智能合约、共识算法等要件，为解决信息不对称、逆向选择和完善激励模式等传统企业管理难题找到了一条崭新的道路，比较完美地解决了当代管理学理论着力研究的博弈问题和契约问题，也为政务管理提供了新的解决方案。

事实上，区块链具有异构多活的特征，在社会上广泛流传的“去中心化”其实只是公有链的特征，我们可以通过改变区块链的一些要件和参数使其表现出完全不同的属性，比如联盟链。公有链去中心化的逻辑在于记账节点的分布式、自由参与以及匿名制，但如果我们将匿名制改为实名制，可监管性就极大地提高。如果我们把记账节点变为预先设定的，这就是一套趋于完美的政务体系——集权化、富有弹性、全程留痕。区块链将政务系统的“中心化”和“去中心化”之间的过渡地带抹去，变成了一种非此即彼的选择。这恐怕是中本聪当初没有想到的，一种初衷为去中心化的技术框架成了更加高效地实现集权的工具。

随着现代经济体制的不断完善和社会信息化程度的不断提高，理论界对如何更有效地进行企业组织和管理进行了深入探索。20世纪90年代初，由于提出“科斯定理”获得诺贝尔经济学奖的罗纳德·哈里·科斯（Ronald H.Coase）和由于博弈论的重大进展而获得诺奖的约翰·纳什（John Nash）、约翰·海萨尼（John C.Harsanyi）以及莱茵哈德·泽尔腾（Reinhard Selten）为现代管理学提供了两条重要的研究脉络：一条脉络为“博弈论——机制设计——新制度经济学——激励相容”，试图解决的中心问题是委托代理问题或激励问题；另一条脉络是“科斯定理——合约理论——产权理论——交易成本理论”，试图解决的中心问题是交易成本问题或合约问题（袁煜明、闫思，2018）。两大基本问题和两条理论脉络，勾勒出了现代管理学的基本图景和走向。与两条脉络相关的经济管理理论在1990年后至少获得过11次诺贝尔经济学奖（见表2–1）。政务系统管理与企业管理虽然有所不同，但核心都是如何实现激励并进行反馈（负激励即惩罚）。

表2–1　获得诺贝尔经济学奖的相关经济管理理论

获奖年份	获奖人物	主要理论
1991	罗纳德·科斯（Ronald H. Coase）	科斯第一定理、科斯第二定理
1993	道格拉斯·诺斯（Douglass C.North）	产权理论
1994	约翰·纳什（John Nash）　约翰·海萨尼（John C.Harsanyi）　莱茵哈德·泽尔腾（Reinhard Selten）	博弈论
1996	詹姆斯·莫里斯（James Mirrlees） 威廉·维克瑞（William Vickrey）	信息经济学 激励理论

（续表）

获奖年份	获奖人物	主要理论
2001	迈克尔·斯宾塞（Michael Spence） 乔治·阿克尔洛夫（George A. Akerlof） 约瑟夫·斯蒂格利茨（Joseph E. Stiglitz）	道德风险 逆向选择
2005	罗伯特·奥曼（robert j.aumann） 托马斯·谢林（Thomas C. Schelling）	非合作连续博弈
2007	莱昂尼德·赫维奇（Leonid Hurwicz） 埃里克·马斯金（Eric Maskin） 罗杰·迈尔森（Roger B. Myerson）	机制设计 激励相容
2009	埃莉诺·奥斯特罗姆（Elinor Ostrom） 奥利弗·威廉姆森（Oliver · Williamson）	社会组织 新制度经济学
2012	埃尔文·罗斯（Alvin E. Roth） 罗伊德·沙普利（Lloyd S. Shapley）	分配理论 市场设计
2014	让·梯若尔（Jean Tirole）	新产业组织理论　规制与激励 博弈论
2016	奥利弗·哈特（Oliver Hart） 本特·霍姆斯特罗（Bengt Holmstrom）	合约理论

资料来源：火币研究院，2018

当前以人工智能、区块链、云计算、大数据为代表的金融科技（Fintech）方兴未艾，深刻地改变了信息传递和处理的方式，极大地促进了社会生产力的发展。生产力在不断发展的同时，往往又会促成生产关系的变革。政务设计者只有不断适应新兴技术革命，前瞻性地调整政务组织结构和管理模式，才能不断提高行政效率和治理能力。相比于人工智能、云计算、大数据等其他金融科技核心技术，区块链作为若干先进信息技术和数学算法的集合，是一种改变万物互联互通方式的技术，在整个信息体系内处于中枢的作用。如果说人工智能、大数据、云计算着力于解决生产力问题，那么区块链更应该定义为一种重塑生产关系的技术。区块链技术中的分布式记账、Token 激励、智能合约等，将深刻改变社会的激励模式和治理机制，引起管理要素的重新匹配和组合，Token 激励将解决“博弈论——机制设计——新制度经济学——激励相容”提出的博弈问题，而智能合约将解决“科斯定理——合约理论——产权理论——交易成本理论”提出的契约问题，进而从根本上带来组织结构和管理模式的新一轮变革，如图 2-4 所示。

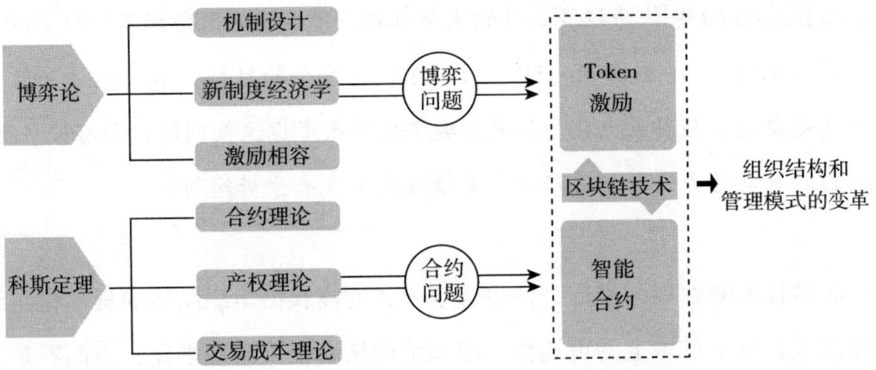

图 2-4 组织结构和管理模式变革的理论基础

2.3.1 解决激励制度的“囚徒困境”

在金字塔式的组织结构中（不管是商业组织还是政务体系），核心信息的处理权基本上掌握在高级管理人员手中，但是由于企业和政府管理的层级过多，组织内部将耗费大量的成本来进行沟通和协调，这也使得采用传统信息处理方式的企业和政府在应对市场变化、技术革新以及难以预测的冲击时缺乏弹性，从而造成效率损失。一般而言，企业的目标较政府而言更为单一，企业的目标函数一般为利润最大化，当然企业也会考虑社会责任，但政府的目标函数无疑更加复杂和多元化，除了追求 GDP 与企业有一定程度的相似外，政府还需要考虑就业率、社会稳定、环境保护以及居民幸福感等。中国人民银行原行长、博鳌亚洲论坛副理事长周小川在其 2019 年 1 月出版的新书《数学规划与经济分析》中对此有过详细论述：

经济主体的行为大多可以理解并表达成数学规划中的最优化问题。微观主体的行为往往是谋求把某件事做到最好，或者说是目标函数最大化或最小化。经济学中最典型的假设是，市场经济里的企业和个人都是谋求自身利益的，劳动者谋求自身收入和消费效用最大化，同时在劳动和休闲之间也有优化选择。企业行为最典型的描述是追求利润最大化，大多数常规企业都是这个目标。对于一个政府而言，往往是把GDP作为经济工作的主要目标，中国现在则强调不能唯GDP论，可考虑修订后的GDP或含有GDP又比GDP更综合的目标函数。总体而言，经济主体就是要追求某种最大化。如果用数学规划来考虑这些问题，会有很多优势，有些问题能够看得更透彻，并以一个更精确的角度来分析问题。

互联网技术的发展与推广，使得金字塔式的高长型组织结构向扁平化组织结构逐步演进具备了技术上的可能性。组织结构从高长型到扁平化，表面看是组织结构与层级的改变，更深层的是交易成本和信任成本的降低，是信息传递方式和成本发生了变化。然而扁平化并没有从本质上消灭层级，更没有彻底解决组织内部交易成本和信任成本问题，只是在一定程度上缓解了矛盾。

区块链公开的数据库在技术上实现了信息的透明度和可靠性，可以为企业所有者、管理者、行政管理机构和其他利益相关者建立共同的运营标准和合作方式，最大限度地降低信任成本和交易成本，以至零边际成本社会（The Zero Marginal Cost Society）。“零边际成本社会”这一概念是由杰里米·里夫金（Jeremy Rifkin）提出的，里夫金分析认为，“在数字化经济中，社会资本和金融资本同样重要，使用权胜过了所有权，可持续性取代消费主义，合作压倒了竞争，‘交换价值’被‘共享价值’取代，‘零边际成本’现象孕育着一种新的混合式经济模式，这将对社会产生深远的影响。零边际成本、协同共享将会给主导人类生产发展的经济模式带来颠覆性的转变，当前我们正在迈入一个超脱于市场的全新经济领域”。而区块链在“零边际成本社会”中发挥着不可替代的作用。“区块链的本质在于，你不需要相信任何人”。区块链正是基于机器信任而实现了“不需要信任人”的划时代技术。当信任成为社会的空气和水时，企业的组织结构和管理模式必将面临股权制以来新的伟大变革，而政务管理体系也将实现根本性的变革，实现基于信息关系的法理型权威（吴桐和李航，2018）。

以区块链为底层技术，构建分布式自治组织结构（DAO），其高效的执行力、快速的市场反应力以及对于广大尾部资源的运用能力将有助于提升企业的核心竞争力。与此同时，基于信息关系的行政体系有利于提高法理型权威的公信力，扩大每一层级的管理幅度和信息覆盖广度；而两者的结合将极大程度地降低社会运营成本和沟通成本，向零边际成本社会迈出坚实一步。2009 年两位诺贝尔经济学奖的得主埃莉诺·奥斯特罗姆（Elinor Ostrom）和奥利弗·伊顿·威廉姆森（Oliver E. Williamson）毕生都在研究市场和政府之外的第三股经济治理的力量，即所谓的自主组织和自主治理。基于区块链的政务系统通过“点对点”模式形成的混合机制为基层自治组织的实现提供了无限的可能，而中央政府作为超级节点则始终保持着对系统全局的掌控力。

如何从激励制度上给予区块链组织以动力是一个重大命题。而现有的区块链生态提供了这样的激励模式，即 Token。在区块链中的 Token 更多地被翻译成“代币”、“令牌”或“通证”，但这些翻译还都不足以表现 Token 在区块链组织结构中发挥的巨大激励作用，“可流通的加密数字资产和权益证明”可能才是 Token 更恰当的翻译。Token 作为一种可流通的加密数字资产和权益证明，当前现实世界的各种权益和资产证明（股权、债券、积分、票据、身份认证等）都可以用 Token 形式来表达。目前看来，Token 至少集股权属性（可增值、长期收益可期、升值空间较大），物权属性（代表使用权、可交付产品或服务）和货币属性（可流通，至少在生态系统内是硬通货）于一身，Token 的分配和流通将为组织发展提供内生的动力。作为组织的价值分配要素，Token 将发挥引导员工创造性地工作、合力攻克技术难关以及快速分析市场变化的职能；而在政务体系内 Token 可以将之前难以量化的工作量进行量化和细分，进一步提高政府运作的效率。建立以 Token 为基本激励单元，以管理成果和市场业绩为导向的 Token 激励机制，对于高阶信息时代的企业和政府而言皆具有重大意义。

传统的激励模式强调企业管理者或上级政府希望直接指挥员工或下级政府采取什么样的方法和行为，然后通过一系列的评价标准来验证和考核是否按照既定的步骤和标准进行操作，以及行为的结果是否达到了预设的目标，整个激励模式强调的是对被考察对象的行为和行为结果的考察与评价。而 Token 激励模式则强调组织的长远目标，鼓励被考察对象创造性地（而非被动）完成组织愿景和业绩目标，因而Token管理模式提供的不仅是激励的结果，而且是提供激励组织结构发展完善的动力。

就整个区块链生态而言，Token是区块链组织具有活力和动力的关键要素。没有Token的区块链只能叫分布式账本，失去了自运营和自组织的原动力，无异于一潭死水。Token对于区块链组织和生态而言，不仅是一种经济激励和精神激励的工具或交易媒介，更重要的是Token可以促进区块链组织结构生态圈的自我形成、自我发展、自我运营和自我完善，堪称区块链组织的血液，就像大工业时代的石油一样，Token在为整个区块链社区提供动力源泉的同时，还可以作为生态硬通货和项目质量的象征。所以合理设计良好运转的Token激励系统，将是企业组织结构和管理模式实现成功变革的关键所在。

在传统的组织内部，管理层在执行工作时，由于信任成本和信息不对称的存在，往往会出现互相推诿、邀功请赏等行为。企业和政府的决策层在进行管理决策时，由于沟通成本和信息不对称的存在，也可能出现偏听偏信以及花费大量的时间成本来进行调查研判等行为。区块链技术建立在数学（非对称密码学）原理基础上，通过分布式记账、共享账本、Token激励等使相关参与者的职责权力、运作规则以及奖惩机制公开透明。在区块链技术的支持下，企业组织结构内部的各个节点之间公开透明地进行信息和价值交换，可以最大限度地减少信任成本和沟通成本，从而达成组织内部的共识和信任，有效解决博弈中的“囚徒困境”。而基于区块链的政务系统也会降低沟通成本与运营成本，进而构建信息管理型政府。区块链的加密技术则在信息和价值传递中保证其安全性和不可篡改性，实现效率和安全的双重提升。

Token作为区块链生态中价值的量化，代表所有者积分、身份认证、投票、资产增值分红等方面的权益，相比当前经济体制中的股权、债券和受尊重权等，权利划分颗粒化程度更高。Token还可以更好地量化考察不同持有者的行为绩效，更有效率地实现“权责匹配”，这一层面不仅适用于企业，也适用于政府。

2.3.2 组织协作：从传统行政关系到信息行政关系

基于传统行政关系的组织内部沟通成本较大，企业员工或公务员和组织的利益函数和目标函数可能不完全一致，甚至出现较大的摩擦。比如基层公务员只想按时上下班完成计时工作，而对于整个政府部门的目标不甚关心。这一点在激励作用不显著、权责关系不明确的企业中同样存在；同时由于缺乏有效的沟通途径和科学的激励机制，企业管理者和员工以及公务员上下级之间可能会出现缺乏协作共事的现实基础。分布式记账系统在组织运转的过程中，将变成一个所有的利益相关者节点共同组成的大数据库，系统内部发生的所有决策和行为信息，都可以存储在这个大数据库中。区块链将组织成立以来所有的组织管理相关事项和交易全部记录在数据区块中，同时共识算法和加密技术使得所有的决策和行为都可以被追踪和查询。此外，智能合约将显著降低分工契约的成本，提高分工契约的合意性。智能合约不同于我们传统的合约管理。传统的合约管理直接把纸质版的合约导入到计算机，其仅仅是利用了数字化的存档功能，跟计算机程序的智能执行并没有什么关系，因此谈不上智能化。智能合约则充分利用业务规则的对称性、数据加密技术和共识算法，实时地提供业务项目、岗位、合同和订单等执行的多层级信息，及时实现各个节点数据之间的勾连和比对，自动匹配最优方案并付诸执行。这可以极大地提高政府部门的智能化程度，向“智能化政府”更进一步。

具体而言，以区块链为底层技术的组织和管理模式，可以实现不同节点之间的资源共享、优势相长、相互信任，并通过分布式记账、智能合约等结成的一种相对平等和基于信息的合作伙伴关系和相对柔性的上下级关系。这既不同于传统组织内部的行政隶属关系，也不同于组织与外部之间的市场交易关系（见图2–5）。组织内部人和人、人和组织的协作关系主要表现为：

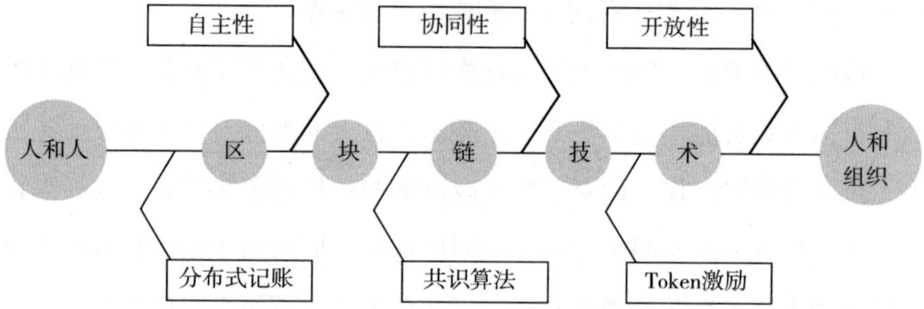

图 2-5　区块链组织内部人和人、人和组织的协作示意图

第一，自主性。组织内部人和人、人和组织相互之间的信息沟通和业务往来不再是行政关系所决定，而是遵循一定的基本原则，为彼此的资源禀赋、互补优势、价值观和利益共赢所驱动。

第二，协同性。企业内部人和人、人和组织之间是一种协同和互补关系。每个组织节点都根据自己的资源优势和才能资质，在 Token 激励机制和智能合约作用下，在围绕相同的目标函数的基础上有效降低沟通成本、摩擦成本和交易成本，进而产生强大的协同效应。同时，每个组织内部成员都可以根据在系统中的贡献获得相应的奖励，这种兼具股权、物权、荣誉权和货币属性的 Token，极大提高了系统节点之间的协同性和利益一致性。

第三，(半) 开放性。以区块链为底层技术的企业通常以占领市场、开发技术、实现资源共享和资产交换等为基本动因。如果组织内部的一项使命完成，该项目的组织结构便没有了存在的必要；新的目标出现，企业内部不同的人便会结成新的内部组织结构。因而企业的组织结构和管理过程是持续开放和动态平衡的。相较于传统的组织结构，是一种看似松散、实则更具活力和创造力的形式。但是政府的组织架构具有相对的稳定性，基于区块链的底层技术不仅在政府公开、打造“阳光政府”等方面具有重要作用，而且对于成立基于任务的领导小组、巡视组和项目组等具有重要作用。在保证政府基本架构稳定的情况下，实现了相对的半开放性。

从组织演化的发展脉络来看，以区块链为底层技术的组织结构和管理模式更具战略性和更为市场化。传统的组织面对快速变化的市场时，表现出较为强大的惯性，而以区块链为底层技术的企业对瞬息万变的市场可以更快速地作出反应，而采用了区块链技术的政府也会对环境变化更加敏感、管理方式更为柔性、统筹信息更为全面和精细。区块链技术通过革新组织结构和管理模式为政务体系赋能，打造一个高效、动态、开放的组织和管理体系。

2.3.3 建立互信关系：告别“一放就乱”

不管是在企业管理还是行政管理中，总是存在集权与分权的问题，差别在于是集权多一些还是分权多一些。在以区块链为底层技术的政务组织结构中，中央政府这个超级节点的集权程度进一步提高，而在政务处理一线的执行人员则可以得到更多授权，既提高了政务系统的运行效率，又提高了稳定性。

分布式是区块链的一个重要性能，区块链利用分布式账本取代了传统组织的中心化的层层管控模式，将信息所有权和使用权还给产生信息的微观主体。科层制的一个特点在于公权力沿科层传递，逐级递减，保持基层的行政能力则成为政务系统的生命线；而基于区块链的政务系统则改变了这种现象。与此同时，将相应的决策权分配到每个行政层级和具体的执行部门，从而最大限度地减少管理幅度、管理成本和沟通成本，并在特定情况下通过智能合约等方式直接授权相关行政人员，使得组织能够对现实作出更快、更准确的反应，提高执行力，比如我党的巡视制度和此次新冠疫情的中央指导组。

在现有的政府组织结构和管理模式下，随着社会和市场的触角不断地拓展，分权更加频繁地发生，且需要对分权进行制度化建设。如何实现分权的精细化、保证分权的效力和效果则成为一大难题。区块链技术通过智能合约可为有效解决这一问题提供技术支持。合约在现实世界中的作用不必赘言，整个现代社会都是建立在合约的基石之上。在区块链中，智能合约是一种预先编写、自动运行的计算机代码，基于机器语言按照合约内容自动执行和实现最佳匹配。

此外，区块链可将政务体系的活动进行合理细分，按照业务、任务和群众服务等标准进行分类。在每一个业务单元中建立相应的组织结构和管理模式，可避免职能型组织结构导致的复杂性与迟钝性。与此同时，将政府非核心决策权的一部分进一步解放，使其可以将时间、精力和资源集中在发展方向规划、核心竞争力打造以及发挥宏观调控作用等重大事项上。进一步地，可根据政务不同的重要性和保密程度设置不同层次的区块链政务系统与智能合约体系，建立有序健康的行政秩序和互信关系。

尤其是，在 2021 年建党 100 周年之际，中国共产党如何增强斗争意识、丰富斗争经验、提升斗争本领、不断提高治国理政能力和水平是全党面临的重要课题。将区块链的技术能力和组织框架应用于党建，可以进一步激发党的思想引领力、党员队伍凝聚力、主体责任落实力和执政为民服务力。

其一，区块链可以增强党的思想引领力。根据区块链的组织逻辑，每个党支部就是区块链中的一个节点，可以单点发起、点上发声、链上传播，让思想政治工作星火燎原。党支部带动党员坚持学习习近平新时代中国特色社会主义思想和习近平总书记重要讲话、重要指示批示精神第一议题制度，引领党员真学、真懂、真信、真用，推动学习贯彻制度化常态化。

其二，区块链可以实现党员的精细化管理。各党支部通过智能网络，针对不同特点的党员群体精准画像，实施个性化教育，做好数据管理和信息服务，形成加强认识、消化吸收、总结提高的知识链条闭环。当全党出现重大决策时，相当于在全系统进行“广播”，当党员接收到“广播”后，根据时间顺序把行为记录在自己的“账本”上，在链上和链下交流探讨、发表建议，把学思结合的过程切实转变为自我提高、凝聚共识、破解难题的过程。而组织可以通过区块链的分布式结构了解每个党员的动态和情况，实现对党员的精准化管理。区块链数据操作平台可跟踪追溯党员参加“三会一课”、党组织生活会、党费收缴、党建和业务工作同谋划、同部署、同推进、同考核等情况，让日常工作更加精细透明，及时发现存在的短板漏洞，有效解决党建工作虚化、弱化、软化的“灯下黑”等新老难题，建设风清气正的政治机关。此外，党支部间打通了信息壁垒，通过链上记录随时查看其他支部的学习内容和进度安排，相互借鉴好的经验做法，有利于打通不同支部之间的信息和价值，形成比学赶超、推陈出新的浓厚氛围。

其三，区块链技术让工作流程更加科学精准，改变了以往靠上级实地督查或者下级汇报来检验工作的形式，上级组织可以将更多精力用来着力解决“实不实”“好不好”的问题，确保各项工作落实落细落地。

其四，区块链有利于压实党员主体责任落实力。区块链具有分布式拓展功能，可以让日常监督执纪触及所有盲区，破解信任代替监督的瓶颈。运用“区块链+智慧监督”模式，通过“人在干、云在转、数在算”，时时监控党委的主体责任、纪委的监督责任、主要负责人第一责任人责任和其他成员“一岗双责”的履行情况，“一把手”对重点工作亲自部署、重大问题亲自过问、重点环节亲自协调、重要案件亲自督办情况，推动责任落实由年底集中考核向实时动态记实转变，让监督的笼子扎得更紧更实。

其五，区块链大数据平台通过让数据“发声”，能够为选好干部配强班子，领导班子和领导干部年度综合考核提供重要判断依据。通过让数据“反腐”，用关联性分析比对进行“数据体检”，为心存侥幸的党员干部敲响警钟，倒逼他们种好责任田，持续推动纠“四风”转作风，一体推进不敢腐、不能腐、不想腐。

2.3.4 “去中心化”是个伪命题

随着区块链的发展，“去中心化”这一概念一度甚嚣尘上。溯其根源，区块链中“去中心化”的概念本质上是网络无政府主义的又一次延伸。网络无政府主义是伴随着互联网的发展而出现的，它以网络技术为依托，实际上是信息化时代下的无政府主义。它的形成有着深刻的历史和文化渊源，其主要表现形式有黑客、闪客、网络暴力、网络恶搞等；而区块链的出现为这一思潮提供了一件新的技术外衣。

无政府主义（Anarchism），又译作“安那其主义”，是一系列政治哲学思想，其目的在于提升个人自由及废除政府当局与所有的政府管理机构。无政府主义包含了众多哲学体系和社会运动实践。它的基本立场是反对包括政府在内的一切统治和权威，提倡个体之间的自助关系，关注个体的自由和平等；其政治诉求是消除政府以及社会上或经济上的任何独裁统治关系。对大多数无政府主义者而言，“无政府”一词并不代表混乱、虚无或道德沦丧的状态，而是一种由自由的个体自愿结合，以建立互助、自治、反独裁主义的和谐社会。

关于无政府主义的根源，国际很多学者对此进行了研究，也持有不同的观点，其中更具有真实性的一种观点认为无政府主义产生于19世纪人类学的调查研究。无政府主义的基本主张是，无政府主义或者可以在全世界各种社会的群龙无首的原初形式中找到相应的形式，或者可以孕育于此种社会中。克鲁泡特金（P. Kropotkin）在其著作《互助论》中作了更有力的例证。迈克尔·泰勒（M. Taylor）的《社群、无政府和自由》代表了这种主张的现代形式。他指出，自人类出现以来，几乎在所有的时代中人类都一直生活在无国家的“原初”的社群中，许多这样的社会被看做是原初的无政府主义社会。他在区分某些原初社会的类型时，发现“群龙无首”社会更接近于“纯粹的无政府主义状态”。

关于无政府主义的学派，人们对此存在着很多分歧。从美国的一些学者中，如约西亚·华伦（J. Farren）、本杰明·塔克（B. Tucker）、诺克（A. J. Nock）和穆瑞·罗斯巴德（Murray·Rothbard）等人那里，可以清楚地了解到一种个人主义的无政府主义。他们肯定个人自由的核心地位，并坚定地持有完全的个人主义观点。共产主义的无政府主义是组成无政府主义思潮的最强大部分，其早期代表人物中最著名的是克鲁泡特金，还包括艾里科·马拉特斯塔（E. Malatesta）、亚历山大·伯克曼（A. Berkman）、艾玛·戈德曼（E. Goldman）、沃德（C. Ward）等人。共产主义的无政府主义者在涉及财产、生产和住房等方面时主张遵循共同所有制原则。尽管在信仰共产主义的个体中产生了一些无政府主义的思潮，但马克思主义在实践和理念上与无政府主义存在根本性的不同。正如英国左翼作家乔治·奥威尔所言，“无政府反对大多数所谓的革命，虽然他们的原则很模糊，但他们真真切切地痛恨特权和不公正。从哲学上来看，共产主义和无政府主义截然相反。实际上，在社会形式的目标方面，这种差别主要是各自强调的重点不同，但完全无法调和。共产党人总是强调中央集权和效率，无政府主义者则强调自由和平等”。此外，还有集体主义的、互助主义的、无政府工团的等多种形式的无政府主义。虚无主义无政府主义、生态无政府主义和女权主义的无政府主义不被看作是独立的范畴，但为互联网使用后出现的网络无政府主义的发展提供了理论依据。

网络无政府主义伴随着互联网的诞生而出现，主要分为两大类：一类是传统的无政府主义组织运用互联网作为其传播思想、理念的工具，其组织者本身属于无政府主义者，只是将网络纳入了为他们活动服务的途径中。这类无政府主义实质上是无政府主义的信息化。另一类则是随着互联网技术的深入发展而产生的新式无政府主义，自其产生之日起便通过互联网活动，传播无政府主义的相关观点，究其本质，是一种信息化的无政府主义；而区块链带动的“去中心化”思潮正属于这种。

网络无政府主义具有深刻的技术和社会逻辑。互联网的出现和普及，深刻改变着人们的生产方式、生活方式及信息传播与交流方式，为人们搭建了一个网络虚拟社区，将人们带入了信息时代。网络与现实生活交织产生的真实而复杂的关系，一方面推动了社会生活的民主化，另一方面也促使各种社会思潮的产生与复苏。网络无政府主义便是这些思潮中的典型代表，它的出现有着深刻的物质、历史和文化根源。

互联网的技术结构为网络无政府主义的产生提供了物质技术基础。美国学者史托尔曾指出：互联网是人类有史以来最利于无政府主义滋生的环境。这是因为与传统的星形结构不同，互联网设计采用的是灵活的分布式网状结构。星形结构是以集线器或交换机作为网络的中心节点，网络中的每一台计算机都必须通过网卡连接到中心节点才能进行信息交换，各节点呈一种星状而分布，这种连接方式突出了中央控制的作用，一定程度上限制了信息传输的数量和速度。分布式网络是由具有多个终端的节点机相互联结而成，这些节点机分布在多个不同地点，就像一个立体的网布一样，彼此互通互联，因而又被称为网型网。由于没有中心控制，分布式网络能够为数据传输提供多个方向、多条路径，这也使得信息无法得到彻底的消除和封锁，从而保证了各个子网在空间上的自由性、在地位上的平等性以及在信息传输上的广泛性。互联网的这种非中心性结构，打破了传统中央集权、等级分明组织结构的限制，因而为网络无政府主义的产生提供了物质技术基础。而区块链更加秉承了这一思想，使得整个结构更加网络化。同时，区块链的分布式在层次上也有所增进，不仅体现在信息的分布式上，也体现在价值的分布式上。

第一，互联网技术的发展与进步为现实无政府主义的复苏提供了技术条件，而网络无政府主义产生的社会历史根源则早已有之。“无政府”（Anarchy）一词由“缺乏”（an）和“统治者”（arkbe）这两个希腊词组成。从字面意思理解，它是指“无政府”或“无统治者的状态”。由此可见，早在古希腊时期，一些作家就已经表达出了无政府主义的情绪。在中国无政府主义思想也早有体现，在《道德经》中老子的“无为而治”便是对无政府主义思想的隐晦表达。美国无政府主义作家约翰·克拉克（J. Clark）评述《道德经》为“最伟大的无政府主义经典著作之一”。启蒙运动和法国大革命时期无政府主义色彩较为浓厚。这一时期，无政府主义者通过揭露政府统治的腐败性、封建专制性及无序性为革命造势，在革命中扮演着特殊的角色。19 世纪 80 年代到 20 世纪 30 年代，普鲁东、克鲁泡特金、巴枯宁等学者将无政府主义理论推向了一个新阶段。在这一思潮的引领下，无政府主义运动成为一股巨大的潮流，很多无政府主义者也被卷入革命的边缘。自这一时期以来，无政府主义不仅出现在所有欧洲社会同样也出现于印度、南美、日本和美国等地，并有向世界蔓延的趋势，对近代中国的思想界也产生过很大影响。此后，无政府主义思潮曾有过短暂的沉寂，但到 20 世纪 60 年代又卷土重来，并在依托于新兴互联网技术的基础上孕育了新的精神内涵。

20 世纪 60 年代以来在西方社会出现的具有反西方近现代体系哲学倾向的思潮——后现代主义成为激发和影响网络无政府主义产生的重要时代文化根源。由于后现代主义具有无中心意识和多元价值取向的特征，由此带来的一个直接后果就是评判价值的标准不甚清楚或全然模糊。它在使人们的思想得到彻底解放并使人们对自我有更深刻的了解的同时也促使人们产生了对真理、进步等价值的否定，进而导致了价值相对主义、怀疑主义和价值虚无主义的产生，由此带来了价值的相对性和多元性，其庸俗性的后现代主义对世界和未来持悲观消极态度，认为后现代时代是一个整体解体、焦虑不安、缺乏道德准则、社会秩序混乱的时代。在这种激进文化浪潮的影响下，很多网络文化先驱都怀有无政府主义情结。这些网络文化先驱多是年轻人，他们不仅拥有技术，而且浪漫不羁、个性张扬，成为网络无政府主义的主要代表。在互联网快速发展的时代，网络无政府主义的存在给国家主流意识形态安全带来了极大隐患。

意识形态作为一种软力量历来深受各国领导人的高度重视。互联网时代各种网络技术的迅速发展，促使各种社会思潮的出现与传播，并在各个方面影响着人们的思想意识，严重威胁着意识形态领域的安全。网络无政府主义的出现与发展有着复杂深刻的原因，如政治因素、经济因素、文化因素、社会心理因素、国际因素等方面。

意识形态是一定社会团体中所有成员共同具有的认识、思想、信仰和价值等，其主要包括两方面含义：一方面是把意识形态作为认识世界和改造世界的基础性工具，揭示了意识形态的作用与功能；另一方面是把意识形态当作是一种信仰体系，是由理念、态度、想象、价值判断与概念组成的系统即世界观、人生观、价值观。同时，意识形态是一个国家政治系统的重要组成部分，它在论证国家政权体系的合法性、维护政府的权威性和保证国家职能的全面实现以及社会系统的良性循环等方面发挥着极其重要的作用。恩格斯曾经把国家看成一种“意识形态的力量”。列宁把国家的职能比喻为一个是刽子手的职能，一个是牧师的职能。其中牧师的职能就是指意识形态的职能。马克思说：“如果从观念上来考察，那么一定的意识形式的解体足以使整个时代覆灭。”正因如此，各个国家的执政党或统治阶级都将意识形态作为一个极其重要的领域加以重视和研究。

而从历史发展进程中看，在人类社会进入文明进程之后，大规模的社会协作必不可少，完全的去中心化从来没出现过，而中心化模式下中心的数量并不一定唯一，如西方政治中的“三权分立”就是一个“多中心化”的案例。尽管当前的区块链治理模式还处在初级阶段，但绝对的去中心化仍然不存在。从公有链的链上治理来看，主要公链通证的持有度高度集中：康奈尔大学加密货币专家 Emin Gün Sirer 等人 2018 年基于大量数据证明去中心化仅是一纸空文，排名前四的比特币挖掘活动占整个系统的 53%，而排名前三的以太坊矿机也占了整个以太坊系统的 61%。因此当前公有链的治理模式谈不上“去中心化”。而联盟链有若干组织或机构共同参与管理的区块链，每个组织或机构控制一个或多个节点，共同记录交易数据，并且只有这些组织和机构能够对联盟链中的数据进行读写和发送交易，本质上并不是“去中心化”。在全球数字货币监管趋严的大背景下，无须发币的联盟链相比公链更加容易落地。

更进一步地，区块链具有异构多活的特征，在社会上广泛流传的“去中心化”其实只是公有链的特征，我们可以通过改变区块链的一些要件和参数使其表现出完全不同的属性，比如联盟链。公有链去中心化的逻辑在于记账节点的分布式、自由参与以及匿名制，但如果我们将匿名制改为实名制，可监管性就极大地提高。如果我们把记账节点变为预先设定的，这就是一套趋于完美的政务体系——集权化、富有弹性、全程留痕。区块链将政务系统的“中心化”和“去中心化”之间的过渡地带抹去，变成了一种非此即彼的“0–1 选择题”。这恐怕是中本聪们当初没有想到的，一种初衷为去中心化的技术框架成了更加高效地实现集权的工具。这也正是历史有意思的地方。

2.4 新冠疫情——电子政务到数字政务的催化剂

新冠疫情的出现使我们对现有的电子政务系统和模式有了极大的反思空间。电子政务系统发展的实质是互联网的工具化，但科层制的思想仍然弥漫于政务系统之内。是否只将互联网、区块链等作为“器物”，还是将其思想理念的合理成分纳入治国理政的理念之中，这是一个值得深思的问题。更进一步地，我们长期认为正确的“技术中立论”也值得思考，技术是否真的中立？

技术本身带有意识形态并非是一种全新的分析视角，早在1964年麦克·卢汉就已经在其最重要的著作《理解媒介——论人的延伸》中描述过“媒介即信息”——媒介天然具有意识形态。诸如互联网、区块链、大数据、物联网等数字技术，都是我们观察和改造世界的方式和工具，本质上皆为媒介和工具。“媒介、工具即信息”指的是媒介本身并非是一种纯粹中立的介质，思想、内容、信息以什么样的媒介传递，决定了其与最终受众的交互方式，而这种交互方式本身便是一种内容。数字媒体与传统媒体便是两种带有截然不同的意识形态的传播形式。后者受技术所限只能单向传递，而前者由于实现了信息的双向传递，则必然鼓励原本信息接受者向信息主体生产者的转变，也就是在信息交互上的民主化程度提高了。

具体而言，数字媒体的新闻正文并不总是代表着一次传播的全部思想表达，其评论区走向，甚至是否允许评论，都会被理解为思想传递和信息交互的一部分，这也就是所谓的“自古评论出人才”。这便是马克思在生产力与生产关系相互作用在微观层面的体现，即青铜器和铁器的使用促使奴隶制让位与封建制，印刷业的诞生必然引发启蒙运动，并构成了资产阶级革命的基础。

在疫情之前，我国政务电子化的改造基本已经完成，下一步的重要任务是政务的数字化。在数字经济、数字政府与数字社会三位一体的“数字中国”建设背景下，于企业而言，数据已成为构筑竞争优势乃至垄断力的关键生产要素；于个人而言，无处不在的“触网留痕”使得民众对数据与个人信息安全的关切益深，数据权益意识愈强；于政府而言，政府职能的膨胀与行政触手的延伸使其积累了大量的政务数据。2016年5月李克强总理在全国推进简政放权放管结合优化服务改革电视电话会议上的讲话指出：“现在我国信息数据资源80%以上掌握在各级政府部门手里。”此外，政务数据质量较高，具有高权威性、高准确率、高可信度。

根据中国人民银行成都分行营业管理部课题组（2020）的授信决策评分中，将其重要性按 1–10 进行评分，政务数据的评分仅次于征信报告，其重要性远高于已接近市场化运作的第三方数据，具体如图 2–6 所示。

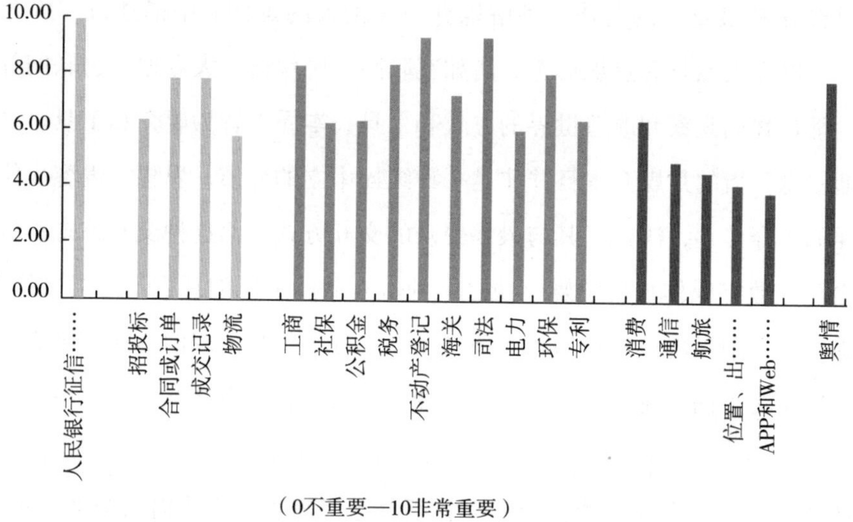

图 2–6　政务数据、征信报告、行为数据、交易数据的重要性评分

电子政务向数字政务的转变，意味着数据从一个符号变为难以篡改、产权清晰、定价合理的真实变量，从而成为治国理政的有力工具。而在疫情期间，政务系统的数字化程度至关重要。疫情体现了我国政务系统的厚实程度，也暴露出了诸多问题，还有改进的空间。

具体到传染病自动预警机制，目前的传染病自动预警机制主要由国家传染病监测中心数据库与自动预警系统两部分构成。国家传染病监测中心数据库是由 2004 年启用的基于互联网的国家疾病监测信息报告管理系统，覆盖了全国各级各类医疗卫生机构，用于传染病病例个案信息收集、病例报告的数据电子化和存储。自动预警系统采用数学算法，持续地对全国法定报告传染病监测数据进行自动分析计算，并借助现代通讯手段将探测到的疾病异常增加或聚集信号，通过手机短信及时地发送给所在县（区）疾病预防控制中心的疫情监测人员。该系统已于2008年4月在全国范围内正式投入运行。随着科技的发展和技术条件的成熟，我国政府还相继建设了国家传染病报告信息管理系统一级及其核心子系统国家传染病网络直报系统，基本实现了基于医疗卫生机构的法定传染病病例的实时、在线、直接报告。但整体而言，电子政务仍然是一个科层制结构分明的信息系统，距离我们所期望的数字政务以及下一步需要打造的链政经济仍有较大的提升空间，这次疫情主要暴露的问题如下：

第一，审核上报时间间隔较长。传染病报告卡在临床医生提报完成后到上报到国家传染病网络直报系统还需要院级、县（区）级、市级等各级疾控中心的人工审核。多机构和人员的核实审批是一种相对稳妥的办法，有利于保证数据的准确性，避免了不必要的社会恐慌，但多次人工审核在一定程度上增加了上报时间的间隔，延误了发出预警的最佳时机。

第二，"信息孤岛"问题严重。各医院的医院信息管理系统（Hospital Information System，HIS）和直报系统一定程度上可以降低填写传染病报告卡的难度，提高上传效率，加快数据的传达；但同时各个医院之间是相互分割的，无法相互传达信息和分享病情，形成了"信息孤岛"。"信息孤岛"的形成带来了不同医院、机构，不同地区、省市之间的跨区域管理问题，相同症状的数据对比、病情信息、特殊疫情的研究都无法实现横向共享。

事实上，这一问题在疫情之前就是一个在全球非常突出的问题。当医疗机构获得一个非常有价值的病例数据时，不管从经济还是制度层面，该医疗机构都无法与其他医疗机构共享这一数据。但在危机之中，"信息孤岛"的弊端被无限放大。解决"信息孤岛"问题成了链政经济的重中之重。

第三，数据存在缺失、结构单一等问题。传染病由临床医生发现后半自动或人工填写传染病报告卡，通过省级和国家级卫生数据交换平台送往国家传染病网络直报系统中。对于疑似、相似但并未确认的其他病例以及传染病风险性症状数据的采集，例如：发烧、胸片描述、咳嗽、生化指标等，国家传染病预警系统无法第一时间进行分析，这使得分析的数据存在较大的单一性。同时国家传染病遵循逐级上报机制，缺乏透明度，数据的真实性无法得到保证。再者，各医院通过HIS系统上传的数据存在较大的人为因素，传染病报告卡的填写受到外界以及各处的压力，对于数据的确认和上传有较大影响。

第四，预警方法、设定阈值和判断诊断方式存在问题。预警方法和阈值没有进行区分化处理。由于不同疾病的潜伏期、传染期、传播力、传代时间及其公共卫生意义存在差异，不同疾病的预警方法和阈值也需要体现差异性。目前的预警机制的方法不够多样化，阈值设置的针对性还需进一步加强。此外，不同病种间的预警信号数量与最终发现的暴发数差别较大，对于一些上报数据较多却较少暴发的疾病，预警系统的效果还有待提高。另一方面，预警模型诊断发现疾病的方式较为单一。现阶段自动预警机制的运行主要是基于法定报告传染病监测数据，但这仅是疾病暴发早期探测手段的一种。在实际工作中，除了传染病报告卡之外，还包括医疗卫生人员报告、教师或校医报告疾病预防控制人员疫情监测、家庭或媒体举报等其他手段，当前我国的传染病预警系统的模型还只是基于传染病报告卡的结果规则判断模型，发现方式还过于单一。

综合而言，现阶段我国基于电子政务的传染病自动预警系统存在上述不足之处，在本次新冠疫情暴发时，其弊端充分暴露。区块链对于电子政务向数字政务的跨越和提高具有重要作用，将区块链作为重要的制度性技术改进现有传染病自动预警机制，完善重大疫情防控救治体系，进而实现电子政务向数字政务的跃迁，最终推进国家治理体系和治理能力现代化。当前区块链可以将疫情预警系统作为链政经济的重要突破口，从四个方面进行升级换代：

第一，打破医疗机构之间的“信息孤岛”，实现医疗信息数据共享。针对当前医疗机构间缺乏横向数据对比，低估传染病的破坏影响力，并对疫苗研发造成负面影响的问题，可利用联盟链结合跨链技术建立可共享、可维护的完整且标准化的医疗信息数据库。根据部分医疗信息极具隐私、不便公开的特性，因此对该部分数据的访问应带有严格的权限限制。联盟链具有一定的准入机制和访问条件限制，可在同一地区内或跨区域的医疗机构之间构建联盟链，共同管理、共同维护、共享信息，实现数据多向联通。运用跨链技术，打通不同联盟链，实现跨链数据交互，优势互补，从而促进医疗信息数据跨界流动，提高数据的共享程度。

第二，推进上报系统平面化和分布式管理，提高疫情信息传达效率。各级疾病预防控制中心在区块链系统中注册节点，将传统的传染病上报系统垂直上报模式平面化和分布式，提高疫情信息传达效率。建设医疗联盟链，达到一定标准的医院和各级疾病预防控制中心在该联盟链系统中注册节点，每个节点都可以直接接收该联盟链的一般疫情信息。当单个医院发现疑似疫情的病例之后，将信息上传至链上进行全链播报，由于区块链公开透明、数据不可篡改和可追溯的特性，使得各节点都能在第一时间获取上报信息，减少信息传播的时间和误传可能性。在获取信息之后，各节点得以有意识地关注类似症状的病人，各级疾病预防控制中心能及时做好防疫准备，国家防疫中心能够立即开展研究，并采取相应举措，克服传统预警模型的滞后性。对于公众而言，其信息主要来源于链上，降低了谣言传播的可能性。

建立基于区块链的自动预警智能合约，减少疫情发布中的人为因素。传统自动预警系统主要根据确诊上报的传染病病例进行自动预警，但是由于新型传染病未加入系统选项当中，系统无法上传新型病例，导致自动预警系统失效。智能合约指的是在先前设定的条件被触发时，能够不受其他因素干扰，自动执行预先设定操作的程序。智能合约联合大数据技术，代替人为确诊传染病，将联盟链中症状相似度超过一定阈值的疑似传染病病例自动连成一条链。当链条达到一定长度阈值之后，智能合约自动实现预警，播报全网，启动预警防疫措施，增加预警的及时性和客观性。

第三，优化传染病预警数据源，提升疫情预警系统总体效果。利用区块链的信息数据可溯源性，迅速确定传染病疫情暴发源头，提高防疫效率和水平。时间戳能够准确记录数据的进入区块的时间，为信息数据增加了时间维度和唯一性标识，保证了存储的信息数据具有可追溯性、可验证性。借助于私钥和公钥组成的非对称加密，对涉密档案、隐私数据等设置查看权限，解决患者信息数据隐私问题。在区块链信息数据库中，由医院、疾控中心和卫生部等上传的数据可分为结构化和非结构化数据。其中结构化数据包括与传染病相关的数值和文字等。非结构化数据包括传染病图片和音频等相关数据，由于这些数据数据量较大且复杂，因此仅将这些数据的哈希值上链，取其哈希值，作为结构化数据存储在该节点。除上传传统的传染病性状之外，增加传染病病人胸片、相关症状照片等多方面直接材料数据，不再局限于确诊病例，提高传染病疫情判断速度和准确度。

目前预警系统的数据集中在国家直报系统，虽然数据的私密性得到一定程度的保证，但是使用区块链不仅会使得各医院机构、各疾控中心的数据得到共享，同时非对称加密也使得数据具有更好的安全性。通过基于哈希算法的非对称加密算法，对于医疗信息数据中不公开的隐私信息，可利用各自主体或节点的公钥对该数据进行加密处理，在患者授权后，医院才有权对患者的这些信息进行修改、增加或传输等操作，确保病患有足够的知情权和管控权，降低信息数据安全风险。

结合灵活快速的数据处理分析的大数据，极大提升区块链医疗信息数据的使用价值和空间。一方面，区块链技术是大数据数据安全、脱敏、合法、正确的信用背书。另一方面大数据的数据整理、分析、可视化和应用等技术能够高效、完美地运用好区块链数据。建立在区块链数据基础上的大数据技术能够减少人工任务，对传染病数据源进行自动化的检测分析，提高疫情预警广度和深度，以满足不同地区、不同症状的传染病预警的多样化需求。

2.5 区块链与数字经济

随着网络化和信息化的发展，数字经济成为带动经济发展的核心力量，特别是随着区块链、云计算、大数据、物联网、移动互联网、工业互联网、人工智能和 5G 等新兴技术发展，快速推动了数字经济的发展。2019 年中国数字经济规模达 35 万亿元，占 GDP 比重达 35.4%，数字经济实际上已成为中国经济增长的新引擎，中国经济正在由“工业化和信息化融合”升级为“数字经济和实体经济融合”。随着2019年年末新冠肺炎的暴发，数字经济事实上发挥了宏观经济稳定器的作用。数据是数字经济时代的关键生产要素，数据核心价值越来越受到国际社会各界的关注，数据的合理使用和共享是发挥数据核心价值的关键。

2.5.1 数字经济，未来已来

2019年中国数字经济规模达35万亿元人民币，占GDP比重达35.4%，数字经济实际上已成为中国经济增长的新引擎。在2019年年末的新冠疫情下，数字经济进一步发挥重要作用，起到了宏观经济稳定器的作用。其中，隔离是对新冠病毒最普遍的应对之道，但人员流动的限制对生产和消费产生了极大的影响，并对宏观经济产生影响。

2019年春节档票房58.59亿，2020年春节档电影全部下架；2019年除夕至正月初六（2月4日至10日），全国零售和餐饮企业实现销售额约10050亿元，2020年同期受损严重；2019年春节假期，全国旅游接待总人数4.15亿人次，实现旅游收入5139亿元，2020年同期锐减；2020年2月3日A股开盘，超过3000只个股跌停，上证指数下降7.72%，沪深300指数下跌7.78%。面对形势严峻的疫情，我们除了需要保证人身安全外，还需要思考如何尽可能地减少经济和金融损失。从经济学意义维度衡量个体的价值：一般来说，发达国家个体的经济价值在10–60倍的人均GDP之间。马克思也说过：“任何一个民族，如果停止劳动，不用说一年，就是几个星期，也要死亡。”如何在保证人民生命安全的情况下，合理复工、避免经济断崖式下降是新冠病毒给我国社会和经济带来的巨大考验。

根据北京大学数字金融研究中心的估算，疫情期间线下餐饮业务大概减少了70%–80%，而线上餐饮业务则减少了30%–40%。也就是说，疫情对线上、线下业务都造成了严重的负面冲击，但如果没有线上业务，餐饮业业务的跌幅会更大，这也就是所谓的“宏观经济稳定器”的作用。除此之外，数字经济的宏观经济稳定器功能还体现在全国网络统一市场的形成上，在疫情的恐慌情绪下，容易产生哄抬物价、以次充好等市场乱象，全国网络统一市场能在一定程度上遏制疫情期间的物资价格上涨。

除了生产的数字化，我们还要解决消费的数字化。在这次疫情应对中，中国各大电商平台借助供应链优势，调配销售物资，为保障特殊时期的市场供应发挥了积极作用。根据京东数据，春节假期以来，粮油、方便速食、调味白醋等民生商品需求增长明显，蔬菜产品销量同比增长超 9 倍，肉禽蛋销售同比增长近 7.5 倍。但另一方面，数字版权的消费模式仍较为传统，除《囧妈》以 6.3 亿元被字节跳动购买外，其余新春贺岁片全部撤档，既不利于电影生产者实现盈利，也无助于实现高质量的数字消费，降低了社会大众的文化获得感。基于区块链的数字版权项目可在保护知识产权的情况下，通过消费者购买相应通证实现数字内容的居家消费。

此外，这次疫情使得视频、直播、在线游戏、在线教育等产业流量大增，深化了“宅经济”的进一步发展。爆款手游《王者荣耀》在春节期间平均每天有 1.2 亿至 1.5 亿活跃用户，约占中国人口的 1/10，仅在农历大年三十当天的单日流水就达约 20 亿元，较 2019 年大幅提升。但游戏产业的瓶颈也相当明显，仍然沉浸在互联网时代的平台模式中，角色、道具、剧情由游戏平台定义和修改，无法满足玩家不同的偏好；同时，玩家在游戏中的资产不能超脱于游戏平台之外，一旦游戏平台不再运营，在游戏中的资产也将不复存在。而区块链将重新定义游戏产业，玩家可根据自己的意愿去设计角色、道具、剧情，同时游戏中的角色、道具和资产可脱离平台存在，并属于其私钥持有者。这会极大地提高玩家的积极性，拓宽游戏的边界，并丰富游戏的数字生态。在不远的将来，数字世界和物理世界的界限会越来越模糊，我们每个人都将生活在物理—数字的孪生世界中。

事实上，即使没有这次疫情，数字经济的发展之势也会沛然而下，新冠疫情只是加快了这种趋势的步伐。那么，如何理解数字经济？首先要了解最早数字经济概念被提出的背景。数字经济这一概念最早由美国研究技术对经济影响的著名的专家唐·泰普斯考特（Don Tapscott）在 1994—1995 年所著的《数字经济》一书提出。当时互联网刚刚兴起，泰普斯考特敏锐地预感到互联网将全方位地改变人类的经济和社会，泰为斯考特并没有在数字经济萌芽期给一个不成熟的定义，而是给出了数字经济的十二个特征。

第一，知识（Knowledge）：业务以至整个经济的焦点很大程度上取决于发挥人力资源优势，也就是说在数字经济时代知识是最重要的驱动力，而传统的其他资源会退居其次。公司和机构会被迫改变他们对员工的态度，而着力于留住人才以及培训员工能力和开发员工的潜能。

第二，数字化（Digitization）：知识可以被存储成 0 和 1 的数字格式，不像在过去传统经济信息呈模拟或物理形态，通信只能通过人的运动才能达成，在新经济下，数字化的信息可以通过数字设备在全球范围内不同人之间以最短的时间传递。

第三，虚拟化（Virtualization）：在新经济中可以把物理的、有形的东西转化成虚拟的东西，这样就改变了过去的机构、社会关系和经济的基本规则。

第四，分子化（Molecularization）：传统的组织结构将让位于更加流动、灵活的工作环境，项目组成为世界各地机构的基本单元，轻组织架构将得到生存，大而重的组织将会被淘汰。

第五，整合 / 网络化（Integration/Internetworking）：在微观层面，各机构组织由于新技术网络的出现将可以拥有所有小公司的优势，不会受碍于由于层级森严、难以改变的组织架构所带来的不必要的成本。

第六，去中介（Disintermediation）：中介的死期已经临近。直接连接客户和供应商的业务形态已经出现，新的创造价值的方法已经被发现。中介如果要生存，必须在“食物链”中爬升以创造价值，否则将面临灭绝的命运。

第七，融合（Convergence）：在数字经济中占主导地位的新经济行业正由计算、通信和内容融合产生。融合产生的交互型多媒体平台将支撑新时代的发展。

第八，创新（Innovation）：新经济基于创新，采用信息技术来开发产品和服务。在创新的经济中，人们的想象能力和创造力是主要的价值来源。在数字经济时代，挑战在于建立一个能够鼓励创新并给创新以回报的环境。

第九，生产消费（Prosumption）：在工业革命时代，最重要的是大规模的生产。在新的时代，最重要的是大规模的定制化。这样一来，生产商和消费者的界限变得越来越模糊。每个消费者在信息高速公路上也可以通过发送订单，提出他们的需求、意见、规格、修改来参与他们购买的产品的生产过程。

第十，即时性（Immediacy）：客户更知情，希望获得更好的服务。由于数字化的信息技术使得从订单到交付时间大幅缩短。

第十一，全球化（Globalization）：彼特·德鲁克曾说过："知识没有界限。"在数字经济时代，知识是一个重要的资源，全球化由新技术推动，也反过来推动新技术的发展。公司不再是跨国公司，而是全球化的公司。

第十二，冲突（Discordance）：任何新的现象带来改变也会引起阻力，因此冲突难以避免。在新的时代，有技术的和没有技术的公司或个人之间的差距将会不断增大，将来会给社会造成巨大的问题。

在数字经济概念出现后的二十多年来，很多学者也意识到数字经济概念的模糊问题，对数字经济做了不同角度的定义。2017 年，英国学者朗玛娜·伯克特（Rumana Bukht）和理查德·希克斯（Richard Heeks）在英国经济和社会研究理事会编辑的《发展信息学工作论文系列》中发表了《定义、概念化和测算数字经济》，总结了学术界对数字经济的定义，表 2-2 是部分定义的节录。

表 2-2　数字经济的定义

来源	定义	重点
泰普斯考特（1996）：数字经济：在网络智能时代的希望和危险	没有直接的定义，但称之为"网络智能时代"，即"不仅是技术的网络化……智能机器……而且是通过技术实现人类的网络化"，即"将智能、知识和创造力结合起来，以实现创造性的突破"	据说最早创造了"数字经济"这个词。强调数字经济，解释了新经济、新业务和新技术之间的关系，以及它们如何相互促进。

（续表）

来源	定义	重点
兰恩（Lane，1999）：推进数字经济进入21世纪（美国总统科技助理）	计算机和通信技术在互联网上的融合，以及由此产生的信息和技术的流动，刺激了所有的电子商务和巨大的组织变革”	聚焦于电子商务以及在隐私、创新、标准和数字鸿沟方面的问题
布瑞恩琼尔佛森和喀新（Brynjolfsson & Kahin 2000b）：理解数字经济：数据、工具和研究	……通过计算机实现的信息数字化，对经济各部门进行了最近的基本上仍未实现的变革	强调从宏观经济、竞争、劳动力、组织变革等多个角度理解数字经济
克灵和兰姆博（Kling & Lamb 2000）：在布瑞恩琼尔佛森和喀新2000a	……包括其开发、生产、销售或提供严重依赖于数字技术的商品或服务	将数字经济划分为四个部分：高度数字化的商品和服务……混合数字商品和服务……产品生产的IT密集型服务和IT行业
麦森博格（Mesenbourg，2001）：测算数字经济（美国人口普查局）	将数字经济定义为“具有三个主要组成部分”： “电子商务基础设施”是用于支持电子商务流程和进行电子商务的全部经济基础设施的份额” “电子商务”（electronic business，e-business）是指一个商业组织通过计算机组成的中介网络进行的任何业务流程 “电子商业”（electronic commerce）是指通过计算机网络销售的商品和服务的价值	重点探讨了如何衡量电子商务和电子商务的新兴现象
经济情报单位（Economy Intelligent Unit 2010）：数字经济排行2010	没有明确的定义，但数字经济的排名是基于“一个国家的信息和通信技术基础设施的质量以及其消费者、企业和政府利用信息和通信技术造福自身的能力	强调数字经济的基础，而不是数字经济本身，措施包括：连通性和技术基础设施、商业环境、社会和文化环境、法律环境、政府政策和愿景、消费者和企业采纳。
（OECD 2013）：数字经济	数字经济通过互联网上的电子商务实现并执行商品和服务贸易	主要内容涉及数字市场的竞争和监管，另外还讨论了网络效应、互操作性和开放与封闭平台
宽带通信和数字经济部，澳大利亚（DBCDE，2013）：推进澳大利亚经济成为一个数字经济：国家数字经济战略更新	以数字技术为基础的全球经济和社会活动网络，如互联网和移动网络	被视为准备就绪、环境和使用的关键要素，并侧重于加强数字经济的政策措施
欧盟委员会（European Commission 2013）：数字经济税务专家组	……基于数字技术的经济（有时称为互联网经济）	识别数字经济公司的特征： · 通过新的资金来源（风险资本）进行创新 · 无形资产的重要性 · 基于网络效应的新商业模式 · 跨境电子商务

（续表）

来源	定义	重点
英国计算机社会（British Computer Society 2014）：数字经济	数字经济是指以数字技术为基础的经济，尽管我们越来越认为这是通过基于互联网和万维网的市场进行商业活动	被视为创新、权利、网络安全和数字素养的关键数字经济问题
欧洲议会（European Parliament，2015）：数字化经济竞争政策的挑战	一种由几个层次/层组成的复杂结构，通过几乎无止境且总是不断增加的节点数相互连接。平台相互堆叠，允许多条路线到达最终用户，很难排除某些参与者，即竞争对手	关注数字经济的竞争和监管
英国众议院（House of Commons，2016）：数字经济	数字经济指的是商品和服务的数字存取，以及利用数字技术帮助企业	关注数字经济的监管和支持政策
（G20 DETF 2016）：G20数字经济发展和合作倡议	以使用数字化的知识和信息作为关键生产要素、以互联网/物联网作为重要载体、以通信技术的有效使用作为效率提升和经济结构优化的重要推动力的一系列经济活动	强调网络化和智能化的信息和通信技术，使经济活动成为可能。关注数字经济的政策，包括跨国家政策和优先事项
爱尔马斯瑞（Elmasry，2016）等数字中东：将该地区转变为领先的数字经济（数字麦肯锡）	没有明确的定义：少作为一个概念，多作为一种做事的方式，但是有三个属性：在商业世界的新前沿创造价值，优化执行客户体验愿景的过程，以及建立支持整个结构	包括衡量数字化程度、业绩不佳地区以及政府和企业加速迈向数字经济的战略
巴尔（BAHL，2016）：未来工作——亚太数字经济中企业和就业的未来（认知）	没有明确的定义；取而代之的是“做”和“成为”数字之间的区别（另见 ASEN&Blechschmidt 2016）	关注商业价值和盈利能力，并提出建议，从“做”转变为“数字化”：企业需要将数字化注入其所做工作的核心，以及如何与客户、合作伙伴和员工互动和交易。这意味着将流程数字化，实现超高收费盈利
克尼克冉姆（Knickrehm，2016）等：数字颠覆（埃森哲）	数字经济是指从大量广泛的“数字”投入中获得的经济总产出的份额。这些数字输入包括数字技能、数字设备（硬件、软件和通信设备）以及生产中使用的中间数字商品和服务。这些广泛的措施反映了数字经济的基础	介绍如何通过更好地利用数字经济基础来改善微观和宏观经济增长

（续表）

来源	定义	重点
罗斯（Rouse，2016）：数字经济	数字经济是信息和通信技术促成的全球经济活动网络。它也可以更简单地定义为基于数字技术的经济	简单总结数字经济定义
戴尔曼（Dahlman，2016）等：为发展中国家利用数字经济（经合组织）	数字经济是多种通用技术和人们通过互联网及相关技术进行的各种经济和社会活动的融合。它包括数字技术所基于的物理基础设施（宽带线路、路由器），用于访问的设备（计算机、智能手机），它们支持的应用程序（谷歌、Salesforce）以及它们提供的功能（物联网、数据分析、云计算）	强调数字经济在实现包容性和可持续增长方面的潜力，但前提是关键的推动因素已经到位
（OUP 2017）：数字经济	主要通过数字技术发挥作用的经济体，特别是通过互联网进行的电子交易	只是定义
德勤（Deloitte）：什么是数字经济	……人们、企业、设备、数据和流程之间每天数十亿的在线连接所产生的经济活动。数字经济的支柱是超链接性，这意味着人们、组织和机器之间的互联性越来越强，这是互联网、移动技术和物联网（IoT）的结果	看到数字转型的四个主要领域：工作的未来、客户体验、数字供应网络和物联网

资料来源：作者整理

在表 2–2 中，可以看到大部分研究并没有去定义数字经济，很多是侧重于数字经济的特征，有些将数字经济等同于电子商务，或者等同于互联网技术结合的经济活动，或者认为基于像云计算、大数据、物联网等数字技术的经济活动可以看成是数字经济。

伯克特和希克斯在研究了既有数字经济的定义后，意识到没有理想的数字经济定义，于是进行了对数字经济概念化的工作。他们发现三个数字经济概念的基本要素。一个要素是“数字行业”，指的是 IT 行业或 ICT 行业。ICT 行业的定义可以沿用 1998 年 OECD 的定义：“以电子方式获取、传输和显示数据和信息的制造业和服务业的结合。”这包括 ISIC 工业编码（第四修改版）26（制造计算机、电子和光产品），582（软件发布），61（电信），62（计算机编程、咨询及相关服务）和 63（信息服务活动）。

但当前大部分的研究不是把数字经济仅仅局限于 ICT 行业，而是更为宽泛——把数字技术赋能的行业都归为数字经济。这样也会造成一个问题，因为所有经济活动都可以通过数字技术赋能。如何解决这个问题？伯克特和希克斯提出了“数码化”（Digitisation）和“数字化”（Digitalisation）的区别，定义如下：

“数码化”指的是把模拟量数据转化成离散的数码化数据；“数字化”则是把“数码化”应用到组织机构和社会流程（包括经济活动）。这个比 ICT 行业更广义的数字化定义，是数字经济概念里的第二个基本要素。这样一来，数字经济就包括了电子商务，基于算法的业务决策，像数字化的工业（工业 4.0）和精准农业等。

伯克特和希克斯提出的第三个概念要素是比较广义的数字经济概念。狭义的概念基于信息和通信技术密集和广泛应用的概念。广义的数字经济将平台经济、共享经济、零工经济等囊括其中。由此，伯克特和希克斯得出了数字经济的三种范围，即核心范围、狭义范围和广义范围。

伯克特和希克斯给出了广义数字经济的定义：在整个经济之中，产出单独或主要来自数字技术，且业务模式是基于数字化的产品和服务的那部分经济称为数字经济。

伯克特和希克斯在总结学术界研究成果的基础上，给出了一个简洁明了的数字经济定义，是目前看到的数字经济定义中表述最为准确的。但是本书认为，伯克特和希克斯的定义中只强调了产出，而忽略了数字技术在产品生命周期里关键环节所起的作用。另一方面，数字技术已经和传统行业深度结合，按行业来区分是否属于数字经济将出现以偏概全的问题。举个例子，灯具行业，按伯克特和希克斯的定义，不能算是数字经济的一部分，因为其产出和业务模式都不能算是数字化的产品和服务；但是从一个灯具生产的生命周期来看，首先，它会有一个产品设计阶段，输出的是灯具的不同模型；然后是生产阶段，包括制造 PCB 电路板、写固件、开模具、生产模块、组装、测试各环节；最后是产品包装、销售环节。在设计阶段，灯具行业都是大量采用了数字技术来建模，其他阶段中，像PCB电路板、固件开发、模块生产都可以归为数字经济范围，包括测试、销售阶段，也会大量用到基于数字技术的测试工具、大数据分析、BI决策等数字化技术和服务。因此，当统计数字经济在灯具行业的占比时，必须把灯具的生产周期中由数字技术创造的价值统计进来。也就是说，在传统行业的产品和服务生命周期中，用数字化技术赋能的那部分产值必须作为数字经济的一部分来进行统计。

有鉴于此，本书认为有必要重新定义数字经济如下：数字经济指的是在产品和服务的生命周期的各关键环节中通过数字化技术创造价值的经济活动。

2.5.2 数据：新一代的主权高边疆

在呼啸而来的数字经济中，数据是最为重要的生产要素，通过数据收集、加工、分析与处理，可以产生巨大的经济价值和社会价值。2017年12月，习近平总书记在中共中央政治局就实施国家大数据战略进行第二次集体学习时指出，大数据发展日新月异，我们应该审时度势、精心谋划、超前布局、力争主动，深入了解大数据发展现状和趋势及其对经济社会发展的影响，分析我国大数据发展取得的成绩和存在的问题，推动实施国家大数据战略，加快完善数字基础设施，推进数据资源整合和开放共享，保障数据安全，加快建设数字中国，更好地服务我国经济社会发展和人民生活改善。

我国的数字化落地有三条主要路径——数字产业化、产业数字化、数字化治理。数字产业化是指信息通信技术及设备的生产和销售，具体包括电子信息制造业、软件和信息技术服务业、电信业、互联网服务等业态。2018年，我国数字产业化产值达到6.4万亿元，占数字经济总产值的20%左右，数字产业化实现平稳增长，产业结构不断优化。产业数字化是指传统产业由于应用ICT（Information and Communication Technology，信息和通信技术）实现转型升级，其产出构成数字经济的重要组成部分。2018年产业数字化规模为24.9万亿元，同比增长23.1%，占数字经济比重 79.5%，在数字经济中继续占据主导位置。数字化治理指利用数字技术完善治理体系，提升综合治理能力。

数据具有重大的经济、社会和战略价值，一个民族和国家的数据中蕴含着这个民族和国家的过去和现在，也将反映其未来，对数据的重视程度应等同于边疆。当数据量不够大时，离散的碎片化信息难以勾勒出事物的原貌，人们很难读懂其背后的故事。随着数据量不断增加，达到并超过某个临界值后，这些“碎片”就会在整体上呈现出规律性，并在一定程度上反映出数据背后的事物本质。因此，数据量大是数据具有价值的重要条件，大数据具有大价值。大数据的“大”是相对的，与所关注的问题相关。通常来说，分析和解决的问题越宏观，所需要的数据量就越大。

数据关联是大数据实现价值的基础。运用大数据解决的问题通常涉及多部门、多领域、多个体、多视角，单纯的数据量的积累不一定能让人认识事物的全局，只有将不同侧面、不同局部的数据汇聚起来并加以关联，才能产生对事物的整体性和本质性认识。数据汇聚使数据可能产生价值，数据关联使数据实现价值，因此必须推动数据开放共享。政府、企业是大数据的主要拥有者。要推动大数据转化为发展动能，就要保障数据供给和合理合法开放共享。

广泛使用使大数据效益倍增。大数据及其产品具有易复制、成本低、叠加升值、传播升值等特点，能够被广泛、重复、叠加使用，具有较高的边际效用和正外部性。同一组数据不仅可以在合理合法的前提下以较低成本提供给不同使用方，使单一数据服务多个主体；而且还可以针对不同目的、使用不同方法进行分析，使单一数据产生多样价值。因此，大数据能够一次投入、反复使用，产生倍增效益，有利于提升各行各业应用数据解决困难和问题的能力。

大数据是新型生产要素和重要的基础性战略资源，蕴藏着巨大价值，经过深入挖掘并加以应用，能够有力推动经济转型发展，重塑国家竞争优势，推进国家治理体系和治理能力现代化。大数据是能够靠制度、积累、科技撬动的，因而可以成为欠发达地区异军突起的发展驱动力。大数据具有通用技术性，可以广泛而深入地应用于企业生产、政府管理和社会治理、民生改善等各个领域，产生难以估量的价值和效益。各级领导干部、企业家、创业者乃至全民都应形成大数据思维，提高自觉、合法、有效利用大数据的意识，增强利用数据推进各项工作的本领，使大数据在经济社会发展中发挥更大作用。

在大数据利用和发展层面，我国已走在世界的前列。虽然很多国家把经济数字化作为实现创新发展的重要动能，在前沿技术研发、数据开放共享、隐私安全保护、人才培养等方面进行前瞻性布局，一些发达国家还相继出台了大数据发展规划，但没有一个国家能像中国这样将发展大数据上升为国家战略，并持续深入推动。2015 年党的十八届五中全会提出“实施国家大数据战略”；2016 年“十三五”规划纲要对全面促进大数据发展提出方向性目标和任务；2017 年党的十九大报告提出“推动互联网、大数据、人工智能和实体经济深度融合”。这种持续性的方向引导和顶层设计，使我国在大数据发展规划布局、政策支持、资金投入、技术研发、创新创业等方面均走在了世界前列；而且，我国在数据资源上具有规模化和多样化优势，在互联网和移动互联网数据应用上具有后发优势，涌现出一批基于大数据应用的创新企业。所有这些都表明，我国运用大数据推动创新发展具备比较好的基础和条件，也说明党和国家实施大数据战略的极端重要性和正确性。

但也要看到，我国大数据发展整体上仍处于起步阶段。虽然快速发展的格局基本形成，但在数据开放共享、核心技术突破、以大数据驱动发展等方面都面临重重挑战。在推动实施国家大数据战略中，实践路径仍不够清晰，对需求的认知还比较模糊；数据开放共享滞后，数据资源红利尚未得到充分释放；企业赢利模式不稳定，产业链坚韧性和完整性不足；核心技术尚未取得重大突破，应用仍处于较低水平；安全管理与隐私保护存在漏洞，制度体系仍不够完善；市场活跃程度不够，人才供给严重不足。这些突出问题是制约我国大数据发展的主要因素。目前，大数据发展正进入从概念推广到应用落地的关键时期，科学认识大数据、增强对大数据发展规律的把握能力十分重要和必要。

数据作为新一代的主权高边疆，在国际实践中已有重要体现。据美国国际贸易委员会（United States International Trade Commission，ITC）估计，2014 年数据流动使得美国的 GDP 增加了 3.4%—4.8%，同时创造了 240 万个就业岗位。跨境数据流动最初是在个人数据保护立法中开始提及，各国在个人数据保护法中对个人数据向第三国转移进行管理。云计算出现以后，大规模的政府数据、商业数据和个人数据通过云服务来存储和处理，数据的跨境流动也更加频繁，于是各国开始重新审视跨境数据流动制度，并关注政府和公共部门数据的跨境管理。联合国跨国公司中心对跨境数据流动（Transborder Data Flow）的定义是“跨越国界对存储在计算机中的机器可读数据进行处理、存储和检索”。

国际上关于跨境数据流动的管理并未形成统一框架。综合来看，目前国外对跨境数据流动主要采取以下五种管理手段：第一，数据跨境流动预先审查，以欧盟为主；第二，要求服务提供商采取措施防止重要数据向境外流动，以韩国为主；第三，标准格式合同管理；第四，通过安全协议限制数据跨境流动，以美国为主；第五，数据跨境安全风险评估，以澳大利亚为主。目前对跨境数据流动的限制，主要是两个方面，一是要求在境内建设数据中心；二是要求数据必须存储在境内。

跨境数据流动一方面促进全球数字贸易的投资和增长，另一方面也带来了一定的安全风险；同时，对跨境数据流动进行限制也会对经济发展带来负面影响。对跨境数据流动进行限制的国家主要是考虑到以下三个方面的因素：第一，可以降低个人数据被滥用的风险，本国政府在发现数据违法行为时能够更好地进行管理或者对违法主体提起诉讼，也可以防止数据在境外被外国政府情报机构或者授权机构强制获取；第二，数据中心本地化的要求可以促进外商在境内的基础设施投资，创造就业岗位；第三，数据中心和数据存储的本地化要求可以促进本国产业的发展。

但过度限制跨境数据流动也会带来不利的影响：第一，数据中心本地化要求构筑的贸易壁垒会阻碍外资对境内产业的投资和技术输入，从而阻碍本国技术的进步和经济的发展。2014 年欧盟国际政治经济中心（ECIPE）通过研究，模拟了跨境数据的影响，结果显示，短期来看限制跨境数据流动将会对 GDP 的增长造成影响。例如巴西从 2.3% 降低到 1.5%，印度从 4.4% 降低到 3.6%，印尼从 5.8% 降低到 5.1%，韩国从 2.8% 降低到 1.7%，欧盟从 –0.5% 降低到 –1.6%。

第二，完全依靠本国资源构建数据中心也存在一定的风险。仅依靠本国的资源难以满足构建本地数据中心的充分条件。例如，数据中心对能源需求较大，根据美国的预算，数据中心会消耗 2% 的能源供应，并且这个比例还在上升。一旦出现能源短缺或者黑客攻击等安全事故，导致境内数据中心瘫痪，将无法有效利用境外资源。

第三，会增加国内相关企业使用数据中心的成本。特别在发展中国家，信息通信领域的技术和设施还相对落后，因此构建数据中心的成本可能高于其他国家，要求企业只能使用国内数据中心可能造成企业的成本增高。

第四，抑制信息通信产业的发展。信息通信产业作为创新产业，一个重要特点就在于高固定成本和低边际成本。要促进这类行业的发展就要求实现市场的最大化，以降低固定成本和单位成本。通常，这些行业都是全球化的公司，例如谷歌、Facebook、微软等。限制跨境数据流动将抑制规模经济，不利于行业发展。

第五，数据跨境流动限制可能导致违反 WTO 承诺的风险。美国 2015 年发布的贸易审查报告中提到，俄罗斯在 2014 年通过的要求数据本地化存储的法律，可能会影响俄罗斯会计服务、数据处理、零售和批发分销服务、金融服务、旅游和旅游服务等部门对 WTO 承诺的履行，因为这些承诺的履行高度依赖于跨境数据流动。

为了给欧盟公民提供更多使用自己的个人资料的权力，加强数字服务提供者与他们所服务的人之间的信任，为企业提供明确的法律框架，通过在欧盟单一市场上制定统一的法律来消除任何区域差异，2018 年 5 月欧盟出台了《一般数据保护条例（GDPR）》。GDPR 的出台反映了欧洲的数字资本主义发展较为滞后，失去了在全球范围内的领导地位，全球市值前 20 名的数字企业中没有一个注册地在欧洲。面临非欧洲企业在移动支付和数字货币等数字经济领域的创新和挑战时，欧洲企业难以进行直接竞争，只能在用户数据保护方面创设了较为严格完善的制度。GDPR 一方面赋予了数据主体广泛的数据权利和自由，另一方面设定了对侵犯数据主体权利的高额罚款。欧盟通过输出严格的数据保护规则以图在与中美等国的贸易谈判中占据法律和规则优势。在 GDPR 推出后，微信（Wechat）选择直接退出欧洲市场，以 Facebook 为首的数字企业也多次因泄露用户数据接受质询，GDPR 的效果立竿见影。

我国也陆续颁布和实施了一系列个人数据隐私保护的相关法律法规。以我国《网络安全法》第四十二条为例："网络运营者不得泄露、篡改、毁损其收集的个人信息；未经被收集者同意，不得向他人提供个人信息。但是，经过处理无法识别特定个人且不能复原的除外。"同时还强调"网络运营者应当采取技术措施和其他必要措施，确保其收集的个人信息安全，防止信息泄露、毁损、丢失。在发生或者可能发生个人信息泄露、毁损、丢失的情况时，应当立即采取补救措施，按照规定及时告知用户并向有关主管部门报告"。尽管如此，数字平台泄露、贩卖用户数据以及数据公司对数字平台非法"爬虫"的现象仍时有发生。"爬虫"是一种按照一定的规则，自动地抓取网络信息的程序或者脚本。从技术中立角度而言，爬虫技术本身并无违法；但爬虫技术如果利用不当，有可能引发诉讼，还有可能被法院认定构成不正当竞争。

例如，因认为杭州快忆针对微信产品开发爬虫工具和提供爬取结果数据包的行为，干扰了微信公众平台的正常运行，涉嫌构成不正当竞争，腾讯将其起诉至杭州铁路运输法院。在诉讼过程中，腾讯申请行为保全。2020 年 3 月杭州铁路运输法院就腾讯提出的申请作出裁定，认为杭州快忆违反了《微信公众平台服务协议》，开发出多款用于爬取微信公众平台各类数据的产品并以此牟利的行为，构成不正当竞争的可能性大，杭州快忆须立即停止被诉侵权行为。

相关学术研究也证明了仅对隐私进行司法保护是不够的，关键在于建立个人信息的产权体系以及相应的信息市场（Laudon，1997）。Acquisti et al.（2016）则通过一个包含基于行为的价格歧视（Behavior-based Price Discrimination，BBPD）的信息市场模型表明，即使隐私权初始配置给消费者，信息市场的存在也不会改进消费者的福利。这是因为，保守隐私的边际消费者在产品市场中无法得到正的剩余，从而一个极小的信息价格就可以让他出售个人信息。

在数字经济时代，每个人都应该提高数据权利意识，切实保护好自己的数据权利。同时，我国应充分发掘数据价值，将人口红利转化成数据红利，捍卫好数据这一新一代的主权高边疆。

2.5.3 区块链：数字经济的基础设施

区块链作为数字经济重要的基础设施主要体现在两个方面：第一，区块链对数字经济的最重要的生产要素——数据起到确权、定价、交易的作用；第二，区块链构建适合数字经济发展的金融服务体系。截至 2019 年年末，中国官方统计的人口数已超过 14 亿，而全球人口大约为 76 亿，占全球人口的比重约为 18%。此外，我国的移动互联网发展在全球都处于领先地位，因此我国居民和企业在网上的经济活动在全球的比重远高于 18%，产生的可以被统计和观测的数据占全球的比重也远高于 18%。将我国的人口红利转化成数据红利，是实现中华民族伟大复兴的关键举措。而在这个过程中，离不开改革创新以及由此构建形成的制度红利。党的十九届四中全会首次将数据纳入生产要素范畴即为制度红利的体现。人口红利、数据红利和制度红利三者相辅相成，构成中华民族伟大复兴的三大红利。

从商业角度考察数字经济，可以发现不管是传统的互联网巨头百度、阿里、腾讯、京东（BATJ），还是新兴的数字企业——拼多多、滴滴出行、美团、字节跳动，其基础的商业模式都是相似的，即搜集海量数据进行精准的客户画像，然后进行精准匹配。2012 年瑞士达沃斯世界经济论坛在《大数据、大影响：国际发展新的可能性》报告中表明数据就像货币和黄金一样，将成为新的经济资产类别。数据蕴藏着巨大的经济、社会、科研价值和开发潜能，在实践上已成为数字科技企业最重要的核心资产。2017 年 Facebook 的市场估值约为 1040 亿美元，其中

947 亿美元被估值定价为“数据资产价值”。从我国的数据资源分布来看，2016 年 5 月，李克强总理在全国推进简政放权放管结合优化服务改革电视电话会议上的讲话指出：“现在我国信息数据资源 80% 以上掌握在各级政府部门手里。”数据是政府治理的核心抓手，而政府也是数字经济的核心推动者。随着社会数据的进一步采集和沉淀，大数据将成为和自然资源、人力资源一样重要的战略资源，成为一个国家数字主权的体现。

但我们在使用数据时会面临一些问题：第一，数据本身几乎可以无成本地复制和传播，如何确定数据的源头和其所有者？第二，不同的数据之间质量具有显著差异，如何对不同质量的数据进行定价？第三，如何建立海量数据的市场化交易机制，将我国的人口优势转化为数据优势？这三个问题的解决都离不开区块链。

（一）区块链实现数据确权的两种模式

数据确权一般是确定数据的权利人，即谁拥有对数据的所有权、占有权、使用权、受益权，以及对个人隐私权的保护责任等。产生这批数据或者第一个收集这些数据的企业主体就是这批数据的所有者。通过其他任何方式（如交易）获得这批数据的企业或个人都只拥有使用权，而无所有权。区块链的可追溯性使得数据从采集、交易、流通，以及计算分析的每一步记录都可以留存在区块链上，通过技术信任（可以叠加中心化信任）实现数据确权。可以预见，基于区块链实现数据确权有两种路径：一种是“小而美”模式，基本不需要政府背书；另一种是“大而全”模式，政府不能缺位。

第一种“小而美”的模式针对特定的行业，一般是用户本身的行为产生的数据。比如我们所熟知的滴滴出行，在 2017 年滴滴的估值峰值大约为 560 亿美元，尽管截至 2020 年 3 月，滴滴的估值仅为 200 亿美元，但估值这种事情对于滴滴这种高科技公司向来都是波动非常大的。不管滴滴的估值是多少亿美元，有一件事情是确定无疑的，就是滴滴的估值非常高。但是滴滴的高估值来源于何处？毫无疑问是来自超过 1 亿的用户和车主产生的数据，这具有巨大的经济价值，并为更多的商业场景提供基础性价值。但如此高估值的价值来源为用户和车主，其价值却被中心化的平台垄断。这反映了数字经济时代初期的数据利用的粗放性和低效率，数据作为生产资料没有被纳入分配要素。以打车行业为例，基于区块链的打车平台可根据行业平均数据设置一个用户、车主、投资人、技术团队等利益相关者实现均衡的 Token 生成与分配机制。当用户和车主完成一段行程时，可在数据生成时立刻确权，并根据行程路程、沿途经济状况、行程时长等生成 Token。

第二种是"大而全"模式，适用于更加广泛的社会主体，需要数据权利方主动提交数据，政府不能缺位。传统的提交确权手段采用提交权属证明和专家评审的模式，但是缺乏技术可信度，且存在潜在的篡改之类不可控因素。基于区块链的社会数据确权方案，在初始化阶段，数据源供应商首先将大数据分块，并采用 BLS（Boneh–Lynn–Shacham）短签名方案对数据块取认证器，利用认证器的同态特性使数据源供应商不必发送原始数据；在确权请求、证据挑战和验证阶段，引入审计中心，数据源供应商和审计中心基于隐私保护数据持有性证明和抽样技术交互完成大数据的完整性审计，其中抽样技术确保了审计中心在挑战时抽取数据块的随机性；在水印生成和嵌入阶段，引入水印中心，由数据源供应商将能唯一标识自己身份信息的数据发送给水印中心，请求水印生成，水印中心将生成的水印发送给数据源供应商，由数据源供应商完成水印嵌入数据块的工作。在登记上链和查询阶段，基于区块链的内生优势（分布式、不可篡改、共享账本）实现确权结果和相关证据的链上高冗余保存，确保确权结果的完整性及不可篡改性。图 2–7 为这种模式的一种具体实现方式。

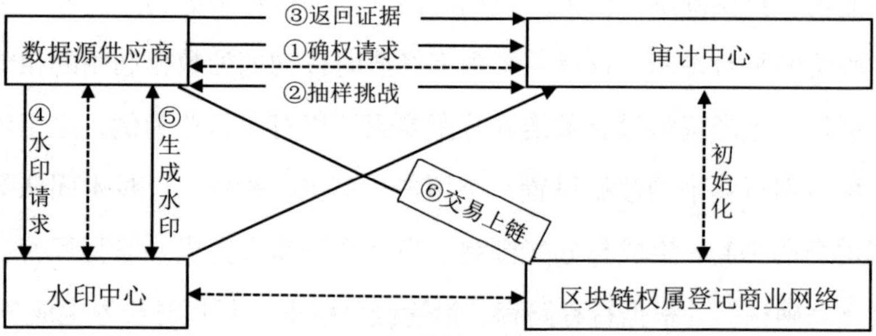

图 2-7　一种基于区块链的大数据确权方式

（二）区块链赋能数据定价和交易

数据在定价方面一直存在固有的难点。数据资产相对于其他生产性原材料具有三大独有的特征：第一，无损性，即数据资产不会因为消费的次数和人数而损耗；第二，规模性，即大量数据的价值和信息密度要显著高于个人；第三，异质性，数据的价格根据不同使用人存在不同的价格。由于这三个独有的特征，市场难以形成统一的数据资产定价标准。

此外，从数据的呈现形式来看，无论是作为商品，还是一种基础资源，很难找到两块相同的数据资产。这决定了数据资产在生产生活中的投入，从本质上无法以固定的价格机制定性机械定价。数据主体的身份属性、信息密度含量、数据使用者（客体）对数据主体的"相称性"和使用期限四方面共同决定了数据资产的价格。数据资产的这种非标性奠定了数据资产难以持续、稳定和一致定价的基础。

从数据消费的能源视角来看，数据是高度虚拟、无限备份和复用的。一方面数据作为资产被消费时不会因消费次数和人数而发生损耗和折旧；另一方面作为数据资产的购入方，将具备所购数据的全量权利，二次转售和使用收益同样难以界定。因此无论是同一份资产的多次应用、多人应用，还是数据的应用范围和使用方法限制很难用量化来度量，加之数据资产消耗的无限性及开发使用的无排他性，共同决定了传统的"商品性"定价模式难以对数据资产适用。

从数据资产的价格形成机制来看，数据资产化的过程受特定载体、适用场景决定，存在极大的被动性，即没有需求或者不进行交易流动的数据不构成资产属性，更不会发挥价值；同时数据资产的价值隐藏在数据之间的信息和知识中，对原数据进行加工以后依旧可以得到不同层次的新的数据资产，而这种资产的累积理论上区域无限大。数据资产是在固定载体和适用场景下，为满足人们生产和生活需要会呈现出的一种资源特性。实际生活中我们也很容易发现随着用户的不同、需求的不同和操作方法的不同，数据作为产品和服务在市场上所表现的价值和价格也各不相同。

此外，数据不仅具有“群体价值”还具有“个体价值”。我们对数据的“群体价值”较为熟悉，即体现在“大数据”中的“大”中，我们往往忽视的是数据具有的“个体价值”。比如，一些罕见的个体基因具有巨大的医学和经济价值。这也是为什么越来越多的人开始关心和重视“小数据”。我们在“大数据”中发现普适性和一般性的规律，但“小数据”往往给我们提供解决问题的方法。有的时候我们很难区分“大数据”与“小数据”哪个更有价值，“规模经济”和“个体经济”均具有无可替代的作用。

从数据资产的“群体价值”来看，数据资产作为新经济发展的重要原材料和催化剂，具有基础资源的相关特征。为保证所有的市场参与主体均具备特定资源（公共品）的可获得性，完全基于确权的点对点市场价格发现将是不被允许的，这正如水、电、煤气、小麦、玉米、钢铁等基础生活所需资源应实行严格的价格管制策略，以保证其基础资源特性。未来的数字经济社会中群与群的数据交换时，会出现垄断竞争、恶意竞价等问题，因此从社会福利的视角来考虑，应实行“市场化定价”和“政府指导定价或限制”相结合的方法，保护市场竞争、价格监督、反垄断和基础资源普惠性。从数据资产的“个体价值”来看，其本质上是一种典型的虚拟性和资源性资产，因此其定价机制更加复杂，因为每一个数据的独特性很难形成较为公允的价格。

从数据资产的“群体价值”来看，数据的价值发掘需要考虑如下因素：数据的采集、存证、传输、加工等各项成本；数据单元的信息含量，单位数据集的信息含量，数据集与消费者需求之间的“相称性”，数据集流行度和数据集与其他数据集之间的“协同性”；消费者利用数据的潜在收益。

从数据资产的“个体价值”来看，数据资产的价值评估除需要考虑上述虚拟资产中主要因素外，还需要考虑数据的独特性。换言之，信息的独特性实际上是个人隐私的一种展示，被别人利用的同时也是对数据拥有者隐私的侵犯。因此，可以说消费者在支付数据资产价格时实际应包含对数据拥有者的隐私暴露补偿和数据资产的应用价值两部分。

数据资产的“群体价值”可基于“信息熵”进行量化定价。1948 年“信息论之父”C.E. Shannon 提出“信息熵”的概念，把信息中排除了冗余后的平均信息量称为“信息熵”，第一次让人们可以用数学算法量化度量信息的大小。对一个服从概率分布 p=（p1，p2，…，pn）为 X 的随机散列，其在 p 分布状况下的熵定义为 H（p）：

$$H(p)=\Sigma pi \times \log 2pi$$

为数据资产“群体价值”定价的基础算法应该是数据资产的信息量衡量算法，也就是数据资产价值的核心在于数据资产中所包含的信息量；数据资产定价应以“信息熵”为基础，计算数据单元的信息密度、数据集的信息密度、数据集与数据集之间的“熵增”或“熵减”的度量等，并以此为基础开展基于层次分析或结构分析的“综合信息熵”的价值度量。

基于“信息熵”的数据资产价值评估为数据“群体价值”的定价提供了基础，然而如何赋予数据拥有者隐私补偿和对数据的“个体价值”进行定价还没有成熟的方法，拍卖是一种可行的方式，其中 Vickrey 拍卖模型和序贯拍卖模型是比较适合的两种模型。事实上，随着时间的推移，数据的“个体价值”可能会不断被挖掘。对于潜在的“个体价值”较大的数据，可通过拍卖一定期限的使用权等方式予以开发和保护。

在数据完成确权和定价后，再进行数据的交易就变得顺理成章了，而区块链本身就是一个价值转换系统，我国监管部门可适时地推出数字资产交易所牌照，完成基于区块链的数据确权、定价和交易的完整产业链。2020 年 3 月哈尔滨市工业和信息化局推动“区块链 + 新科技集群”，建设数字资产交易所，项目总体投资额预计 10 亿元人民币。早期区域性的数字资产交易所具有重要作用，但最终引领数字资产化大发展的一定是全国范围的数字资产交易所，区域性的数字资产交易成不了气候，全国统一的、规范的数字资产交易才能成为引领数字经济发展的新风口。图 2–8 为基于区块链的数字资产确权、定价和交易的完整框架。

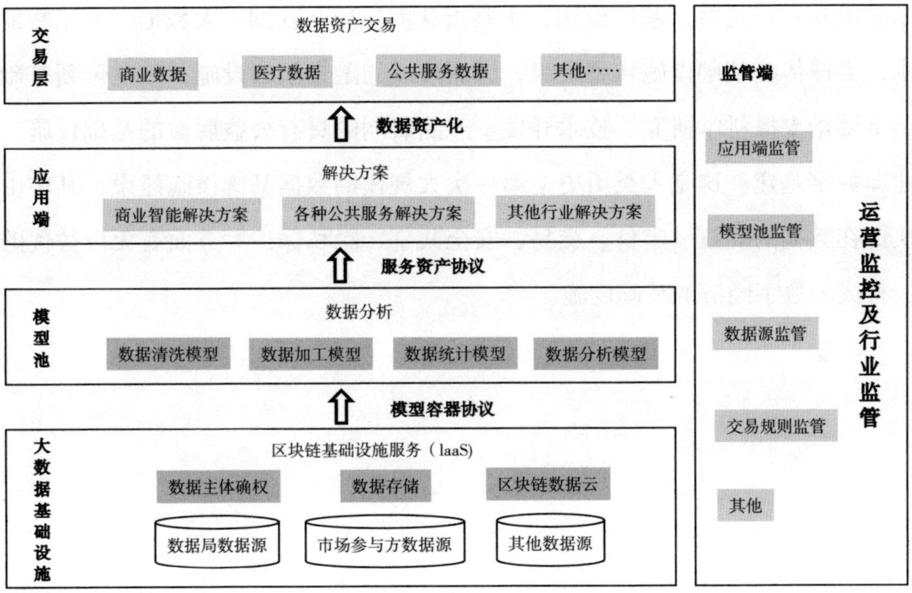

图 2–8　基于区块链的数字资产确权、定价和交易的完整框架

新冠疫情的暴发客观上加速了工业经济向数字经济的转型，也突出了以人工智能、区块链、物联网、大数据等为代表的数字技术的广泛应用的紧迫性。2020 年 3 月，中共中央政治局常务委员会召开会议提出，加快 5G 网络、数据中心等新型基础设施建设进度。“新基建”很快在政府层面达成共识，是应对疫情和经济下行的有效手段，符合产业升级要求，既代表着经济高质量发展的未来方向，也成为数字经济发展的新引擎。新基建主要发力于科技端，是以5G、互联网、智能化为代表的“数字基建”。传统基建主要是指铁路、公路、桥梁、水利工程等大建筑，而新基建是指立足于科技端的基础设施建设，主要包括七大领域：5G基建、特高压、城际高速铁路和城市轨道交通、新能源汽车充电桩、大数据中心、人工智能、工业互联网。

2020年3月，中共中央政治局常务委员会召开会议提出，加快5G网络、数据中心等新型基础设施建设进度。2020年4月，国家发改委指出，新型基础设施主要包括三方面内容：一是信息基础设施，主要指基于新一代信息技术演化生成的基础设施；二是融合基础设施，主要指深度应用互联网、大数据、人工智能等技术，支撑传统基础设施转型升级，进而形成的融合基础设施；三是创新基础设施，主要指支撑科学研究、技术开发、产品研制的具有公益属性的基础设施。新基建即数字基建，这是人类历史上第一次大规模的数据基础设施建设，其中由于区块链在数据的确权、定价、交易、安全共享、隐私保护等方面有无可替代的作用，将成为数字经济的基础设施。

第三章　中国：数字金融变革的领跑者

各国政府对区块链的政策在一定程度上决定了区块链和政务系统的结合程度，也体现了各国政府作为行为主体对利用区块链这一技术手段优化政务系统的认知水平和意愿程度。本部分将从主要国家和国际组织对区块链技术的政策导向、对法定数字货币的探索、对全球稳定币的监管态度以及愈演愈烈的数字金融竞争等方面进行论述。我国在政策导向、行业基础、配套措施、人才储备等方面具有较强的优势，将成为全球数字金融变革的领跑者。

区块链技术作为一项先进的数字技术，各国政府对于技术本身一般都是支持和鼓励的，而加密货币作为区块链项目的价值符号和激励手段，一旦公开融资，往往会涉及非法集资，并导致金融风险增大，从 2018 年开始全球对加密货币监管有趋严之势。截至 2020 年 1 月，在对比特币具有明确监管规则和态度的 131 个国家和地区中，约 67% 的国家和地区对比特币持积极友好的监管态度，约 18% 的国家和地区对比特币持中性的监管态度，包括中国、印度、印度尼西亚等在内的约 8% 的国家和地区对比特币持限制的监管态度，约 7% 的国家和地区认定比特币、以太币等数字资产为非法。总体而言，金融市场越健全和开放的国家和地区，对比特币、以太币等数字资产的监管态度越积极友好，这与资本管制政策和固定汇率制度密切相关。全球对比特币、以太币等数字资产的监管政策统计汇总如表 3-1 所示。

表 3–1　全球比特币监管态势统计表

合法性	国家和地区数量	国家和地区一览
积极	88	美国，英国，德国，澳大利亚，俄罗斯，奥地利，比利时，加拿大，捷克，丹麦，芬兰，法国，希腊，中国香港，冰岛，意大利，日本，卢森堡，荷兰，新西兰，挪威，葡萄牙，新加坡，韩国，西班牙，瑞士，瑞典，塞浦路斯，中国台湾
中性	24	马来西亚，阿根廷，阿联酋，阿尔巴尼亚，尼日利亚，安道尔，巴巴多斯，马尔代夫，哥伦比亚，法属圭亚那，牙买加，加蓬，约旦，哈萨克斯坦，肯尼亚，科索沃，吉尔吉斯斯坦，毛里求斯，巴拿马，巴拉圭，秘鲁，突尼斯，坦桑尼亚，乌拉圭
限制	10	中国，印度，印度尼西亚，埃及，尼泊尔，美属萨摩亚，卡塔尔，厄瓜多尔，摩洛哥，赞比亚
非法	9	阿富汗，孟加拉，阿尔及利亚，巴基斯坦，玻利维亚，马其顿，沙特阿拉伯，瓦努阿图，越南
总计	131	

数据来源 CoinDance[①]，作者整理，最后更新于 2020 年 1 月

全球多个国家对法定数字货币进行了探索，但大国发行法定数字货币面临着更多的不确定性并可能导致较大的金融风险，因此较为审慎，目前已经发行法定数字货币的国家皆为小型开放经济体。2019 年 10 月 24 日中共中央政治局就区块链技术发展现状和趋势进行第十八次集体学习。中共中央总书记习近平在主持学习时强调，区块链技术的集成应用在新的技术革新和产业变革中起着重要作用；我们要把区块链作为核心技术自主创新的重要突破口，明确主攻方向，加大投入力度，着力攻克一批关键核心技术，加快推动区块链技术和产业创新发展；同时，习近平总书记指出，区块链已经应用到数字金融、数字资产交易等领域。这使得中国成为全球产业区块链的策源地。中国地方政府出于解决当地就业、促进本地 GDP 发展等考虑，对于发展区块链更为激进，引发了新一轮的地方区块链锦标赛。

这一趋势在 2019 年 10 月中共中央政治局第十八次集体学习区块链后明显显现，各省市密集学习区块链并探讨调研区块链产业落地的可能性。2020 年年初，

① https://coin.dance/poli.

随着多地地方“两会”陆续落下帷幕，绘制出地方经济发展脉络的政府工作报告成为各方关注的焦点。区块链作为数字经济的重要组成部分，越来越频繁地出现在各地方政府的政府工作报告中，被视为加快传统实体产业和现代服务业高质量发展的一大助力。区块链的价值在全国各地得到前所未有的肯定和重视，全国已有超过 20 个省（自治区、直辖市）将区块链写入 2020 年政府工作报告，不仅涵盖北京、上海、广州等一线城市，重庆、甘肃等中西部省份也已将区块链视为经济弯道超车的新赛道。

从政府工作报告内容来看，大多数地方政府将区块链视作当地产业优化升级的技术助力、数字经济产业的新增长点，并对当地区块链发展提出了更为具体细化的目标；尤其值得关注的是，北京、广东、山东等 7 省市还提及了当地区块链应用场景方向，其中，电子政务成为共同的诉求。基于区块链的电子政务相比传统的电子政务已发生深刻变化。

2020 年 3 月，中央政治局常委会召开会议提出，加快 5G 网络、数据中心等新型基础设施建设进度。区块链属于其中信息基础设施中的新技术基础设施，在整个新基建中起到信任链接器的重要作用。我国从中央到地方的重视，为链政经济的发展和深化打下了良好的基础。事实上，中国已成为全球产业区块链的策源地。

而到了 2020 年，新冠疫情的暴发将加速积蓄已久的数字化趋势，全球对于数字货币的研发已达成共识，不同形式的数字货币已到了大规模应用的前夜。面对全球数字货币竞争的新形势、新问题、新挑战，以习近平同志为核心的党中央高度重视我国数字货币的发展。习近平总书记在 2020 年第 21 期《求是》中撰文，提出要积极参与数字货币、数字税等国际规则制定。2020年10月29日通过的《中共中央关于制定国民经济和社会发展第十四个五年规划和二〇三五年远景目标的建议》明确指出稳妥推进数字货币研发。事实上，中国已成为全球数字金融变革的领跑者。

3.1 区块链成为大国角力的支点

对一个主权国家而言，链政经济体系有利于维护政府法理型权威和提高信息的集成化程度，形成更好的治理合力。而对于全球而言，以英国脱欧、特朗普当选美国总统以及意大利修宪失败等为代表的事件标志着从“二战”后开始的经济全球化遭到了一定程度的挫折，“逆全球化”之风兴起，全球的割裂状态加剧，而贯穿2018年全年的一件大事就是中美贸易摩擦。虽然在2019年年初美国总统特朗普（Donald Trump）推迟上调对2000亿美元中国输美商品的关税，似乎暂时缓和了与中国的贸易紧张，但美国对外国进口汽车及零部件加征关税的威胁依然存在，美国的贸易伙伴们似乎也已经准备好进行报复。在特朗普时代，中美的商贸关系到达了一个冰点。2021年1月拜登当选美国第46任总统，但中美在商贸、科技、金融等领域仍然存在着激烈的竞争。

经济全球化促进了商品和资本流动、科技和文明进步、各国人民交往、民生福祉提高，推动人类社会呈现出前所未有的繁荣景象。以经济全球化存在缺陷为借口而根本否定经济全球化，甚至把自己国内的矛盾和问题归咎到经济全球化和别的国家头上去，大范围挑起贸易战，以维护一己私利、遏制别国发展，是逆时代潮流而动。正视并解决经济全球化进程中存在的矛盾和问题，有效应对贸易保护主义和逆全球化，需要以构建人类命运共同体理念推动建设一个开放、包容、普惠、平衡、共赢的世界，让经济全球化更好造福世界各国人民。经济全球化的核心是自由贸易，自由贸易实现了价值的自由交换，而有“价值互联网”之称的区块链更是将自由贸易的理念进一步传承和发扬，对于熨平割裂的世界，对于实现“再全球化”具有重要意义。

在1776年完成的现代经济学开山之作《国民财富的性质和原因的研究》(《国富论》）中，亚当·斯密（Adam Smith）提出专业化分工是提高劳动生产率的终极源泉，并研究了专业化分工与自由贸易的关系。之后，大卫·李嘉图（David Ricardo）提出比较优势原理，这一理论奠定了现代贸易理论的基础。进入20世纪后经济学家则把要素禀赋纳入原有的模型中，不断完善基于比较优势原理的贸易理论，形成了赫克歇尔—俄林—萨缪尔森贸易理论（Heckscher Ohlin Samuelson theory），并成为各国经济学家和政策制定者倡导自由贸易的学理依据。

世界历史进入近现代以后，虽然自由贸易理念被广泛接受并转化为具体措施的过程并非一帆风顺，国际贸易发展也经历了数度起伏，但毋庸置疑的是，当代发达国家的经济发展无一例外得益于国际分工和国际贸易发展。以自由贸易为核心的经济全球化促成了贸易大繁荣、投资大便利、人员大流动、技术大发展，这已经成为当今世界不可逆转的时代潮流。在经济全球化的带动下，科技进步日新月异，交通、通信等基础设施快速发展，货物和信息在国际范围的流通成本大幅降低；金融的深入发展使国际范围的融资更加便利，全球资本流动规模日趋扩大；越来越多的国家和地区加大对外开放力度，选择融入世界经济体系与面向国际市场发展经济，大大拓展了国际分工的深度和广度。

进入20世纪90年代以来，经济全球化发展迎来了新高潮，全球贸易和外商直接投资以更快速度增长，直到2008年国际金融危机前，世界贸易增长速度都稳定地快于世界经济增长速度。新兴市场国家和发展中国家成为这一轮经济全球化高潮的积极参与者，贸易依存度迅速提升，并在全球产业链中占据了重要地位，分享了经济全球化红利。经济全球化帮助新兴市场国家和发展中国家取得减贫的突出成效，缩小了与发达国家的发展差距（蔡昉，2018）。

而反对全球化的根本原因在于基于比较优势做大的“蛋糕”分配不均衡造成的，这并不是自由贸易本身的错。事实上分配问题本质上是一个政治经济学问题，通过政府的再分配政策解决基于比较优势的国际贸易中劳资分配不均问题是传统的方式，而贸易摩擦的持续出现表明传统的分配方式出了一定问题，难以为继。而基于区块链的经济系统一改传统经济中分配过度偏向资本的方式，实现按多种要素进行分配的新型分配模式则有助于解决这一世界性难题。而企业的区块链化改造为这一分配方式的实现提供了微观基础。有效应对贸易保护主义和逆全球化，既要认识到经济全球化是大势所趋、不可阻挡，又要正视经济全球化进程中存在的不足，以先进理念和务实举措引导经济全球化健康发展，让经济全球化更好造福世界各国人民。我国坚持以构建人类命运共同体理念引导经济全球化健康发展。构建人类命运共同体，是习近平总书记着眼人类发展和世界前途提出的中国理念、中国方案，受到国际社会高度评价和热烈响应。以构建人类命运共同体理念引导经济全球化健康发展，才能推动建设一个开放、包容、普惠、平衡、共赢的世界。

当前贸易的难题与困境一定程度上体现在经济的方方面面，2018 年第三季度我国 28 年来首次迎来负增长，9 月我国汽车总体销量为 239 万辆，同比下降 11.6%；2018 年 10 月我国社会消费品零售总额的增速降到 8.6%，11 月增速降到 8.1%；2018 年 10 月全国规模以上工业增加值同比实际增长 5.9%，11 月增速降到 5.4%。这些都昭示着旧的模式出现了问题，而新的模式亟待出现。

麦肯锡全球研究院（MGI）的一份综合报告显示，全球需求的地理分布发生了根本性转变。1995 年，发展中世界在全球消费中占比不到 20%。如今，这一比例已升至近 40%，到 2030 年有望超过 50%。这些新涌现的全球消费者正给出口领域创造巨大的机遇。2017 年，发达经济体的企业向发展中世界销售了价值逾 4 万亿美元的商品。触角遍及全球的数字电商平台，为更多中小制造商从这一增长中分得一杯羹打开了大门。

虽然货物贸易增长停滞，但服务和跨境数据流动已成为全球经济中真正的“结缔组织”。一些类型的服务贸易——IT 服务、商业服务和知识产权使用费——的增长速度是货物贸易的 2—3 倍。从设计到营销，服务也占到出口商品价值的 30%。合计来看，发达经济体的服务贸易顺差达到了 4800 亿美元，是十年前的两倍。在娱乐流媒体、云计算、远程医疗、教育等领域，它们有优势抓住未来的增长机会。

新的产业革命和商业模式助力新一轮的经济全球化已具有相当多的案例。21 世纪初电子商务的发展极大地打破了市场壁垒，使得“买全球、卖全球”成为现实。而我国则抓住了这次机遇，我国 21 世纪初互联网用户数量持续保持两位数增长，以网络零售为代表的电子商务首先发力，带动数字经济由萌芽期进入新的发展阶段。2003年上半年，阿里巴巴推出个人电子商务网站“淘宝网”，以成功的本土化商业模式迫使eBay退出中国市场，并在此后发展为全球最大的C2C电子商务平台；2003年下半年，阿里巴巴推出的支付宝业务，则逐渐成为第三方支付领域的龙头。2006年网络零售额突破1千亿大关，2012年突破1万亿大关，期间增速一直保持在50%以上。2007年，国家发布《电子商务发展“十一五”规划》，将电子商务服务业确定为国家重要的新兴产业。每一项新的技术在经济上都存在边际递减现象，而当前的现实困境亟待新的技术创新出现。

区块链技术的出现将进一步降低国际贸易的交易成本，促进生产和创新要素流动便利化，成为推动经济“再全球化”的重要力量。经济发展全球化尽管经历了一些波折，但仍然是浩浩荡荡的历史大势，不可阻挡，全球链改（区块链化改造）将成为经济再次向全球化发展的引擎与推动器，也是践行人类命运共同体理念的重要抓手。2018年10月3日，在世界贸易组织（WTO）2018公共论坛上，WTO聚焦“贸易2030”，世界贸易组织发布了236页报告《2018年世界贸易报告——世界贸易的未来：数字技术如何改变全球商务》，该报告指出：1996—2014年，全球贸易成本下滑15%，而数字技术可能会进一步降低贸易成本并显著促进贸易，这一点对于服务业和发展中国家而言尤为明显。预计2016—2030年间，全球贸易将每年平均增长2个百分点，这相当于15年中，全球贸易增加超过三分之一。其中，WTO预计全球贸易中的服务份额将从2016年的21%增长到2030年的25%。此外，有4项会改变贸易方式、降低贸易成本的数字技术：物联网、人工智能、3D打印以及区块链。该报告进一步举例说明了包括区块链在内的数字技术的应用空间：区块链和人工智能技术的结合可以大幅降低企业在海关和物流方面所花费的时间，两大技术结合的最大潜力在于运输“时限急迫”的货物，比如同全球价值链（GVC）息息相关的产品或易腐产品；物联网和区块链则可以简化验证和认证程序：实时翻译和在线平台服务可以促进不同语言的通信，而跨境支付和金融服务的创新则进一步促进了贸易。

值得注意的是，时任中国工商银行董事长、现任中国证监会主席易会满在2018年11月在中新（重庆）战略性互联互通示范项目金融峰会上表示，在贸易金融创新方面，应加快推进国际贸易单一窗口等通关便利化措施，运用区块链等技术，将传统的线下金融向线上转化，提供跨境电商项上融资等综合服务，促进跨境贸易自由化与便利化。

与此同时，我国在区块链促进贸易方面也走出坚实一步。2018年9月4日，由中国人民银行牵头的“湾区贸易金融区块链平台”在深圳正式上线试运行，该平台致力于打造立足粤港澳大湾区，面向全国，辐射全球的开放金融贸易生态。湾区贸易金融区块链平台是在中国人民银行数字货币研究所与中国人民银行深圳市中心支行的共同推动、协调和组织下，深圳金融科技研究院联合中国银行、建设银行、招商银行、平安银行、渣打银行及比亚迪经过近两个月的封闭开发，成功实现湾区贸易金融区块链平台项目一期预定目标，目前项目一期已部署上线，进入运行阶段。该平台旨在提高银行间交易的效率，并帮助中小型企业获得更广泛的融资方式，如资产兑换股份，因为营业数据可以通过分布式网络在参与者之间共享，透明可信的数据有助于增加投资机构的信心。

项目一期建成了基于区块链技术的贸易金融底层平台，在平台上可进行包括应收账款、贸易融资等多种场景的贸易和融资活动；同时平台为监管机构提供了贸易金融监管系统，实现对平台上各种金融活动的动态实时监测。湾区贸易金融区块链平台可有效促进市场信任机制的形成，有助于解决中小企业融资难、融资贵问题，更好地服务实体经济；有助于银行开展业务真实性审核，降低业务成本，提高业务效率，防控业务风险；有助于监管当局丰富监管手段，切实加强金融监管；有助于增强部门间的信息共享，共同构建贸易金融生态圈。利用区块链技术进行交易和信息传递，可实现更高的透明度，这将为当地监管机构提供更细致的监测数据，以消除潜在风险和防止欺诈。截至2019年10月，在深圳市参与推广应用的银行29家，网点485家，发生业务的企业1898家，已实现业务上链3万余笔，业务发生笔数5000余笔，业务发生量约合750亿元人民币。

而2019年年末暴发的新冠疫情加速了这一趋势。新冠疫情的特点是隔离和自愈，隔离对全球三大生产网络产生的经济、政治和其他方面的负面影响，不可低估，加剧了去全球化、去国际工序分工、去人际交流的冲击，并可能为新一轮的逆全球化推波助澜；而基于区块链的无接触贸易将在疫情全球蔓延的情况下为贸易全球化提供新的动力。

深入理解总书记区块链重要讲话对于推动区块链技术和产业创新发展具有至关重要的作用，笔者对总书记的讲话解读也被人民网、新华网等央媒转载。具体而言，可以从六个方面重点理解总书记区块链重要讲话精神，推动区块链技术创新和产业发展。

第一，极大地提高了区块链的战略定位，将区块链作为高质量推进社会主义现代化建设的重要技术，与大数据、人工智能具有同等地位。2017年12月中共中央政治局就实施国家大数据战略进行第二次集体学习，2018年10月中共中央政治局就人工智能发展现状和趋势举行第九次集体学习。党中央对前沿科技日益重视，2016年5月习近平总书记在全国科技创新大会、两院院士大会、中国科协第九次全国代表大会上指出："科技是国之利器，国家赖之以强，企业赖之以赢，人民生活赖之以好。中国要强，中国人民生活要好，必须有强大科技。"而人工智能、大数据、区块链三项技术分别对应数字经济的生产力、生产资料和生产关系，三者缺一不可，共同助力数字经济发展，推动数字中国建设。

第二，强调构建区块链产业生态，加快区块链和人工智能、大数据、物联网等前沿信息技术的深度融合，推动集成创新和融合应用。区块链作为一项互联互通的技术，对于链上的数据和资产可以有效发挥其职能，而对不上链的数据和资产难以发挥功效，因此区块链与物联网等其他技术的融合是实现区块链赋能实体经济的必要条件。不注重区块链与其他技术的协同发展则难以将链下资产映射上链，这不利于区块链产业的脱虚向实。

第三，区块链产业发展的方向是脱虚向实、赋能实体、改善民生，进而形成产业规模。要推动区块链和实体经济深度融合，解决中小企业贷款融资难、银行风控难、部门监管难等问题。要利用区块链技术探索数字经济模式创新，为打造便捷高效、公平竞争、稳定透明的营商环境提供动力，为推进供给侧结构性改革、实现各行业供需有效对接提供服务，为加快新旧动能接续转换、推动经济高质量发展提供支撑，积极推动区块链技术在教育、就业、养老、精准脱贫、医疗健康、商品防伪、食品安全、公益、社会救助等领域的应用。同时，应严格区分区块链和没有价值支撑的虚拟货币，对于打着区块链旗号进行的传销、非法集资等违法行为应重拳打击。

第四，区块链是推动完善数字金融和数字资产交易的基础性技术。习近平总书记指出，区块链技术应用已延伸到数字金融、物联网、智能制造、供应链管理、数字资产交易等多个领域。数字金融是指将区块链作为商业银行、证券公司、保险公司等金融机构和金融市场的基础设施，其中短期的核心变量是法定数字货币DC/EP。DC/EP由中国人民银行发行，短期政策目标是取代现金M0，采用“中央银行—商业银行”双层架构，除央行外，工农中建四大商业银行和移动、联通、电信三大运营商也参与了DC/EP项目。数字资产指的是实物资产、金融资产的数字化以及数据的资产化。

目前数据资产化的障碍在于确权难和定价难，而数据的确权和定价离不开区块链技术。数据资产化有利于我国将人口红利转化为数字红利，进而推动数字中国的建设。

第五，区块链将被大规模用于改善政务数据流转和分享、促进业务协同，政务系统的区块链化即将到来。要推动区块链底层技术服务和新型智慧城市建设相结合，探索在信息基础设施、智慧交通、能源电力等领域的推广应用，提升城市管理的智能化、精准化水平。要探索利用区块链数据共享模式，实现政务数据跨部门、跨区域共同维护和利用，促进业务协同办理，深化“最多跑一次”改革，为人民群众带来更好的政务服务体验。笔者将政务系统的区块链化命名为“链政经济”。涉及区块链的一些“概念”存在异化和误读，其中的一个典型是“去中心化”，“去中心化”不意味着没有中心，其实更准确的一个表述是“分布式”。

分布式和集成化是区块链系统最重要的两个特征，分布式有利于微观个体提高决策和行为的市场化程度，有助于充分发挥市场在资源配置中的决定性作用；集成化则意味着政府可通过区块链掌握系统内链上的所有信息与交易，实现更有效率的宏观调控。利用好区块链分布式和集成化的两个特征可促进社会主义市场经济发展。中共中央的第十八次集体学习在十九届四中全会之前，将科技元素纳入国家治理体系和治理能力现代化之中是一个长期趋势。

第六，强化区块链基础研究，提升原始创新能力，努力让我国在区块链这个新兴领域走在理论最前沿、占据创新制高点、取得产业新优势。要推动协同攻关，加快推进核心技术突破，为区块链应用发展提供安全可控的技术支撑。要加强区块链标准化研究，提升国际话语权和规则制定权。当前区块链技术和产业以中美两国为第一梯队，我国与美国之间虽然在技术层面有一定差距，但基本仍属于同一层次，我国仍有机会在区块链领域走在全球最前沿、占据创新最高点。尽管联盟链是我国现阶段区块链落地的主要技术架构，引领区块链技术发展潮流的是公有链。当前全球联盟链基本都是以美国 IBM 的超级账本（Hyper Ledger）为基础进行修改，只发展联盟链会导致原创能力不足。如何平衡区块链技术原创能力和防控区块链金融风险是区块链监管治理机制需要重点考虑的问题。

很多人惊讶于 2019 年 10 月 24 日中共中央政治局第十八次集体学习区块链以及习近平总书记对区块链的重要讲话，为什么高层对区块链的态度会有突然的转变。但正如笔者在 2019 年中央财经大学博士论坛年会上做的主旨发言，区块链被提到前所未有的战略高度实则有迹可循，区块链位于科技战、金融战、贸易战的三重奏的和弦上，具有极其重要的战略地位。

在数字经济领域中美两强并立：美国与中国的数字经济规模分居世界第一和第二位；集中了世界上区块链相关专利的 75%、物联网全球支出的 50%、云计算市场的 75%、世界上最大 70 个数字平台市场资本化价值的 90%。全球共有独角兽 391 家，估值总额 12134.6 亿美元：美国独角兽 192 家，估值总额达 6035.6 亿美元，占世界的 49.1% 和 49.7%；中国独角兽企业 96 家，估值总额达 3539.7 亿美元，分别占世界的 24.6% 和 29.2%。面对日益增加的海量数据，区块链可实现数据的确权、交易、流转，正在成为数字经济的基础设施。习近平总书记也强调，区块链技术的集成应用在新的技术革新和产业变革中起着重要作用。我们要把区块链作为核心技术自主创新的重要突破口，明确主攻方向，加大投入力度，着力攻克一批关键核心技术，加快推动区块链技术和产业创新发展。

在此之前，2019 年 7 月 9 日，美国参议院商业、科学和交通委员会批准了《区块链促进法案》（*Blockchain Promotion Act of 2019*），该法案由两党议员共同制定，要求在联邦政府层面成立区块链工作组，旨在推动区块链技术定义及标准的统一，以及区块链在非金融领域更大范围的应用，指导美国商务部对“区块链”进行标准定义，从而促进区块链技术创新和保持美国高新技术在全球的领先地位。区块链在科技战中发挥着越来越重要的作用。

区块链除了成为中美大国博弈的利器，在国内也成为省级博弈的重要工具。我国区块链产业发展基本呈现“东强西弱”的格局，国内区块链产业主要集聚在北上广深等具有资源、设施及政策优势的一线城市；同时，一些其他的东部省份也在重点布局区块链。比如，山东省在 2020 年政府工作报告中提到，山东省制造业基础雄厚，涵盖全部 41 个工业大类、197 个中类，拥有规模以上工业企业 2.8 万家，产业赋能潜力巨大。随着 5G、云计算、大数据、人工智能、区块链等与制造业的深度融合、广泛应用，产业智慧化、智慧产业化必将迸发出澎湃动力。报告还强调，坚决培育壮大新动能；加快布局“新基建”，年内新开通 5G 基站 4 万个，建设省级区块链产业园区，在金融科技、电子政务、社会治理等领域加速场景应用。

另外，在国内区块链赛道上，不仅有东部经济发达省市，还有更多的中西部后起之秀在奋起直追，区块链正在被包括重庆、甘肃等在内的中西部省份作为“弯道超车”的重要工具，以求实现“无问西东”。例如，重庆在政府工作报告中四次提及区块链：在推进产业转型升级上，实施制造业高质量发展专项行动方案，出台了生物医药、区块链、工业互联网等专项政策；在壮大“芯屏器核网”

全产业链上，提档升级区块链产业创新基地，促进区块链技术和产业创新发展；在建设“云联数算用”要素集群中，建设以AI计算、区块链等为支撑的赋能平台。再如，甘肃在政府工作报告中提到，在十大生态产业发展突破中，全省区块链基础平台“数字甘肃、如意之链”已经上线；在加快建设“数字甘肃”中，推动区块链产业布局和产业变革，加快拓展区块链在有色金属、文化旅游、通道物流、知识产权等领域的应用场景。

更令人关注的是，以比特币、以太坊为代表的加密数字货币，以 Libra 为代表的全球稳定币，以及法定数字货币越来越成为引领新金融发展的重要力量，其中以全球稳定币和法定数字货币影响最大，这极有可能为全球经济带来全局性的影响，以以太坊为代表的加密数字货币则有可能引起全球证券行业的变革。这意味着区块链已逐渐走出了当初的那个小圈子，开始登堂入室，从偏安一隅到全方位地影响经济和金融。但另一方面，区块链也越来越被工具化和中心化，与其诞生之初的去中心化理念渐行渐远，而成为政府和主流行业降低成本、提高效率、加强监管的重器。“最终，我们活成了曾经自己最讨厌的样子。”这句话不仅适用于人，也适用于区块链。但也只有当“被讨厌”的时候才意味着被规制，才能更广泛地被应用于更多领域，这就是标准化的力量。这种力量不仅对区块链等技术起作用，也在很多情况下对人起作用。数字经济时代人的个性化和标准化的矛盾发展将贯穿始终。

3.2 法定数字货币——链政经济的“定海神针”

区块链作为一项新技术，对于整个经济运行生态中减少交易双方信息不对称、提高交易效率、降低交易成本有显著的作用，同时改变了以往的记账方式和信任产生方式。各国对区块链技术本身的态度基本一致，大部分持看好并积极探索新的应用场景的态度。货币作为经济系统和金融市场的基础性变量，法定数字货币（又名“央行数字货币”，Central Bank Digital Currency，CBDC）是链政经济体的“定海神针”，对链政经济的发展演进起着先导性和基础性作用。法定数字货币的发行机构是中央银行，这不同于“电子货币”的发行机构是商业银行和第三方支付机构。在数字经济的发展范式下，货币信息化和信息货币化是两大趋势。

所谓“货币信息化”是指货币作为价值承载物，随着数字技术的应用和成熟，货币的流动内嵌了越来越多的经济信息，这本身就蕴含着丰富的价值。“货币信息化”要求做好货币使用者的隐私保护，避免消费者信息的滥用。“信息货币化”是指信息内涵价值的发掘，信息和数据在实现产权保护和价值发掘之后，越来越像货币一样得以流通（本质上是信用）。

当今国际数字金融的竞争愈演愈烈。加拿大央行推出 CAD — COIN，英国央行推出 RSCoin，荷兰央行推出 DNB Coin，欧洲央行和日本央行联合开展了 Stella。此外，为实现经济发展和达到外部均衡等目标，若干小型经济体如委内瑞拉也发行了基于主权信用或锚定商品的数字货币。BIS、IMF 等国际金融组织也相继发布法定数字货币报告，2017 年 BIS 提出“法定数字货币”的概念。CBDC 的推出已成为受到国内国际广泛关注的问题。与此同时，以 Libra 为代表的锚定一篮子主权货币的全球稳定币也在筹备中。我国也在 2019 年由国务院正式批准法定数字货币研发，中国的法定数字货币取名为 DC /EP（ Digital Currency /Electronic Payment），由央行组织市场机构进行分布式研发。

从 2014 年中国人民银行成立法定数字货币专门团队，到 2017 年中国人民银行数字货币研究所正式成立，再到 2019 年国务院正式批准法定数字货币研发，我国法定数字货币研发从政策目标到框架结构、到技术支撑、再到试点城市都已筹备完毕，由中国人民银行组织工、农、中、建四大国有商业银行以及中国移动、中国电信、中国联通三大电信运营商等市场机构进行分布式研发，选择深圳、苏州、雄安和成都等地为试点城市。在形势和时机成熟时，中国人民银行会选择扩大法定数字货币的适用范围。

其中，当前阻碍我国法定数字货币推出的一个重要因素为公众对法定数字货币的理解，中国人民银行的相关领导（周小川、范一飞、姚前、王信、穆长春等）

也通过不同途径向公众介绍法定数字货币，这也是前瞻性货币政策的一部分。前瞻性货币政策可以理解为一套系统的政策框架，涵盖政策目标变量的选择、政策反应形式以及政策传导体系的构建。但就现实情况而言，公众对法定数字货币理解者甚少。

值得注意的是美国对法定数字货币的态度和做法。2019 年年底美联储和美国财政部已经明确表示 5 年内不发行（零售型）CBDC，但美联储理事 Lael Brainard 也表示美联储将对 CBDC 进行积极研究和实验。2020 年 3 月美国总统特朗普正式签署了美国历史上规模最大的救市计划——2.2 万亿美元刺激计划法案，法案的初稿曾提出一个设想：通过数字美元钱包向相关家庭直接发放现金补助。数字美元使美联储可以向家庭、企业等非金融部门直接开放资产负债表，而不必通过商业银行，但该设计由于种种原因最终未被采纳。美国为了挽救疫情下的经济和金融颓势已经倾其所有，美联储在这个时候没有直接推出数字美元，意味着美联储直接发行零售型 CBDC 的可能性几乎为零。

事实上，Libra 本质上代表着美元的利益，美联储不直接发行数字美元，而是在对 Libra 提出监管要求的基础上予以支持是更优的策略。笔者在 2019 年 9 月发表在《贵州社会科学》的《Facebook 加密货币 Libra 的经济学分析：背景、内涵、影响与挑战》中指出了 Libra 代表了美元利益的本质，2020 年 4 月 Libra 协会发布的 Libra 白皮书 2.0 更加清晰地揭示了这一本质。这一点本书后面的章节会展开论述。

货币作为现代社会最重要的金融基础设施和核心变量，其运行包含一系列复杂问题，在人工智能、区块链等现代数字技术的糅合下，其复杂程度进一步增加。但当前缺乏对数字范式下的新货币金融学高质量的学术研究和政策研究。什么是数字货币？推出 CBDC 具有什么现实意义？ CBDC 的底层技术是否基于区块链？其技术框架是否是中心化的？如何对 CBDC 的运行机制进行设定？厘清这些问题对 CBDC 的机制设定和有序运行具有重要意义。

3.2.1 数字货币的概念界定

随着数字经济的发展，货币在形式上已向电子化、虚拟化发展演进，Q 币等虚拟货币被使用在虚拟空间，银行卡、移动支付实现了 Mn 不同层次的电子化，以比特币为代表的去中心化加密货币也已引起广泛关注，各国央行和国际金融组织计划发行的法定数字货币和合成数字货币有望全面改变经济运行形态。

一个重要的问题是，数字货币与电子货币、虚拟货币、加密货币有何区别和联系，当前这些概念是含糊不清的。界定这些概念不仅要基于技术视角，更要基于经济金融视角。正如 G7/G20–FSB 稳定币工作组负责人 Benoît Cœuré 所言，"数字货币，特别是法定数字货币，根本上来说不是技术问题，而是有关满足需求和制定原则的问题，使之在国际上一致，而不是增加金融系统的碎片化"。国际清算银行（Bank for International Settlements，BIS）针对法定数字货币提出的"货币之花"模型，从多个维度比较了法定数字货币与加密货币、银行货币的区别：是基于账户还是基于 Token，是仅用于机构间还是普遍可用，发行主体是谁，是否可实现点对点传输等。

现有研究中，"虚拟货币"（Virtual Currencies）的概念界定最为清晰明确，狭义的"虚拟货币"指由虚拟社群经营主体发行，仅限于在某些虚拟环境中流通的 Token，广义的虚拟货币泛指一切非实体形式存在的 Token。从发行主体而言，虚拟货币的发行者不是中央银行和商业银行，不是法律意义上的货币；从职能范围而言，虚拟货币仅可在特定范围和场景兑换虚拟商品和服务，不具有泛在性，因此也不是实质意义上的货币；从与法定货币的兑换关系而言，其兑换比例处于时刻变化状态，价格受发行主体影响甚大，虚拟货币可由法定货币购买，但无法通过官方渠道反向兑换法定货币。

现有文献对"电子货币"（Electronic Currencies）的界定亦无过多争议之处。归纳而言，电子货币可理解为存款货币的电子化表达，其本质是通过信息化手段将存款货币进行电子化，其表现形式为银行卡、移动支付、第三方支付等，基于账户体系实现资金存储和转移。将电子货币账户进一步分类，可分为金融机构账户和非金融机构账户：前者是基于金融机构的电子货币账户，包括网上银行、信用卡、借记卡等；后者是基于非金融机构的电子货币账户，主要形式为第三方支付。

2010年6月，中国人民银行正式对外公布《非金融机构支付服务管理办法》，要求包括第三方支付在内的非金融机构须在2011年9月1日前申领《支付业务许可证》，逾期未能取得许可证者将被禁止继续从事支付业务，我国第三方支付行业正式进入牌照监管时代。2016年8月，中国人民银行明确宣布，坚持“总量控制”原则，“一段时期内原则上不再批设新机构”，并注销长期未实质开展支付业务的支付机构牌照。当前，中国第三方支付牌照的发放一直处于“停滞”阶段，现存第三方支付牌照共238张，其中超过90%的第三方支付业务被支付宝（蚂蚁金服）和财付通（腾讯金融）“双寡头”垄断。尽管如此，仍然有不少巨头企业涌入第三方支付这个赛道。2016年1月小米通过并购，持股捷付睿通65%的股份，完成了第三方支付牌照的获取。2020年9月抖音母公司字节跳动通过合众易宝获持第三方支付牌照。2021年3月华为全资收购了深圳市讯联智付网络有限公司，获得了第三方支付牌照。

2017年，中国人民银行支付结算司印发《中国人民银行支付结算司关于将非银行支付机构网络支付业务由直连模式迁移至网联平台处理的通知》。通知表示，自2018年6月30日起，支付机构受理的涉及银行账户的网络支付业务全部通过网联平台处理，切断直连银行。“断直连”后，我国第三方支付机构在商业银行的备付金账户被取消，第三方支付备付金100%存管在央行，可直接进入央行的资产负债表，从这个层面来讲，已与商业银行存款没有本质区别。2019年7月英国央行行长马克卡尼（Mark Carney）在伦敦市长官邸（Mansion House）发表年度演讲时表示，将为金融科技企业开放央行的资产负债表；而这一点，在中国早已经做到了。

现在回到最初的问题，法定数字货币和网银、第三方支付有何区别？首先，最本质的区别是发行主体的不同。法定数字货币的发行主体是中央银行，代表着主权信用，而不管是网银还是第三方支付代表的都是商业信用。尽管像工、农、中、建这样的大型商业银行和阿里、腾讯这样的大型互联网公司的信用风险也很小，但其资信程度与主权信用仍不可同日而语。

其次，法定数字货币和电子货币分属的货币层次不同。按照我国的货币流动性划分：

M0= 流通中的现金；

M1=M0+ 企业活期存款 + 机关、团体、部队存款 + 农村存款 + 个人持有的信用卡存款，即通常所说的“狭义货币供应量”；

M2=M1+ 城乡居民储蓄存款 + 企业存款中具有定期性质的存款 + 信托类存款 + 其他存款，即通常所说的“广义货币供应量”；

M3=M2+ 金融债券 + 商业票据 + 大额可转让定期存单等。

法定数字货币在货币层次划分上属于 M0，电子货币在货币层次划分上至少属于 M1。商业银行的存款准备金（R）和公众持有的通货（C）属于基础货币（Reserve Money），具有使货币供应总量成倍放大或收缩的能力。商业银行在基础货币的基础上通过货币乘数产生派生存款，进行货币扩张。货币乘数的计算公式是：k=（Rc+1）/（Rd+Re+Rc）。其中 Rd、Re、Rc 分别代表法定准备金率、超额准备金率和现金在存款中的比率。银行存款大多属于派生货币，不同于基础货币，派生货币不由央行直接掌控，因此在可监管程度上两者存在重大区别。

加密货币是基于密码学和 P2P 技术、由代码产生、在区块链上发行和流通的数字交换媒介。代表性的加密货币为比特币、以太币等，通过公私钥密码确保交易的安全性与隐蔽性，加密货币钱包的开设不基于开户人真实身份，其地址本质上是一串无规律字符，一个人可开设的钱包数量不受限制。加密货币的理念最早由 Chaum 提出，利用盲签名等密码学技术实现了交易匿名性、难以追踪性等特征。Chaum 随后在这一理念基础上创建了 DigiCash 和 E-cash，但中心化架构极大限制了其应用范围，一旦中央服务器崩溃，系统无法运营。在区块链分布式的数据架构诞生前，无强中心化机构背书的加密货币非常脆弱。

以 Libra 为代表的全球稳定币的抵押资产为银行存款和短期国债，同时采用区块链作为底层技术，兼具电子货币和加密货币的属性。全球稳定币在降低跨境支付成本等方面具有潜在优势，但也会对全球金融稳定、货币政策有效性、国际货币体系等产生较大冲击。全球稳定币以美元为主要锚定物，将进一步增强美元的霸权地位，不利于人民币国际化的推进。

现有文献对“虚拟货币”“电子货币”“加密货币”等概念的内涵外延具有较为明确的界定，但对“数字货币”的概念则分歧较大。大多数学者侧重从数字化形式和采用技术对“数字货币”进行定义，如 Wagner（2014）将其定义为以电子形式进行发行、存储和流转的货币，法国金融行动特别工作组（2014）将其定义为非法定的虚拟货币和法定的电子货币的加总，Kraus（2017）将其分为仅在特定虚拟空间流通的虚拟货币和以分布式账本为底层技术的加密货币。

总结而言，现有对“数字货币”的概念界定存在“唯形式论”（其形式是否是虚拟化、电子化、数字化）和“唯技术论”（是否采用了区块链或分布式账本），忽略了本质的经济金融含义。从经济金融角度出发，数字货币作为数字经济和金融最重要的基础设施，需要具有泛在性、实时性、可编程性、自动化、分布式、去中介、流通全球化、价格稳定性、公共性等特征。本文从技术和经济金融两个维度给出数字货币的定义：数字货币是采用数字化技术，具有泛在性、实时性、可编程性、自动化、分布式、去中介、流通全球化、价格稳定性、公共性等特征的数字流通凭证。

从货币史看，数字货币作为货币体系演进到后现代化的产物，既继承保留了货币基本属性，又具有一定特殊性。主权信用货币是数千年货币演进至今的主要形式，数字货币要成为真正意义的货币，只能走向法定数字货币的形式。非法定数字货币只是一种超越特定虚拟范围的有限支付工具或投资标的，若缺乏政策治理环境的支持与引导，难以保持长期竞争力。数字形式的 Token 在流通速度、支付效率和合规成本等方面具有一定优势，这些优势源自技术创新。但私人数字货币难以承担货币的公共品属性，易滋生资本外逃、贪污腐败、地下经济等问题；

具有较强的顺周期性，在经济较好和金融市场较为宽松时易超发，在经济较差和金融市场较紧时则难以发行；具有特定的使用范围和场景，一般需要绑定银行账户，不具有泛在性；价格波动较大，难以行使价值尺度职能。综合而言，私人数字货币难以实现泛在性、价格稳定性、公共性。

CBDC 是央行基于区块链、人工智能等数字技术发行的、具有现代货币本质属性的数字货币。CBDC 本质上代表主权信用，具有广泛的可接受基础，可实现价格稳定性；由央行发行，可与一国金融基础设施广泛融合，可以不依托于特定账户，得以实现泛在性；仍然具有公共品属性，可有效治理资本外逃、贪污腐败、地下经济以及经济犯罪等问题；可通过数字化和可编程化实现货币的精准投放、前瞻指引及逆周期调控，这有利于克服传统法币的同质单一性、难以追踪性和操作当下性。根据本文概括的数字货币特征，只有 CBDC 才能完全满足数字货币的条件。

3.2.2 我国法定数字货币设定

本书先对我国法定数字货币进行总体概括，然后再分别阐述其含义以及对链政经济的重要意义。总体而言，我国法定数字货币具有以下特征：

第一，替代 M0，不计付利息，不承担除货币四个职能（价值尺度、流通手段、支付手段和价值贮藏）之外的其他社会职能。为保证法定数字货币发行和回笼不改变央行货币发行总量，商业银行存款准备金和法定数字货币间实行 1∶1 兑换机制：在发行阶段，央行扣减商业银行存款准备金，等额发行法定数字货币；在回笼阶段，央行等额增加商业银行存款准备金。

第二，采用现行的“中央银行—商业银行”二元模式运行框架，具体的实现方式为“一币两库三中心”模式。中央银行将法定数字货币发行至商业银行业务库，商业银行受中央银行委托向公众提供法定数字货币存取等服务，并与中央银行一起维护法定数字货币的发行和流通体系的正常运行。“一币”指的是中央银行担保发行的法定数字货币，“两库”是指中央银行的发行库和商业银行的银行库，体现了二元投放体系的特点：法定数字货币首先在中央银行和商业银行间发生转移，即法定数字货币的发行与回笼，之后再由商业银转移到居民与企业手中。“三中心”则是法定数字货币发行与流通的技术保障，包括登记中心、认证中心和大数据分析中心。商业银行是我国金融市场的重要参与者，也是我国金融市场中最有势力的市场参与者。尽管商业银行对于影子银行的发展具有不可推卸的责任，但中央银行无力直接面对数以十亿计的用户，法定数字货币的推出和发展离不开商业银行的参与。

第三，采用基于账户和基于 Token 相结合的方式，采取中心化的管理模式。法定数字货币既可以依托于银行账户存在，也可以脱离银行账户，基于 Token 的模式。脱离账户、基于 Token 模式是保持法定数字货币的现金属性，众所周知，现金是不需要依托任何账户的，保存现金的是钱包。法定数字货币也具有这种性质，不同厂商可提供满足一定技术标准的数字货币钱包，以实现法定数字货币的存放。但同时，法定数字货币也可以依托商业银行账户。原因有二：第一，一部分用户对于法定数字货币的发放与收取尚不熟悉，需要通过商业银行予以完成；第二，基于商业银行账户可调动商业银行这一中国最大的金融市场参与者的积极性。基于 Token 的法定数字货币仅对中央银行这一金融监管部门披露交易数据实名披露交易信息，又能实现可控匿名。可控匿名的含义是，数字货币只对中央银行这一第三方，相比于当前电子货币对商业银行和第三方支付公司披露交易信息，匿名程度无疑是提高的。此外，当前很多互联网企业会将用户的数据商用，当基于法定数字货币的交易仅对中央银行披露交易信息时，央行作为代表公共利益的监管部门则会保护用户的数据权益。相比而言，银行卡和互联网支付等都基于账户紧耦合模式。当我们使用微信支付时，我们发现不能向支付宝账户转账，除了技术端的原因外，其基于的商业银行账户不同也是重要原因。而基于 Token 的法定数字货币则不存在这一问题。我国 DC/EP 的“中央银行—商业银行”二元框架如图 3–1 所示：

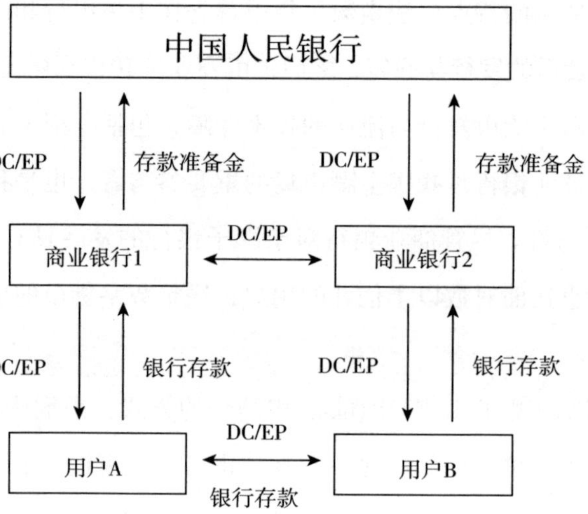

图 3–1　DC/EP 的“中央银行—商业银行”二元框架

3.2.3 CBDC 是否基于区块链——以我国为例

在公众的认知中，往往习惯性地将加密货币、数字货币与区块链技术人为捆绑，事实上区块链只是中国法定数字货币备选的技术之一，法定数字货币并不一定基于区块链，中国人民银行在推进法定数字货币的过程中不预设技术路线。因为如果法定数字货币选择错技术方向，损失则是系统性的。因此，中国人民银行仅明确给出了期望 DC/EP 具有的特征，而对实现这些目标的技术路线则是开放的。截至目前，中国人民银行没有发布公开文件全面阐述 DC/EP，本文梳理了中国人民银行相关人员（周小川、易纲、范一飞、姚前、穆长春等）的论文和公开讲话，总结出 DC/EP 的以下特点：DC/EP 本质是央行担保、签名发行的加密字符串，其作用是替代现金 M0，持有 DC/EP 不产生利息，发行和流通遵循现有的“中央银行—商业银行”二元框架，具体采用“一币、两库、三中心”的架构，具有普适性和泛在性，不依托特定的交易介质和支付渠道，不承担货币价值尺度、流通手段、支付手段和价值贮藏四个基本职能之外的其他职能。DC/EP 的预期效果在一定程度上决定了其技术框架。

DC/EP 在目标设定时强调面向零售系统，因此从技术要求层面而言，完全去中心化的非许可链框架是不可行的。中国人民银行数字货币研究所曾试验采用非许可链架构的法定数字货币，发现采用完全去中心化的区块链架构无法实现零售要求的高数据吞吐量。去中心化程度较高的比特币的每秒数据吞吐能力大约为 7，以太坊的每秒数据吞吐能力大约为 25，这显然无法承担货币流通媒介的职能。

在技术层面，许可链作为法定数字货币的底层技术是可行的，已有项目也论证了这一点。2016 年新加坡金融管理局联合市场和学术机构发起了 Ubin 项目，成功测试了以许可链作为底层框架的分布式账本技术（Distributed Ledger Technology，DLT）在法币数字化、国内银行清算、基于 DLT 的券款对付（Delivery Versus Payment，DVP）以及跨境银行间支付结算等场景的应用。中国法定数字货币不管是采用一元体系还是二元体系，如果采用区块链作为底层技术，都将以许可链为框架。定位于全球稳定币的 Diem 在技术框架上选择了许可链，并有 5 年的时间向非许可链过渡。笔者在 2019 年 9 月已明确指出：在 5 年的过渡期内，非许可链能否解决数据处理能力差的技术瓶颈存在较大不确定性，而且难以满足监管要求，最后很有可能放弃。果不其然，在 2020 年 4 月 16 日 Libra 协会发布白皮书 2.0 中，明确提出放弃联盟链向公有链系统的过渡计划。

既然中国人民银行官方宣称 DC/EP 并不一定使用区块链技术，本文就需要分析 DC/EP 使用区块链的必要性，即使用区块链能为 DC/EP 提供哪些独特价值。本文总结出四点 DC/EP 使用区块链若干构成要件的价值：第一，在 DC/EP 的确权登记环节使用区块链技术，在保证发行登记高效数据处理能力的同时，确保数据查询系统的健壮性；第二，借鉴比特币区块链的 UTXO（Unspent Transaction Outputs）模式，采用中心化管理的 UTXO 模式，账户余额即 UTXO 聚合计算产物更加符合现金的理念，形成的一条贯穿始终的资金转移链条也便于央行实现穿透式监管；第三，使用联盟链框架可保证 DC/EP 系统的灵活度，当 DC/EP 在境外流通时，可授予境外特定机构一定权限的节点地位，便于推进数字经济新形势下的人民币国际化；第四，未来数据在区块链上确权、定价、交易的趋势要求货币也在链上运行。虽然现阶段 DC/EP 仅在确权登记环节使用区块链，但为扩大区块链在 DC/EP 的使用环节奠定了基础。2019 年 11 月，中共十九届四中全会在官方文件中首次将数据纳入生产要素范畴。数据被纳入生产要素的同时，也意味着其被纳入收入分配范畴，其中最为核心的确权、定价、交易等环节需要区块链作为底层技术。DC/EP 的 UTXO 结构如图 3-2 所示：

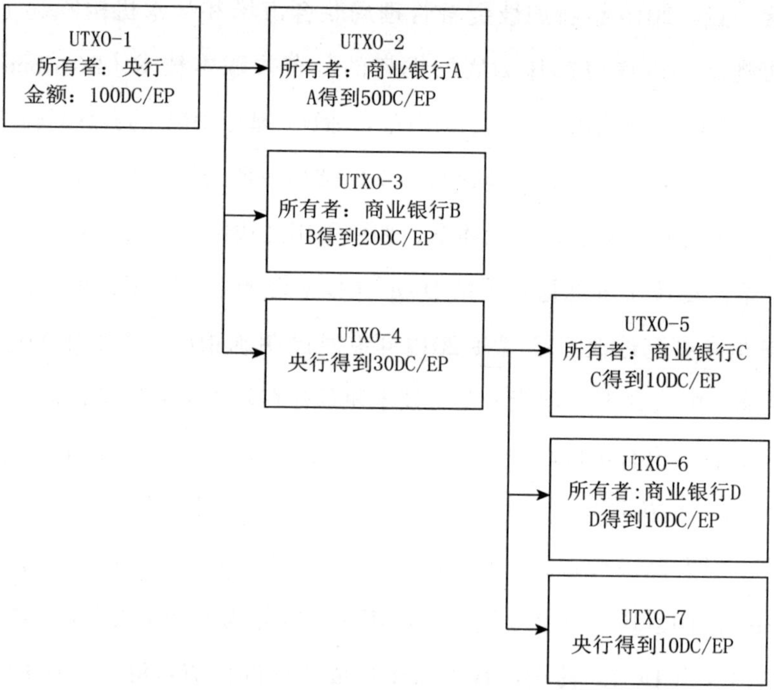

图 3-2　DC/EP 的 UTXO 模式

因此，尽管官方宣称 DC/EP 不一定基于区块链，但根据 DC/EP 的政策目标推断，DC/EP 在推出时不会全流程使用区块链，但会在确权登记环节使用区块链，区块链有覆盖 DC/EP 更多流程和环节的发展趋势。

3.2.4 法定数字货币的优势与风险

现阶段实质上推出法定数字货币的国家是厄瓜多尔、委内瑞拉、塞内加尔等小型经济体，小型经济体发行法定数字货币基本是为解决其经济发展困境和更易实现外部均衡，不具备广泛的借鉴和推广意义。主流经济体开展的 CAD-COIN、RS Coin、NB Coin、Stella、DC/EP 等项目均处于内测阶段，并没有进入大规模使用阶段。因此对法定数字货币的优势风险研究仍处于起步阶段，大部分仅从理论层面分析，仅有 Barrdear & Kumhof（2016）、姚前（2019）等运用 DSGE 模型实证模拟了 CBDC 对美国和中国经济的宏观效应。

总结而言，CBDC 具有以下潜在优势：第一，可极大地降低发行和交易成本，提高 M0 流通效率和央行货币地位；第二，实现 M0 全周期的数据记录和追踪，提高货币投放的精准度，抑制影子银行等非正规经济活动，增强货币政策有效性，有助于加强反洗钱和打击恐怖主义融资（AML/CFT）；第三，基于现有成熟的移动技术和操作系统，利用多种介质和渠道完成支付，实现普适性和泛在性，成为真正意义上的数字货币。

另一方面，CBDC 也存在一些潜在风险：可能会对既有货币政策工具和传导机制带来不确定性；可能对商业银行存款形成挤兑，如果存款搬家规模过大可能会导致系统性风险；可能会为比特币、以太币等私人数字货币提供新的法币入金接口，这也会对跨境资本流动造成影响。但这些风险都能通过相应措施进行控制，不会成为阻碍 CBDC 推出的决定性因素。

（一）法定数字货币的优势

第一，CBDC 可极大地降低发行和交易成本，提高 M0 流通效率和央行货币地位。以我国的纸币和硬币成本进行测算，1 角硬币的成本大约为 9 分，1 元纸币的成本大约为 0.4 元，1 元纸币的成本大约为 0.4 元，100 元纸币的成本在 1 元之内。过去 20 年 M0/GDP 比重在全球范围内普遍下降，也包括我国。2018 年 6 月中国 M0 约为 6.96 万亿元，按照 1% 的发行成本进行测算，M0 发行成本约为 7000 亿元。CBDC 在系统完成后，其边际成本几乎为零。CBDC 是基于数字化技术下的点对点支付，因此 CBDC 的流通速度不低于第三方支付和电子支付，而第三方支付和电子支付的流通速度远高于现金，导致的金融摩擦远低于现金。在 M0 总量不变的情况下，提高资金流通速度，根据 PQ=MV，央行货币单位时间内实际行使职能的货币量更大，其地位也得到提高。此外，现金可能会带来细菌、病毒等公共健康问题。以这次新冠疫情为例，中国人民银行 2020 年 1 月 17 日以前已向武汉调拨新钞 40 亿元，存放 14 天以上再投放市场。在法定数字货币发行后，投放可规避这些问题。

第二，央行可通过 CBDC 实现 M0 全周期的数据记录和追踪，提高货币投放的精准度。在 2008 年国际金融危机之后，我国依托于商业银行的影子银行体系迅速发展，在 2012 年规模达到了 22.4 万亿元，资金通过委托贷款、信托贷款、未贴现银行承兑汇票等形式绕过监管，大量流向“两高一剩”一类政策限制性行业，影响了货币政策的有效性，也增大了金融系统性风险。以移动支付、第三方支付为代表的电子货币创新部分取代了现金，但没有法定准备金一类指标约束，潜在提高了货币乘数，同时提高了货币市场基金份额，降低了商业银行对央行流动性的需求，削弱了央行调控短期利率的能力。此外，随着金融风险压力的上升、金融合规成本的提高以及反洗钱的国际标准趋严，我国反洗钱和反恐怖主义融资的形势依然严峻。

基于交易记账的 UTXO 模式为资金转移和交易提供了全流程的链条，每笔资金转移都有唯一编码，编码把此笔交易的输入和上笔交易的输出进行链接，层层清晰地记录资金流向。这有利于提高货币投放的精准度，增强货币政策有效性，充分发挥结构性的货币政策，促进产业结构升级，抑制影子银行等非正规经济活动，加强 AML/CFT。当流动性创设机制掌握在以金融机构和科技公司为代表的市场机构手中时，中央银行的监管有效性面临挑战，CBDC 为央行提供了数字金融时代管理和监管金融系统的基础设施。

本书第一章已经论述了影子银行对全球金融系统的巨大影响，而影子银行对我国经济和金融的影响，贯穿了 2010—2020 年整个十年，2003—2018 年影子银行规模测算如表 3–2 所示。在这十年中，前五年影子银行的快速发展为我国摆脱 2008 年国际金融危机影响发挥了积极作用，但与此同时影子银行迅速做大，成为系统性风险的重要来源。从 2015 年开始，中国人民银行、银保监会深刻地意识到这一点，着手从不同层面限制影子银行的发展，维护金融稳定。2017 年中央经济工作会议将“防范化解重大风险”列为三大攻坚战之首，并明确“重点是防控金融风险”。党的十九大报告中更是明确提出，要健全金融监管体系，守住不发生系统性金融风险的底线。在法定数字货币发行之前，我国的金融监管部门主要通过行政规制配合穿透式监管的方式管控影子银行的规模。而法定数字货币的诞生为穿透式监管提供了新的制度性工具。表 3–2 为 2003—2018 年我国影子银行数据，影子银行具有导致金融系统性风险的可能，这也是为什么党中央在十九大报告中把防范化解重大风险列为三大攻坚战之首。

表 3–2　2003—2018 年我国影子银行数据（单位：亿元）

年份	GDP		社会融资规模		政府债务规模		影子银行规模				
	总额	增长率	总额	增长率	总额	增长率	总额	增长率	占GDP比重	占社会融资规模比重	占政府债务规模比重
2003	137422	13	34113	70	23919	8	3118	—	2	9	13
2004	161840	18	28629	–16	26238	10	3435	10	2	12	13
2005	187319	16	30008	5	29385	12	2700	–21	1	9	9
2006	219439	17	42696	42	33645	14	5868	117	3	14	17
2007	270232	23	59663	40	39398	17	12859	119	5	22	33
2008	319516	18	69802	17	47284	20	9967	–22	3	14	21
2009	349081	9	139104	99	54932	16	18180	82	5	13	33
2010	413030	18	140191	1	59886	9	39036	115	9	28	65
2011	489301	18	128286	–8	66639	11	29824	–24	6	23	45
2012	540367	10	157631	23	72732	9	41371	39	8	26	57
2013	595244	10	173169	10	79189	9	58075	40	10	34	73
2014	643974	8	158761	–8	88507	12	31395	–46	5	20	35
2015	689052	7	154063	–3	127269	44	10819	–66	2	7	9

（续表）

年份	GDP		社会融资规模		政府债务规模		影子银行规模				
	总额	增长率	总额	增长率	总额	增长率	总额	增长率	占GDP比重	占社会融资规模比重	占政府债务规模比重
2016	743586	8	178159	16	189372	49	16986	57	2	10	9
2017	827122	11	194445	9	235748	24	42815	152	5	22	18
2018	900309	9	192584	−1	291951	24	11711	−73	1	6	4

第三，CBDC可借助现有互联网渠道营销，实现普适性和泛在性。以商业银行、证券公司、基金等为代表的金融机构和以DNA（Data Analytics，Network Effect，Interwoven Activities）商业模式为基础的大型科技公司推动的金融科技为基于数字技术的经济和金融活动提供了完整生态。在CBDC推出后，数字经济和数字金融的业务链条形成完整闭环，CBDC可借助现有的金融科技的支付网络和营销渠道向用户进行推广营销，进而实现数字货币的普适性和泛在性；同时，金融科技企业在大数据处理等方面的经验可为各国央行提供重要借鉴。

值得一提的是CBDC与人民币国际化的关系。一些专家和学者在分析法定数字货币时，主要强调其对推动人民币国际化的作用。诚然，法定数字货币对推动数字经济时代的人民币国际化具有重要意义，为基于数字货币的跨境支付提供了基础设施；但法定数字货币只是人民币国际化的必要条件，而非充分条件，人民币国际化离不开一系列制度安排。一般而言，货币国际化有三个维度——贸易结算货币、投资货币和储备货币；同时，国际化的货币应满足以下条件：第一，资本账户和金融账户可自由兑换；第二，币值稳定，对内体现为通胀率低，对外体现为汇率稳定；第三，具有较大的国际贸易交易量；第四，具有成熟开放的境内金融市场；第五，在国际上具有较高的认可度和接受度。这些要求绝非央行货币的数字化就能完成，事实上“攘外必先安内”，只有中国经济稳定、金融市场愈发成熟开放，数字经济时代的人民币国际化才能顺利推行。事实上，法定数字货币的更重要的意义在“内”而不在“外”，正如《战国策》中所言，“此所谓战胜于朝廷”。

（二）法定数字货币的风险

第一，CBDC 可能导致的最大风险在于大规模挤兑银行存款。若 CBDC 定位为 M0，则用户持有 CBDC 不产生利息，CBDC 本质上属于央行负债。商业银行存款为 M1—M2 范畴，属于商业银行负债，其所有者会享受利息收益，在金融系统正常的情况下，持有收益抵消了流动性溢价。但当储户对其存款的商业银行或商业银行系统产生不信任时，会放弃流动性溢价，选取信用程度更高的 CBDC，即便商业银行通过提高利率来抑制这种挤兑，其效果也会非常有限。这就是所谓的“狭义银行”现象（Broadbent，2016）。

第二，当 CBDC 计息时，本质上形成了一种新的价格型货币政策工具，会对既有货币政策工具和传导机制带来不确定性。CBDC 代表央行信用，其利息将成为零售利率的下限和批发利率的上限，可成为打破零利率下限的重要举措，但也不可避免地为既有货币政策工具和传导机制带来不确定性。CBDC 属于增量货币，相对于有限的存量货币引入这种不确定性很可能是负面的。

第三，CBDC 可能会为比特币、以太币等私人数字货币提供新的法币入金接口，也会对跨境资本流动造成影响，并冲击资本管制政策。当前私人数字货币交易渠道主要有场外交易市场（Over — the — counter，OTC）和数字货币交易所集合竞价两种方式，行使支付手段职能的一般是锚定法币的稳定币（如 USDT）。OTC 市场要求交易双方有信任基础或存在中心化机构承担信用风险，价值交换方式是买卖方直接通过数字钱包交换稳定币和私人数字货币。在数字货币交易所集合竞价交易模式中，由交易所作为买卖方的交易对手，买卖方将稳定币和私人数字货币从用户数字钱包传输至交易所数字钱包中。尽管 USDT 一类稳定币宣称 1∶1 锚定美元，但事实上存在价格波动，有研究表明 Tether 通过改变 USDT 的供给量影响比特币价格（J. Griffin，A. Shams，2019）。当 CBDC 推出后，在交易模式不变的情况下，可更好地替代现有稳定币行使交易媒介和价值尺度功能，这其实便利了比特币、以太币等私人数字货币交易；同时，通过此途径完成资本跨境更加方便，这也影响了资本管制政策的有效性。

尽管CBDC存在潜在风险，但都能通过相应措施予以控制。在经济、金融运行相对稳定时，可通过增加银行存款向CBDC转换成本、费用等经济手段避免“狭义银行”。在储户对单个商业银行或商业银行系统不信任时，中央银行可考虑运用经济手段叠加行政手段避免CBDC挤兑银行存款。此外，包括我国DC /EP在内的CBDC都定位在M0，以行使支付职能为主，短期内不会形成新的价格型货币政策工具，也不会冲击现有货币政策框架。最后，应对可能导致的资本外逃，金融监管部门应对像数字货币交易所和为OTC交易提供担保的商业银行等机构进行重点监管，确保机构资金不进入这一市场。鉴于CBDC推出后的优势明显、风险可控，主要经济体推出CBDC只是时间问题。

3.2.5 法定数字货币的运行机制

（一）法定数字货币整体框架设置

当前我国对于法定数字货币还处于研究和内测阶段，根据央行相关人员的表态，DC/EP采取“中央银行—商业银行”的二元投放体系以及“一币、两库、三中心”的运行框架。

选择“中央银行—商业银行”二元投放体系主要是为了能够较好地利用现有商业银行的软硬件资源，提高商业银行的积极性，避免一般公众在央行开账带来的巨大工作量，同时也能在一定程度上避免由于DC/EP信用水平高于银行存款导致金融脱媒的问题。

“一币、两库、三中心”是二元投放体系的具体实现方式。其中，“一币”指的是央行担保发行的DC/EP Token，“两库”是指中央银行的发行库和商业银行的银行库，这体现了二元投放体系的特点：DC/EP首先在中央银行和商业银行之间发生转移，即DC/EP的发行与回笼，之后再由商业银转移到社会中的居民与企业手中。“三中心”则是DC/EP发行与流通的技术保障，包括登记中心、认证中心和大数据分析中心。其中，登记中心负责记录发行、转移和回笼全过程的登记；认证中心负责对DC/EP用户的身份进行集中管理，这是DC/EP保证交易匿名性的关键；DC/EP 的一个主要问题是要在匿名性和反洗钱、反恐怖融资等监管需求之间作出权衡，大数据中心通过对于支付行为的大数据分析，通过指标监控来达到监管 DC/EP 非法用途的目的。上述框架如图 3-3 所示：

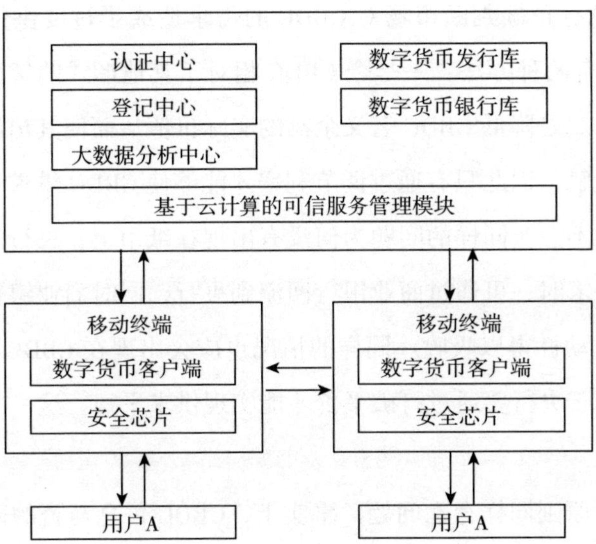

图 3-3 “一币、两库、三中心”框架

（二）法定数字货币设置原则探讨

实际上，虽然我国 DC/EP 大体框架已经基本确定，然而一些具体的制度安排还需要讨论，这些问题对于 DC/EP 的运行及其能否对经济、金融系统发挥积极作用具有重要意义。本文试图针对这些问题作出探索性回答。

其中最重要的一个问题是，如何避免 DC/EP 的推出对于金融体系产生过大影响，具体而言就是如何设置一种有效机制，防止出现金融脱媒及商业银行挤兑。为解决这一问题，Kumhof 和 Noone（2018）提出了 CBDC 运行的四个核心原则：第一，应对 CBDC 支付一个可调节的利率；第二，CBDC 与银行准备金是两个独立体系，两者不可兑换；第三，不承诺银行存款能够按需转化为 CBDC；第四，央行只以认定的合格抵押品发行 CBDC。Kumhof 等的研究在学界产生了较大影响，这四项核心原则也常被国内外学者提及。然而，这四个原则实际上都不是必须的，甚至有一些是逻辑不恰当的。

关于第一个核心原则，Kumhof 等给出的理由是，若央行对 CBDC 支付零利率，同时因没有正确判断市场对 CBDC 的需求造成了过度供给，此时要实现 CBDC 出清，只有两种办法：一是令 CBDC 相对于其他形式的货币贬值，这是央行难以接受的；二是降低 CBDC 名义余额的实际价值从而使其出清，而这又会与反通胀的目标抵触，因此只有通过调节利率才能够使 CBDC 供求平衡。这一解释看似合理，实则不然。同样的问题为何没有出现在纸币上？央行对纸币支付零利率，纸币供过于求时，可通过商业银行回流到央行，同时商业银行在央行的准备金增加，多余流动性得以吸收。同样的情况也应会出现在 CBDC 上，为何 CBDC 无法回流，以至于央行要通过打破平价才能实现供求平衡？这一问题没有给出合理解释。

第二个核心原则同样存在问题。事实上，CBDC 付息与否的确对经济产生不同的影响，但这些影响都是有条件的。出于同样的原因，如果将 CBDC 定位于与现金等价，则 CBDC 与准备金互相不可兑换也是不必要的。第三个核心原则同样缺少充分依据。若 CBDC 全面推广，可能导致纸币趋于消失，如果不保证 CBDC 可与银行存款互相兑换，这意味着商业银行将不再无条件承诺将存款转化为央行货币，这完全颠覆了现在的银行体系，这是完全无必要的。第四条原则与第二条原则结合在一起更是导致悖论：央行倾向于将合格证券转化为 CBDC，而不是准备金，这意味着其他主体发行的证券比央行负债具有更高等级的信用，而央行负债就是流动性最好、风险最小的资产。

Kumhof 等提出的四项原则存在问题的根本原因是在于其没有将 CBDC 真正视为货币，而是将其视为一种对商业银行产生威胁的新型资产，为了不使得这种资产对现有银行体系产生较大冲击，而宁愿将其设置为“纪念币”。

另一方面，Kumhof 等的担忧不无道理，缺失需要设计一种机制预防潜在的金融脱媒与银行挤兑问题。Panetta（2018）建议通过设定个人持有 CBDC 上限来避免这一问题。这种方法非常直接，但是有一些本末倒置，发行 CBDC 的目的之一就是提升法币支付效率，若对公众持有的 CBDC 额度作出限制，实际则限制了付款数量和规模，反而降低了支付效率。

Kumhof 等也提出了一个解决方案，即对 CBDC 支付一个非常低的，甚至是负的可调节利率。若公众对 CBDC 需求量增加，则新增需求会被低利率所抵消，从而避免金融脱媒和银行挤兑。然而 Kumhof 等也指出，若公众对 CBDC 需求大幅增加（如金融危机时），则需要对 CBDC 施加一个非常低的负利率，这种利率将难以被公众接受。事实上，央行无法事先说明何时会支付这种负利率，但是公众一旦了解到这种可能性，则很可能不会选择持有 CBDC。

（三）法定数字货币分级利率体系

引入分级利率体系来控制 CBDC 需求量的激增是一个可行的方法。事实上，很多国家的央行为调整存款规模已对存款准备金采取了类似措施。我国对 DC/EP 的定位是替代 M0，正常情况下 M0 是零利率。而当客户持有的 CBDC 超过一定限额，则对 CBDC 收取负利率，这种负利率应保证即使考虑风险溢价，其吸引力仍然低于商业银行存款及其他金融资产。在这种情况下，若存在外生冲击，如金融危机使公众对 CBDC 需求大幅上升，则央行可进一步下调负利率或者设计第三级、第四级甚至更多层级的负利率，每个层级对应更低的利率水平。

同时对第一层级可支付一个正利率，最高可达到商业银行超额准备金利率，等于在危机时期给出了一项有限额的安全资产，吸引公众将 CBDC 持有量维持在第一层级，而第一层级的额度应当满足正常流通使用的需求，可参照当前流通的纸币人均使用量，央行可以承诺一个第一层级的最低限度，并且保证不会对其收取负利率，这可以抵消掉公众一部分持有 CBDC 的需求，从而避免挤兑发生。

分层利率体系很大程度上提高了 CBDC 作为货币政策工具的效用。在我国央行相关人员早期的表态中，可以看到央行本意是对 CBDC 付息，利用 CBDC 与银行存款间的竞争关系，通过调整 CBDC 利率来实现对银行存贷款利率的调控。然而随着我国将法定数字货币明确定义为 M0（官方名称也确定为 DC/EP），基本已确定不会付息。一个补充性的方案是设置分层利率形式，对超出一定数量的 DC/EP 施行负利率，这样在一定程度上打破了零利率下限的限制，但也仅作为特殊时期的非常手段，在大多数时间 DC/EP 是不付息的。

另一个问题是，在确定了“中央银行—商业银行”二元投放体系后，商业银行应当如何管理 DC/EP。因为公众在央行不拥有账户，需借助商业银行体系调整 DC/EP 持有量。一种容易落地的方案是在充分利用现有金融系统的基础上增加 DC/EP 的管理功能，即在商业银行账户中增加数字钱包功能。也就是说，在商业银行账户体系里，同时拥有银行账户和数字货币钱包，并且两者可以相互转化；同时为防止超发，商业银行对于 DC/EP 缴纳 100% 的准备金。

基于此，本文根据我国央行所公布的 DC/EP 特点和政策目标，设置了 DC/EP 分级利率体系，该体系具有如下特点：第一，DC/EP 作为现金 M0 的替代物；第二，DC/EP 采取“中央银行—商业银行”的二元投放体系及“一币、两库、三中心”的运行框架；第三，DC/EP 在一定限额内施行零利率，对超过限额部分施行负利率；第四，商业银行同时管理银行存款账户和数字货币钱包，两者可以实现转换；第五，法定准备金与 DC/EP 可实现转换。

基于二元投放体系和分级利率设置的 DC/EP 运行机制如图 3–4 所示：

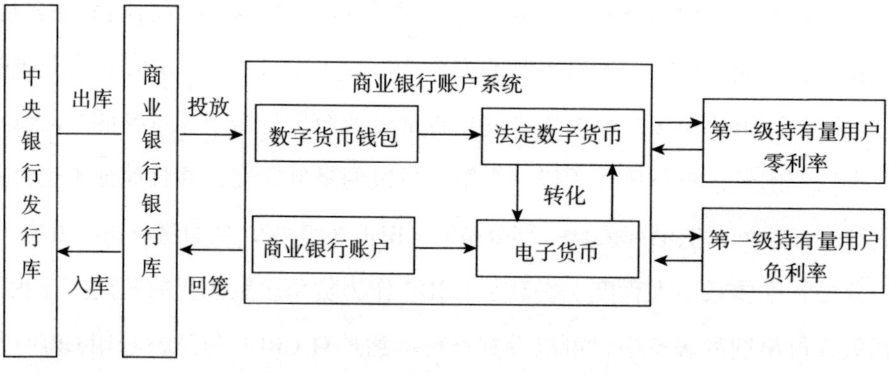

图 3–4　DC/EP 分级利率运行体系

DC/EP首先从中央银行发行库转移到商业银行的银行库，之后再由商业银行进入其账户体系中的数字货币钱包，商业银行客户可以通过个人或企业的数字货币钱包使用DC/EP，并且规定数字货币钱包中的DC/EP可随时转换为商业银行账户中的电子货币，类似于当前的现金到银行存款的转换。央行对数字货币钱包不设限额，个人原则上可以大量持有DC/EP，但对于数字货币钱包内余额大于某一额度的用户，对其持有的DC/EP施行负利率，对低于这一额度的施行零利率。在公众对DC/EP需求大幅增加的时期，持有额度低于阈值的用户可以支付一个大致等于商业银行超额准备金利率的正利率，从而避免公众将大量银行存款转换为DC/EP。

货币作为经济运转的基础性变量，数字化、公共化和智能化是其发展的必然方向，CBDC在全球范围内推出势在必行，其中区块链、人工智能、大数据等新兴技术将发挥建设性作用。出台CBDC对提高货币政策有效性、深化数字金融发展、推进数字经济建设均有重要意义，我国DC / EP的研发、测试与试点走在了全球前列。2020年4月中国人民银行数字货币研究所与商汤科技签署合作协议，双方将围绕金融科技领域的人工智能创新研究和应用开发等方面展开合作，充分发挥各自优势，加快人工智能前沿技术在金融领域的创新和落地。

事实上，另一个决定CBDC何时推出的重要因素是发行CBDC的经济和金融效应，即发行CBDC对经济和金融系统会有何影响。CBDC对于传统法定货币的支付功能起到了显著的优化作用，在支付的匿名性方面相比现有的电子货币也有了很大提高，CBDC持有者只需对中央银行保持实名，而电子货币持有者需要对中央银行、商业银行甚至第三方支付平台保持实名。然而一个广受关注的问题是：由于CBDC在支付方面的便利性及匿名性，居民和企业可能会将银行存款大量转换成CBDC，从而导致银行存款流失。商业银行为了扭转这种情况，必须提升存款利率，从而使得贷款成本提高，进而使得贷款数量减少，导致整个社会出现信用收缩。特别是，如果对CBDC支付正的利息，将增大这种情况发生的概率。

目前全球公开发表的论文中，仅有 Barrdear & Kumhof（2016）、姚前（2019）和吴桐、陈加友（2021）利用 DSGE 模型实证研究了发行 CBDC 对美国和中国的经济效应。姚前（2019）基本借鉴了 Barrdear & Kumhof（2016）的四部门 DSGE 模型，并根据我国经济实际纳入利率走廊机制。姚前（2019）的研究指出，CBDC 冲击不会使得银行存款出现大幅度的下降，而是小幅下降后趋于平稳，同时还会促进经济 0.01% 的增长。但是姚前的论文存在两个非常明显的缺陷：第一，银行存款的调整成本作为负效用进入了家庭的效用函数，这意味着，家庭的银行存款不论是增加还是减少，都给家庭带来负的效用。这明显不符合实际，因为这样将存款还定义为传统的储蓄存款，不能刷卡和开支票，改变存款额度只能通过取款或者去银行排队办理汇款，这当然会给家庭带来负的效用。第二，姚前的模型中没有考虑“金融加速器”（Financial Accelerator）机制。简言之，“金融加速器”的意思是金融传导机制的作用在经济繁荣时期与在经济下降时期是不对称的（Bernake et al.，1999）。金融加速器模型由美联储前主席本·伯南克在 1999 年提出，已成为非常主流的分析方法。

笔者在博士毕业论文《区块链在货币金融领域的应用：理论和实证》中针对两个缺陷改进了姚前（2019）的模型，构建了一个涵盖家庭、厂商、中央银行、商业银行的四部门 DSGE 模型。DSGE 模型的实证结果显示，我国央行发行 CBDC 的替代冲击效应对商业银行存款的影响有限，单位冲击可提升 GDP 增速 0.15%，同时可在一定程度上降低杠杆率，有利于降低系统性金融风险。相比于姚前（2019）的结果，经济效应扩大了 15 倍，同时金融效应更加显著。2021 年 1 月这部分的英文版发表于由北京大学国家发展研究院（CCER）主办的学术期刊《China Economic Journal》上，这篇论文的名字是《A study of the economic impact of Central Bank Digital Currency under global competition》。因此，我国应该更加坚定地推出法定数字货币，并以此作为引领数字金融变革的国之重器。

货币是一个经济系统最重要的变量，并在经济发展史上起到至关重要的作用。按照朱嘉明教授的观点，中国古代采用银本位制而非金本位制，是中国近代落后于欧洲的重要原因。尽管当前中国人民银行宣称法定数字货币并不一定基于区块链，但这更有可能只是为了凸显“技术中立”原则。区块链可以使我国法定数字货币更容易实现其政策目标，联盟链的方式也使得法定数字货币得以规制和管理。党的十九届四中全会正式增列了“数据”作为生产要素，反映了随着经济活动数字化转型加快，数据对提高生产效率的乘数作用凸现，成为最具时代特征新生产要素的重要变化。未来区块链在数据确权、定价、交易中将发挥基础性的作用，货币在链上发行、流通、回收也会成为历史发展的趋势。

大国博弈背景下中美对于数据的争夺是科技战、贸易战和金融战的核心，如何在正当、和平的竞争模式下掌握对数据的主导权才是取胜关键。Libra 等全球稳定币的实质是在全球范围内打通信息流和价值流，建立数据—货币的二维国际生态系统。我国必须要考虑到国家的最高利益，争夺未来的国家战略资源，守住数据主权高边疆。这种争夺不只是国内的数据资源保护，更需要考虑全球的数据资源、战略资源的卡位。为实现数字经济时代的人民币国际化，我国应落实新基建，以开放包容、互利共赢的态度加强与不同国家、不同所有制主体的合作，共同推动建立更加公正合理的国际货币金融体系，构建人类命运共同体。

3.3 全球稳定币——法定数字货币的影子？

2020 年 4 月 14 日，金融稳定委员会（Financial Stability Board，FSB）发布了《解决全球稳定币项目所引起的监管、监督挑战》，提出 10 项监管建议。该咨询报告在 2020 年 4 月 15 日递交到 G20 财长和央行行长视频会议上，我国央行副行长陈雨露参加了这次会议。值得一提的是，陈雨露副行长在 2020 年第 2 期《金融研究》发表的《当前全球中央银行研究的若干重点问题》中提出，全球中央银行的研究重点集中在以下三个方面：一是负利率政策的逻辑与效果；二是全球稳定币的宏观政策挑战；三是气候变化导致的宏观金融风险。全球稳定币的宏观政策挑战赫然在全球中央银行最关注的问题之列，反映了我国央行的敏锐洞察。事实上，全球稳定币看似是一个基于区块链的金融新事物，但其运营理念却早已有之。

2008 年国际金融危机的爆发，引发了对占支配地位的新自由主义经济学的广泛批判和深刻思考，之前名不见经传的海曼·明斯基（Hyman P. Minsky）以及其著作《稳定不稳定的经济》在 2008 年国际金融危机之后大受追捧，甚至出现了“明斯基热”。面对加密数字货币剧烈的波动行情，一个重要思路是发行稳定币（Stablecoin），而稳定币最主要的稳定方式是采取法币作为抵押，这在事实上也为未来的数字法币探索了道路。尽管稳定币有“稳定”之名，我们仍然不禁要问，稳定币可以稳定不稳定的数字经济吗？从传统金融来看，货币具有四大职能，分别是价值尺度、流通手段、贮藏手段、支付手段，而当前加密货币价格波动过大，无法较好地履行这些职能，稳定币的诞生在一定程度上解决了这些问题，并迎合了加密货币熊市之下投资者“进可攻，退可守”的稳健心理。与此同时，从监管角度而言，基于法币的全球稳定币客观上会促进该法币流通范围的扩大，监管上相对比较宽松。

那么，基于法定货币的全球稳定币在将来会不会成为法定数字货币的影子呢？事实上，稳定币的诞生远早于法定数字货币。截至目前，还没有主流经济体推出法定数字货币。而早在 2015 年，Tether 公司就发现了加密数字货币价格波动过大的弊端，发行了锚定美元的稳定币 USDT。基于抵押品释放流动性是一种古老的流动性投放方式，在西汉诞生的典当铺是采用这种模式的代表。这种模式的优势在于，其价格发现过程非常简单，抵押机构只需要对抵押品进行估值就可以进行流动性释放。抵押品的标准化程度越高，这一过程的效率就越高，成本就越低。区块链给抵押经济模式带来的重大变革之处在于，可以把抵押品账本放在链上（链外抵押模式，代表性项目为 USDT、TUSD、USDC 等），甚至把抵押品本身放在链上（链上抵押模式，代表性项目为 DAI），这进一步降低了信息不对称性，从而提高了价格发现效率。

笔者在 2018 年出版的《链改：重塑社会结构和经济格局》中对稳定币的运作

方式进行了详细阐述。稳定币借鉴了传统金融领域的做法——抵押品（Collateral-Based），基于抵押品的稳定数字货币事实上是欲图锚定抵押品本身的价值或使用价值来实现稳定。稳定币的代币发行方式在该系统内相当于中央银行的货币政策。在传统金融领域，货币政策的传导渠道主要包括传统的资产价格渠道（利率、汇率、托宾 q 渠道等）以及信贷渠道等。其中，资产价格渠道是传统宏观经济学主要研究对象，而信贷渠道考虑了信息不对称导致的金融摩擦。信贷渠道主要包括借款者资产负债表渠道和银行贷款渠道，其中资产负债表渠道主要从借款者的资产负债表角度考虑信贷的需求，而银行贷款渠道则从贷款者的资产负债表角度考虑信贷供给（BCBS，2011）。资产负债表渠道可以分为金融加速器渠道（Bernanke 等，1999）和信贷抵押约束渠道（Kiyotaki 和 Moore，1997）。金融加速器渠道本质上是借款者的净值可以作为借款的"抵押品"，净值越高，借款能力越强，借款成本越低。信贷抵押约束渠道则认为借款者的借款数量依赖于其信贷抵押品的数量和价格，抵押品数量越多，价格越高，可供借贷的资金数量也越多。在信贷抵押约束渠道文献中，房地产资产往往被作为信贷抵押品，从而其在宏观经济波动中起着非常重要的作用。

流动性（liquidity）作为现代金融学的一个核心概念，体现的是金融市场中不同资产和部门的依存关系（瞿强等，2012）。Kiyotaki 和 Moore（2012）为金融市场流动性的研究提供了范式，在模型中货币和信用的区别仅体现在流动性，货币可以无成本随时提现，而包括股票、债券在内的其他资产则只能按照一定比例提现，需要付出市价折扣才能获得更多提现。

关于抵押品经济系统另一个核心概念是质押率（或者叫作折扣率、扣减率，英文名称"Haircut"），质押率是资产可以进行变现的比率。以房地产为例，房贷抵押率就是房产抵押贷款能得到的贷款额度和房产评估价的比例。由于抵押品的资产特征（如现金流结构）各不相同，一般而言如果抵押品的市场价格波动较大，则其质押率一般较低。在质押率固定的情况下，如果抵押品的市场价格波动加剧，则需要就其市值变化进行追加抵押品；如果不对抵押品进行追加，则币值就会出现贬值。在发生金融危机出现挤兑的情况下，由于大量的资产追逐市场上有限的流动性，因此几乎所有资产的质押率都会降低。因此对于所有抵押型经济系统而言，事先对资产端抵押品的质押率进行评估是非常重要的。而对于分布式的数字货币而言，任何数字货币持有者都可以将数字货币兑换成特定抵押资产，因此进行抵押品选择和确定质押率极其重要。

综合来看，当前的稳定代币产品大致可分为三类：第一类稳定代币产品是基于法币抵押的稳定代币。此类产品的实现原理类似货币局制度（政府以立法形式明确规定，承诺本币与某一确定的外国货币之间可以以固定比率进行无限制兑换，并要求货币当局确保这一兑换义务的实现的汇率制度），使用足额法币存款作为抵押物保证稳定代币的价值，代表产品有 USDT、TrueUSD、USDC、GUSD 和 PAX 等。泰达币（USDT）是较早的由商业机构推出的稳定币，Tether 公司推出的基于稳定价值货币美元（USD）的代币 Tether USD（下称 USDT），并宣称 1USDT=1 美元，用户可以随时使用 USDT 与 USD 进行 1∶1 兑换，Tether 公司严格遵守 1∶1 的准备金保证，即每发行 1 个 USDT 代币，其银行账户都会有 1 美元的资金保障。用户可以在 Tether 平台进行资金查询，以保障透明度。USDT 的实质是数字离岸美元（Digital Eurodollar），其发行和创生机制与传统的离岸美元非常类似。

摩根士丹利在 2018 年 3 月的研究报告中指出，在近来的数字货币熊市期间，USDT 在比特币交易中占据了更大的份额。摩根士丹利预计，USDT 占据的比特币交易份额已经达到 14.2%，而在 2017 年 10 月，USDT 份额还不到 1%。此前，用以购买比特币的主流法定货币主要有美元、日元、欧元以及人民币。在 2017 年 9 月中国人民银行、证监会等七部委发布《关于防范代币发行融资风险的公告》后，人民币的比特币交易额大幅下降。根据 2018 年的一份非公开报告数据，截至 2018 年 8 月 USDT 在比特币的市场交易份额中已占有将近一半的比例。披着数字货币外衣而行法币影子之实的 USDT 在熊市既吸走了数字货币市场的大量流动性，但也使得数字货币市场得以维持下去，相对加密货币的原教旨而言无异于离经叛道，但同时又达到了“曲线救市”的目的。

由于缺乏对储备美元实行透明严格的定期审计，野蛮生长的USDT多次被质疑相对抵押资产严重超发。简单来说就是，假如Tether发行了50亿个USDT，但是公众怀疑Tether质押的储备资产远没有50亿美元。2019年4月纽约总检察长办公室（NYOAG）怀疑Bitfinex（注册地在我国香港的一家数字货币交易所）和Tether暗箱操作，转移了USDT储备金来弥补资金缺口，起诉了Bitfinex和Tether。2019年得克萨斯大学奥斯汀分校John Griffin教授等对Tether是否通过超发USDT操纵比特币价格进行了实证研究，结果显示是Tether利用超发USDT为加密货币市场提供超额流动性，操纵比特币等主流加密货币价格。这与美联储通过释放或回收美元影响全球流动性的价格极为相似。2021年2月Bitfinex与纽约总检察长办公室就Tether问题达成和解，Bitfinex向纽约总检察长办公室支付1850万美元的“保护费”，由USDT导致的系统性风险似乎得到了暂时解决。

美联储作为事实意义上的全球央行，当其释放过量的流动性时，全球资产价格往往会上升；而当其回收流动性时，全球资产价格往往会下降。这个过程中往往存在货币错配和期限错配，从而具有导致区域和全球系统性金融风险的可能性，1997年的亚洲金融危机和2008年的国际金融危机莫不是如此。而当全球金融市场出现恐慌性事件时，全球金融市场又会极大地增加对美元安全资产的需求，导致美元安全资产价格的上升和美元指数的走强。传统金融市场的这些现象延伸到了数字金融市场，行使全链世界货币职能的是美元的影子USDT。USDT可以通过超发增强数字货币市场的流动性，进而影响数字货币的价格。而数字货币市场出现恐慌时，交易者就会将比特币、以太币等数字货币兑换成锚定法币的USDT等稳定币以实现避险功能，这会导致USDT相对美元的一个溢价。这种属性在2020年新冠疫情全球大流行中得到了充分检验，在2020年3—5月中，尽管USDT增发了将近50亿美元，但是相对美元一直维持了溢价率。近年来，USDT增发的趋势异常明显，截至2021年4月USDT总市值约为424.21亿美元。

USDT在疫情阶段疯狂超发的原因有二：第一，全球巨大的避险需求使得对稳定币的需求增大了不少，超发既能维持相对于美元的价格稳定，又能获得更多的铸币税；第二，Diem 即将发行，为避免 Diem 对现有稳定币的“降维打击”，获取短期利益而不是长期利益的策略才是更加理性的选择，不管这种策略是否透支了信用。本书后面会对 Diem 进行详尽的介绍。这带给我们的一个深刻启示是：如果 Diem 推出之后，会不会迅速获得数字货币市场的定价权？ Diem 协会会不会成为数字货币市场的美联储？

事实上，为解决 USDT 储备资产不透明、发行机构资信程度不足等问题，稳定币行业进行了大量的尝试与探索。2018 年 3 月创业企业 TrustToken（大股东为斯坦福创业基金）推出了 TrueUSD（TUSD），TUSD 与商业银行和信托公司建立了合作网络，为其储备资产提供定期的审计，并通过 KYC / AML / CFT（了解你的客户 / 反洗钱 / 反恐怖主义融资）等方式增加合规性，当监管机构需要时会对单笔交易进行审查。尽管 TUSD 的合规程度更高，底层资产也更有保障，但是还是出现了“劣币驱逐良币”，截至 2020 年 3 月，TUSD 的日平均交易量还不足 USDT 的 2%，市值还不足 USDT 的 3%。

2018 年 9 月，在纽约金融服务局（NYDFS）的批准下，Gemini 和 Paxos 正式宣布推出两种稳定币——Gemini Dollar（GUSD）和 Paxos Standard（PAX），GUSD 和 PAX 的抵押资产由信托公司托管，这两种稳定币的推出也为 Diem 白皮书 2.0 中由锚定一篮子货币向锚定美元单一货币的转变提供了监管上的先例。与 TUSD 类似，GUSD 和 PAX 在交易量和市值上与 USDT 相去甚远：截至 2020 年 3 月，GUSD 的日平均交易量和市值不足 USDT 的 1%，PAX 的日平均交易量不足 USDT 的 1%，市值不足 USDT 的 5%。2018 年 10 月 Circle 推出了美元稳定币 USDC，USDC 的储备资产托管在银行，受到 Grant Thornton（一家全球知名的会计师事务所）的定期审计，审计报告在官方平台公布。与其他美元稳定币类似，截至 2020 年 3 月，USDC 的平均日交易量不足 USDT 的 2%，市值不足 USDT 的 10%。由于其运作时间较长，具有相当数量的忠实用户，加上货币市场对信息敏感性不强等特点，USDT 越来越被应用在各种灰色地带，交易量和总市值在稳定币中仍能保持第一位。这出现了与传统金融市场中相似的境况：没有人不抱怨指责美元，然而短期之内国际货币金融体系仍然是以美元为中心，当出现恐慌性事件时，大部分的交易者还是想兑换美元资产；这映射到数字金融市场，同样适用于USDT。USDT真正忌惮的，是来自Diem的“降维打击”，Diem和USDT的最终信用来源都是美元，而Diem协会的成员是全球头部的数字科技企业，代表着数字资本主义的利益，拥有数以十亿计的活跃用户，一旦通过意味着实现了数字资本主义和金融资本主义的合流，这种冲击是USDT等原生区块链行业发行的稳定币难以抵挡的。但是对于全世界而言，使用USDT还是使用Diem，只不过是美元换了一个外衣而已，只要在美国境外流通，就是美元的离岸市场。事实上，美元在岸市场——美元离岸市场构成的公私合营美元体系对美元的全球化起到了至关重要的作用，在本书后面的章节也会进一步分析，这值得我们学习和借鉴。

第二类稳定代币产品是基于数字资产抵押的稳定币，目前的抵押资产以以太币为主，也称链上抵押的价格稳定模式。此类产品允许用户使用数字资产进行超额抵押来产生稳定币，同时利用写入智能合约中的算法自动进行风险管理，在抵押资产价格低于某一阈值时自动清算，确保流通中的稳定代币始终拥有超额抵押品做背书，从而维持对于法定货币的汇率锚定。比如MakerDAO的DAI就属于此类稳定币的代表产品。事实上，链上抵押的稳定币也构成了开放式金融的商业银行。目前以美元、人民币、欧元、英镑、日元等为代表的传统法定货币资产还无法上链，而比特币又不是图灵完备的，不具有可拓展性，而具有可拓展性是链上抵押的资产需要满足在区块链上执行的必要条件，因此以太坊成为基于数字资产抵押的稳定币的最基础的运行环境。

基于数字资产抵押的稳定币，从某种意义上而言，是智能商业银行的一种发展范式，在技术、商誉、治理等层面均存在较大壁垒。这事实上非常好理解，稳定币本质上是“钱”的生意，安全性是第一位的，这包括技术安全、信用安全和治理健全等，现在我们正处于传统金融向智能金融过渡的时期，基于数字资产抵押的稳定币“头部效应”也愈加明显，其中的代表性项目为MakerDAO DAI、

Bitshares、Havven、Augmint 等，MakerDAO DAI 的市值比重长期超过 80%，是这个生态的系统重要性项目。

Maker 是基于以太坊的智能合约体系，通过超额抵押以太币这类数字资产（现阶段超额抵押率为 150%）提供了一个去中心化的锚定美元的基础稳定货币 DAI。在 2019 年 11 月之前，MakerDAO 生成的 DAI 是由以太币超额抵押生成的，在 2019 年 11 月后 MakerDAO 将合格抵押品目录进行扩大，将 Augur（REP）、Basic Attention Token（BAT）、DigixDAO（DGD）、Golem（GNT）、OmiseGo（OMG）、0x（ZRX）等纳入了合格抵押品框架，发布了基于多资产抵押的 DAI（Multi-Collateral Dai），旧版 DAI 被称为 SAI（Single-Collateral Dai）。虽然合格抵押品目录得到拓展，但其稳定币生成方式没有发生改变。

相比链外抵押模式的稳定币，链上抵押的资产实时在区块链这一公共账本之上，可全天候地实现资产审查，其资产透明度极大程度地提高，用户基于智能合约生成各自的抵押债仓（Collateralized Debt Positions，CDP），CDP 可视为一个特殊目的实体 SPV（Special Purpose Vehicle，SPV）。发行人创设 CDP 智能合约开设 SPV，发行人将抵押资产发送到一个特殊的智能合约（SPV 资产方），并且所有发行人的抵押资产（以太币为主）被混合存放，发行人从 CDP 智能合约处获得 DAI（SPV 负债方）。DAI 赎回时，发行人将 DAI 和用 MKR 支付的稳定费用发送到 CDP 智能合约，解锁抵押资产，同时退回的 Dai 退出流通。整个过程没有传统资产交易中的中央交易对手方（Central Counterparties，CCPs），人工干预程度非常低，大多环节基于程序和代码完成，对技术的要求大大提高。视为 CDP 的 SPV 的资产负债表如表 3-3 所示：

表 3-3 视为 CDP 的 SPV 资产负债表

资产	负债
ETH	DAI

此外，除了技术壁垒之外，链上抵押模式的稳定币的经济模型也是影响其运营的一大难点。不同于抵押资产为法币资产的稳定币，以数字资产为抵押资产（如以太币）的稳定币，其抵押资产的价格也在时刻地变化与波动之中，并且抵押资产价格上升与下降具有显著的不对称性：当抵押资产的价格上升时，相同数量的抵押资产会生成更多数量的稳定币，同时抵押经济系统会提高借贷利率以降低稳定币的需求，进而抑制稳定币的过度投放；当抵押资产的价格下降时，如何保证抵押经济系统的价格稳定就成为一个至关重要的问题。一个只能容忍价格上升、不能容忍价格下降的经济系统天然具有庞氏骗局（Ponzi Scheme）属性。

以其中的头部项目 MakerDAO DAI 为例，由于 MakerDAO DAI 采用了超额抵押模式，当抵押资产的市场价格下降时，MakerDAO 系统根据实时盯市的算法规则运行，会对抵押资产进行拍卖以维持 DAI 相对于美元的价格稳定。但如果市场发生“黑天鹅”事件，导致抵押资产的价格急剧下跌，即使将所有抵押资产拍卖也无法赎回本金，在这种情况下基于算法的拍卖机制则趋于无效。此外，大量交易者根据算法采取同样的卖出策略集中赎回，会进一步加速价格的崩溃式下跌。由于稳定币的经济系统不存在最终贷款人（Lender of Last Resort），在应对极端金融事件时脆弱性更为突出，崩溃的概率也会更大。这也是基于链上资产抵押的经济模式和开放式金融需要在经济系统设置层面解决的关键性问题。这一问题能否顺利解决决定着基于数字资产抵押的稳定币规模以及其长期的发展态势。

MakerDAO DAI 解决这一问题的方式是引入经济系统的权益所有者分享收益、承担风险，并承担经济系统“最后买家”（Buyer of Last Resort）的职能，也就是将股权和债权进行结合，由股权拥有者分享收益、承担风险。MakerDAO 系统中除了存在 DAI 这种稳定币，还有代表经济系统权益的 Token——MKR，MKR 持有者除了分享系统的经济收益（用户借贷利息收入扣除运营成本），还享有治理权、决策权和投票权，本质上是通证化的股权。在 MakerDAO 的社群治理中，每个 MKR 代表一票。当“黑天鹅”事件发生、抵押资产价格出现急剧下跌时，MKR 持有者可进行社群投票决定是否启动全局清算。当 MKR 投票启动全局清算时，将中止 CDP 的创建和操作，给看护机（Keepers）一段时间去基于固定喂价处理 Dai 和 CDP 持有者的对应索偿，由 MKR 持有者充当 MakerDAO 经济系统的“最后买家”。MKR 同样可以在加密数字货币交易所和 OTC 市场进行交易，其价格反映了市场对该项目的估值与定价，MKR 的价格波动同样起到了 DAI 系统的风险管理和定价作用。

用户使用 MakerDAO DAI 进行借贷的流程如图 3–5 所示，MakerDAO DAI 经济系统维护价格稳定的方式如图 3–6 所示：

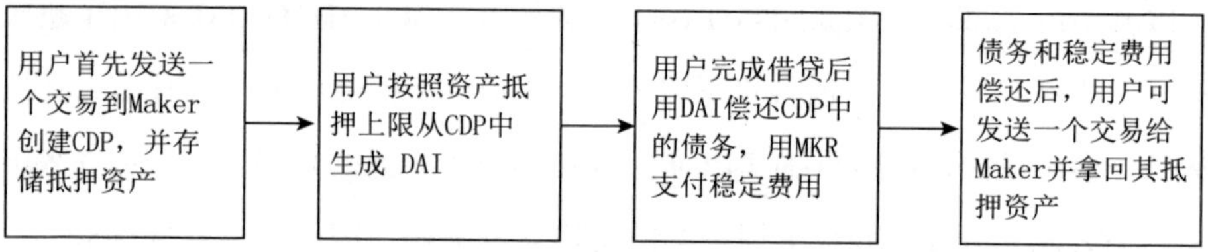

图 3–5　MakerDAO DAI 进行借贷流程

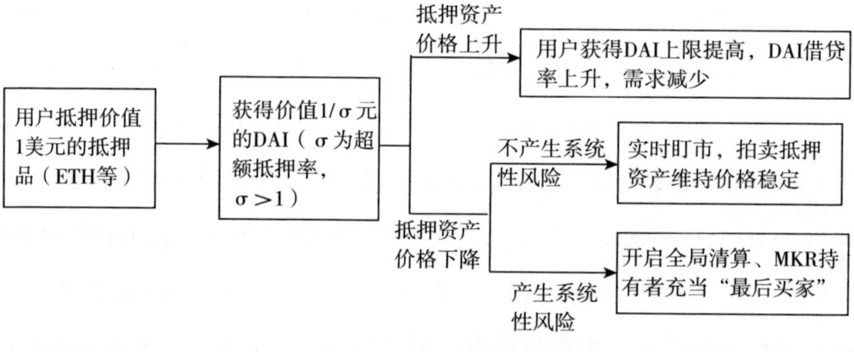

图 3–6　MakerDAO DAI 经济系统维护价格稳定的方式

尽管 MakerDAO DAI 的运作方式在链上抵押模式的稳定币中较为成熟，至今也没有出现系统性金融风险，但其交易量和市值较 USDT 仍有较大差距，具有广阔的增长空间。截至 2020 年 2 月，DAI 的日均交易量仅占 USDT 的 0.0006%，市值仅占 USDT 的 0.46%。

第三类稳定代币产品是无抵押的稳定代币模式——“算法央行”（Algorithmic Central Banking）模式。这类产品没有任何资产作为背书，而是利用算法根据当前稳定币价格自动增发或回收稳定代币，调控供需平衡，从而保持稳定币的汇率稳定。这类稳定币意图模仿中央银行的业务操作逻辑，使用算法自动对代币数量进行调控，因此自称为“算法央行”。由于此类产品无任何资产作为背书，也有人认为它们近似庞氏骗局。Basecoin（Basis）就是其中的代表性产品（姚前和孙浩，2018）。

基于“算法银行”模式的稳定币项目虽然在一定程度上借鉴了中央银行的理念思路和操作方式，但却忽略了在背后作为央行操作标的的法定货币是依靠主权国家的信用作为支撑的。而“算法央行”的稳定币项目既没有主权信用，也没有基于抵押经济体系的商业信用，这也不难理解为何基于“算法央行”模式的稳定币项目进展不顺，设计再精巧的经济模型在缺乏信用（主权信用或商业信用）支撑下也难以成功。迫于美国政府的高压监管政策，Basis 已经于 2018 年 12 月 13 日在官网宣布停止运营。

除此三种稳定币之外，还有使用金融资产（如黄金、股票、债券、房地产等）作为抵押品的稳定币，该稳定币实质上是将传统金融资产进行通证化，与证券类通证发行（STO）的方向一致。在《链改：重塑社会结构和经济格局》中，我把链改分为思维逻辑、资产形态、组织方式和技术框架等四个层次，其中资产形态层面的链改包括资产数字化和数字（数据）资产化，而 STO 属于资产数字化的范畴。

不过，原生区块链行业发行的稳定币一直没有引起金融监管机构的足够重视：一是市值不大，触及的用户数量和层次有限；二是原生区块链行业在金融监管机构的视角中始终不能登堂入室，即使到了区块链技术被主流社会广泛承认的时候，区块链也仅仅是被作为一种工具和手段，是为主流社会服务的，而原生区块链行业本质上是数字时代无政府主义的“死灰复燃”，无法成为主流文化的一部分。

在区块链行业内引发广泛关注的是大型金融机构的“拿来主义”。2019 年 2 月摩根大通（JP Morgan）宣布计划发行自己的加密货币 JPM Coin，JPM Coin 类似于稳定币，用于实现批发支付（Wholesale Payments，银行间或者国家间的大额支付）业务客户之间的即时交易结算。但 JPM Coin 又不同于稳定币，传统稳定币面向的对象是所有人，而摩根币面向的对象则是机构客户（如银行、经纪商、交易商、公司），类似于联盟链。摩根大通在全球范围内每天在批发支付业务中为企业转账的资金超过 6 万亿美元。未来将能通过 JPM Coin 结算，以实现客户之间付款的即时结算。JPM Coin 的工作原理与现有的锚定法币的稳定币类似。首先，摩根大通客户将存款存入指定账户，并收到等量的 JPM Coin；然后，客户可通过区块链网络使用 JPM Coin 进行交易；最后，JPM Coin 持有者可在摩根大通将其兑换成美元。

事实上摩根大通并非第一个发行 Token 的银行。2018 年 12 月，纽约金融服务部批准了美国第一个由银行支持的加密通证 Signet，Signet 由 Signature Bank 发行，用于该银行客户之间的即时资金结算。但 Signature Bank 无论业务规模还是影响力都远不能与摩根大通相提并论，此次摩根大通推出通证的意义和影响非同一般。摩根大通在传统金融领域的影响力不必赘述。摩根大通成立于 1799 年，于 2000 年由大通曼哈顿银行及 J.P. 摩根公司合并而成，并分别收购芝加哥第一银行和贝尔斯登银行和华盛顿互惠银行。摩根大通是一家跨国金融服务机构及美国最大的银行之一，业务遍及 60 多个国家，包括投资银行、金融交易处理、投资管理、商业金融服务、个人银行业务等，多次蝉联《财富》《福布斯》杂志的世界 500 强企业。

真正使得各国政府、国际经济和金融组织对区块链产生重视的标志性事件是：2019 年 6 月 18 日市值为 5395 亿美元、全球拥有 26.6 亿用户的社交巨头 Facebook 发布了全球稳定币 Libra 的白皮书。“Libra”一词意为天秤座，象征公正和公平，同时也是古罗马的货币计量单位。白皮书中构建了一个宏大壮阔的金融愿景，声称“建立一套简单的、无国界的货币和为数十亿人服务的金融基础设施”。Libra 由一篮子银行存款和短期国债作为储备资产，在区块链上实现低波动、低通胀、可在全球通用的数字货币。在治理机制方面，Facebook 没有对 Libra 进行独家经营，而是采用多中心化治理模式，在瑞士日内瓦注册了协会，由协会成员共同负责项目的技术维护和资产储备管理，目前 28 个初始成员中包括了 Visa、Mastercard、Paypal 等巨头，协会计划将成员扩充到 100 个。2019 年年底，PayPal、MasterCard 等 5 个公司相继退出 Libra 协会，Facebook 也被 Calibra 取代，但剩余的 21 个 Libra 协会会员签订了更加明确的协议。不同于 USDT、TUSD、DAI 的发起者是原生的区块链金融机构，Libra 协会的成员皆为全球一线的数字科技企业。数字科技企业及联盟的经济和政治影响力远远大于区块链机构，同时其信用背书和社会影响力远高于原生的区块链金融机构。Libra 协会的诞生也意味着数字资本主义正式以集体的形式登上历史舞台。

Libra 的诞生具有深刻的时代、行业以及公司背景。Libra 诞生于一个数字经济深化、变革加速的信息时代，互联网、区块链、金融等行业都被挟裹于新一轮的数字浪潮之中，区块链作为一个涵盖计算机、金融、数学、法律、管理学在内的复合型技术，更易与其他行业产生共振联动。Libra 受到广泛关注具有深刻的时代、行业和公司逻辑。

随着互联网经济的深化，“流量为王”具有强烈的短视效应，既会造成资源的极大浪费，也会造成盈利模式的单一，这一发展模式已遇到瓶颈。以 Libra 的发起方 Facebook 为例，根据 Facebook 的财报显示，2018 年第四季度移动广告营收所占比例约为 93%，盈利模式单一化的弊端逐步显现，传统互联网企业面临着严峻的转型挑战。

此外，以比特币、以太币为代表的私人数字货币价格波动过大，难以履行货币的交易媒介和价格尺度职能。从 2018 年下半年开始，以单一或一篮子法币和数字资产（以太币为主）为抵押资产的稳定币和通过“算法央行”调节供需实现价格稳定的稳定币的市场份额逐步扩大，为数字货币市场提供了更多的流动性。

Libra 的出现顺应了这一行业趋势，将一篮子银行存款和短期国债作为储备资产的方式进一步丰富了抵押品的种类，选取何种银行存款和政府债券为 Libra 留出了操作和博弈的空间。基于区块链的稳定币不仅可以作为法币和私人数字货币的交易媒介，同时其跨国性的特征天然可以作为跨境支付的媒介。2018 年全球跨境支付市场约为 125 万亿美元，跨境支付的平均成本是其汇款金额的 7.68%，远高于境内支付成本，区块链在跨境支付中具有广阔的发展空间。我国企业传统跨境支付流程如图 3–7 所示：

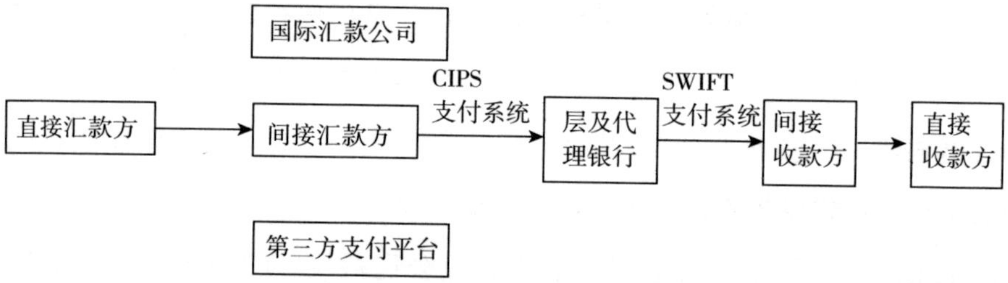

图 3–7　中国企业传统跨境支付流程

从 Facebook 公司层面，发行 Libra 也具有重要意义。2018 年 3 月 Facebook 涉嫌将用户隐私数据提供给 Cambridge Analytica 这家政治咨询机构。2018 年 5 月《欧盟通用数据保护法案》正式生效，Facebook 首席执行官 Mark Zuckerberg 在欧洲议会出席听证会，并接受严格的质询。频发的数据泄露事件和新的监管要求都给 Facebook 提出了新的挑战，Diem 的出台符合 Facebook 多元化的发展战略。

Diem 为何会还没推出就受到如此强烈的关注？因为其一旦推出，将会对全球经济和金融产生巨大的影响：

第一，对各国的传统法定货币产生影响。

Diem 对各国法定货币的影响不尽相同，对美元的综合效应可能表现为信用增强效应，而对欧元、日元、英镑的综合效应可能表现为信用减弱效应，而对币值不稳的小国主权信用则可能具有摧毁作用。

不管从市场因素还是监管因素考虑，Diem 采用的抵押资产都会以美元为主。当前 SDR 的篮子货币中美元权重为 41.73%，但全球央行外汇储备中美元占比远大于 SDR 中的权重。根据 IMF 数据，全球央行美元外汇储备占比呈现长期下降趋势，从 2000 年的 72% 下降到 2018 年的 61.7%。鉴于 28 个 Diem 协会会员大都是美国企业，美国监管层对 Diem 保持较高程度的影响，预计美元资产占比也会高于 60%。整体而言，Diem 对美元存在两个维度的效应：从国际结算维度而言，Diem 与美元存在竞争关系；但从储备资产维度，Diem 和美元则互相支持。存托在美国境外金融机构发行的 Diem 代币本质上是离岸美元。美国曾在过去较长时间内丧失了离岸美元的定价权，一度导致美元离岸市场同业拆借利率无法反映真实融资成本，Diem 对于美国重新掌控美元离岸市场定价权具有积极意义。从美国国内视角来看，Diem 是以硅谷为聚集地的科技企业第一次以群体的形式染指华尔街的金融权力，在金融科技（Fintech）的金融和科技的两个维度中，科技有渐强之势。

而对美元外的法币，尤其是币值不稳的法币，Diem 可能会产生货币替代效应。在 20 世纪 70 年代的拉美国家和 20 世纪 90 年代的苏东国家都曾发生较大规模的货币替代，其中以“美元化”为主。进入 21 世纪后，全球美元化的程度尽管有所降低，但发生过严重通胀国家（如委内瑞拉、阿根廷）的居民仍具有较强的持有美元资产的动机。同时，这些国家也已考虑利用数字货币对抗恶性通胀，2018 年 2 月委内瑞拉以石油为价值支持的数字币正式对外发售。但从实际效果而言，非锚定型数字货币在价格稳定方面表现均不如美元等强势法币，Diem 会对 2008 年国际金融危机后再次流行的资本管制政策造成冲击，提高通胀国家居民获得稳定货币的便利性，再次加剧货币替代，并对该国货币金融体系产生较大冲击，甚至有可能取代其主权信用。Diem 对于欧元、英镑、日元等国际化法币也具有一定冲击，但作为 Diem 篮子货币，对其冲击将表现为替代效应和增强效应的综合效应。

第二，刺激各国法定数字货币的研发。

Diem 发行稳定币的方式给各国发行法定数字货币提供借鉴的同时，也对法定数字货币研发具有刺激效应。除厄瓜多尔、委内瑞拉、突尼斯、塞内加尔以及马绍尔群岛等国先后发行过数字货币外，各主要国家也已启动对法定数字货币的研发：2016 年 6 月加拿大央行启动 Jasper 项目，2018 年 3 月新加坡金融管理局启动 Ubin 项目，2018 年 9 月欧洲央行和日本央行联合开展了 Stella 项目。中国人民银行对于法定数字货币的研究走在了世界前列，2014 年启动了对数字货币的专门研究，2017 年 7 月中国人民银行数字货币研究所正式挂牌成立。在 Diem 白皮书发布后，中国人民银行研究局局长王信表示：Diem 对各国货币政策、金融稳定和国际货币体系可能会产生重大的影响；中国人民银行经过国务院正式批准，正在组织市场机构进行法定数字货币的研发。这反映了中国官方对 Diem 的重视和对此作出的积极反应。法定数字货币因对支付体系、货币政策、金融稳定和资本流动等方面具有广泛影响而备受关注。

第三，增大全球金融风险。

从 Diem 设计机制来看，可能会增大全球系统性风险：其一，Diem 本质是一个全球影子银行，存在货币错配和期限错配。用户倾向于将单一货币兑换成 Diem 代币，但 Diem 代币却基于一篮子货币计价，在资产端和负债端存在货币错配。此外，用户可随时向经销商双向兑换 Diem 代币，但 Diem 资产池具有一定的投资期限，经销商和 Diem 协会无法实现时时兑换，这导致了期限错配。同时，货币错配和期限错配可能会相互强化，加剧错配程度和金融不稳定性。

其二，Diem 经济系统存在无风险套利的空间。用户持有 Diem 代币没有利息，Diem 的储备资产池被托管在金融机构中会产生投资收益，投资收益将被支付运营成本、确保低廉的交易费用以及为协会会员分红。存在剩余收益为资金加杠杆进入 Diem 体系进行套利提供了动机，Diem 没有发行规模限制，若规模过大可能会导致系统性风险。如果储备池资产为追求较高投资收益而采取相对激进策略，那么当面临集中大额赎回时则可能无法完成兑付，进而折价出售储备资产，导致恶性循环，引发流动性危机。要避免这一情况须对 Diem 资产储备池按照类型、信用评级、期限、流动性以及集中度等进行审慎监管。

其三，Diem 可能加剧跨境资本流动风险，并导致监管套利。Diem 基于区块链上的地址而不是银行账户进行转移，天然具有跨境属性。在美元进入降息周期时，美元为全球金融市场提供流动性，并不断加杠杆；在美元进入加息周期后资本发生反向流动，并有可能造成当地金融系统崩溃。在 2008 年国际金融危机后，经济学界一改 1998 年亚洲金融危机前对资本账户自由化一边倒的支持，重新思考资本管制的必要性。Diem 可能会削弱资本管制政策，增大跨境资本流动风险。此外，Diem 全球化运营的特征为其利用不同国家法律和政策进行套利提供了空间。

其四，Diem 可能会导致洗钱、恐怖融资、偷税漏税和欺诈等方面的风险。Diem 用户接入的低门槛和代币流通的跨国界会带来此类风险，尽管金融机构可通过 KYC（了解客户）/AML（反洗钱）/CFT（反恐怖主义融资）等准则规避相关风险，但仍然无法杜绝冒名注册等问题，消费者保护及金融健全性规则亟待建立。

第四，对普惠金融具有积极意义。

2018 年 4 月，世界银行发布的《2017 全球普惠金融指数报告》显示：全球普惠金融程度得到提高，但仍存在不同国家人群间差距广泛存在、17 亿成年人无金融账户以及全球 19.52% 的金融账户不活跃等问题，数字技术具有促进全球普惠金融深层次发展的较大潜力。分布式账本使得 Diem 代币成为去中心化客观存在的数字资产，基于 Diem 的数字钱包和分布式应用则强化了这一属性。Diem 代币可以实现跨国界、跨平台流通，在无须相关征信的情况下触达更加广泛的受众，进而实现低门槛开户和零成本接入，进而提高金融服务的可获得性。此外，Diem 协会成员具有广泛的客户基础，可在其产品上设置 Diem 接口，这进一步提高了普惠金融的深度和广度。同时 Diem 也引起了全球范围内科技行业对金融业的关注、思考甚至参与，这也是另一种形式的“普惠金融”。

事实上，Diem 从事的是半开放式金融（Semi-Distributed-Finance）中的借贷和支付业务。“开放式金融”可定义为“一个由无须中心化机构许可的、基于智能合约和在分布式网络中构建的应用所组成的金融生态系统”。Diem 的用户可通过本国的法定货币资产自由铸币，可按照市场价兑换 Diem，当有剩余的 Diem 没有使用时，可将 Diem 反向兑换成本国货币。尽管整个过程存在人工操作，但 Diem 用户可以在一定程度上“自由铸币”，因此成为“半开放式金融”。

事实上，包括我国在内的全球大量的发展中经济体并没有实现资本金融账户完全开放，我国的资本管制程度也随着国际国内金融形势而发生变化，自 2007 年至今，中国资本管制程度经历一个先加强后放松再加强的过程。第一个阶段是 2007—2010 年，特点是中国资本管制程度较高。在此阶段，为限制投机性“热钱”进入中国，中国政府在此阶段放慢了资本项目开放的步伐，采取一系列措施加强资本管制。第二个阶段是 2011—2015 年，特点是中国资本管制大幅放松。自 2011 年以来，中国资本项目开放的速度又明显加快。第三个阶段是 2016 年至今，中国资本管制程度在逐步加强。为控制资本外逃，中国在此阶段对资本流动的管制逐渐收紧。

现阶段我国个人每年外汇限额是 5 万美元，如果 Diem 推出之后，渗透到较多的中国用户，中国用户就可以按照人民币兑换 Diem 一篮子货币的实时价格进行兑换进行跨境支付和全球资产配置。如果这种情况发生的话，我国的资本管制政策将被极大程度削弱。

第五，对商业银行体系的影响。

互联网金融深刻改变了传统商业银行的盈利模式，并加剧了金融脱媒（谢平等，2012），区块链点对点价值传输的特点则对以商业银行为代表的金融中介构成更大挑战。Diem 高度重视合规性，采取包括将部分商业银行纳入经销商以减少社会阻力的方式推进项目，同时 Diem 的运作方式对于未成为经销商的银行则构成更加严峻的挑战。Diem 不仅包括代币，也包含底层以清算结算为核心功能的金融基础设施，清算结算网络将和协会成员的社交网络、业务网络深度融合，对现有商业金融体系构成巨大挑战，进而倒逼商业银行改革。全球银行业已逐步尝试将区块链纳入其业务流程和基础设施，拥抱以区块链为主的新兴技术。

第六，对货币政策和宏观审慎政策双支柱框架的影响。

党的十九大报告强调健全货币政策和宏观审慎政策双支柱调控框架，双支柱框架在国际范围内也得到广泛认可和深度实践。尽管Diem基于100%准备金发行，没有货币创造能力，但会引起货币错配和期限错配，同时具有套利空间，致使杠杆资金可能进入其储备资产池中。由于Diem并不在货币统计口径中，其类货币属性会对主权国家的货币政策构成潜在挑战，导致货币政策有效性降低。此外，Diem没有独立货币政策，由于其储备资产主要为美元资产，因此价格波动和美元周期具有相关性，也会带来跨境金融风险。Diem没有规模限制，一旦规模过大可能会产生系统性风险，这需要宏观审慎政策进行调控。鉴于Diem可能对货币政策和宏观审慎政策带来的冲击，各国央行需将其纳入监管框架中。

尽管当前全球稳定币具备了通用数字法币的一些特征，但和法定数字货币还有较大区别。法定数字货币一定是政府（一般是中央银行）发行的数字货币，即数字主权货币。而一旦真正发行了数字法币，势必对现有的货币政策模式产生巨大冲击。这也就是为什么中国人民银行从2014年就开始追踪和深度研究数字货币，但迟迟没有推行的原因。而数字法币的推行意味着货币政策调控的集中程度更加增强，信用产生模式完全依赖主权国家信用。数字法币的产生机制很可能参考芝加哥学派的货币理论，将铸币权完全收归于中央银行。但在具体的实施方面可能不会一步到位，很可能参考前英国央行行长默文·金（Mervyn King）的"全天候当铺模式"。简而言之，"全天候当铺模式"就是一个商业银行将其拥有的资产向中央银行进行抵押，中央银行在对这些抵押品做相应的折扣之后，计算出能给这个商业银行多少贷款额度，商业银行只能在这个额度与它在中央银行的储备金之和的额度内进行放贷。这个模式非常类似于当铺的模式，因此被命名为"全天候当铺模式"。关于这种抵押经济系统，本章有所论述，笔者在《链改：重塑社会结构和经济格局》中有过详细阐述。

默文·金的理论具有非常强的实操性，在现有的银行体制内就可以实施，我国近年来在货币政策方面施行一系列诸如短期流动性调节工具（Short-term Liquidity Operations，SLO）、常设借贷便利SLF、中期借贷便利MLF、抵押补充贷款（Pledged Supplementary Lending，PSL）等在内的非常规货币政策。非常规货币政策将商业银行贷款纳入用于基础货币投放的合格抵押品框架，从而摆脱再贷款的信用风险问题。当数字资产逐渐发展壮大之后，这种模式也能很容易地在数字资产和数字法币的基础上实施。

从货币职能而言，全球稳定币完全放弃了价值尺度职能，选择以主流的法定货币为价值锚（一般是美元等强势的法定货币），但与此同时其去中心化特征更加明显，淡化了主权政府的色彩，这在某些场景之下反而是一种优势，其交易媒介和支付手段职能得以强化（流通摩擦越来越小，无国界趋势日益明显）。因此，全球稳定币绝不仅仅是法定数字货币的影子，两者互有优势。未来在全球货币市场的竞争，很有可能是全球稳定币和法定数字货币“二分天下”的格局：在庙堂之高，法定数字货币将占据主导地位；而在江湖之远，全球稳定币将具有更大的优势。人民币要成为全球接受程度更高的国际货币，既要有 DC/EP 起到中流砥柱的价格锚作用，又要有围绕 DC/EP 的全球稳定币支撑起数字人民币的离岸市场，丰富数字人民币的生态。

3.4 Diem2.0：数字资本主义和金融资本主义合流

Diem 协会的成员皆为全球的数字资本主义巨头，而 Diem 的储备资产是基于一篮子法币的银行存款和短期国债，这反映了现阶段数字资本主义和金融资本主义的合流。但未来数字资本主义在货币金融领域具有足够的实力和话语权后，有可能出现数字资本主义和金融资本主义的分流与倾轧，并进一步形成新的数字金融资本主义。未来数字金融资本主义很有可能成为引领资本主义生产力发展的主要力量。

区块链虽然也属于数字技术范畴，但原生区块链项目不被主流的数字企业所接受。数字科技巨头俨然已成为新的中心，完全去中心化的理念不符合这些巨头的利益。但是，数字企业及其代表的数字资本主义近年来越来越具有染指货币金融业务的动机，这一行为同样不为传统金融机构所接受。而区块链为数字资本主义提供了染指货币金融业务的一个非常好的工具。

事实上，近十年来数字资本主义已逐步兴起并发展壮大。不同于金融资本主义集中于美国东海岸，最知名、最具影响力的主要数字经济公司集中位于硅谷和美国西海岸。它们为万维网提供基础设施，确立通信和用户活动的数字模式，并提供数据联网所需的软硬件。作为战略数字网络核心运营者以及数十万员工的直接或间接雇佣者，这些领先数字企业不仅为商业互联网，也为许多其他部门创造了工作条件。以谷歌、苹果、亚马逊、Facebook 和微软为代表的领先数字企业通过利用数字产品的网络效应并扩展机会，建立了社会技术生态系统以望成为强大的垄断企业，已实现了对信息的垄断，正在谋求更大程度对货币金融事务的染指。

当前我们正处于新的技术革新浪潮之中，尤其是受到了以下三个因素的推动：第一，数据存储、处理和检索（大数据）方面的革命；第二，数字设备在生产者和消费者之间日益扩大的传播和相互关联；第三，智能算法的发展。数字化已影响到生产的所有领域和劳动力市场的所有部门，因此可以作为合理分析当代资本主义变革的基础。数字化正在以多种不同的方式改变工作、改变商业战略、工作概况、组织政策、生产链、就业形式以及劳动关系。

在当今的数字经济中，垄断倾向产生于系统的“马太效应”，其主要原因有两个。第一，在供应方面存在规模效应，即数字产品的开发成本很高，但生产每一个单元（例如软件）的边际成本却极低。由于边际成本为零，企业能以相对较低的价格销售大量产品，甚至将免费分销作为提高长期顾客忠诚度的一种手段。

第二，在需求方面，数字产品带来的特定网络效应使其用户越来越多。当对数字产品的需求达到一定程度时，其需求就会变成一个自我强化的过程。工业垄断资本主义往往是以“自然垄断”为基础的，事实上，它们在某些方面类似于数字资本主义垄断。

随着数字资本主义逐渐走向成熟，大企业的目标是通过创建一个融合了硬件和软件的社会技术生态系统，以满足尽可能多的用户需求，并使用户更不易转向另一家数字提供商。企业自己的硬件设备在将用户嵌入封闭的社会技术生态系统中发挥着关键作用，它们为客户提供了大量同步的、相互关联的程序和服务。

数字资本主义获取信息、攫取权力的过程是阶段性的。谷歌和 Facebook 账户起初是免费的，但实际上，用户的个人信息是这些企业的主要资本。这些数据巨头通过积累用户数据，不断优化公司服务和生产流程的算法，从而提高自己的市场地位。一方面，用户与数字生产过程之间的这些永久性的反馈循环提高了用户体验的价值，因为客户的愿望和偏好可以被用来不断地改进服务；另一方面，依赖于用户数据的技术流程也是定向广告和大数据应用程序的基础，而这实际上是谷歌或 Facebook 等公司的核心业务。

以亚马逊为例。亚马逊是迄今为止最大的在线零售商，2015 年其全球销售额超过了其他竞争对手的总和。亚马逊的政策目标是通过数字化改造现有市场，并创造新的市场。在亚马逊以一个新的竞争对手的身份进入了印刷图书市场后，平台资本主义（ platform capitalism ）被引入亚马逊，以实现更加积极的市场转型，其互联网平台不仅是一个数字市场，而且是一个数字生产系统。

在塑造市场的过程中，亚马逊遵循了数字创造的逻辑，打破了“类似”的市场结构。虽然每家互联网企业的核心业务都位于不同的部门（广告、软件、消费娱乐电子产品、零售等），但它们的供应结构日益趋同，在一定程度上导致了供应方的“同构”（ isomorphic ）结构。尽管谷歌和亚马逊等公司在其传统的核心业务领域并不是竞争对手，但它们之间的竞争现在越来越激烈。

数字技术的进步为资本主义生产带来了新的剥削方式。资本的原始积累在数字时代变本加厉，通过网络平台提取的大量数据成为数字资本主义生产的第一要素。资本的原始积累向网络空间的扩张与技术的资本主义应用密不可分。数字资本主义是指资本以数字资本的形式获取剩余价值，其核心是“一般数据”。

数据的来源是用户的活动，获取数据（生产资料）是数字资本生产的首要前提，在此过程中，资本家无偿占有了用户活动的使用价值。资本主义发展会出现各种问题与危机，资本家必须通过多样化渠道占有剩余价值。为了稳定资本主义体系，在商品经济的生产发展中仍然存在着生产性积累。马克思讨论的原始积累机制仍然是有效的，非生产性积累是国家权力与资本权力共同作用的结果，在资本主义发展的不同阶段发挥作用。

从工业资本的原始积累到数字资本的原始积累，资本原始积累的目的一直没有改变，即持续地追求剩余价值。此外，当代资本的原始积累过程呈现出国家权力隐匿、资本权力上升的趋势，这一点也深刻地体现在 Libra 之中，将国家的权力和意图隐匿于数字企业之中。资本的原始积累交织在生产、流通、消费各领域，技术在资本主义生产过程中发挥着巨大的作用。

事实上，资本关系以劳动者和劳动实现条件的所有权之间的分离为前提。资本主义生产一旦站稳脚跟，它就不仅保持这种分离，而且以不断扩大的规模再生产这种分离。人与生存资料相分离是资产阶级推动的最初变革。在 15 世纪，这种分离表现为农民与土地的分离。金融资本的原始积累发生在资本主义生产方式占据主导地位的时代。资本主义生产过剩的危机导致在生产之外，资本仍然寻求一种与工业社会发展初期对土地的暴力掠夺类似的原始积累。金融资本主义以市场化与自由贸易为前提，通过金融机制、军事干预等方式使现有的资产贬值，然后把廉价原材料释放到新自由主义市场中，通过技术变革和投资使劳动力贬值。

金融资本的原始积累不仅存在于生产领域，还存在于流通领域。例如，金融机构将家庭储蓄导向金融市场，产生了“剥夺性利润”。这类金融利润来自流通领域，与生产资料的所有权和生产过程无关。总的来说，金融资本的原始积累通过国家权力和资本权力获得低价原材料和廉价劳动力，这个过程出现在资本主义的生产和流通环节，技术开始发挥直接作用。

而数字资本主义将剥削进一步深化，将剥削扩展到了民众更为一般的行为产生的数据。在 20 世纪 90 年代之前，提取数据的方法虽然不断进化，但仍然存在诸如分析样本不足、数据延迟、效率低下等问题。如今，新的资本主义形式——数字平台则克服了这些缺陷。

作为数字资本主义生产的最重要的要素，数据是被资本家无偿占有的。数据不仅影响了数字资本主义的生产，同时影响数字资本的再生产。注意力经济（Economy of Attention）不能保证数字资本主义生产的持续性发展。为了维持源源不断的数据量，平台必须具有不可分离的依赖性，规范用户的行为和交往方式。网络平台的垄断性特征和“一般数据”的支配性地位。平台成为赢家是数字资本的原始积累直接导致的，也是资本主义发展的必然趋势。资本的原始积累向网络空间的扩张与技术的资本主义应用密不可分，必须关注网络用户与非技术劳动者的未来发展，并对资本原始积累的前提、积累过程和运转趋势进行更加深入的剖析。

归纳而言，数字资本主义具有以下特点：

第一，用户活动的使用价值被无偿占有。

由于市场竞争的原因，数字资本对数据的占有呈现出垄断的趋势。数据进入资本主义生产必须要面对数据的隐私权问题，这实际上是用户活动的使用价值被无偿占有、用户与其生活资料的分离导致的数字资本家与用户之间的矛盾。经济学家利用“科斯定律”为数字资本家的无偿占有辩护，其观点是“在交易费用为零或足够低的情况下，不管资源最初的主人是谁，它都同样会流到价值最高的用途上去”。

而对数字资本家来说，数据是具有生产性的价值的，平台的作用就是将用户的数据放入生产过程中创造价值。数字资本家把用户的活动视为数据的天然来源，这不仅贬低了用户活动的价值，而且也垄断性地占有了“一般数据”，即剩余价值的新来源。

从某种意义而言，可以将用户活动视为一种“新的劳动形式”，将其定义为知识劳动或网络劳动，并将其统统划归为劳动异化和劳动者的异化，进而以马克思的剥削理论和阶级斗争理论来分析数字时代的异化劳动、阶级斗争。

在数字资本的积累过程中，平台并没有将网络用户直接转化为实质性的雇佣劳动者。平台提取、使用用户的数据实质上是对用户活动的使用价值的剥夺，是对用户的社会生活与交往形式的间接的共同占有。用户无法阻止自己产生的数据被平台共同占有与使用，这种资本积累的手段看似是非暴力的、非强制性的，但实质上是资本对“普遍的用户”的剥削。

第二，数字资本的原始积累交织在生产、流通和消费各环节。

作为资本主义的一种，数字资本主义生产方式同样存在固有的内在矛盾。正如马克思所言：“资本的原始形成，完全不是像人们所想象的那样，似乎是资本积累了生活资料、劳动工具和原料，一句话，积累了同土地相分离的，而且本身早已将人类劳动吸收在内的劳动的客观条件。”

数字平台的建构就是生产出数据被提取和使用的客观条件。斯尔尼塞克认为：“通过提供不同群体之间的基础设施和中介服务，平台将自己定位为可以监视和提取这些群体之间的所有交互性操作。这种定位是它们的经济和政治权力的来源。”从数字平台的生产过程来看，用户产生的数据是平台的生产资料，因此占有数据是平台生产的必要前提。平台所有者利用不平等的经济关系获取用户数据，然后通过数据工程师的分类和整理形成有效资源，用来生产客户需要的广告、服务等商品。这既是商品的生产过程，也是剩余价值的创造过程。

数据的所有权归平台所有是平台对用户生活资料或生产资料的无偿占有，是“直接生产者的被剥夺”。在那些繁复难懂的合约中，数字平台轻而易举地完成了对数据的原始积累。广大用户不仅不占有平台的商品，而且很有可能成为这些商品的消费者，从而促进资本的再生产。

第三，广大社会民众的无产阶级化。

普通用户是这次无产阶级化的主体。在资本积累的历史中，人的角色不断转变。从农民到雇佣工人，再到如今数字资本主义中的平台用户。由于技术在资本主义发展过程中发挥着巨大的作用，机器、系统、服务、网络等各种技术客体都能够使主体丧失知识和记忆。

贝尔纳·斯蒂格勒（Bernard Stiegler）认为，技术的发展导致无产阶级化的不断加深以及人不断地失去知识。自资本主义发展之初，人的无产阶级化过程就不断发展，根据科学技术发展水平，斯蒂格勒将无产阶级化过程分为三个阶段：第一个阶段，19 世纪第一次工业革命导致了劳动者技术知识的无产阶级化；第二个阶段，20 世纪的第二次工业革命和第三次工业革命导致了消费者生活知识的无产阶级化；第三个阶段，也是目前所在的阶段，21 世纪的数字化导致了理论知识的无产阶级化，即心灵的无产阶级化。无产阶级化就是人失去所有知识（即技术知识、生活知识和理论知识）的过程。

尼克·戴尔－怀特福德（Nick Dyer — Witheford）提出了“赛博无产阶级”（Cyber — Proletariat）的概念，他提出：“我们所描述的赛博无产阶级，即数字资本机器对人性的压制，从中诞生了大量的稳定就业之外的剩余人口。”数字资本的积累不仅仅是对从事数字劳动的劳动者的剥削，也是将大量的人口变成失业人口的过程。数字智能化代替人的就业并不是人的解放，而是意味着大量的人沦为无用的人，即新无产阶级。因此，数字资本主义的原始积累必然导致大量赛博无产阶级的出现。

资本主义通过数字技术向网络空间扩张，将网络空间纳入了资本积累的范畴。由于网络空间在很大程度上缺乏明确的界限，因此，数字资本的原始积累基本处于全球性背景中。尽管数字化发展必须依托于产业资本与金融资本，但数字资本的原始积累自身呈现出其他特点：第一，资本主义在空间地理上的扩张是有限制的，但数字平台的生产过程却不再受地理环境的限制。只要技术不断发展，原始积累就不会停歇；第二，技术在生产中起主导性作用，数字资本主义生产需要具有高级技术知识的劳动者（计算机工程师）和大量的网络用户，而不再需要普通的劳动力。

数字技术的资本主义应用是资本主义在 21 世纪的一次重大转型。从泰勒制、福特制到丰田制，精益生产曾是转型的最终目标。大规模的流水线生产转化为以客户需求为核心的生产方式。科学技术与产业资本、金融资本的融合使人们的生活中出现了新的商品和消费机会。数字资本主义的形成给当前生产和消费的各个领域都带来了变革压力，引发了去制度化和转型的进程。这种变革的压力反过来又导致了新的社会秩序的出现，这些社会秩序叠加在一起正在促进形成一种新型的数字资本主义经济，数字资本主义经济绕过了常见的开放市场型颠覆性技术和商业战略将传统的经济部门引入所谓的“数字旋涡”。

数字资本主义对信息和流量入口实现垄断之后，将目标瞄准了更高阶的权力——货币金融权力。事实上，进入21世纪后，金融资本主义经历过三个阶段的发展。第一个阶段为2000年到2007年美国次贷危机爆发，这一阶段传统金融范式经历了繁荣与危机。第二个阶段为2007年到2018年，这一阶段的代表性特征是科技被作为一种重要工具被越来越多地应用于金融业中，从互联网金融到层次更深的金融科技的发展集中反映了这一时期的特征。第三个阶段自2019年开始，这一阶段的代表性特征是以区块链、人工智能等为代表的数字技术越来越多地作为一种基础性技术（制度性技术）出现在金融业务中，而不仅仅是一种辅助手段，Diem的出现和开放式金融的发展拉开了这一时期的序幕。从全球范围来看，这一时期的最大推动者即为数字资本主义。

但数字资本主义现阶段在货币金融领域的影响力远不能与金融资本主义相提并论，因此“合流共谋”是对他们而言比较明智的策略。这也是Diem选择基于一篮子法定货币的银行存款和短期国债作为储备资产的原因。对于金融资本主义而言，人们生产和消费方式的数字化程度提高也要求金融行业的运作方式发生变化，货币金融运作模式的社交化、隐私性等方面的要求也越来越高。跟数字资本主义实现一定程度的结合共谋也符合现阶段金融资本主义的利益。金融资本主义最关心的事情是如何在共谋中保持自己的主导地位。随着数字资本主义和金融资本主义共谋程度的加深，未来两者可能出现分流和倾轧。但是基于两者利益的共同点，可能会诞生新型的数字金融资本主义。认清这一现实对于把握全球数字金融的演进趋势、占据数字金融竞争的制高点具有重要意义。

2020年4月14日，金融稳定委员会发布了《解决全球稳定币项目所引起的监管、监督挑战》，提出10项监管建议。该咨询报告将递交给2020年4月15日举行的G20财长和央行行长视频会议。仅仅过了一天，Diem协会便发布白皮书2.0版本，接受“招安”之心甚为急迫。事实上，公众咨询期到2020年7月15日才截止，最终建议的反馈也到2020年10月才发布。Diem协会的快速反应表明其对FSB、BIS（国际清算银行）、G7、G20、IMF（国际货币基金组织）、WB（世界银行）等制定全球货币金融游戏规则的制度设计者意图的深刻领会。既然Diem协会早晚都要妥协和让步，还不如早妥协，早妥协早干事。

之前或许Diem协会和Facebook对挑战现有货币金融秩序还抱有一丝希望，后来Diem协会深切体会到了主要经济体的金融监管部门和国际经济金融组织的态度。随着新冠疫情的全球大流行，全球各个国家都在公共权力和民众自由的跷跷板上倾向了公共权力。在这种时代大幕下，之前的一丝希望也不复存在。毕竟“大争之世不是大作之世”，作“是目空一切地挑衅与宣泄，越作死得越快。而“争”是在认清形势的情况下有理有据有节地斗争与妥协，妥协也是“争”的一部分，是“争”的静止状态。在新冠病毒全球大流行、世界经济衰退、失业率屡攀新高的情况下，具有“争”的能力是幸福的，没有“争”的能力只能被动坐等“直升机撒钱”。

2020年4月，美国密歇根州和华盛顿州的众议院议员Rashida Tlaib和Pramila Jayapal在其提出的关于援助美国社区的议案中再次纳入了有关数字美元以及数字美元钱包的内容。在新冠疫情之下，美联储直接发行数字美元的计划看似呼之欲出，但最终因各种原因废止，这意味着美联储直接发行数字美元的可能性几乎为零，在Diem满足金融资本主义的监管要求后，支持并规制Diem才是更加符合金融资本主义利益的占优策略。

Diem协会本质上代表了兴起于美国西海岸的数字资本主义的利益，数字资本主义信奉“算力即权力”，与大本营位于东海岸的金融资本主义既有利益契合点，也有利益分歧。利益的契合点在于金融资本主义可以为越来越依靠流量变现的数字资本主义注入源源不断的资金，2019年Facebook的年报显示，其超过90%的营收来自流量变现。数字资本主义的发展也需要钱，尤其现在经济下行、失业率高涨、收入减少的情况下，流量变现越来越难了，“地主家里也没余粮了”，而印钞机就掌握在金融资本主义手中，这是危机时期的大杀器。数字资本主义可以将剥削进一步拓展到普通民众日常行为产生的数据，这代表了资本主义的更深层次的剥削，数据资产化的大蛋糕金融资本主义不会放过，这需要数字资本主义提供生产资料。从利益契合点来看，数字资本主义和金融资本主义合流有可能实现双赢。代表数字资本主义利益的Diem的抵押资产是金融资本主义发行的银行存款和短期国债，而数字资本主义则充当了金融资本主义的“打手”，去全球攻城略地，摧毁一些主权信用不牢靠的国家的货币体系。

Diem2.0本质上就是数字资本主义和金融资本主义合流的投名状。综合而言，数字资本主义和金融资本主义谁的实力更强？肯定是金融资本主义，毕竟经历了几百年的发展与积淀，而数字资本主义的发展充其量也就是二十多年的事儿。就像大宋和大辽，大宋的综合国力更强是毋庸置疑的。谁的侵略性更强？肯定是数字资本主义，因为业务发展快，富起来也就是这几年的事儿，更多地保持了创业时的冲劲儿，“996”在互联网公司基本上是家常便饭。在金融领域对大多数人而言，按时上下班才是常态。就像大宋和大辽，大辽的侵略性更强。Diem协会做的事儿，本质上是数字资本主义涉足了本属于金融资本主义势力范围的货币金融业务，入侵了金融资本主义的业务范围，从金融资本主义的碗里抢饭吃。

金融资本主义一琢磨，Diem第一版白皮书已经发布了，天下都知道怎么去搞全球稳定币了，全面禁止是禁不住的，因为这事儿赚钱，“野火烧不尽，春风吹又生”。正如马克思所言，“一有适当的利润，资本就胆大起来。如果有10%的利润，它就保证到处被使用；有20%的利润，它就活跃起来；有50%的利润，它就铤而走险；有100%的利润，它就敢践踏一切人间法律；有300%的利润，它就敢犯任何罪行，甚至冒绞首的危险。”所以不如让Diem发出来，因为一旦Diem发行，那些中小型数字科技企业再发稳定币，不用金融资本主义动手，Diem分分钟就把它收拾了，那些稳定币是一定竞争不过Diem的。同时，Diem还可以帮最体现金融资本主义利益的法币——美元去新兴市场经济体这片大草原上扫荡，因为Diem不是美国政府发行的，而是由商业机构联盟发行，官方色彩较为淡薄，可以在一定程度上减少政治阻力。

但是金融资本主义也有同意 Diem 发行的底线，就是 Diem 要不损害其根本利益，按照其模式，符合其监管要求，如果以上的"约法三章"都能满足的话，同意 Diem 发行基本上就是板上钉钉的事，Diem 获得的显性和隐形收益也就是金融资本主义送给数字资本主义的回报。不过这些回报对于金融资本主义而言只是一小块蛋糕。但不要忘了批准发行的前提是"约法三章"：不损害金融资本主义的根本利益，按照金融资本主义的模式，符合金融资本主义的监管要求。理解与预测之后所有的数字资本主义和金融资本主义的博弈都离不开这"约法三章"。

Diem 在第一版白皮书中宣称采用基于一篮子货币法币资产抵押的模式体现了不损害金融资本主义的根本利益，其"Diem 协会—经销商—用户"的二元模式借鉴和学习了金融体系的"中央银行—商业银行—用户"的二元模式，在第一版白皮书中提到的 KYC/AML/CFT 监管框架以及其反复宣称的"金融监管部门不同意就不发行"体现了符合金融资本主义的监管要求。不过这还不够，通过九个多月与主要金融监管部门的沟通，Diem 协会更加深刻地意识到了这一点。于是，在 FSB 将《解决全球稳定币项目所引起的监管、监督挑战》提交给 G20 一天之后，Diem2.0 就"如期而至"了。接下来我们逐一看一下四条修改措施。

2020 年 4 月 16 日，Diem 协会发布白皮书 2.0。在白皮书 2.0 中，Diem 支付系统设计方面做了四项重大更改，包括：

第一，除了基于一篮子法币抵押之外，Diem 还将提供基于单一法币抵押的稳定币。Diem 协会决定添加单币种稳定币来扩展 Diem 网络，最先会从原 Diem 一篮子锚定货币中的一些法定货币开始，比如单一美元锚定 Diem：Diem USD（USD）、单一欧元锚定 Diem：Diem EUR（EUR）、单一英镑锚定 Diem：Diem GBP（GBP）、单一新加坡元锚定 Diem：Diem SGD（SGD）。笔者在 2019 年 9 月发表在《贵州社会科学》的《Facebook 加密货币 Diem 的经济学分析：背景、内涵、影响与挑战》中明确指出了这一问题，这篇论文也是最早发表在 CSSCI 的研究 Diem 的论文之一。Diem 本质是一个全球影子银行，存在货币错配和期限错配。用户倾向于将单一货币兑换成 Diem 代币，但 Diem 代币却基于一篮子货币计价，在资产端和负债端存在货币错配。此外，用户可随时向经销商双向兑换 Diem 代币，但 Diem 资产池具有一定的投资期限，经销商和 Diem 协会无法实现时时兑换，这导致了期限错配；同时，货币错配和期限错配可能会相互强化，加剧错配程度和金融不稳定性。这也是 1998 年亚洲金融危机和 2008 年国际金融危机向新兴市场经济体传导的根本原因。尽管基于一篮子法币抵押的 Diem 稳定币没有被废除，但这种模式的稳定币不会被应用在美国、英国等主流欧美国家之中，仅可能被应用于广大的发展中经济体。在美国、英国等主流欧美国家仅可能使用锚定本国货币的 Diem 稳定币。事实上，如果 Diem 锚定一篮子货币，那么确认货币篮子的权重本身就是一项重要权力。凭什么货币篮子的权重 Diem 协会说了算？ Diem 协会对外宣称的比重在 2019 年发生过变化，如果给 Diem 协会留下修改篮子货币权重的权力，那如果之后 Diem 发展壮大了，会不会“废天子而自立”？如同 20 世纪 70 年代美元废黄金自立一样。因此，金融资本主义不会把这种权力留给数字资本主义，而会要求 Diem 必须锚定单一法币。

第二，通过强大的合规性框架提升 Diem 支付系统安全性。这一条改进没有特别的含义，对于任何支付系统合规性和安全性都是应有之义。Diem 协会已经吸收了监管机构的反馈意见，并会持续开发一个满足金融合规性和全网范围风险管理的框架，并制定反洗钱（AML）、反恐怖主义融资（CFT）要求，满足合规以及防止非法活动的标准。

第三，在保持主要经济特性的同时，放弃联盟链向公有链系统的过渡计划。笔者在前述论文中已经明确提出了向公有链转换的困难和不确定性，在于区块链的工具化特征越来越明显。技术极客的理想主义在现实世界面前不值一提，区块链最后一定会“活成自己当年最讨厌的样子”。区块链在我国的落地路径也是如此，习近平总书记区块链重要讲话也是体现这个特征，通过区块链可以大大提高集成化程度和可追溯性，这完美契合了政务系统的要求。因此，再回到去中心化、难以管控的公有链无异于天方夜谭了。

第四，为 Diem 的资产储备建立强大的保护措施。这一点平淡无奇，属于应有之义，不再赘述。

认清资本主义的这一发展趋势对于我国建立链政经济体系，建设数字金融强国，深入发展数字经济具有重要意义。毕竟只有知己知彼，才能百战不殆，我们面对百年未有之大变局应有充分的准备。

3.5 CBDC vs Diem：渐行渐近的终极竞争

上两节论述了法定数字货币（CBDC）和全球稳定币（以 Diem 为代表）的特点，两者信用来源不完全相同，法定数字货币的信用来源是主权信用，当 DC/EP 推出时，其经济本质和纸币并无区别。

全球稳定币有三种模式，产生的信用方式也不完全相同。第一种模式为，全球稳定币的发行面值以常用记账单位（一般为美元）表示，其用户拥有对发行人或标的资产的直接索偿权，发行人承诺以购买全球稳定币所用的货币平价兑换这种全球稳定币。这种稳定机制的代表性项目为 GUSD、PAX、USDC 等，这种稳定币项目通过商业银行和地方金融监管机构背书保证 1∶1 兑换。第二种全球稳定币类似于交易型开放式指数基金（ETF），发行不具有指定面值，而是按照构成基础资产组合的份额。按照最初版的白皮书，全球稳定币的代表性项目 Diem 即为这种机制，锚定基于一篮子货币（美元、欧元、英镑、日元、新加坡元）的银行存款和短期国债。但是由于美国监管机构的强监管压力 Diem 越来越有可能锚定单一法币美元，即越来越有可能向第一种模式转化。第三，全球稳定币由对发行人的索偿权作为价格支撑，其价值来源于稳定币发行机构的商业信用，其中的代表性项目是 Tether 发行的 USDT。尽管 Tether 宣称 USDT 基于 100% 的美元抵押资产发行，但由于缺乏审计、稳定币超发现象严重，几乎没有人相信其是 100% 的美元抵押，因此本质上是商业信用。

Griffin & Shams（2019）对 USDT 进行实证分析，认为 Tether 利用超发 USDT 为加密数字货币市场提供超额流动性，进而操纵以比特币为主的主流加密货币价格。2019 年 4 月纽约总检察长办公室也曾就 Tether 与 Bitfinex 涉嫌利用 USDT 储备金掩盖损失而起诉当事人。

但是有意思的是，USDT 的交易量和总市值在稳定币中仍能保持第一位，长期占据 90% 以上的份额。这个现象我们似曾相识，美元即使有诸多弊端，但仍然是最重要的结算货币、计价货币和储备货币。这反映了货币市场的网络外部效应和信息不敏感性。

货币的网络外部性指的是在一个经济系统中，当大部分人使用一种货币时，如果你不使用这种货币，那么这个系统中的其他人就不倾向于和你进行交易，因为提高了他们的交易成本。因此一种货币一旦在国际货币体系中得到确认，就会形成历史继承性，惯性作用使得该种货币即使失去原来所依赖的经济基础，也能够长期保持竞争力，而不会立即退出历史舞台。

19 世纪末美国经济迅速发展，成为世界强国，美元的地位第一次得到提升。对于美国人来说，值得庆祝的日子有三个：1894 年，美国工业产值超过英国跃居世界第一（同年中日甲午战争爆发）；1905 年，美国人均 GDP 超过英国；1913 年，美国 GDP 总量超过英国跃居世界第一。然而经济的制霸全球并没有立刻带来货币金融的制霸全球，真正给美元"加冕"提供机会的是两次世界大战，大战期间黄金源源不断地流入美国，美国最大的竞争对手大英帝国国力大为削弱，"二战"后美国建立起美元"挟黄金以令诸侯"的布雷顿森林体系。后来由于"特里芬难题"，废黄金自立，国际大宗商品也都以美元定价，使得美元的超发更没有节制。反对巴里·埃森格林（Barry Eichgreen）在《嚣张的特权：美元的兴衰和货币的未来》中所说的美元"嚣张的特权"也是比特币的捍卫者们高举的大旗之一，很多比特币的狂热支持者疾呼："我们要货币上的民主。"

货币金融权力是美国的核心权力，尤其是进入 20 世纪 90 年代以后，美国凭借强大的军事、政治、经济和科技实力在国际货币体系中占据金融霸权地位，通过国际组织强行推行金融自由化，利用其货币的国际特权、国际投机资本和攻击性的金融投机等方式对发展中国家进行金融侵略和剥削，并成为近来新兴市场国家爆发金融危机的主要原因之一。警惕和防范金融霸权成为发展中国家跨世纪的新课题。但一个令我们惊奇的事情是，一向将货币金融权力视为禁脔的美国竟然没有研发法定数字货币的计划。2019 年 12 月在众议院金融服务委员会听证会上，美国财政部长史蒂文·姆努钦（Steven Mnuchin）与美联储主席杰罗姆·鲍威尔（Jerome Powell）都同意在未来五年中，美联储都无须发行法定数字货币。这其中的原因在于，Diem 的储备资产是银行存款和短期国债，本质上维护的是以商业银行为代表的金融资本主义和短期国债发行国的根本利益。可以预见的是，抵押资产中的银行存款大部分是美国商业银行的存款，而短期国债中大部分是美国短期国债。其中，美国金融资本主义在全球最为发达和先进，因此，通过支持以 Diem 为主的全球稳定币，美联储不仅能够获得与零售型 CBDC 对等的战略性数字货币工具，还能够将金融资本主义的战略意图蕴藏在新兴的数字资本主义中，打造一种形式上相对中性的货币武器。因此，对美国而言，短期内不发行法定数字货币，并在提出监管要求的情况下批准以 Diem 为代表的全球稳定币，是较为占优的策略。

因此 Diem 虽然宣称锚定一篮子货币，英国央行行长马克·卡尼（Mark Carney）也认为以 Diem 为代表的多元化储备货币有助于改进以美元为主导的国际货币金融体系，但是这种论调非常具有迷惑性，Diem 本质上仍然代表美元的核心利益，同时反映了现阶段数字资本主义和金融资本主义的合流。随着“逆全球化”之风兴起，全球的资本管制政策也有增不减，区块链为新一轮的金融一体化提供了一个绝好的工具，区块链分布式协作的工作机制也为重塑国际货币金融体系提供了一种新的制度性技术。但这一过程是 Diem 无法完成的，Diem 是数字资本主义和数字资本主义向区块链行业投下的“特洛伊木马”。

CBDC 和 Diem 代表了两种完全不同的数字货币发展路径，不同种类的 CBDC 选择也是一个具有丰富的政治经济学内涵的问题。CBDC 有两条基本路径：一条是批发型 CBDC，另一条是零售型 CBDC。批发型 CBDC 的参与对象是可以直接进入中央银行资产负债表的金融机构和科技企业，生成批发型 CBDC 的方式较为简单，这些直接进入中央银行的金融机构和科技企业根据在中央银行的存款准备金按照 1∶1 的比例进行生成，生成的批发型 CBDC 位于金融机构和科技企业在中央银行的账户中，因此批发型 CBDC 至少应保留基于账户的模式。

除此之外，因为普通用户无法直接使用批发型 CBDC，因此批发型 CBDC 不涉及普通用户的隐私数据泄露问题，对现有的双支柱框架——货币政策和宏观审慎政策影响也较小。批发型 CBDC 可能导致的问题在于结算流动性（Settlement Liquidity）。这一问题的解决方案为中央银行向 CBDC 系统内的批发型机构提供透支，使得这些批发型机构以较低的先行融资流动性获得更加即时的付款。能够直接进入中央银行资产负债表的机构基本都是大型金融机构和数字科技企业，这实际上是在 B 端（企业端）率先使用 CBDC，而不在 C 端（用户端）率先使用。

批发型 CBDC 在操作上简便易行，更重要的是不改变现有的金融利益格局，维护了在金融体系中占主导的金融资本主义和新兴的数字资本主义的利益，因此西方国家的 CBDC 落地路径几乎全部是采用批发型模式，主要试验场景为包括证券交易结算在内的大额支付场景。EURO chain、Ubin、CAD-COIN、RSCoin 等国外已投入研发的项目基本都是批发型 CBDC，这体现了资本主义国家对推动其生产力发展的金融资本主义和新兴的数字资本主义利益的维护。

其中，最受人关注的批发型 CBDC 是 2019 年 12 月欧洲央行（ECB）发布的 EURO chain。EURO chain 由欧洲央行联合区块链联盟 R3 及管理咨询公司和技术服务供应商埃森哲（Accenture）共同发起。EURO chain 建立在 R3 搭建的分布式账本（DLT）平台 Corda 之上，致力于通过联盟链来平衡监管需求和客户隐私的问题，同时通过 DLT 技术来降低交易成本。R3 区块链联盟成立于 2015 年，是一个银行业的联盟链，至今已吸引了 50 多家巨头银行的参与，其中包括富国银行、美国银行、纽约梅隆银行、花旗银行等。

EURO chain 由四个部分组成，包括两个中介机构、一个中央银行和一个反洗钱（AML）机构。中介机构可以访问中央银行账户，并且可以利用中央银行持有的准备金余额向客户提供法定数字货币。中介机构还可以代表客户处理他们的交易。在整个 EURO chain 网络中，每一方都由一个运行 CorDapp 的节点所代表，使得资产能够在多方之间迅速转移。在 EURO chain 中，中央银行建立了 AML（反洗钱）和 CFT（打击恐怖主义融资）的解决方案，将客户的身份和交易记录匿名，除了客户指定的中介机构之外，中央银行和其他中介机构都无法看到客户所提交的数据。

不同于批发型 CBDC，零售型 CBDC 的参与者除了可以直接进入中央银行资产负债表的机构参与者，还包含无法直接进入中央银行资产负债表的一般企业和普通用户，商业银行等大型金融机构需要在央行的准备金账户上基于 100% 的储备发行 CBDC。尽管零售型 CBDC 有可能采用“中央银行—商业银行”的二元结构，但商业银行无法发挥货币乘数作用，也难以获得普通用户的经济交易信息，这削弱了商业银行的地位，触动了现有的金融利益格局，使得这些机构无法分享铸币税，广大用户的数据权益和经济利益由代表公众利益的中央银行统一保障。

此外，零售型 CBDC 需要解决泛在性、实时性、分布式、去中介、流通全球化、隐私保护、公共性以及利率决定机制等一系列问题，机制的复杂性大大提高。目前放眼全球，只有我国的 DC/EP 属于零售型 CBDC 范畴，这体现了我国社会主义制度代表最广大人民根本利益的本质。不同的政策选择不仅是技术路径的选择问题，更蕴含着“为了谁、依靠谁、我是谁”的深刻政治命题。我国选择零售型 CBDC，会在更大程度上激发链政经济的活力、效率和稳定性，进而形成更大的制度优势。

未来在全球货币市场的竞争，很有可能是全球稳定币和法定数字货币“二分天下”的格局：在庙堂之高，法定数字货币将占据主导地位；而在江湖之远，全球稳定币将具有更大的优势。人民币要成为全球接受程度更高的国际货币，既要有 DC/EP 起到中流砥柱的价格锚作用，又要有围绕 DC/EP 的全球稳定币支撑起数字人民币的离岸市场，激励市场主体参与基于离岸数字人民币的货币、资本、外汇、衍生品等市场建设，丰富数字人民币的生态。2020 年 5 月全国政协委员、红杉资本全球执行合伙人沈南鹏即提交了两会提案，开展香港地区跨境数字稳定币，以构建数字技术驱动的中日韩跨境支付结算网络，助力香港成为数字经济时代的国际金融中心。事实上，数字人民币市场仅靠政府或民间力量都难以完成，必须依靠政府和私营部门的多方协同。在这方面，离岸美元市场的发展史给了我们有益的借鉴。

美元离岸市场可分为境外的离岸市场（如欧洲美元市场）和境内的离岸市场（IBF）。20 世纪 50 年代诞生的欧洲美元市场是离岸金融市场发展的革命性创新，它改变了国际金融市场的运作方式，也在很大程度上促使美元代替英镑成为世界上最重要的国际货币。境外美元离岸市场从 70 年代开始首先在欧洲美元市场发展起来。图 3–18 反映了离岸美元存款规模的变化，1977 年规模只有 3076 亿美元，85% 的离岸美元集中在银行部门。2005 年之后开始加速增长，每年规模增加 3000–4000 亿美元，年均增速达 20%，2008 年达到最高峰的 96 400 亿美元，之后略有回落，2013 年离岸美元市场规模为 78 987 亿美元。图 3–18 是银行部门和非银行部门离岸美元存款规模走势图。

图 3–8 是银行部门和非银行部门离岸美元存款增速走势图。从图中可以看出，从 1977—2013 年离岸美元存款规模以年均 10% 的速度增长，1984 年的增速达到 50%，只有 1991—1993 年、2008—2012 年有所下跌。2013 年资金回流美元市场，离岸美元存款增速又有所回升。

美元离岸市场遍布世界各地，时区衔接完美，保证了以美元为中心的外汇交易 24 小时不间断：以伦敦为中心的欧洲美元市场覆盖了欧洲大陆；以日本东京、新加坡、中国香港为中心的亚洲美元市场覆盖了亚洲市场；以巴林为中心的中东市场覆盖了中东地区，连接了东方与西方；以英属维尔京群岛、开曼群岛、百慕大群岛、巴哈马为中心的加勒比海地区成为世界各地企业开展离岸金融业务的热土。

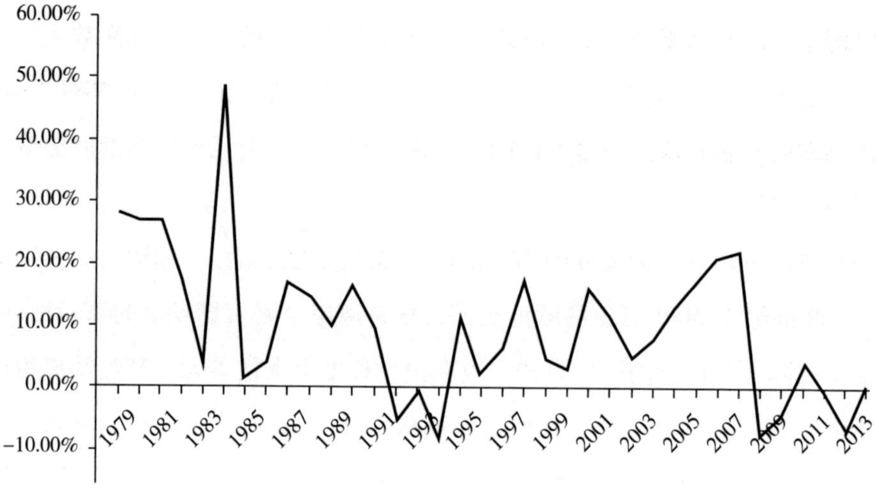

图 3–8　离岸美元存款增速

资料来源：BIS。

据 Botta（2003）对离岸美元存款分布情况分析，2002 年美元在海外的存量达 4140 亿美元，流通中的美元达 6200 亿美元。美元在海外存量主要集中在俄罗斯和独联体地区、亚洲地区、南美洲地区。

早在 20 世纪 20 年代，就有美元存放在伦敦的商业银行。“二战”前美元存款规模呈现一定的增长趋势，但是由于各国外汇管制制度的实施和 20 世纪 30 年代国际货币体系的崩溃，增长趋势受到遏制。20 世纪 50 年代初，欧洲美元市场开始萌芽，在宏观制度环境和微观个体利益共同作用的结果，欧洲美元市场出现了快速的发展。其发展过程可以分为四个阶段：

第一，萌芽阶段（1914—1955 年）。19 世纪末期，大约有 60% 的世界贸易是以英镑计价，大约有 2/3 的官方外汇储备是英镑，美元还远未成为国际通用货币。1914 年，美国从净债务国变成净债权国，英国在这一年从净债权国变为净债务国。到了 1917 年美国宣布参加第一次世界大战，基于各国出口贸易的急剧膨胀，美国成为世界工厂和世界粮仓，美国的跨国公司纷纷在亚洲和拉美洲开设分公司。此时美元成为重要的国际货币，外国央行开始持有美元储备，在贸易和金融领域的使用也开始增多，美国从债务国转变为债权国。到了1920年，美国银行机构已在国外开设181家分支机构，地区分布主要在欧洲。1944年，美国在布雷顿森林体系会议上通过向各国施压建立起了新式金汇兑本位制。凭借“二战”后对盟国的影响力，美国成功说服英国放弃英镑集团。当时的美联储认为，布雷顿森林体系不同于传统的金本位制，美元可以留在海外并成为外国央行的准备金。美联储可以向外任意输出美元，又不受黄金兑付的约束。“一战”一直到“二战”重建，资本一直都是从充裕的美国流向匮乏的欧洲，欧洲美元市场开始形成。

第二，初始阶段（1955—1962年）。在这一阶段，欧洲美元市场的规模还不是很大。1957—1960年英国政府限制英镑融资以及20世纪50年代后期欧洲各国实现经常项目货币可兑换，促使各国贸易商更多地使用美元作为结算货币。这一阶段，美元成为国际贸易中的主流货币，包括苏联、东欧等曾经的社会主义阵营国家普遍使用美元作为主要贸易结算货币，因此持有大量的美元。苏联及东欧国家普遍担心美国会突然冻结其美元资产，在朝鲜战争中美国政府曾冻结中国政府在海外的美元资产。于是以苏联为代表的东欧国家将其美元资产从美国陆续搬往伦敦和其他欧洲国家的金融中心，由于苏联银行在欧洲的电报地址是“Eurobank”，于是便有了欧洲美元的说法。1955年由于英国国内较高的通货膨胀率，英国政府开始实施较为紧缩的货币政策，利率大幅度上升。以米德兰银行（Midland Bank）为首的商业银行发现了在英镑与美元之间的套利途径，套利行为一直持续到1964年美国上调Q条款利率上限。同时，1957年，英法入侵埃及，英国发生严重的国际收支赤字，英政府禁止使用英镑为第三国贸易进行融资，导致英镑危机爆发，英格兰银行大幅度提高利率7%。英格兰银行开始实施外汇管制，禁止商业银行对非英镑区国家提供英镑信贷，于是商业银行转而从事欧洲美元的存贷业务。综合因素导致离岸的欧洲美元市场诞生，但其规模不大，1963年欧洲美元规模大约在90亿美元左右。

第三，发展阶段（1963—1973 年）。这一阶段，欧洲美元市场的存款规模由 1963 年年末的 70 亿美元上升到 1973 年年末的 1321 亿美元，年复合增长率达 134%。美国国际收支的长期逆差和欧洲美元市场的发展促使美国出台了一系列限制美元外流的措施。例如，1933 年格拉斯—斯蒂格尔法案的 Q 条款，禁止对活期存款支付利息，对定期存款也规定了最高利率上限，Q 条款对从 1957 年 1 月—1964 年 11 月之间 90 天以内的定期存款支付的利息上限为 1%；1963 年，美国出台“利息平衡税”（the Interest Equalization Tax，简称 IET），规定美国居民购买外国在美发行的证券，所得的利息要缴税；1965 年，执行了自愿限制对外信用计划；1968 年出台“国外直接投资规则”，控制本国金融机构对非居民的贷款。然而，这些措施并未能阻止资本外流，由于欧洲银行的美元利率高于美国本土银行利率，“利息平衡税”和“国外直接投资规则”导致美元资本转而进入欧洲美元市场筹措资金、开展业务活动，反而促使了欧洲美元市场的发展。欧洲美元市场参与者的多元化以及产品的多样化也是推动欧洲美元市场发展的动力。在产品方面，欧洲美元存贷款在利率结构和存款期限上更为灵活。1962 年，欧洲美元 CDs 开始发行。在欧洲美元市场上，存款者可以获得更高的利率并有更多的期限选择，贷款者可以以更低的价格融得更多的资金。除了欧洲美元市场，其他欧洲货币业务也得到了长足发展，欧洲马克、欧洲英镑、欧洲法郎等离岸货币开始流行，形成了具有一定规模的欧洲货币市场。截至 1973 年，欧洲美元市场规模就达到了 1300 亿美元。

第四，新阶段（1974 年至今）。1971 年布雷顿森林体系瓦解导致外汇买卖的增加，美国出现持续的国际收支逆差、1973 年大量石油输出国组织成员石油美元的流入、欧洲美元市场中长期贷款的增多等因素都推动欧洲美元市场继续快速发展，且 1/4 的业务量集中在伦敦。20 世纪 70 年代后，欧洲美元市场受美国本土货币政策的影响较大，与此同时，欧元逐渐产生。

美元存放在欧洲市场有多方面原因：一是欧洲美元离岸市场的地理位置、时区、法律体系、监管制度和会计准则与在岸市场相比更有优势。二是欧洲离岸市场有利于投资者分离货币风险与国家风险。对于一个投资者而言，国家风险是指人们无法自由支取其存放于某一主权国家内的资金的风险。通过离岸市场，非居民可以在不减少某种货币的头寸的情况下降低其国家风险。三是收益率的差异。在大多数时期，将美元存款存放在伦敦的银行或者美国之外的其他金融中心可以比存放在美国国内获得更高的收益。20 世纪 80 年代中期以来，在岸市场和离岸市场在定价方面已经几乎没有差别了。不过，美国非居民投资者仍然是美国非居民发行的离岸美元债券的主要持有人。

伦敦成为欧洲美元市场的中心既有内因，也有外因。从内因看，主要是环境因素和政策因素，伦敦有较好的金融基础设施、成熟的法律体系、灵活的监管环境、专业的人才储备、便利的交通和较佳的时区（0 时区），在各国纷纷限制欧洲美元市场发展同时，英国政府出于保持国际金融中心的目的，并未对欧洲美元业务进行限制。英国对离岸金融中心的政策可以概括为：第一，不反对对非居民提供金融服务，不限于离岸中心，即使在岸中心也可以做非居民业务；第二，无论在岸还是离岸中心，都必须遵守国际标准；第三，支持国际组织的倡议，鼓励提高标准；第四，区别不在离岸和在岸，而是遵守标准和不遵守标准。

同时，当时英国的金融监管采取金融服务局（FSA）的单一监管模式，以原则监管和风险控制为基础，重视与被监管者的沟通而非惩戒。监管者会定期与金融部门高管沟通，讨论监控难题，及时指出风险环节从而化解潜在风险。伦敦的金融监管制度保护了投资者利益，达到了鼓励投资的目的。而从外因看，主要是美国政府对于欧洲美元市场的不干预态度，欧洲美元的发展有效缓解了美元贬值压力，美国政府在国内实施的一些管制措施反而刺激了美元外流。

DC/EP 作为我国数字金融的基础设施，具有极其重要的战略意义，能够承载和反映更多的市场信息，将成为数字监管和治理的制度性工具，有利于提高货币政策有效性，降低系统性金融风险，深化产业互联网和产业金融发展，捍卫我国货币金融主权，提高人民币国际竞争力，助推数字“一带一路”建设，共建人类命运共同体的数字基础设施。与此同时，我国发行推广央行数字货币要注重方式策略，要采取以下措施稳妥推进，使之发挥最大的功效与价值。

第一，从封闭式场景到开放式场景渐进式推进，逐步丰富其经济调控职能，避免给经济金融带来剧烈冲击。货币作为经济金融系统的基础设施，具有“牵一发而动全身”的作用。一是在区块链数字票据交易平台、粤港澳大湾区贸易融资区块链平台等成熟场景直接落地。二是从封闭式场景到开放式场景渐进式推进。在 DC /EP 发行初期，可选择体制内交通补助、党费和团费缴纳、冬奥会内部支付等封闭场景作为试点应用，在成熟之后逐步向开放式场景推进。三是从不支付利息向支付利息过渡，逐步丰富其经济调控职能。DC/EP 不支付利息只是初期的阶段性目标，当其计息时则形成了一种价格型货币政策工具，扩大了政策选择空间，更有利于实现经济均衡，长期应向计息过渡，逐步丰富其经济调控职能。

第二，以政策目标为核心，坚持技术中立原则，综合运用区块链、人工智能、大数据等多种技术。DC/EP 的核心政策目标是对内增强货币政策有效性，提高货币金融可监管性，对外捍卫货币金融主权、提高人民币国际竞争力。其中采用的技术根本上是为政策目标服务，应坚持技术中立原则。目前区块链、人工智能和大数据是会在 DC/EP 中发挥重要作用的数字技术。习近平总书记在主持中共中央政治局第十八次集体学习时强调，区块链应用已延伸到数字金融、数字资产交易等领域。DC /EP 承载了数以十亿计的用户产生的经济数据，也保护了数据隐私。区块链在数据的确权、定价、交易中将发挥基础性作用，数据上链要求货币上链相适应。货币适应多种经济条件和场景的智能化要求需要人工智能覆盖其更多环节。总之，应以实现 DC/EP 政策目标为根本目的，综合运用区块链、人工智能、大数据等多种数字技术。

第三，有选择地放开央行数字货币的境外节点权限，逐步推进数字“一带一路”建设。DC/EP 本质上是数字人民币的基础设施，对共建人类命运共同体的数字基础设施具有重要意义。一是基于经贸关系给予境外央行不同权限的节点地位，使用 DC/EP 进行定价、结算，逐步推进数字“一带一路”建设；二是允许境外节点以我国央行合格抵押品为抵押自动生成 DC/EP，做大数字人民币经济圈，更好地发挥人民币的国际货币职能；三是建立以DC/EP为核心的数字货币互换协议，扩大数字人民币经济圈，共建人类命运共同体的数字基础设施。

第四，充分调动市场主体的积极性，完善公私合营机制。DC/EP的国际化仅靠政府或民间力量都难以完成，必须依靠政府和私营部门的多方协同。一是充分发挥国有商业大行、电信运营商和科技企业在DC/EP“中央银行—商业银行”二元体系中的重要作用，夯实数字人民币的基础设施；二是激励市场主体参与基于离岸数字人民币的货币、资本、外汇、衍生品等市场建设，丰富DC/EP的全球生态。大力发展香港跨境数字人民币，构建以DC/EP为核心的跨境支付结算网络，助力香港成为数字经济时代的国际金融中心。

第五，充分发挥数据的关键性作用，加快完善新时代社会主义市场经济体制。一是利用人工智能、大数据、区块链等数字技术充分发挥DC/EP的市场信息发现功能，建立货币政策的市场化模型，提高货币政策操作的准确性、及时性、完整性、科学性；二是基于DC/EP的生态对收入大数据、财富大数据、消费大数据和投资大数据等进行更加科学地管理，落实将数据纳入生产要素的中央决策；三是发挥数据的关键性作用，推动货币政策目标向充分就业倾斜，构建以人为本的数字货币治理体系，完善新时代社会主义市场经济体制。

第六，加强数字金融监管，构建数字金融治理体系。数字金融的蓬勃发展为数字金融监管治理提出了新要求。一是构建基于DC/EP的KYC体系，在用户进行身份认证之后可使用DC/EP。用户上传的信息越多，可获得的使用权限就越大。二是建立健全以DC/EP为核心的数字金融反洗钱/反恐怖主义融资体系。加强数字金融监管，维护国家数字金融安全，构建数字金融治理体系。

第七，逐步为央行数字货币提供智能合约接口，构建智能货币。当为央行数字货币提供智能合约接口时，事实上央行数字货币就获得了可编程性，这为新型货币政策工具提供了巨大的想象空间。在传统的货币政策理论中，由于纸币无法计息引起的流动性陷阱导致名义利率存在下限，而当央行数字货币取代纸币时，理论上负利率政策限制被解除，利率走廊下限效力随之增强，利率传导机制的效率随之提升。在传统的货币政策机制下，央行根据 t–1 期的信息在 t 期作出决策，相关影响则要到 t+1 期才能看到，因而存在政策时滞问题。基于条件触发的央行数字货币使得数字货币不仅在投放当下 t 期生效，而且能掌握货币的后续流通，从而可以减少货币政策传导的时滞，同时又可以达到货币精准投放目的，具体如图 3–9 所示（姚前等，2018）。

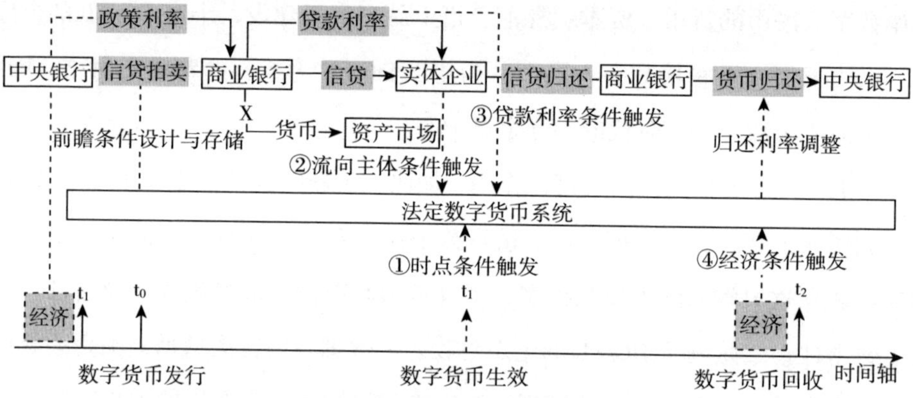

图 3–9　条件触发的央行数字货币政策机制

面对全球数字货币竞争的新形势、新问题、新挑战，以习近平同志为核心的党中央高度重视我国数字货币的发展。最高层的重视将极大地推动我国法定数字货币的研发和数字货币体系的建设，更为积极地投身于全球数字货币竞争的浪潮中。

第四章　链政经济的内涵、逻辑及框架

链政经济是将区块链技术融合于政务系统中，并和市场经济相互作用形成的综合生态系统，体现了将科技元素纳入治国理政理念和市场微观机制之中的思想。互联网、大数据、云计算、区块链等数字技术的发展极大地提高了人们生产和利用信息的能力，也重塑了价值体系和组织管理方式。链政经济通过将区块链作为市场和政府运行的制度性技术，实现政务和经济信息上链，构建数字货币和数字财政的双支柱框架，提高系统信息的提高经济和行政效率，降低行政和监管成本，打造廉政政府和智慧政务，实现“数据多跑路，百姓少跑路”，真正做到惠民利民。

链政经济不仅是将区块链当作一种工具和器物，更是将区块链分布式和集成化的矛盾统一的理念融入到治国理政之中，这在政治上与我党的民主集中制有异曲同工之妙，在经济上加快完善新时代社会主义市场经济体制：在微观上，分布式有利于发挥市场主体的能动性，发挥市场在资源配置中的决定性作用；在宏观上，集成化有利于提高宏观调控能力，推进国家治理体系和治理能力现代化。

4.1 链政经济的理论基础

西方主流经济学理论经历了古典经济学、新古典经济学、新古典综合派和新自由主义等发展阶段后，普遍认同市场失灵和政府失灵的同时存在，政府与市场是互补关系而不是替代关系，如何解决市场失灵和政府失灵是实现经济高质量发展的关键。而马克思主义政治经济学则始终重视处理经济基础和上层建筑的关系。党的十九大报告强调，“使市场在资源配置中起决定性作用，更好发挥政府作用”，这也是加快完善新时代社会主义市场经济体制的要求：在微观上发挥市场在资源配置中的决定性作用；在宏观上提高宏观调控能力，推进国家治理体系和治理能力现代化，而这些也是链政经济能够带来的效能。链政经济不仅将区块链作为一种工具性的技术，而且吸收了其中的有益理念，将科技治理从“术”的层面提升到“道”的层面。

自市场经济出现以来，市场与政府、自主与干预一直是各种规则中的核心问题，时至今日我们仍然无法寻找到市场与政府的最优边界以及自主与干预的最优规则。互联网的出现与以区块链、人工智能、大数据、云计算、边缘计算、物联网等为代表的数字时代的来临，意味着政府与市场关系面临着多方面的调整，并开启秩序再造和价值重塑的过程。当下面临的历史性调整表现在各个方面，互联网、区块链等数字技术及其带来的社会高度联通性是一个广泛而深刻的新变化。历史经验表明，技术突破并带来经济和社会结构的重大变化，致使现有市场秩序、治理结构、秩序背后的逻辑以及逻辑背后的价值判断都面临根本性挑战。我们面临的挑战不仅是特定历史时期的，也是人类全面进入数字时代所面临的根本性挑战；我们所做的也不仅是“一时之谋”，在一定程度上也是“万世之谋”。

市场秩序和治理结构仅仅从商业层面入手是远远不够的，除了商业层面还涉及基础设施和公共服务范畴。当下信息和数字技术高度发达，网络广泛渗透，社会高度联通，许多公共服务效率极大提升。一些以往由政府提供的公共服务具备了商业化提供的条件，政府与市场的边界发生了变化。当今时代，许多企业踏入公共服务领域，是因为这类服务已经可以商业运作，并且与政府提供时相比，成本相同甚至更低。原国务院副秘书长、清华大学公共管理学院院长江小涓教授将这些改变的原因归结为规模经济显现、流量产生价值、供需直接对接、精准加载服务、剪裁服务单元、获得数据资源、减弱信息不对称等。而一项或一组颠覆式技术会在经济制度、经济结构等方面带来巨变，当下所有的经济都需要依托技术的表达。

区块链对于数字经济而言，不仅会在工具化层面发挥作用，更重要的是在制度化层面发挥重要作用。区块链在改造经济制度、经济结构等方面具有独有的重要作用。旧的经济体系是报表驱动的工业经济，受到财务平衡的约束；而新的经济体系是数据驱动的数字经济，受到有效算法的约束。金融科技的各项技术的发展的一个显著特点在于产生了海量数据，但现在却没有哪一种技术能够对于产生的海量数据进行治理。而区块链可以低成本地实现互联网上的数据资产确权，弱化资产负债表的作用，强化现金流量表的作用，通过每个节点进行记账保持系统的低熵，降低信用产生成本，进而成为新旧经济体系的转换器和基础设施。

在《链改：重塑社会结构和经济格局》中，笔者将链改分成四个层次：思维逻辑、资产形态、组织方式和技术框架。目前来看，思维逻辑层面的链改是最容易推动，也是影响最为深远的。区块链思维本质上是互联网思维的升级与升华。在传统互联网时代诞生了用户思维、草根思维、粉丝思维、服务思维、爆品思维、社群思维、产品思维、痛点思维、简约思维、微创思维、迭代思维、流量思维、跨界思维、整合思维、大数据思维等，而区块链作为价值互联网，在互联网思维的基础上增加了分布式思维、代码式思维以及共识性思维等，外在的工具和制度需要与内在的思维和逻辑相适应。比如，全国各地密集展开的区块链集体学习属于思维逻辑层面的链改。

值得一提的是，2020 年 5 月全国首个区块链新闻编辑部在云端正式成立。该区块链新闻编辑部由湖北广播电视台融媒体新闻中心倡导筹备，湖北广播电视台长江云、北京广播电视台北京时间、上海报业集团澎湃新闻、贵州日报天眼新闻、江苏广播电视台荔枝新闻、重庆广电集团第一眼新闻、河南广播电视台大象新闻、山东广播电视台闪电新闻、黑龙江广播电视台极光新闻、天津津云新媒体集团、广西日报广西云、云南日报云报新闻 12 个省市的主流新媒体作为首批成员单位联合组建。区块链新闻编辑部将充分发挥区块链共享、共融、共赢的技术运营精神，秉持“策划众筹”“传播去核”的运行理念，即在具体操作时，所有成员单位抱团联合策划，通过云连线的方式召开云端策划会，成员单位代表每天进行头脑风暴，一起想点子、做产品、做宣推。谁提出点子，谁就任项目组长，谁就是传播的主导者，每一家媒体都平均享有爆款新闻的开锁值班钥匙。持有“值班钥匙”以外的一切其他成员单位按照共同约定，竭尽全力为项目主导者提供最大资源，为新闻传播提供最大舞台。现阶段区块链新闻编辑部并没有运用区块链技术，而是采用区块链的思维逻辑和组织方式进行运作，属于思维逻辑和组织方式层面的链改。在新闻传播领域，运用区块链技术不仅能助力新闻生产者保护合法版权，也能助其创造商业价值。

资产数字化和数字（数据）资产化则属于资产形态层面的链改，两者既有相似，也有不同。资产数字化指的是将股票、债券、衍生品、不动产、无形资产等既有资产进行数字映射并上链。数字（数据）资产化是落实党中央将数据纳入到生产要素中的决定，对数据进行确权、定价、交易，数字（数据）资产化，这将极大地改善现有经济系统。资产数字化和数字（数据）资产化都需要借助区块链实现资产本身（数据）和资产映射的唯一性和不可篡改性，进而实现其市场公允价值。当前数据体量增长迅速，据互联网数据中心（IDC）预测，全球数据总量2020年将达到44 ZB，我国数据量将达到8060 EB，占全球数据总量的18%；而到2025年全球数据总量将超过160ZB，我国数据总量占比将达到28%，成为全球第一数据大国。这为我国将人口红利转换为数据红利提供了巨大契机。

组织方式层面的链改主要适用于各没有直接隶属关系的组织单位，通过组织链改可构建新型民主型协同关系。2020年5月全国首个区块链新闻编辑部既属于思维逻辑层面的链改，又属于组织方式层面的链改。

组织方式层面的链改也同样适用于国际货币金融体系改革。区块链的分布式记账、多方验证等去中心化机制与国际货币金融体系的多边化、民主化特征具有极高的契合度，国际货币金融领域是适合区块链落地应用场景。但当前国际货币金融体系弊病丛生，亟待改革。当前的国际货币体系是一个完全依赖于中央银行信用的信用货币体系。它以美元为主，欧元为辅，英镑、日元和人民币等货币为配角。2019 年，美元在全球储备货币中占比逾 60%，其次是欧元（20%）、日元（6%）、英镑（4%）和人民币（2%）。作为国际清算货币，美元所占比重超过 40%，欧元超过 30%，英镑（6%）、日元（4%）、人民币（2%）等其他所有货币加总仅占 1/4 的比重。这与全球经济的比重极不协调，在新冠疫情暴发之前，2019 年中国 GDP 占世界的比重超过 16%，中国经济增长对世界经济增长的贡献率达到 30% 左右，按照汇率计算的方式，2019 年中国 GDP 已超过美国 GDP 的 70%。在 2020 年新冠疫情暴发后，我国企业复工复产走在全球前列，全球 GDP 比重会进一步提升，这也进一步加大了人民币在国际货币金融体系中的地位与我国全球经济地位的矛盾。

技术框架层面的链改指的是将区块链技术运用于政府和企业的业务流程之中，是基于真实的业务需求进行的链改。2020 年 5 月海南省工业和信息化厅发布《关于印发海南省加快区块链产业发展若干政策措施的通知》（以下简称“《措施》”）。《措施》提到，要加快推动区块链技术和产业创新发展，培育打造“链上海南”区块链产业生态。其中，《措施》第五条中提到为推动电子政务链改，标志着链改已纳入海南省政府工作框架。而在 2020 年正式启动的区块链服务网络（Blockchain-based Service Network，BSN）是一个跨云服务、跨门户、跨底层框架，用于部署和运行各类区块链应用的全球性基础设施网络，其核心理念是建立一个对标互联网的区块链公共生态环境。BSN 由国家信息中心牵头，中国移动、中国银联等共同发起，也将日益成为技术链改的重要基础设施。

链政经济体作为思维、工具、资产和制度的有机组合，有望成为未来经济系统的基础性框架，其重要意义简而言之在于将微观层面的交给市场，同时在宏观层面提高政府的行政能力、施政效率以及纠错能力。微观层面的更加市场化，具体表现为分布式的结构使得微观信息获取、决策和运营的分布式进一步增强，对于市场的反应更加敏感和快速，更容易实现微观市场的均衡与出清；从宏观层面而言，政府最高权限节点的地位使得系统信息和数据的集成化程度提高，在信息和数据的系统重要性日益重要的数字经济时代，信息和数据的集成化程度提高很大程度上意味着中心节点的权限、效率和弹性的增强，换句话说，也是中心化程度的提高。与此同时，信息、数据的获取与运用在现代治理体系中扮演着日益重要的角色，这也意味着政府法理型权威的提高。从体系结构而言，链政经济体系相对于现有体系而言实现了中间层级的减少和扁平化程度的增强，同时中心节点实现整体下沉，更加亲民化和接地气。

总结而言，链政经济有利于提高微观主体的市场化程度，提高系统信息的集成化程度，增强政府的宏观调控能力，发挥信息和数据的治理功能，对于加快完善新时代社会主义市场经济体制具有重要作用。

4.1.1 提高微观主体的市场化程度

提高微观主体的市场化程度，发挥市场在资源配置中的决定性作用，是完善新时代社会主义市场经济体制的重要方向。使市场在资源配置中起决定性作用是市场经济的本质要求。市场经济是以市场机制导向社会资源配置、实现社会生产和再生产的经济形态。市场经济的显著特征，是市场交换规则普遍化，即市场在资源配置中起决定性作用，促进资源配置依据市场规则、市场价格、市场竞争实现效益最大化和效率最优化。所谓“决定性作用”，是指市场在所有社会生产领域的资源配置中处于主体地位，对于生产、流通、消费等各环节的商品价格拥有直接决定权。“决定性作用”意味着，不能有任何力量高于甚至代替市场的作用。市场决定资源配置的机制，主要包括价格机制、供求机制、竞争机制以及激励和约束机制，其作用主要体现在，以利润为导向引导生产要素流向，以竞争为手段决定商品价格，以价格为杠杆调节供求关系，使社会总供给和总需求达到总体平衡，生产要素的价格、生产要素的投向、产品消费、利润实现、利益分配主要依靠市场交换来完成。

链政经济进一步提高了微观主体的市场化程度，有助于发挥市场在资源配置中的决定性作用。新冠疫情的暴发成为人类向数字时代全面跃迁的催化剂，在疫情期间需要保持交往安全距离，全球数十亿人在线上分布式办公，这为将经济的最微观主体从公司更一步缩小为人提供了全球性的实验，而且事实证明这种模式是可行的。而早在2015年，携程联合创始人、董事局主席梁建章等人在企业内部设计并组织了一项试验，以科学的设计、严谨的计量方法探索并评估在家办公模式的实际效果。研究结果显示，在家办公的员工业绩有显著的上升，在9个月里业绩增加了13%，企业的全要素生产率因此提高了20%—30%，同时每年在每位在家办公的员工上节省了约14000元的成本。成本的减少中约2/3来自办公地点租金的节省，三分之一来自工人生产率的提高，以及员工离职率的降低（Nicholas Bloom，James Liang，John Roberts，Zhichun Jenny Ying，2015）。

在数字经济时代，每个人的数字身份日益多样化，线上的、分布式办公比重的提高也将进一步解放劳动力，劳动者可以按照兴趣爱好或比较优势在本职工作之外提供更多输出。基于区块链的分布式自治组织DAO为数字经济时代的自由劳动力协作提供了技术和组织基础。未来真正富有的人不是有钱，而是有时间做自己感兴趣的事情，按照自己的意愿生活，有钱不如有闲。当法定数字货币为智能合约提供接口之后，也就成了事实意义上的智能货币。自由劳动力在DAO上获得的收益可由基于智能合约的法定数字货币获得。

2020年6月国务院总理李克强在考察山东烟台一处老旧小区时称赞地摊经济是“人间的烟火，中国的生机”，也在全国范围内引爆了地摊经济。事实上，地摊经济是数字化转型遭遇深水区和疫情冲击经济双重叠加的必然结果。根据中国社会科学院学部委员余永定教授认为当前不可忽视隐性失业人口，2020年4月官方统计的显性失业人数是2700万，但有许多人没有失业，但也没上班，或者上班没活干，这些都是隐性失业，2020年3月隐性失业人口一度达到7611万，失业加上隐性失业的人口更是高达1.022亿。这些都为地摊经济一类以个人为基础单元的经济模式提供了土壤。从资产负债表角度而言，疫情给企业和个人的资产负债表都带来了不小的冲击，现有的企业经营模式需要支付固定的房租和人力资源成本，同时资产负债表的衰退增加了企业从传统渠道获得信贷的难度，将微观经济的主体从企业缩小到个人，既是出于对现实的考虑，也增加了市场微观主体的灵活程度，最大限度地实现保居民就业、保基本民生、保市场主体。可以预见，即使疫情过去后，数字化程度和以个人为基础单位的经济活动比重仍会不断提高。但是，地摊经济的最大问题在于可能带来更大的无序和公共成本的提高。事实上，各地地摊经济的困难也反映了这一点。而链政经济则是适应微观主体提高市场化程度的经济系统。在链政经济系统中每个地摊作为人间的烟火，都可以将自己的地摊特点、位置、以往交易记录等重要信息上链，降低系统性的搜寻成本和交易成本。同时，链政经济的每个微观节点都可追溯到人，一旦失信其在日后将面临非常高的合作和交易成本，从而实现对构建可信社会的倒逼。

4.1.2 提高系统信息的集成化程度

信息集成（Integrated Information）是指系统中各子系统和用户的信息采用统一的标准、规范和编码，实现全系统信息共享，进而可实现相关用户软件间的交互和有序工作。信息集成是一个寻求整体最优的过程，是一种系统的思想、方法和技术的集合，不是单纯的软硬件技术的问题，是以信息的集成为目标，根据总体信息系统的目标和要求，对分散的现有信息子系统或多种软硬件产品、平台和技术，以及相应的组织机构和人员进行组织、结合、协调或重建，形成一个和谐的整体的信息系统，为高层决策和组织提供全面的信息支持和服务，其概念的内涵和外延已远远超出了技术范畴。

就其目标而言，信息集成应遵循以下标准。

第一，开放性：信息集成系统的应用软件系统，数据库平台等很难由单一的厂商提供，由不同厂商提供的系统平台要集成在一个系统中，就存在接口的标准化和开发问题；

第二，结构化：结构化系统分析设计方法是复杂信息系统设计的精髓；

第三，先进性：信息系统的先进性是建立在技术的先进性之上的，只有采用先进的技术才能确保信息系统的优势和较长的生存周期；

第四，主流化：信息集成系统的每一个应用软件系统、数据库平台等产品应属于该产品发展的主流，有可靠的技术支持，有成熟的使用环境和良好的升级发展势头。

区块链，尤其是链政经济的底层框架联盟链，完美地契合了信息集成所需要的四个标准。在开放性层面，尽管联盟链相对于公有链在进入门槛和管控程度层面有所提高，但并不影响用户的使用，反而由于用户相对于最高监管部门的实名，提高了可信程度。事实上，开源的联盟链呈现出的开放性对于开发和使用层面的需求完全可以满足。以百度超级链 XuperChain 为例：在使用层面，使用者无须建链即可运用区块链技术，丰富的合约模板和强大的功能组件，降低使用门槛；在开发层面，由分布全国的超级联盟节点构成，面向社会开放节点接入，具备较强的公信力。

结构化是链政经济的底层框架——联盟链相对于公有链的一大优势。公有链在实现对所有人开放，任何节点都可以读取数据、发送交易且交易能够获得有效确认的同时，也失去了结构化的重要优势，所有节点在“质”上都是相同的，区别仅体现在“量”上。但事实上，结构化和复杂性是一个健全完善的经济系统的重要特征。美国著名经济学家和复杂系统思想家布莱恩·阿瑟（Brian Arthur）在深刻反思新古典经济学的理论假设和研究范式基础上，创造性地构建出了以非均衡为基本假设的复杂经济学新框架。具体而言，阿瑟率先将复杂性视角与经济系统相结合，并不断追问技术的本质和进化机制，探究技术进化与经济结构性变化的复杂性联系，奠定了复杂经济学的逻辑基础；他运用更科学、更强大的研究方法和工具对经济系统中的复杂性问题进行深入探究和检验，逐步形成了系统且完整的复杂经济学框架；基于复杂经济学的分析范式，对收益递增经济学和资产定价进行了分析。联盟链可以通过设置不同权限的节点，实现链政经济系统的结构化，提高链政经济系统的复杂度。

区块链的先进性更不必赘言。区块链作为价值互联网，经过十一年的试错，与经济社会的融合程度正以前所未有的速度推进，其黄金时代尚未来临。在互联网经济上半场结束，互联网经济下半场发展模式尚未成熟的当下，区块链在数据的确权、定价、交易等方面将发挥基础性的作用，成为数字经济的技术基石。2019 年 10 月世界知名咨询公司 Gartner 发布了 2020 年十大战略技术趋势，其中包括区块链，并指出区块链到 2023 年将充分实现可扩展。

在 2019 年和 2020 年，区块链在主流化层面已取得长足的发展。2019 年 10 月 24 日中共中央政治局就区块链技术发展现状和趋势进行第十八次集体学习，习近平总书记对区块链发表重要讲话，将区块链（数字经济范式下的生产关系）与人工智能（数字经济范式下的生产力）、大数据（数字经济范式下的生产资料）的政治地位提高到同一高度。2020 年 3 月，中共中央政治局常务委员会召开会议提出加快新基建进度。2020 年 4 月，国家发改委指明三种新型基础设施。这些都极大地提高了区块链的主流化进程，区块链“飞入寻常百姓家”的进程越来越快。

4.1.3 增强政府的宏观调控能力

使市场在资源配置中起决定性作用，并没有否定或忽视政府作用，而是要求更好地发挥政府作用。社会主义市场经济体制的本质特征，是把坚持社会主义制度与发展市场经济结合起来，核心是把公有制为主体、多种所有制经济共同发展的基本经济制度与市场体制有机结合起来。社会主义市场经济体制比资本主义自由主义的市场经济体制更有优势，就在于社会主义市场经济兼顾了效率和公平。兼顾效率和公平，一个很重要的原因就是政府在参与资源配置过程中作用更加积极全面，更能发挥保持宏观经济稳定、弥补市场失灵、熨平经济波动的作用。在社会主义市场经济条件下，政府不仅充当“守夜人”的角色，而且要通过以国家发展战略和规划为导向、以财政政策和货币政策为主要手段的宏观调控体系对经济进行宏观调控。市场化改革越深化，社会主义市场经济体制越完善，越要发挥好政府在保持宏观经济稳定、加强和优化公共服务、保障公平竞争、加强市场监管、维护市场秩序、推动可持续发展、促进共同富裕、弥补市场失灵等方面的职责和作用。在疫情中我国的有力调控和有序复产复工举世瞩目，这凸显了政府宏观调控能力在综合国力竞争中的重要性，也反映了社会主义集中力量办大事的制度性优势。

链政经济对政府宏观调控能力的增强主要体现在以下方面：

第一，政府尤其是中央政府作为链政经济系统中的最高权限节点，可通过区块链提高信息的集成化程度；而信息和数据是政府决策和执行的最重要依据。

第二，链政经济有利于增强政府的法理型权威。马克斯·韦伯（Max Weber）将政府的权威来源分为三种——传统型权威、感召型权威又称“卡里马斯式权威”）以及法理型权威。传统型权威建立在人们对于习惯和古老传统的神圣不可侵犯的基础之上，最典型的形式是家长制、世袭制和封建制。感召型权威建立在某个英雄人物、某位如有神授天赋的人物的个人魅力基础之上，被统治者之所以服从是因为他们确信其统治者有着超凡的能力，从而成为其追随者和信徒。这两种权威来源都已不适应现代国家的治理方式。而法理型权威建立在正式制定的规则和法令的正当性基础之上。和前两种类型不同，受众在相信法律和规章制度是正当的和合理的基础上服从于法律和规则。法理型权威是现代政府的主要权威来源。链政经济使得政府能在掌握更加充分的信息的基础上作出更为正确的决策和更有效率地执行，并且公民也更加相信政府能做正确的事和正确地做事，并且整个过程实现透明高效。这些都增加了政府的法理型权威。

4.1.4 发挥信息和数据的治理功能

在数字经济时代，信息和数据发挥着日益强大的治理功能。2019 年 11 月中共十九届四中全会通过了《中共中央关于坚持和完善中国特色社会主义制度推进国家治理体系和治理能力现代化若干重大问题的决定》，将数据纳入生产要素范畴。

2020 年 3 月习近平总书记视察杭州城市大脑运营指挥中心时指出，运用大数据、云计算、区块链、人工智能等前沿技术推动城市管理手段、管理模式、管理理念创新，从数字化到智能化再到智慧化，让城市更聪明一些、更智慧一些，是推动城市治理体系和治理能力现代化的必由之路。

2020年4月，党中央、国务院公布了《中共中央国务院关于构建更加完善的要素市场化配置体制机制的意见》，作为中央第一份关于要素市场化配置的文件，明确了要素市场制度建设的方向和重点改革任务，其中明确提出：加快培育数据要素市场，推进政府数据开放共享、提升社会数据资源价值、加强数据资源整合和安全保护。

2020年5月，全国人大通过的《民法典》就首次将数据和网络虚拟财产纳入保护范围，赋予数据一定的财产属性。随着数字经济的深入发展，数据的确权、定价和交易机制的完善，数据和货币的界限将更加模糊：数据的价值发现功能越完善，货币性越强；同时，货币将承载越来越多的数据。

2020年7月2日，全国人大常委会第二十次会议审议了《数据安全法（草案）》，并公开征求意见，全文包括：总则、数据安全与发展、数据安全制度、数据安全保护义务、政务数据安全与开放、法律责任和附则。《数据安全法（草案）》（以下简称"《数安法》"）与2019年5月28日国家互联网信息办公室公布的《数据安全管理办法（征求意见稿）》（以下简称"《办法》"）互为补充和支撑，搭建了一个更为全面的数据安全保护体系，体现了国家立法层面对数据安全的高度重视。

与2019年公布的《办法》比较，《数安法》保护的客体范围更加广泛。首先，《数安法》所保护的客体不仅局限在《办法》所界定的网络数据范围，而且还包括线下物理场所存在的数据。其次，相对于《办法》所专注于"个人信息"和"重要数据"，《数安法》则普遍适用于所有数据。同时，《数安法》更侧重于数据宏观安全，即从维护国家主权、安全和发展利益方面对数据进行有效保护和合法利用。《数安法》将"数据"与"信息"的区别予以明确。《数安法》将"数据"定义为任何以电子或者非电子形式对信息的记录。在这种定义规则下，信息是数据所外在表现的内容，数据是底层载体或形式。事实上，随着数字经济的深入发展，"媒介中性论"乃至"技术中性论"无论是从理论上还是从实践上都站不住脚，媒介和技术本身也是数据的构成要素，也隐含着意识形态。

就区块链的技术选择而言，在意识形态层面，公有链天然蕴含着非政府主义和对抗监管，而联盟链则正好相反，适于被应用于监管和治理。信息和数据为各主体提供了新的治理方式与手段，而联盟链则在保护数据隐私和安全的基础上为信息和数据治理提供了框架性技术。

事实上，我国在数据安全的监管方面也在逐步完善，并走在了世界前列。《数安法》构建了“一个顶点、多维度配合”的体系。“一个顶点”即中央国家安全领导机构，该机构将针对全国的数据安全情况进行整体指导和战略规划，对具体涉及数据安全的主体进行间接管理。在具体的执行层面，直接监管机构将接受中央国家安全领导机构的领导或指导。“多维度配合”则指各地区、各部门、各行业、线上与线下的全方位、交叉监管，主要包括：第一，工业、电信、自然资源、卫生健康、教育、国防科技工业、金融业等行业主管部门将在本专业领域内针对特定事项进行监管；第二，公安机关、国家安全机关等在职责范围内进行监管；第三，国家网信部门将直接负责网络数据安全方面的监管，包括具体的日常监督、专项整改、管理细则的制定等。我国数据安全“一个顶点、多维度配合”体系如图 4–1 所示：

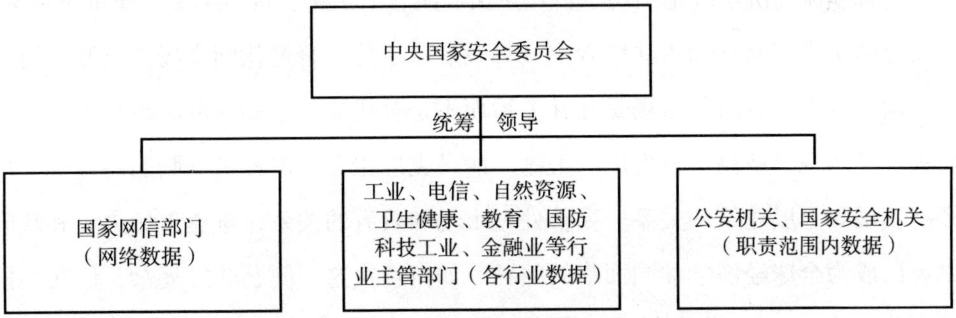

图 4–1　数据安全“一个顶点、多维度配合”体系

就规范对象的范围而言，目前蓬勃发展的大数据、云计算、人工智能、数据处理软件开发机构等将最直接地适用《数安法》。然而，从事数据活动的主体远不止上述这类企业，还包括电商平台、数据交易中介这类企业会从事数据的收集、储存、提供等环节；社交软件类企业会从事数据的收集、储存、加工等环节；甚至企业 APP 或公众号，在运营中也会收集、储存用户的数据等。整体上，《数安法》规范对象所涵盖范围很广，不仅企业，也包括涉及数据活动的机构、社会团体、政府部门，甚至个人。

由于经济全球化和互联网、区块链的属性，数据在不同国家和地区之间大规模、高频率的流动，数据全球化成为推动全球经济发展的重要力量。在地缘政治方面，各国政府将数据跨境流动与国家安全、国家主权等政策逐渐挂钩，加剧了世界各国在网络空间的战略博弈和数据资源争夺。在这方面，《数安法》构建了我国数据跨境流动的“矛”与“盾”，有利于我国将人口红利转化为数据红利。在数据驱动下的智能政府是我们未来政府的发展形态，当然在任何情况下，我们都不会放弃人的最终决定权，这也是以人为本在另一方面的体现。

4.2 链政经济中的区块链：回归经济学本质

西方主流经济学理论经历了古典主义、凯恩斯主义、货币主义、新古典主义、新凯恩斯主义与新—新古典综合主义等发展阶段后，普遍认同市场失灵和政府失灵的同时存在，政府与市场是互补关系而不是替代关系，如何解决市场失灵和政府失灵是实现经济高质量发展的关键。而马克思主义政治经济学则始终重视处理经济基础和上层建筑的关系。妥善处理市场和政府的关系，避免市场失灵和政府失灵已成为全球经济学共同面临的问题。如何解决这一问题非常复杂，但我们抽丝剥茧，总能发现一些关键词：信息、微观决策、价格、治理、宏观调控、财政、货币、金融。与此同时，中国共产党始终把实现好、维护好、发展好最广大人民的根本利益作为一切工作的出发点和落脚点，以区块链为代表的数字技术则为维护好人民群众的利益、实现以人为本的经济学目标提供了技术支撑和理念支撑。区块链作为链政经济的基础框架，有利于回归经济学的本质，实现更加分布式的微观决策机制、更加强有力的宏观调控机制，贯彻落实以人为本的发展理念，更加适合我国“金融集权，财政分权”的治理体系。同时，以区块链、互联网为代表的数字技术和由此衍生的数字金融正在深刻地改变货币金融现实，时代呼唤新的货币金融理论。

4.2.1 更加分布式的微观决策机制

链政经济可利用分层级、分行业的子账本构建一个以 DC/EP 为基础货币的、覆盖全民的分布式数字市场体系，优化和完善了微观决策机制，提高了市场化程度和开放度。链政经济相对现有经济系统具有显著优势，可降低中心化经济系统导致的风险，有助于提高市场的价格发现效率和市场化程度，分布式账本有助于提高交易透明度及可审查性，智能合约则提高了经济系统的标准度、可编程性、灵活度及风险的相对隔离性。

区块链去中心化、无须事先信任、开放性和自治性等特征为链政经济的微观决策机制提供了技术基础，人工智能、大数据、云计算等新兴技术也会在数字经济时代发挥重要作用，科技的进步为金融发展钉下了“金钉子”，并有了为现代经济带来根本性变革的可能，人类有望进入智能经济社会。各市场主体构通过信息链接和资产交易融合形成一个完整复杂的市场，而科技的发展则使市场机构的业务流程不断优化，信息和价值传递效率不断提高，企业和市场的边界也基于技术的进步不断调整和重组，进入 21 世纪以来这一趋势日趋明显。

链政经济通过以区块链为主的数字技术增强了信息披露，优化了微观决策机制，并进一步强化了经济功能观的价值逻辑，同时大数据、云计算和物联网等则为其提供大量的宏微观市场数据，并成为市场定价的决定性要素。链政经济在微观层面主要有四个方面的优势。

第一，链政经济分布式的结构极大降低了中心化机构带来的风险。这些风险主要表现为：集中式结算及清算风险、中心化违约风险、“大而不倒”的道德风险及第三方资金资产托管风险等。在日益复杂的现代经济网络中，由于产品的同质化和价格的稳定性、市场的透明性较低，在正常状态下市场参与者对市场信息不敏感，通过各种途径增加的流动性会把风险推至尾部，逐步积累成潜在的系统性风险。

区块链为解决中心化经济的弊病提供了两种解决方案：第一种是经济账本在区块链上，但清结算系统在区块链下的中心化市场机构中，这种模式是数字化程度较低的链政经济模式。第二种是经济账本在区块链上，清结算系统也在区块链上，由 DC/EP 行使基础货币的职能。基于区块链的链政经济通过分布式账本技术实现多个记账节点共同更新账本和存储，同时将支付、清算和结算三者并行，在很大程度降低了运营成本和相关经济风险。

第二，链政经济有助于提高数字资产的价格发现效率和市场化程度。映射到区块链上的数字资产可实现无摩擦流动和极低成本的兑换，基于智能合约的借贷协议允许投资者双向交易数字资产，数字生态中的使用者、交易者和投资者行为产生的大数据则成为数字金融市场的微观和宏观信息，区块链分布式记账的方式在一定程度上消除了信息不对称，极大提高了数字资产价格形成的市场化程度。在现有的经济和金融体系中，金融摩擦、信息不对称、限制做空等交易限制都将降低资产的价格发现效率和市场化程度，这也是导致经济和金融风险产生的重要原因。

而链政经济可有效规避这些问题和风险。比如，以股票市场为代表的权益市场的核心功能是实现资源配置和提供风险分担，其价格发现过程是实现核心功能的主要方式。而区块链分布式记账的方式可有效提高信息披露的效率和准确度，对于证券登记、交收、结算、清算等环节有很大改进空间，以区块链为底层框架的链政经济可在大幅降低成本、简化流程的情况下提高权益类产品市场的运行效率，重塑这一市场的微观结构。将这一逻辑扩展到其他市场，则会改变整个市场的微观结构。

第三，链政经济通过分布式账本提高了交易的透明度及可审查性，并通过代码提高了经济灵活度、标准化及风险的相对隔离性。分布式账本全网节点共享、复制及同步数据库提高了交易的透明化程度，增强了交易后的可追溯性和可审查性，有助于提高金融监管的效率，降低审查阻力，实现穿透式监管。随着经济发展多元化需求的增强，基于代码构建的智能合约会日益丰富，技术端的标准化提高了开放式金融的标准化程度，只要按照一定技术标准部署都可加入链政经济系统。此外，数字钱包相当于传统金融体系中的账户，使用一个数字钱包可不受阻碍地同时借入多个数字资产，不同数字资产的风险可实现相对隔离。

第四，链政经济有助于推动普惠金融的发展，在解决普惠金融"最后一公里"问题上起到重要作用。传统金融机构和新兴数字科技巨头利用金融科技进行业务升级迭代为普惠金融的发展奠定了基础，区块链系统的信任逻辑基于开源代码，任何在技术上可行的金融功能都可以被构建，进一步降低了准入门槛，对事前信任的需求程度达到最小化，从而有助于解决尾部的普惠问题，实现普惠金融"最后一公里"难题的解决。例如，截至 2019 年全球仍有 17 亿成年人从未接触到银行业提供的现代金融服务，而在 17 亿成年人之中有大约 10 亿人拥有智能手机，将近 5 亿人可较为便利地接入互联网，通过智能手机注册的数字钱包可有效在这一群体中推进普惠金融。

4.2.2 更加强有力的宏观调控机制

宏观调控的有效性取决于政府信息收集和管理水平的高低，科技革命引起的信息化浪潮对于以往的政府宏观调控方式形成巨大冲击，宏观调控的难度大增，传统的宏观调控效果不佳，导致了所谓的"政府失灵"。如果政府具有强大的收集、挖掘和管理信息的能力，其效率会明显提高；但如果政府不具备强大的信息收集、挖掘和管理能力，海量的信息会使政府无所适从，宏观管理出现极度混乱的情况，各种风险急剧上升。信息化和数字化革命使得价值函数发生异变，这种异变使得传统的价值理论和经济增长理论不再完全使用，修正了价值规律与经济增长规律，如果政府不能迅速调整宏观管理方式，就会使宏观调控失败，产生经济危机与社会危机。

区块链提高政府的宏观调控能力突出表现在：区块链为平衡中央政府的集权和地方政府的分权提供了制度性技术设施，集权和分权的尺度掌握在中央政府手中。中央政府是区块链信息—价值集成化系统的最高权限节点，当中央政府希望增强集权程度时，只需降低不同级别的地方政府的节点权限；当中央政府希望放权给地方时，则可增强不同级别的地方政府的节点权限，但地方政府的行为都会在链上留痕，中央政府保持着实时监管权和事后问责权。同时，按照这种逻辑，中央可实现在特定领域内向地方的放权，以实现特定的产业政策。

“一抓就死，一放就乱”几乎体现在我国经济发展的全领域（包括地方经济发展、金融体制改革、国企改革等），而我们深化改革的目标之一就是建立健全机制体制，破除“一抓就死，一放就乱”的怪圈。“一抓就死，一放就乱”本质上属于治理问题，经济发展的生力军在微观市场主体，如果直接对微观管控和限制过多，不利于市场经济的发展和科技、商业模式的创新。但另一方面，市场调节又具有自发性、盲目性和滞后性，缺乏强有力的宏观调控，市场往往会变“乱”。具体到我国国情，我国在宏观和微观之间存在至关重要的中观环节——地方政府，这也是我们在全球独一无二的制度优势。

中央和地方的合理有效分工必须有制度性保证，又要具备一定的弹性，其事权的划分要充分体现中央和地方的各自优势。中央政府提供公共服务更具有规模经济优势的事权，就应该划归中央，而更能体现地方政府信息优势的事权就应该划归地方。同时，事权与财权、财力应该相匹配，新型央地关系下基层治理的现代化是我们努力的方向。

在我国四十年波澜壮阔的改革历程中，地方政府成为丝毫不亚于企业的、以追逐利润为目标的准市场化组织，地方政府间的竞争极大地提高了城市公共服务的效率。而在欧美国家，地方政府以打造服务型政府为追求，市场化参与程度远低于中国。中国地方政府对经济介入之深，也是世界其他主要经济体所没有的。美国在指责中国国有企业和政府干预对自由市场构成了威胁，正是意识到在中国模式下竞争，原本依托强大资本市场的美国私人企业，面对地方政府支持的中国企业失去了压倒性的优势。在土地财政难以为继的情况下，数字经济的发展成为地方政府发展经济的重要抓手。

值得注意的是，2020 年 7 月深圳市司法局公布了《深圳经济特区数据条例（征求意见稿）》，其中规定公共数据属于新型国有资产，其数据权归国家所有，由深圳市政府代为行使数据权。深圳市在公共数据方面的探索必将在全国产生巨大的示范效应，公共数据这一新型国有资产的作用也可比肩当年的土地财政。而在数据资产化的浪潮中，区块链为增强中央集权、保持地方活力、构建新型央地关系、提高宏观调控能力提供了框架性的底层技术。

4.2.3 更本质的经济学目标——以人为本

经济学是一门研究人类行为及如何将有限或者稀缺资源进行合理配置的社会科学，经济学的本质是以人为本，实现每个人的全面发展和幸福生活。以人为本的经济学发展观在农业时代和工业时代受制于生产力和认知力难以实现，在数字经济时代由于生产力的大发展、认知水平的提高和生产关系的修复，以人为本的经济学发展观有望全面实现。新冠疫情作为向数字经济全面跃迁的加速器，疫情防控常态化下的经济政策也越来越向以人为本倾斜，保居民就业、保基本民生成为“六保”之中的重中之重，稳就业、保民生不仅是当前经济运行的最主要矛盾，也是未来经济发展目标的最重要取向。就业和民生关乎是否坚持和践行以人民为中心的发展理念。

从我国实际情况来看，包括零工在内的灵活就业人员数以亿计，2020 年高校毕业生达 874 万人。满足这个人数庞大的群体的就业要求，不仅将拉动消费和投资，保住市场主体和经济基本盘，而且能够稳定基本民生大局，稳定经济社会发展全局。从长远看，根据国家统计局的数据，2019 年中国居民可支配年均收入是 30733 元（包括城乡居民），折成月收入是 2561 元。城乡居民收入水平按五等分，收入最低的 20% 人群，家庭人均月收入只有 615 元；收入次低的 20%，平均也只有 1315 元。两者相加占到全国居民家庭数的 40%。这些家庭的成员一般偏多，意味着这40%的家庭总人口超过40%，大约为6亿人。在全国仍然有6亿人每月可支配收入只有1000元左右，这些人群无法承受失业、就业不足或长期没有工作收入的压力。在我国2020年《政府工作报告》中，没有对经济增长速度提出具体的指标，更加凸显就业和民生问题在当前和未来经济发展中的重要意义。不提经济增长速度指标，一方面是防止出现有GDP增长速度，但没有或较少就业的现象，如价格上涨、资金在金融机构之间循环的泡沫，也能带来增加值和GDP，但却不能增加就业；另一方面，则意味着国家在引导将注意力放在就业目标和民生问题上。被李克强总理称为"人间的烟火、中国的生机"的地摊经济，在疫情防控常态化后风靡全国，也反映了保民生、保就业的重要性和紧迫性。

但另一方面，保民生、保就业和经济增长并不矛盾，而是相辅相成的。2019年中国经济增速为6.1%，新增城镇就业人数1352万，调查失业率为5.3%以下。2020年我国《政府工作报告》提出，新增城镇就业900万人以上、调查失业率6%左右、登记失业率5.5%，按照投入产出法及GDP的就业弹性推算，如果实现900万人以上的新增就业目标，经济增速就可达到4.1%以上，如果要达到城镇调查失业率6%左右，新增就业就将达到970万左右，经济增速就可能达到4.4%以上。可以肯定的是，发展以人为本的经济是推动经济高质量发展、加快新旧动能转换的必由之路。

一般而言，货币政策的最终目标包括经济增长、价格水平稳定、充分就业、国际收支平衡等。我国在过去相当长的一段时间内，事实上将经济增长和价格水平稳定作为货币政策目标最重要的两个维度。在所有货币政策最终目标中，充分就业是最有利于实现以人为本的经济发展目标，在疫情防控常态化的大背景下，货币政策也在向充分就业倾斜。将人的价值作为重要的解释变量的生产函数和经济增长函数，用人的价值替代或部分替代土地、劳动力、资本、技术等传统生产要素，并刻画数据一类新型生产要素，这实则优化了经济框架。如果我们构建一个以人的价值为单变量的生产函数，土地、劳动力、资本、技术、数据等生产要素都可以作为人的价值的被解释变量。根据生产函数的单变量模型，把劳动收入、资本收入等归并为人的价值单变量函数 y=f（v）。设 V ∈（V1，V2…V n），V=f（rI，rk）。以人的价值作为单变量函数求解 GDP，使得人的价值数据成为一种真正的数字资产，进一步结合区块链生成以法定数字货币为价值锚的数字货币体系，其中包含的数字货币不仅是价值尺度，而且能够创造价值。一旦实现了这个目标，货币与货币政策就实现了真正的向数字化和智能化的飞跃。

此外，将 GDP 作为单变量——人的价值的函数，通过区块链、人工智能和大数据等数字技术求解的生产与增长理论更加具有科学性和准确性，革命性地修正和完善了传统经济学的弊端。全球经济从工业经济向数字经济转型的一个重要的标志是传统的会计管理价值的模型转向基于区块链的数字管理价值，经济微观结构发生改变，股份制经济正在转向通证制经济，当前正逐步形成股票——通证的二元容介态经济。区块链赋予每个人若干个分布式账户，用以管理和核算人的价值，从而实现经济制度的民主化、数字化、智能化和现代化。

股票是一种以股权为分配红利的凭证，但是在全球数字经济深化发展的大趋势下，每个人行为的产生的数据具有非常大的价值，而这部分价值应当参与分配，这也就是中央提出的“将数据纳入到生产要素中”。在这个过程中，股票的标准化、高门槛性并不能适应这一发展趋势，而以人的价值为锚的凭证——通证则能更好地适应数字经济的发展。通证是人的价值凭证，用区块链进行核算。这个转变优化了人类的分配制度，使得每个人都有深层次参与其贡献所得的分配权利。每个人产生的价值通过区块链、大数据和人工智能等数字技术实现计量，较为科学准确地反映一个人创造的价值。

区块链、数字货币和链政经济将使得人类社会文明前进一大步，充分发掘社会的主体——人的价值，更好地管理人的价值，更多地创造人的价值，这完美地契合了社会主义以人为本的本质，更有利于发展社会生产力。在链政经济范式下建立收入大数据模型与运营系统，通过个人价值管理系统，计量与确认人的存量价值与流量价值。在链政经济范式下，每个人都能更好地发掘、计量、保护自己产生的价值，进而管理个人价值的区块链分布式账户，每个人可以对自己的未来时间使用权进行交易，并且在区块链账户中取得收入，并以此消除剥削和不平等，最终实现共产主义的终极目标。

资本收入作为人过去的时间价值也可以折算为数字货币的价值，换言之，人的劳动价值与资本价值参与生产过程可以创造新的价值，这个价值作为一种通证（人的价值凭证，法定数字货币作为通证的一种）可以交易，进入市场以后，通过企业价值链与商品价值链最终形成国民收入（即 GDP）。

区块链是未来市场经济和宏观调控最重要的工具之一，通过区块链中央银行可以抓取货币政策所需要的全部数据，更为重要的是，这一数据抓取的过程不会影响创造价值的微观市场化机制，法定数字货币作为基准化和标准化的通证，可以基于微观市场真实情况实现发行和流通，并嵌入货币金融当局和财政管理部门的政策目标。

此外，数据数量和维度的丰富增加了不同政策之间的连贯性和政策目标的可验证性。比如，链政经济可实现基于支出法计量的宏观经济变量与基于收入法计量的宏观经济变量的相互验证性，在此基础上构建的货币政策框架具有及时性和连续性。中央银行深化到具体的价值发现、管理与创造过程，这是数字经济时代的重要特征。中央银行与货币这种新功能的产生有赖于科技革命产生的信息技术的不断创新。

这种模型的运用将是非常重要的，它能够较快提高中国公民的人均价值，如果中国公民的人均价值等于美国的话，中国 GDP 将是美国的 3—4 倍；而法定数字货币引领的划时代变革更加深远的意义也在于此。我国的中央银行改革与货币政策范式迁移应分为“战略三步走”：第一步，逐步把充分就业作为货币政策的最重要的目标，大力发展民营经济和中小企业，努力为其创造全球最优的营商环境和货币环境；第二步，逐步建立动态的、精准的、宏观与微观协同的市场化机制，实现货币的价值创造功能，使中国人均价值追赶甚至超过美国；第三步，创新以人的价值为基础的数字货币体系，逐步实现人的价值最大化目标，建立现代化科学化的货币治理体系。

第一步，把“充分就业”作为货币政策的最重要的目标加大实施力度。把好充分就业的数量关和质量关。充分就业实际上就是人的价值最大化，一旦实现充分就业，基本上就能够实现经济增长、价格水平稳定等其他几个货币政策目标。不但要增加就业的数量，还需要不断提高就业的质量。经济增长的目标在于实现人的价值最大化，充分就业是经济增长的终极目标。一旦实现了真正的充分就业，其他目标就基本能够实现。我国有 14 亿多人口，只要我国 14 亿人的价值提高了，就不惧怕任何外来的冲击。所以，我国货币政策要为民营和中小企业打造全球最优的货币金融环境。

我国目前的充分就业空间巨大，经济发展具有严重的发展不充分问题，特别是要关注科技革命和制度改革引起的人的价值函数的变化。这个问题需要货币政策领域从理论和技术上深入研究。中国的经济发展与货币政策一定要走出这个误区。中国的经济发展还有巨大的制度红利和数据红利，还能为我国带来比过去 30 多年人口红利还大的福利。截至 2019 年年末，我国官方统计的人口数已超过 14 亿，而全球人口大约为 76 亿，占全球人口的比重约为 18%，未来比重会越来越高，根据 IDC 数据，我国数据到 2025 年约占全球数据总量的 28%，彼时美国比重不到 20%。数据红利将和人口红利、制度红利一起成为中华民族伟大复兴的三大红利。

在现实生活中，我们也深刻体会到实现充分就业的空间巨大，我们每个人实际产生的价值距离应有的价值甚远，社会经济制度的根本任务在于发现人的价值、管理人的价值、创造人的价值，实现人的价值最大化。我国货币政策需要调整到实现人的价值最大化为标准的充分就业上来，使就业既有数量上的充分性又有质量上的充分性。

第二步，逐步建立动态的、精准的、宏观与微观协同的市场化机制，实现货币的价值创造功能，使中国人均创造的价值在一定时间内追赶甚至超过美国。未来中央银行的改革将推动金融系统从信用货币时代转变到价值货币时代。从中央银行产生的时候起，它就承担了创造货币的职能，但是这个过程中始终伴随着通货膨胀和资产泡沫，所以中央银行既要在一定程度上制造通货膨胀和资产泡沫，又要反通货膨胀和资产泡沫。随着全球范围内央行主动管理的力度增大，通货膨胀率有日益降低的趋势，反而是形成资产泡沫的风险日益增大。

在2020年新冠肺炎疫情发生前，世界经济就已经呈现出低增长、低通胀、低利率、高债务、高风险的“三低两高”运行态势。受新冠肺炎疫情冲击和经济全球化遭遇逆流等因素影响，这一格局在“十四五”时期很可能将进一步强化。为应对新冠肺炎疫情冲击，主要经济体纷纷实施宽松货币政策，利率水平进一步降低，具体如表4–1所示。

从国际金融危机后主要经济体尝试货币政策正常化的经验看，低、负利率政策和量化宽松政策易进难退。低利率和低增长压制了通货膨胀预期，在全球宽松货币政策下，通货膨胀始终保持在低水平。相比被压制住的通货膨胀，资产泡沫成为更加难以管理的洪水猛兽。比如，在2020年上半年，我国增发的货币在“房住不炒”的政策要求下相当一部分流入了股市，这也带来了一段时间的股市繁荣。

表4–1　2019年12月和2020年6月主要经济体利率水平(%)

	利率	美国	欧元区	德国	法国	日本	英国	瑞士
2019年12月	政策利率	1.50—1.75	0	—	—	–0.10	0.75	–0.75
	10年期国债收益率(月平均)	1.86	—	–0.27	0.04	–0.01	0.83	–0.46
2020年6月	政策利率	0.00—0.25	0	—	—	–0.10	0.10	–0.75
	10年期国债收益率(月平均)	0.73	—	–0.40	–0.04	0.03	0.28	–0.44

资料来源：国际清算银行（BIS），Wind数据库。

衡量一个好的中央银行的客观标准是：它既创造了更多的货币又没有产生严重的通货膨胀和资产泡沫。这个过程表明中央银行创造了就业，所以发掘和创造了人的价值，或者是向国外输入了价值。从这个角度而言，美联储在增发大量货币的同时美元指数仍呈上升状态，从其自身利益出发是比较成功的。比如在2020年3月新冠疫情期间，美联储开启无上限量化宽松政策并启动多种信贷工具，使得资产负债表从 2019 年年底的 4.2 万亿美元增加至超过 7 万亿美元的水平。与此同时，在 2020 年 3 月，由于新冠疫情的不确定性较大，金融市场无法对实体经济部门现金流和破产压力准确出清、定价，这导致了避险情绪大幅上升，全球对美元流动性需求急剧上升，并导致美元短期汇率走强。这意味着美联储从价格和数量两个层面对全世界实现了“抽血”式的剥削，我们必须深刻认识到美元制度的这种剥削性。2021 年第一季度美国通过了 1.9 万亿美元的新一轮经济救助计划，旨在为受新冠疫情影响的美国家庭和企业提供财政支持、为新冠疫苗研制提供资金、为新冠疫苗接种提供资金、为新冠病毒检测以及为地方政府提供资助金；而且很有可能的是，美国政府在 2021 年推出一个 2.3 万亿美元的基建计划。这意味着 2021 年注定是美元流动性“洪水滔天”的一年，也给全球货币金融体系带来了巨大挑战。

在现有的国际货币金融体系下，我国的改革开放注定不是一帆风顺的。中国必须立足国内，下大力气提升人民币的价值，深入开展“数字央行”建设，着力于以国内大循环为主体、国内国际双循环相互促进的新发展格局。

在实际操作上，要建立货币政策的微观机制与市场化机制，一方面通过市场化机制，建立中央银行的区块链和大数据系统，这个系统由多元主体构成，将充分利用数字经济下的数字资产机制，发现和管理人的价值，通过发现与管理消费大数据与投资大数据，把这两个数据作为居民的财产参与市场和政府分配，充分发挥市场的发现信息与价值的功能，从而就能够精准计量充分就业和 GDP，实现货币政策大数据的准确性、及时性和有效性。

中央银行可以向国内达标的数字科技企业购买服务。企业化、市场化、微观化的信息系统与运营系统将为中央银行建立一个高度灵敏的中央大脑，这个中央大脑能够发现价值、管理价值、创造价值，动态化地调控金融，真正提高金融效率，同时能够防范各种金融风险和金融危机，特别是能够精准测量全球尤其是来自美国的金融风险输入。

更加重要的是，中央银行的货币创造过程转变成一个创造价值的过程。通过货币政策提高每个中国公民创造的价值，不断提高人的就业数量和质量，加快创新体制机制，使得中国人的平均价值在一段时间内快速缩小与美国的差距，如果我国公民基于数字人民币的人均价值创造与美国基本持平，那么我国 GDP 将是美国的 3—4 倍。事实上，新冠疫情不仅是全球数字化的加速器，也是我国加速追赶、“逆风翻盘”的重要契机。

2020 年我国是唯一保持正增长的主要经济体，根据 IMF 预测，2020 年和 2021 年两年经济累计增速远超世界平均水平和其他主要经济体。这为我国构建链政经济体系提供了宝贵的空间。2021 年全球主要经济体经济预期增速如图 4–2 所示：

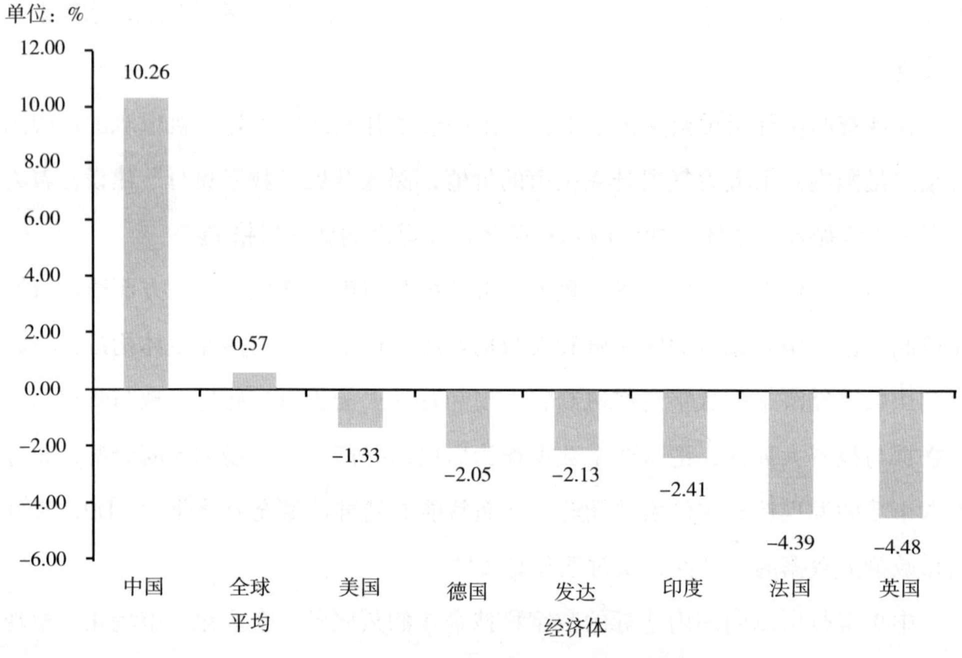

图 4–2　2021 年主要经济体经济预期增速

资料来源：国际货币基金组织（IMF）。

第三步，创新优化货币制度，大力发展以人的价值为基础的数字货币，不断提高数字人民币的数字化程度。货币在人类历史相当长的时间内其作用都被极大低估，

“货币面纱论”“货币只是交易媒介”等观念不仅长久地影响了全球货币金融史的发展，而且几乎统治了社会大众的认知。但事实上，货币不仅是交易媒介，而且在很大程度上能够创造价值，这种创造过程分为内涵式创造和外延式创造两种路径。内涵式创造指的是货币可不断提高商品和要素内在价值的发掘，外延式创造指的是货币可推动社会化生产和消费的不断扩大。沿着科学价值论方向研究的货币制度能够创造价值，而且数字货币传导机制是一种价值创造的市场过程。目前各国中央银行推出的数字货币都没有这种功能，法定数字货币还处在其历史的极早期阶段。

人力资源管理行业未来将成为最赚钱的产业，特别是在人民币价值产业化、市场化、国际化的背景下，中国未来五到十年将出现以区块链为基础设施的价值产业，这个产业是由科技革命和数据革命引起的价值函数的变化引起的，并且通过数字经济和通证经济推动中国深层次的经济和社会变革，而这次变革将很有可能成为全球的标杆，进而为实现中华民族的伟大复兴作出卓越贡献。

新型数字货币制度的传导机制有以下若干个要点：第一，用基于区块链的超级数字账户去定义、衡量和每个人的价值，生成每个人的价值大数据，这种大数据与每个人的收入函数大数据、消费函数大数据、投资函数大数据相互印证和支撑，并且通过市场化的模式生成每个人的价值通证。每个人的价值通证就是更广意义上的数字货币。以数字货币为基础设施的新型数字经济发展范式见图 4-3。

第二，区块链的共识机制拓展到市场中形成交易过程，每个人可以在市场上卖出自己的时间使用权（简称“时权”），这种时权也是一种附加个人与时间印戳的基于区块链的通证。事实上，当前已有关于时权的探索。2018 年数字资产研究院（Chinese Institute of Digital Assets，CIDA）率先提出“时间银行”的概念，目前已应用于将从事公益的时间存入时间银行，并为自己的晚年兑换养老服务的实践中。

第三，融合区块链和人的价值构建创新数字货币，使数字货币成为发现价值、管理价值、创造价值、实现价值的工具，使得数字货币能够实时反映标的的真实情况，在数量和价值上保持与其内涵状态的一致性，从根本上消除了通货膨胀与资产泡沫。

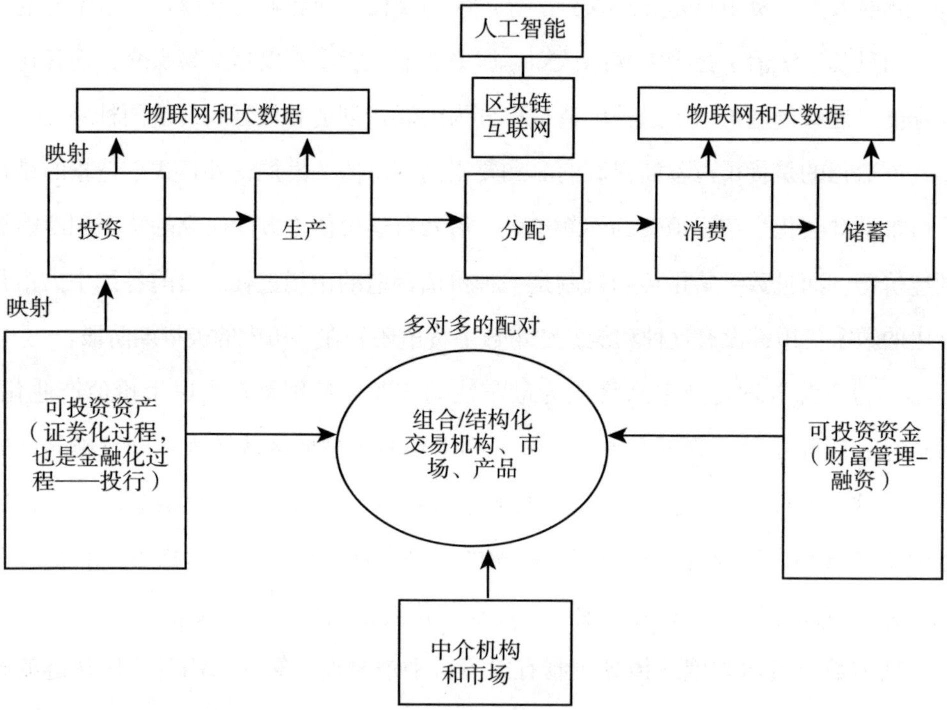

图 4–.3　新型数字经济发展范式

这种新型数字货币制度从机制上根本否定了美元为基础的现有信用货币体系，使得全球免受美元霸权的“抽血式剥削”。当前以 Diem 为代表的全球稳定币的“呼之欲出”，反映了资本主义将剥削进一步拓展到普通民众日常行为产生的数据的企图。我国是社会主义国家，中国共产党代表最广大人民的根本利益，保障人民包括数据权利在内的一切权利，这种新型数字货币制度也只能从我国发轫，由我国公共部门和商业机构推广至全球，这将对中华民族崛起产生关键性作用，并为构建人类命运共同体作出贡献。

新型数字货币制度传导机制与中国现有的货币制度、经济制度、社会制度是高度兼容并且可以相互转化的，无论在理论上还是实践上都具有高度的可行性。更为重要的是，实现人的价值最大化实质是实现人的财富自由、精神自由和生命自由，实现人与人、人与自然的和谐发展，这既符合社会主义的本质，也符合人类命运共同体的根本利益。

4.2.4 数字时代呼唤新的货币金融理论

以区块链、互联网为代表的数字技术和由此衍生的数字金融正在深刻地改变货币金融现实，时代呼唤新的货币金融理论。我们一度以为相对稳定的现代货币金融体系正在数字技术的推动下发生蝶变。总结而言，数字金融至少从以下六个层面对货币金融理论产生冲击：

第一，法律意义上的货币重要性降低，而经济意义上的货币重要性增强，货币性是比货币更加重要的概念。以比特币为例，目前全球范围内大部分货币金融监管部门都不承认其为货币，一般将其界定为虚拟商品或资产，仅有少数国家如德国，将其界定为私人货币。但在一些场景中，比特币一类的私人数字货币发挥了交易媒介或其他的货币职能，那么在这个经济场景中，比特币一类的私人数字货币则发挥了经济上的货币职能。

第二，全球稳定币和央行数字货币的竞争再次引发货币起源于物物交换还是公共信贷的大论战。全球稳定币不管其抵押资产为何，其信用本质上来源于抵押资产的信用，这种信用来源方式类似于物物交换时价值来源于使用价值。而央行数字货币在信用来源层面与传统法币没有本质区别，都是来源于主权信用。数字经济时代全球稳定币和央行数字货币的竞争再次映射到了数千年之前的物物交换和公共信贷对决，并再次引发了货币起源于物物交换还是公共信贷的大论战。

第三，数字技术发展下货币职能的解构趋势日益明显。大量的类货币产品涌现，基于价值尺度、流通手段、贮藏手段、支付手段等多种货币职能综合竞争的情况不再，在货币职能中，价值尺度的重要性有所降低，而流通手段的重要性提高。事实上，全球稳定币为了寻求全球主要金融监管部门的批准发行，基本完全放弃了价值尺度职能，即不创造新的计价单位，而选择与主流法定货币在价格上保持 1∶1 的兑换关系。与此同时，全球稳定币寻求在流通手段职能的增强，其底层技术框架区块链天然适合进行跨境的清结算业务。央行数字货币和以央行数字货币为抵押资产的全球稳定币既有竞争，又有合作，将共同构成某一法币的数字公私合营机制。基于主流法币的“数字货币区”（Digital Currency Area，DCA）正在加速形成，未来将会形成数字美元区、数字欧元区、数字英镑区和数字人民币区。

第四，金融机构观进一步受到冲击，金融功能观增强，传统金融机构、数字科技巨头（Big Tech）和开放性金融都在向混业经营发展。在传统金融机构层面，我国商业银行直接获得券商牌照以及头部券商实现并购重组的可能性越来越大，通过混业经营打造“金融航母”的波澜再起。在全球范围内，数字科技巨头凭借巨大的流量和对用户数据、注意力的垄断逐步染指更多的金融牌照。比如，天星银行（Airstar）由小米集团及亚洲券商尚乘集团携手成立，于 2019 年 5 月获香港金融管理局颁发银行牌照，董事会主席为小米科技创始人、董事长雷军。2020 年 6 月字节跳动也在申请新加坡批发银行牌照。而开放性金融协议一直被称为开放性金融乐高，是因为每一个基础协议就像应用程序接口（Application Programming Interface，API）一样，没有准入限制，允许互相直接调用，这种互相调用组合的形式，就像乐高积木的搭建一样。这种模式天然是混业的，并且打破了牌照限制。

第五，货币和数据的融合程度提高，数据的确权、定价、交易使其具备了一定的货币性，货币承载了越来越多的数据。数据和货币之间的界限日趋模糊，并构成数字经济的二元信任链接器。数字被纳入生产要素是一个全球性的历史趋势，哪个国家能够率先实现，哪个国家就能够占据下一个时代浪潮的制高点。

第六，数字技术的发展使得金融行业出现一些复古倾向。其一，以区块链为代表的数字技术的发展使得从复式记账法重回流水记账法成为可能。从流水记账法到复式记账法是历史发展的必然趋势，极大地提高了账目的清晰程度，以资产负债表、利润表和现金流量表为代表的财务报表构成了现代会计系统的基础。而以区块链为代表的数字技术提高了账目管理水平，降低了账目管理的成本，技术的发展使得在做账方式上具有任性的资本。区块链系统将支付、清算、结算三个过程合而为一，使得从复式记账法重回流水记账法成为可能。

其二，央行利用数字技术提高其监管能力和行政效率，历史的钟摆在一定程度上会向大央行倾斜。在1984年中国工商银行成立之前，中国人民银行既是中央银行也是商业银行；既负责货币发行和金融管理，又具体从事各种业务经营。直到1984年1月工行成立，人民银行才成为实质意义上的中央银行。由于市场化主体日益频繁的金融创新，各国央行都面临着金融监管效率和货币政策效率低下的问题，多国央行都在积极研发和内测央行数字货币，尤其在新冠疫情后，各国央行都在通过各种方式刺激资本市场，保住实体经济，积极创新直达实体经济的货币政策工具。这事实上极大地提高了央行的权限和权力，历史的钟摆在这个时点再次偏向了大央行，这不得不说是事物发展的螺旋上升与循环往复。

其三，出现大量存款准备金率大于等于100%的类银行开放式金融项目。事实上，基于货币政策中介目标转变的内在需求，以欧美为代表的全球主要经济体已经取消了法定存款准备金率这项制度。但是很多基于数字技术构建的金融项目在原生信用不强的情况下需要通过100%的资产抵押甚至超额抵押的方式实现增信。这种理念更加符合芝加哥学派的“100%存款准备金”制度，100%存款准备金在金融市场发展的早期被广泛地应用于典当铺、钱庄、票号等金融机构，这也体现了技术发展下的商业模式复古。此外，以Dai、Compund、Dharma和Uniswap等为代表的开放式金融项目分别提供了基于以太坊的超额抵押的去中心化货币借贷方案。原因在于抵押资产的价格也处于波动状态之中，100%的抵押率已经无法满足市场需求。

数字时代传统货币金融理论已经无法再适应时代发展，波澜壮阔的数字浪潮呼唤新的货币金融理论。而我国则应抓住这一战略机遇期，成为全球数字金融的领导者。

4.3 链政经济双引擎：数字货币和数字财政

新冠疫情的全球流行对国家治理体系和治理能力形成考验，而金融作为现代经济的核心，国家金融能力在国家治理体系和治理能力中扮演着重要角色。国家金融能力可从三个维度进行界定：第一，金融业服务实体经济的能力。金融是经济发展的血脉，也是保持国民经济平稳健康发展的核心环节，如何切实提升金融服务实体经济的能力，持续推动经济高质量发展，是金融业面临的重大任务与时代命题。第二，国家维护金融稳定和金融安全的能力。这既包括货币政策之类的常规政策执行和传导能力，又包括金融监管和宏观审慎监管等对微观金融机构的直接管理能力，当前尤为重要的是金融体系对外部重大冲击的缓释能力。第三，金融体系的法治建设和金融体系的现代化治理能力。能否在一个法治的体系下进行日常的监管和金融交易，尤其是资本市场的法律是否健全，能否严格做到有法可依、有法必依，这些也是一国国家金融能力的重要组成部分。国家金融能力实质上是金融市场化、自律性、开放性和穿透性的内在统一。

随着新冠疫情的暴发和蔓延，为了应对新冠疫情造成的全球性经济危机，主流资本主义国家都出台了力度空前的货币政策（如零利率、负利率政策）和财政政策（如扩张赤字、无限量宽）来救市。比如，2020 年 3 月美联储推出无限量的量化宽松计划（Quantitative Easing，QE）刺激经济，缓解当前受疫情影响的流动性问题，美国前三轮刺激计划的规模超过 2.1 万亿美元；特朗普政府还计划提出一项规模为 2 万亿美元的基础设施建设计划，作为第四轮经济刺激计划的一部分。此外，日本的刺激计划超过 9991 亿美元；欧盟的“欧洲复苏计划”之中，仅“下一代欧盟”计划的发债规模就达 7500 亿欧元。相比而言，我国 2 万亿人民币的财政刺激政策（新增 1 万亿元赤字和 1 万亿元抗疫特别国债）的规模并不算大。

但是，随着欧美主流国家纷纷采取实际意义上的财政赤字货币化政策，国内也出现了对财政赤字货币化的大讨论，吴晓灵、刘尚希、马骏、姚洋等来自财政系统、央行系统和学术界的大咖纷纷参与了讨论。财政赤字货币化的赞同者认为，在新的条件下，中国实行财政赤字货币化具有合理性、可行性和有效性；目前中国需要适度进行赤字货币化，既缓解当前财政的困难，也可以解决货币政策传导机制不畅的问题；甚至还有观点认为，要为 2008 年后的四万亿刺激计划正名，现在必须大胆实行扩张性财政政策。而财政赤字货币化反对者的观点同样激烈，他们认为，如果中国允许赤字货币化，就是允许政府行为无纪律化，这将“诱使”政府行为失范，甚至可能导致政府能力和治理体系能力的崩溃。从讨论阶段性成果和现实情况来看，财政赤字货币化的反对声音占了上风。可以肯定的是，提高财政政策和货币政策的协同性是全球趋势，新市场财政学认为，市场就像一个平台，在这个市场平台上，政府、企业、社会组织、家庭和个人都是市场行为者，每一种类型的市场行为主体都基于自己的行为目标而在市场上从事生产和交易活动（李俊生、姚东旻，2018）。

从货币本质上看，包括我国人民币在内的全球主权货币大多都属于政府依托国家主权财政信用发行的非承兑性质的信用货币，而无论主权货币的印制与发行职能是由中央银行承担还是由财政部承担，其鲜明的财政属性是不容置疑的，因此，包括人民币在内的大多数主权货币的发行属于典型的政府财政职能。而基于人民币的财政属性及其货币发行职能的政府独占特征，政府财政部门和中央银行在理论上同时具有对货币流通进行调控的功能。其中，中央银行的货币调控功能主要通过货币发行渠道和货币政策得以实现，政府财政部门的货币调控功能主要通过财政收支活动和国库现金管理活动得以实现——由此可以断定，政府实际上是可以通过中央银行和财政部门两个主体实现货币调控功能的，也就是财政—央行“双主体”货币调控机制。事实上，近年来经济界对货币起源的争论再起，总体而言，“公共信贷论”的被接受程度得到提高，而“物物交换论”的统治地位则受到动摇。如果秉承“公共信贷论”的货币起源理念，实则更加支持了财政—央行“双主体”货币调控理念，这也更加符合全球的发展潮流。

从货币数量角度看，在现代市场经济条件下，特别是在数字化、金融化和全球化的背景下，政府发行的货币本身会由于市场交易频次变化一类因素而产生扩张效应或者紧缩效应，因而除了政府财政部门、中央银行以外，还存在市场机构和组织对货币流通产生影响，在这种全球背景下，影子银行、加密数字货币、全球稳定币纷纷兴起、各领风骚，并倒逼各国政府将区块链等数字技术应用在货币金融领域，开启了以法定数字货币为代表的全面变革。

同时，一国财政政策和货币政策的协同能力也是其国家金融能力的重要体现。在链政经济系统下，可以形成数字化的财政政策和货币政策，进而增强财政政策和货币政策的科学性和协调性；反过来，数字财政和数字货币则构成链政经济的双引擎，进一步赋能链政经济发展。

链政经济对财政政策和货币政策的优化与完善不仅在于对于每一种政策框架的单一改进，而且在于对两种政策框架协同效应的加成。货币数字化的趋势和区块链对数字货币的意义在本书前文已多有论述，不再赘言。而财政作为国家治理的基础和重要支柱，在数字化浪潮之下，同样面临前所未有的机遇与挑战。在数字经济时代，数字财政具有丰富的内涵，大数据、云计算、人工智能、区块链等技术可以和财政业务进行深度融合，推动财政治理能力和治理体系现代化。可以说，基于链政经济的数字财政是走向现代财政的必由之路。

基于链政经济的数字财政可以为提升公共服务效率提供基础。区块链、人工智能、大数据等数字化技术可以将财政资金提供和公共服务需求进行有效匹配，有利于提高公共服务的效率：

首先，政府可以基于链政经济按照一定规则对信息向公众进行披露，构建一种政府和社会良性的双向沟通机制，为居民和企业教育、医疗、养老、创办企业、融资等各类公共服务提供咨询，社会公众可以方便地获取这些公共信息和服务并进行反馈。

其次，链政经济体系可以缓解税收的公平与效率难题。信息不对称程度影响着政府的税收能力，如果没有一套有效的核查与惩处机制，纳税人就会有不同的规避税费行为。基于链政经济的数字财政可以大大降低信息不对称，政府可以掌握纳税人的资产、家庭成员收入、储蓄、消费及个人信息等数据，也就具备设计出一套相对公平有效的税收制度来增强公平性的技术框架基础；同时政府可以将税收信息系统与其他如银行、户籍、工商等信息系统建立数据共享的集成化系统，就可以依据不同算法来有效甄别偷漏税行为，进而大幅提升纳税遵从度。

再次，以区块链、人工智能、大数据为代表的数字技术为财政运行带来了巨大的成本节约和效率提升，主要体现在两个方面：一是借助数字货币从现金转到数字支付所带来的大量有形与无形的成本节约。无论是政府对居民、企业的转移支付或各类财政补助，抑或居民、企业向政府上缴的各类税费，或是不同级次政府纵向与横向的各类转移支付，从现金到数字支付都会减少资金的漏损或寻租现象，数字支付会提高支付效率、降低物料和人工成本、降低时间成本并节约各类交易成本。据 IMF（2016）测算，对于大多数国家来说，将政府支付数字化平均可以创造大约 1% 的 GDP 价值，相当于为所有发展中国家每年创造 2200 亿至 3200 亿美元的价值。二是数字化管理将会带来管理乘数效应。数字财政需要有一套基于数据分析的财政管理系统，无论是预算编制、预算执行、绩效评价以及监督、预算公开等，数字财政完全可以实现对财政资金的全生命周期管理，可以及时对各类资金运行环节的风险进行预警提示，形式多样的数字化手段可以大幅提高预算公开的效果。财政管理的核心是要保证财政资金的安全、高效，这就需要对资金运行进行实时监测。

最后，基于链政经济的数字财政可以增强财政调控效果。财政要进行科学的调控，实现各方的共赢以及社会福利的最大化，离不开好的机制设计以及政策仿真模拟。数字财政可以从数据层面和算法层面，大数据结合模型、算法，可以展示更加丰富的政策应用场景模拟，也可以前瞻性地给决策者提供更多的政策选择及其政策效果，有助于优化财政政策绩效。

除了每种政策的工具的单一效应，链政经济还可以增强财政政策和货币政策的科学性和协调性，提高两者的协同效应。链政经济系统本质上是政务集成化系统，在运营理念、底层架构和实现方式上都对提高财政政策和货币政策的协同效应提供了支撑，通过制度和规则算法化实现决策的科学性，同时保留人工干预的最高权限，充分实现智能时代人的智能最高级特性。

同时，反对财政赤字货币化的最主要原因在于中央银行在一级市场直接认购国债的“直升机撒钱”，与通常的通过二级市场购买政府债券具有根本区别和不同影响，会导致财政行为无纪律化，进而从根本上透支政府信用，财政政策还有货币政策都应受到约束。而区块链中的智能合约可以提高财政政策和货币政策的规则化和透明化，形成数字经济范式下的算法智能，同时保留人工干预的最高权限，充分实现人的智能、机器的智能和规则的智能三者的有机结合。

作为链政经济双引擎的数字货币和数字财政将极大地增强我国的国家金融能力，具体而言分别增强了金融业服务实体经济的能力、国家维护金融稳定和金融安全的能力以及金融体系的法治建设和金融体系的现代化治理能力，充分实现金融市场化、自律性、开放性和穿透性的内在统一。而我国的社会主义基本经济制度天然地要求集成化，这将进一步放大链政经济双引擎的作用。

4.4 链政经济的治理特征

区块链技术对于推动经济高质量发展、提升国家治理体系和治理能力现代化水平，具有非常重要的意义。链政经济的治理特征与方式适应我国的基本经济制度和政治制度，总结而言，链政经济具有分级治理、授权准入、物链融合、集约开放的治理特征。

分级治理与政务系统的层级性相对应，保证了链政经济系统的稳定性，同时也保证了重要涉密信息的安全性。

（一）分级治理

分级治理是一个国家的基础性制度安排，对政治稳定、经济运行、社会治理等方面都有着重大影响。对中国而言，历史悠久、幅员辽阔、地区差异明显、制度多次转型等因素，都凸显了正确处理分级治理问题的重要性。由于其重要性，中共十八届三中全会和中共十九大均突出强调发挥中央和地方两个积极性。早在1991年，王沪宁就提出了“集分平衡”的央地关系处理原则，他认为中国超大的地方和超大的社会是央地关系失衡的一个重要原因，面对失衡，一方面超大社会要走权力下放的道路，但另一方面，在权力下放中，要注意集分平衡，分权不能使中央的宏观调控无以进行，集权不能使地方的调控能量过多削减。

各级政府的相对规模是影响分级治理的关键因素。下级政府数量增多，意味着上级政府对单个下级政府的相对力量（包括政治力量与经济力量）增强，下级政府对现行秩序的挑战力度变小，违背上级政府意图的可能性变小，组织效率得以提高。但是，下级政府数量过多，上级政府信息处理难度加大，有可能带来组织效率的下降。以我国历史为例，秦汉是中国由分封制向郡县制转型的关键时期，在西汉初年仍保留了大量的分封制残余，刘姓诸侯王拥有较大的地方权力，阻众抗命，对中央权威造成挑战。为此，贾谊提出“众建诸侯而少其力”之法，即诸侯王的所有儿子都可平均享受诸侯王的封地，这样诸侯国会越分越小，对中央政府的威胁会减少。这显然引起了诸侯国的不满与反抗，并引发了七国之乱。在七国之乱后，汉武帝实行“推恩令”，析王国为侯国，诸侯王对中央的威胁才基本得以解决。

中国基层的行政单位是县，从秦朝建立县级行政组织至清朝灭亡的两千年间，治理的基本单元一直没有发生变化，其数目也基本维持在1500个左右。由于县所控制的区域较小，管辖的居民数量较少，难以形成强大的势力，因此在本级政权结构上相对稳定（吕冰洋，2019）。但是，中央政府不可能直接对县级政府进行治理，需要有中间层政府来收集、简化和处理信息，而增加中间层级政府又会使得信息传递链条加长，中央政府信息处理成本加大，也就难以避免信息扭曲和决策失误。我国历史上大多数封建王朝在初建时通常设为三级政府，基层为县，中间一层为郡或州或省，但这种现象难以长期维持，过了不多长时间，政府层级的数量就会增加，政府层级的数量就会由三级演变成为四级、五级甚至更多，历史上的刺史、总督、巡抚、节度使、按察使等开始作为中央政府的临时特派官员，在设立初期确实起到了一定的巩固统治作用，但是官位与机构的设立自古以来是易立难去，流动机构也会慢慢变成常设机构，大大增加了行政成本，也破坏了初期达到的政治平衡。我国地级市政府在新中国成立后很长一段时间也是作为流动机构存在，至今我国宪法中仍然是省、县、乡三级行政机构。

中国央地关系的制度逻辑很多源自超大经济社会先天存在的很强的信息不对称，甚至是构成我国历史上的循环往复的一个重要原因。而人类社会进入工业革命后，技术进步呈现指数型增长。第二次世界大战之后，人类社会快速进入信息化和数字化时代，当前正在全球展开的数字技术革命，大幅度提高信息传递效率，正以前所未有的方式影响着经济发展和社会变革的方向，也必然带来政府组织管理方式的变化。这些变化典型体现在交通网、互联网以及当前以区块链为代表的价值互联网的迅速发展上，这极大地缩小了信息传递和价值转移的时间，扩展了信息传递的内容，丰富了价值的多层次性，这使得央地间信息不对称程度大大降低，地方上发生的一些事情甚至可以瞬时为中央政府所掌握，中央政府也可以借助以区块链为主的数字技术对地方直接施加影响。链政经济基于技术架构、逻辑理念和运营方式构建了一个健全的分级治理体系，在保证每个层级架构相对稳定的情况下，可实现信息和价值的跨级直达，避免中间层级势力过大，给微观的基层政府和宏观的中央政府造成影响。

具体到我国现实，链政经济为强中央、活基层、减中介提供了思想基础、技术基础和运营基础。

第一，链政经济有利于强中央。无数的历史证明，在一定范围内强化中央集权有利于经济发展和社会进步，尤其是在当前逆全球化之风猖獗、全球不稳定因素剧增的历史大背景下。中央政府集中一定权力，得以实现政令畅通，避免地方挑战中央权威，良好的秩序有利于经济发展和社会进步；可以维护市场统一，避免地方政府恶性竞争造成市场分割，全球历史已多次证明“得市场者得天下”；可以集中和分配资源来提供公共服务和协调地区发展，避免市场失灵和政府失灵。在我国这样具有广大国土、地区间差异巨大、国情异常复杂的国家，扩大中央政府的职能、增强中央政府的权威尤其重要。链政经济可通过信息和价值的集成化增强中央政府的集权。

第二，链政经济有利于活基层和稳基层。县不仅是我国的微观经济基础，也是我国的微观治理基础。在乡镇、街道甚至村落、小区保持党的影响力和掌控力，是我国在全球范围内防控疫情取得成绩、快速复工复产的宝贵经验。活基层的关键在于扩大县域自主权，以及使得县级政府的行为偏好反映当地居民的需求。扩大县域自主权依托于中央政府自上而下的改革，而使得县级政府的行为偏好反映当地居民的需求则是链政经济发挥功效的地方。链政经济可以实现地方居民行为信息的集成化，使得地方政府得以更好地了解当地居民的诉求，县级政府的行为在客观上具备了反映当地居民的需求。同时，政府的行为可在不同层次和架构的联盟链上记录，为人民群众和中央政府的监督监管提供了技术基础，使得地方政府在主观上须与中央政府和人民群众保持一致。

第三，链政经济在技术和框架上为削减以地市级政府为代表的中间层级提供了基础。在我国，地市级政府是横亘在省政府和县政府之间的中间政府，起着上传下达的重要作用，在地方治理中占有非常重要的地位。事实上，我国地市级政府长期以来处于法理不明确的位置，我国宪法明确规定："我国的地方政府分为省、县、乡三级。"因此，从法理上看，地市级政府不是地方政府，最初是作为省级政府的派出机构存在的，是代表省级政府指导县级政府工作。在交通和技术不发达的情况下，地市级政府可以起到解决省级和县级政府信息不对称、提高组织效率、增强治理功效的作用，但也随之带来政府规模膨胀、冗员增加、财政负担加重、市县争利的局面。当县域自主权提高和数字技术治理范式成熟的情况下，取消地市级政府就有必要提上议事日程了。事实上，地级市政府的取消也具备了一定的现实基础，自 2005 年起，我国开始推行"省直管县"改革，目前全国至少有 27 个省（市、区）对 1080 个县实行财政直接管理，以此为抓手可逐渐将人事权、审批权、监督权上收到省政府。

（二）授权准入

随着我国经济的快速发展，社会组织的影响力和参与度也在逐渐增大。社会组织是集体行动的载体，伴随着时代的发展和变迁，社会组织日新月异，如何引导社会组织积极服务于经济发展和社会治理是我们面临的重要问题。

以互联网为代表的数字技术的发展彻底改变了人们的生活和交流方式，方兴东等（2014）将互联网范式下我国公民信息传递的方式分为三个阶段：第一阶段是商业化或门户阶段，社会传播模式没有根本性的变化，互联网的媒体属性非常突出。第二阶段为社会化时代，变革主要在于内容的生产，社会传播的力量从机构转移到个人，互联网的社交特性成为重点，但此时个人媒体能量还有限。第三阶段为即时化时代，该阶段先是由微博进一步变革了内容的传播，并使个人媒体具备了大众媒体的传播能力；再是由微信使得人际传播具备了大众传播的能力，以博客、微博、微信为代表的三次变革从根本上改变了中国社会传播的模式和方式，其深度和广度在历史上都是革命性的。互联网的发展进一步丰富了社会组织，也壮大了社会组织的力量。在社会治理中，我们应该尽可能地调动社会组织的积极性，同时对于其可能带来的风险予以规避，因此授权准入就成了一种务实的机制设计。

链政经济联盟链的技术架构保证了授权准入的有效实施：在大多数全民可参与的领域，给予所有社会数据开放权和记账权，从而广泛调动各社会阶层的积极性，发挥市场在资源配置中的决定性作用；在少数具有机密性、需要国家掌控的领域则需要通过授权相关的特定机构，实现数据的可得性和记账行为的完成。比如，政府部门可以在链政经济的基础设施上建立机密信息的子联盟链，在实现政务公开的同时，保障国家安全。授权准入的机制设计是为了更好地保障人民权利，实现更深层次和更高质量的发展，全球历史已经无数次证明，没有秩序则难以实现更大范围、更高质量和更深层次的发展，全球抗击新冠疫情的现实再次证明了这一规律，授权准入是符合历史发展规律的制度设计。

（三）物链融合

实现物链融合是推进区块链大规模应用的关键所在。笔者在为党政部门、央企国企和一些互联网巨头进行区块链授课的过程中，经常被问到一个问题：“为什么区块链这么火了，但是我还是没有感觉到对我们的生活有什么影响？”这确实是困扰很多人的一个问题。导致这个问题的一个重要原因是没有实现物链融合。

区块链发挥所有功能的基础在于被执行对象的上链。以溯源这个场景为例，区块链可对商品进行溯源的前提是将该商品进行数字化，然后上链。如果没有这一过程的实现，利用区块链进行溯源就成了无源之水。当前区块链在现实生活中应用颇为有限的一个重要原因也在于大量的实物没有数字化，也就没有上链；换句话说也就是没有实现物链融合。在区块链发展的前十年历史中，区块链的应用基本囿于数字货币（包括实现支付和清结算等金融功能）和开放式金融的藩篱之中，其中的一个重要原因也在于没有实现物链融合，区块链赋能产业发展和实体经济也就成为一纸空文。而链政经济的实现则要求物链融合，其中的关键在于实现区块链和物联网的深度融合，这也就是所谓的“万物互联”“万物上链”。

实现物链融合有两个核心要素：第一，物联网技术的发展和应用。第二，物联网数据上链的真实性。近年来，全球物联网进入产业落地加速与监管整治并重阶段。全球物联网设备持续大规模部署；模组与芯片市场势头强劲，平台集中化趋势明显，工业领域投资愈加活跃。虽然受新冠肺炎疫情影响，市场规模增长预期下调，但整体向好趋势不变。此外，我国物联网产业规模超预期增长，网络建设和应用推广成效突出。在网络强国、新基建等国家战略的推动下，我国加快推动 IPv6（互联网协议第 6 版）、NB-IoT（Narrow Band Internet of Things，窄带物联网）、5G 等网络建设，移动物联网连接数已突破 12 亿，设备连接量占全球比重超过 60%，消费物联网和产业物联网逐步开始规模化应用，5G、车联网等领域发展取得突破。2019 年我国物联网产业规模已突破 1.5 万亿元，已超过预期规划值。从物联网行业层面来看，龙头企业布局加码，5G 网络建设和边缘计算发展双轮驱动物联网应用深化。2019 年来，华为、阿里巴巴、海尔等龙头企业各有侧重加码布局，头部创投机构投资活跃，物联网领域平均融资额有所上升。伴随 5G 商用进程加快、NB- IoT 规模部署，物联网与人工智能、大数据等融合创新加速，同时设备连接增加驱动边缘计算需求增长，车联网、工业互联网、智慧医疗等应用场景进一步深化。

在保证上链数据的真实性问题上，目前大多数的物联网设备能够运行哈希算法和公私钥签名运算等区块链计算。无线通信模组的处理器以 ARM（Advanced RISC Machine，一种处理器）为主，RISC-V（一个基于精简指令集原则的开源指令集架构）正在快速发展。即使物联网数据不上链，数据仍然需要上云，上链增加的流量一般远小于上云，而且因为区块链容量限制，物联网数据在很多场合是哈希摘要而非原始数据上链，上链增加的流量更小。因此，物联网数据主要存放在云上和设备本地，少量结构化数据可以直接写入区块链，大部分数据是以哈希摘要的形式上链。物联网设备的安全防护和物联网—区块链的一体化能在很大程度上保障数据源头的真实性，物联网设备的安全防护措施防止数据被篡改，物联网—区块链的一体化得以实现数据自动上链，减少人为干预。此外，上下游、不同环节的物联网数据上链，得以通过互相验证保障数据上链的真实性。

可以预见的是，未来物联网设备数量将进一步增加，物联网设备之间将发生丰富的经济活动，法定数字货币也将成为机器间的基础支付工具，有助于实现机器经济应用场景，进而全面迎来“数据与数据的对话”时代，进入到数字经济和智能经济发展的新时期。

（四）集约开放

区块链的全息性使之具备了集约的特征，链政经济可以通过区块链使以中央政府为代表的高权限节点掌握链上全息，而联盟链的技术架构又避免了公有链导致的大量信息冗余，形成了一个集约化的复杂系统，这极大地提高了行政效率和监管效率。

一个集约化系统最有可能产生风险的领域在于不开放，从而导致系统日益走向闭塞和灭亡。这在区块链领域显著表现为公有链和联盟链（包括私有链）的区别：公有链采用的是市场化程度非常高的开放式架构，任何有意愿参与的节点均可自由进出。为吸引新的节点加入以及做大生态，公有链需要设计一套完整的经济激励及治理机制，并且利用通证作为交换媒介和权益符号实现这一目标。联盟链则是由一群事先组织好的参与者组成，各自提供一部分资源来运行一个有一定程度管控的生态。

联盟链与公链间最明显的差异有三个：第一，公有链的结果形成和反馈机制更加动态化和复杂化。公有链的经济模型（包括算法共识）和由此导致的决策共识和市场共识是处于一个动态反馈和时时博弈的过程（吴桐，2020）。而联盟链是一个预先设定好权责的激励机制，并不以产出的数量反作用于激励机制，除非各记账节点通过协商后修改激励机制。

第二，联盟链节点间的信任机制是透过链下的契约关系或共同利益来相互制衡，相对不需要通过各种共识机制来防范攻击。一般而言，联盟链的参与者之间通常已经存在信任基础，以商业为核心纽带链接的联盟链，其参与者大多数是上下游企业或同行，具备一定程度的商业互信；以政务为核心纽带链接的联盟链，其参与者则是不同领域的监管部门，比如教育部门、金融监管部门、工商部门、公安部门等，其共同的公共属性使之具备了较强的互信。

第三，联盟链通常是先产生共识再将结果写入区块链，不会产生分叉的情况。公有链由于节点数量比较多（比特币在全球有超过10万个），涉及巨大的经济利益（Token不仅有一级市场，还有二级市场），具有较大的文化和理念差异（记账节点分布于全球，文化、理念以及监管环境各不相同），在演化过程中往往会形成不可调和的矛盾，进而出现分叉现象。尽管分叉长期而言对于公有链行业不一定是坏事，但短期对公有链项目一定会产生负面影响。

联盟链在实现集约化治理的基础上如何保持开放性，向系统内部源源不断地注入生机与活力成为关系到联盟链系统兴衰成败的大事，链政经济系统在保持集约化的同时需要保证开放性，从而使得系统能长期保持生机与活力。链政经济的授权准入和开放性是辩证统一的，授权准入是为了给更高质量的开放性提供保障，而开放性则是为了保障系统的长治久安与生机活力。链政经济的开放性主要从两个方面实现：第一，在大多数市场对资源配置起决定性的领域不设门槛，各市场主体（包括境外主体）可自由加入或推出；第二，各市场主体（包括境外主体）加入时可免费使用基础设施创建自己的区块链，真正实现“拿来即用、一键部署”的易用性，为中小企业和社会大众提供“无须建链、连接即用”全球性区块链网络，大力降低区块链使用门槛。这既体现了社会主义基本制度的本质，又推进了科技和数字维度下人类命运共同体的构建。

第五章　区块链如何服务新时代治国理政

2019 年 10 月中共中央政治局就区块链技术发展现状和趋势进行第十八次集体学习。习近平总书记在主持学习时强调，区块链技术的集成应用在新的技术革新和产业变革中起着重要作用。其中重点提出，要探索利用区块链数据共享模式，实现政务数据跨部门、跨区域共同维护和利用，促进业务协同办理，深化“最多跑一次”改革，为人民群众带来更好的政务服务体验。这表明将区块链应用于服务新时代治国理政已进入顶层设计框架。同样值得注意的是，在中共中央政治局集体学习区块链一周后，审议通过了《中共中央关于坚持和完善中国特色社会主义制度、推进国家治理体系和治理能力现代化若干重大问题的决定》的中共十九届四中全会在京召开，第一次从中央层面将数据纳入到生产要素框架。这都反映了区块链服务新时代治国理政的趋势性。

区块链服务新时代治国理政需要依托主权区块链架构，具体的实现形式是链政经济体系。链政经济具有分级治理、授权准入、物链融合、集约开放的四大技术创新以及治理科技、数据确权、数据标准、监管互信的四大要素。未来在链政经济构架下，互联网将形成一种全新的生态，人类可以凭借线上线下统一的诚信支撑，推动数据资源、信息和知识像现实中交易性资源一样自由流通，实现共识价值跨主权、跨中心的流通、分享及增值，最终形成一个“主观为人、客观为已”的社会价值形态，推动全球秩序互联网真正到来。

从具体效果而言，链政经济是区块链服务新时代治国理政的具体形式，有利于推动发展数字经济、坚持和发展中国特色社会主义、实现民族伟大复兴的中国梦、全面深化改革、走和平发展道路、推进国家治理体系和治理能力现代化、构建链网空间命运共同体，具有极其重要的理论和现实意义。

5.1 推动发展数字经济

关于数字经济的概念，2016 年 G20 杭州峰会发布的《二十国集团数字经济发展与合作倡议》给出了一个权威的定义，其中指出："数字经济是指以使用数字化的知识和信息作为关键生产要素、以现代信息网络作为重要载体、以信息通信技术的有效使用作为效率提升和经济结构优化的重要推动力的一系列经济活动。"在 2016 年 G20 杭州峰会上，发展数字经济作为中国创新增长的主要路径被提出来，并受到各方的积极响应支持。无疑数字经济发展已经成为中国落实国家重大战略的关键力量，对实施供给侧改革、创新驱动发展战略具有重要意义。党和国家也高度重视数字经济发展，将发展数字经济提升到非常重要的战略高度。数字世界与物理世界是一种平行世界的关系，它是物理世界的映射，它们是一对孪生体。随着科技的提高和人类社会的进步，数字经济在经济中的比重会越来越高。

2015 年 12 月，习近平总书记在第二届世界互联网大会上发表主旨演讲，指出中国将推进"数字中国"建设，发展分享经济，支持基于互联网的各类创新，通过发展跨境电子商务、建设信息经济示范区等，促进世界范围内投资和贸易发展，推动全球数字经济发展。这是继我国提出"互联网 +"行动方案以来，习近平总书记首次在世界范围内，对数字经济发展发表重要论述。

2016 年 10 月，习近平总书记在中共中央政治局第 36 次集体学习时指出要加快传统产业数字化、智能化，做大做强数字经济，拓展经济发展新空间。

2017 年 5 月，习近平总书记在"一带一路"国际合作高峰论坛开幕式上指出，"要坚持创新驱动发展，加强在数字经济、人工智能、纳米技术、量子计算机等前沿领域合作，推动大数据、云计算、智慧城市建设，连接成 21 世纪的数字丝绸之路”。

2017 年 12 月，在中共中央政治局集体学习时，习近平总书记强调要发挥数据的基础资源作用和创新引擎作用，加快形成以创新为主要引领和支撑的数字经济。

2017 年 12 月 8 日，习近平总书记在中共中央政治局第二次集体学习时强调："加快发展数字经济，推动实体经济和数字经济融合发展，推动互联网、大数据、人工智能同实体经济深度融合，继续做好信息化和工业化深度融合这篇大文章，推动制造业加速向数字化、网络化、智能化发展。"

2018 年 4 月，在全国网络安全和信息化工作会议上，习近平总书记作出重要指示："要发展数字经济，加快推动数字产业化，依靠信息技术创新驱动，不断催生新产业新业态新模式，用新动能推动新发展。要推动产业数字化，利用互联网新技术新应用对传统产业进行全方位、全角度、全链条的改造，提高全要素生产率，释放数字对经济发展的放大、叠加、倍增作用。"

2018 年 9 月，国家发展改革委等 19 部门联合印发《关于发展数字经济稳定并扩大就业的指导意见》（发改就业〔2018〕1363 号），指出"当前和今后一段时期，要深入贯彻落实党中央、国务院的决策部署，抢抓发展机遇，大力发展数字经济稳定并扩大就业，促进经济转型升级和就业提质扩面互促共进"。

2018 年 11 月，在亚太经合组织第二十六次领导人非正式会议上，习近平主席发表题为《把握时代机遇　共谋亚太繁荣》的重要讲话——"让处于不同发展阶段的成员共享数字经济发展成果，让亚太地区人民搭上数字经济发展快车"。

中国数字经济早期发展得益于人口红利的先天优势，网民规模的高速增长为互联网行业的崛起提供了天然的优质土壤。2012 年以后，网民增速趋于平缓，移动端时代到来，促使中国数字经济进入成熟发展期。总体而言，中国数字经济的主要商业模式经历了一段较长时间的演变，从信息传播到电子商务，从网络服务到智能决策，新模式和新企业不断涌现，商业模式重心向用户端倾斜，技术成为行业核心的驱动力，但争夺流量和积累用户规模仍然是商业模式成功的关键要素。

在数字经济时代下，底层逻辑、基础设施和经济基础都已经发生了一定程度的变化，而逻辑、方法和策略都需要进行重构和迭代。中国社科院财经战略研究院副研究员李仪等（2018）将数字经济时代的深刻变化归纳为三点：

第一，数据成为推动经济发展关键的生产要素。在农业经济时代，经济发展依靠的关键生产要素是土地和劳动；在工业经济时代，经济发展依靠的关键生产要素是资本和技术；在数字经济时代，经济发展依靠的关键生产要素是数据。数据是未来企业和国家之间竞争的核心资产，是"未来的新石油"。农业经济和工业经济时代的关键生产要素，面临着稀缺性的制约。然而，当数据成为一种关键的生产要素，只要有人的活动，数据的生产就是无穷尽的，加之数字化技术可复制和共享，从根本上打破了稀缺性生产要素的制约，成为推动经济持续发展的根本保障。

第二，数字基础设施成为新的基础设施。在数字经济时代，数据成为推动经济发展的关键生产要素，改变了基础设施的形态，数字基础设施成为新的生产要素。一方面是加大投入资金，推动无线网络、云计算、宽带、云储存等信息基础设施的普及和推广，加大对劳动者数字素养的培训；另一方面是利用数字化技术，对传统的基础设施进行数字化改造，通过在传统基础设施上安装传感器，实现数字化转型。

第三，供给和需求的界限日益模糊。从传统的经济形态看，供给侧和需求侧相互分离。工业化早期物质比较稀缺，需求的满足取决于供给的产品，著名的"萨伊定律"供给自动创造出需求，表达了物质尚为稀缺的时代供给侧和需求侧之间的关系。即便是经济发展到一定阶段，已基本解决了稀缺的问题，完全按照消费者的需求来生产相关产品，在技术和效率层面也不可能，供给侧和需求侧分离的关系并没有改变。然而，到了数字经济时代，数字化技术的成熟，推动供给侧和需求侧逐渐走向融合。

除了以上三点，还有一点很重要，就是消费与投资的界限日益消失。之前消费以生产为基础，整个的资源是稀缺或相对稀缺的，因此产品才具有价值，这也是农业文明和工业文明的基本逻辑。而以传统互联网为代表的第一代互联网和以区块链、人工智能、大数据、云计算、边缘计算等为代表的新一代互联网使得交易中时间和空间的双重巧合不复存在，交易速度能赶上甚至超越生产速度，而商品也越来越具有投资品的属性。经济金融化（Economic Financialization）是反映金融活动对国民经济活动影响程度的概念，在计量指标中包括金融相关率，即金融资产价值总量与实物资产价值总量的比率（Goldsmith，1994）、金融业增加值占GDP的比重、金融交易增长率与GDP增长率的对比等。

经济金融化的概念虽然在20世纪70年代以后才引起人们的关注，但它的起步可以追溯到几千年之前，迄今，它大致经历了“商品→货币→资源货币化→权益资本化→资产证券化”等几个阶段（王国刚，2018）。当前宏观“流动性过剩”与微观“流动性紧张”的矛盾、“金融自我循环”现象大量涌现以及非金融企业利润来源的金融化等都与经济金融化现象密不可分（吴桐，2018）。而基于区块链的通证本身就带有消费的属性，这就更加模糊了投资和消费的边界。

与传统的农业经济、工业经济相比，数字经济内涵发生变革之处体现在算力、想象力、信力、治理能力等四个方面（李仪和徐金海，2018）。算力主要包括运算速度和存储量，人类第一次有望得到全面信息，进入“数据与数据对话”的时代，这也是数字经济时代区别于农业经济和工业经济最为直观的表征。早在20世纪60年代，英特尔创始人之一戈登·摩尔（Gordon Moore）就提出了著名的摩尔定律：当价格不变时，集成电路上可容纳的元器件的数目，约每隔18—24个月便会增加一倍，性能也将提升一倍。进入21世纪第二个十年，随着现代信息化技术的发展，尤其是移动互联网、人工智能、区块链、大数据、云计算、边缘计算等的发展，进一步提升了算力，推动着人类经济加快向数字化转型。摩尔定律反映出数字经济算力的提升，有效地提升了经济的运行效率。

信力主要指人类的信任模式发生了变化，从基于主权引用、商业信用、熟人信用等转向机器信任和算法信任，在新的信力基础上如何保证数字经济时代的安全就显得尤为重要。农业经济和工业经济时代也存在着经济安全问题，但人类对技术依赖性不强，经济安全的问题，影响范围有限。然而，尤其是当前数字经济高级阶段人工智能时代的来临，经济对技术的依赖越来越大，经济安全也越来越受到重视。一旦出现安全问题，对人类文明的冲击有可能是致命的。人类在过度依赖技术发展的同时，也会给自身安全造成极大的风险。

想象力在当前虚拟经济日益发展且具有重要价值的今天越来越重要，这一趋势中共十八届中央委员、中国航空工业集团原董事长林左鸣教授在 2010 年出版的《广义虚拟经济——二元价值容介态的经济》有过详细论述。数字经济时代创造出一个全新的虚拟空间，这是数字时代保证人类发展的核心力量。人不仅生活在物理空间，也生活在数字空间，随着数字经济向着深度和广度发展，虚拟空间将占据越来越大的份额，并有可能成为人类主要生活的空间。我们每个人每天都只有 24 小时，未来关注度将越来越成为稀缺因素，而我们关注虚拟空间的时间越来越多。据美国有线电视新闻网 2019 年 2 月的报道，全球网民平均每天上网时间为 6 小时 42 分钟，其中美国人的平均上网时间为 6 小时 31 分钟，中国是 5 小时 52 分钟，英国是 5 小时 46 分钟，“地球村”的“村民”在虚拟空间中的关注度大大提高，未来还会进一步提高。在虚拟空间中会重塑作为人类的生物感知，人的想象力将会得到最大程度的释放，也将会增强人类的创造力。在物理空间中，人的幻想与希望、享受与痛苦总不免要与人发生不同程度的交流，能否找到认同还依赖于交流的对象；在虚拟空间中人的活动，更多地是与自己的对话，更加有利于人认识自己、获得认同。人在真实世界中通过劳动创造财富和繁衍后代，而在数字空间中通过创造数据与算力，创造财富。因此，在推动实体经济传统产业向数字化转型的过程中，如何通过模式创新、业态创新等手段，有效激发人在虚拟空间中的想象力显得尤为关键。

而是数字经济时代治理能力则是算力、信力和想象力的保障，算力、信力和想象力能否有效发挥效力，能否服务于高质量的经济增长和人类高品质的生活，在很大程度上依赖于治理能力。需要注意的是，数字经济时代的治理能力与平常所谓的治理能力有所不同，数字时代的治理能力指的是算力、信力和想象力等三个要素的系统应用，影响到数字世界价值的存储、输入、输出以及各种运算，治理能力作为数字经济体系中的高维能力，将是未来数字世界的高级核心竞争力，甚至是虚拟空间的“国界线”。治理能力的重要体现，是如何能够有效地链接物理空间和虚拟空间，如何让个人既能够认知世界，又能够寻找到广泛认同，并创造和实现价值，而不会导致技术发展只是给大多数技术精英带来效益，而让绝大多数普通人成为“无用阶级”。在数字经济发展的大势之中，能掌握数字经济核心能力的企业有望成为下一波浪潮中的 BAT。

而数字经济的探索与发展本身也经历了一个从局部到整体的过程。早在 2000 年，习近平总书记在闽工作时，就着眼于抢占信息化战略制高点，增创福建发展新优势，作出了建设“数字福建”的重要决策，开启了福建推进信息化建设的进程。习近平同志敏锐地认识到信息化建设的重要意义，强调“信息化是当今世界经济和社会发展的大趋势，它是我国和我省产业优化升级和实现现代化的关键环节，四个现代化，哪一个也离不开信息化”（2002 年 2 月《“数字福建”向我们走来》）。习近平同志指出，“实施科教兴省战略，必须抢占科技制高点。建设‘数字福建’，就是当今世界最重要的科技制高点之一”（2000 年 10 月 12 日在《“数字福建”项目建议书》上的批示）；建设“数字福建”，攻占信息化的战略制高点，可以统揽我省信息化全局，发挥后发优势，意义十分重大（2000 年 12 月 23 日在省政府专题会议上的讲话）。他强调，各级各部门要加深对实现国民经济信息化重大意义的理解，认识到“数字福建”就是福建的信息化，是新世纪我省现代化建设上新水平的重大举措（2002 年 6 月 7 日在“数字福建”建设领导小组全体会议上的讲话）。这些重要论述，充分体现了习近平同志的战略眼光。18 年来，福建省委和省政府始终把推进“数字福建”建设作为重大战略工程持续推进，一张蓝图干到底，一任接着一任干。2012 年，工业和信息化部将“数字福建”建设提升为区域信息化科学发展的样板工程，“数字福建”升格为国家试点工程，逐步从“人无我有”迈向“人有我优”。

而区块链在整个数字经济体系中扮演极其重要、不可替代的角色，区块链可以低成本地让互联网上的数字资产确权、定价和交易，从而降低全球的信用生产成本，打造一个全球共信的信用体系，而信用市场的大小、深度以及效率决定了一个经济体的成败。区块链搭建的基础设施有让广大消费者顺利转化为投资者的潜在功能，进而创造一个全新的财富时代。

5.2 有利于坚持和发展中国特色社会主义

中国特色社会主义包括中国特色社会主义道路、理论、制度、文化。中国特色社会主义发展道路，即指由中国共产党领导中国人民实行经济建设改革开放伟大革命实践开辟的一条中国式的现代化道路；中国特色社会主义理论体系，即指中国共产党把马克思主义与中国实际相结合实现马克思主义中国化的最新理论成果。中国特色社会主义是科学社会主义的基本原则与中国实际相结合的产物，具有鲜明的时代特征和中国特色。

具体而言，中国特色社会主义道路，就是在中国共产党领导下，立足基本国情，以经济建设为中心，坚持四项基本原则，坚持改革开放，解放和发展社会生产力，建设中国特色社会主义市场经济、社会主义民主政治、社会主义先进文化、社会主义和谐社会、社会主义生态文明，促进人的全面发展，逐步实现全体人民共同富裕，建设富强民主文明和谐美丽的社会主义现代化强国。

坚持和发展中国特色社会主义最重要的是坚持共产党这一中心的领导。本书在前面章节分析了去中心化是一个“伪命题”，链政经济体系的核心作用在于将微观层面的更加微观，而宏观层面的则更加宏观。宏观层面通过增强党和政府的法理型权威以及提高信息的集成化程度使得中心化程度得以整体增强，同时使得系统实现帕累托优化，与此同时系统中间层级减少，中心阶层整体实现下沉。

党的十九大报告提出，要增强学习本领，在全党营造善于学习、勇于实践的浓厚氛围，建设马克思主义学习型政党，推动建设学习大国。学习型政党的本质是提高党的信息获取能力和信息处理能力，而通过区块链建立的链政经济体系不管是以公链形式还是联盟链形式理论上都可以获得链上的所有信息，提高信息的集成化程度。而反过来，维护党的法理型权威和提高中央的信息集成化程度又有利于巩固党的领导地位。

另外，我国链政经济体系的建立同样需要考虑中国特色。当前的监管制度决定了联盟链在未来一段时间内的重要作用。2017 年 9 月 4 日，中国人民银行等七部委于发布《关于防范代币发行融资风险的公告》，在叫停 ICO 的同时，也对各数字资产交易平台提出了停业整顿的要求——“代币融资交易平台不得从事法定货币与代币、虚拟货币相互之间的兑换业务，不得买卖或作为中央对手方买卖代币或虚拟货币，不得为代币或虚拟货币提供定价、信息中介等服务”。而发行通证为公链的激励方式和治理手段，因此“九四文件”对于公链的发展客观上具有负面影响。而联盟链是当前区块链落地实践的热点，也是业界对“杀手级应用”期望最大的区块链部署形态；尤其在当前区块链技术尚不成熟的情况下，推动 B 端的落地比推动 C 端的落地更为稳健。当前较为有影响力的联盟链有 Hyperledger Fabric、FISCO BCOS、微软的 Coco、企业以太坊联盟（EEA）以及 R3 的 Corda 等。但同样需要值得重视的是，联盟链的信息孤岛问题依然严重，缺乏足够好的激励机制促进数据共享，需要找到在兼顾落地与解决这些问题方面取得平衡的方法。当前我国也在公链和联盟链等技术上取得进展，出现了一些明星项目。比如北京全息智信科技有限公司基于自身世界领先的专利技术，致力于构建区块链超级云平台，实现可信的产业生态，该区块链超级云平台提出“合约容器 + 区块链引擎”的架构，支持一键式建链、一键式部署可信应用、无缝无痛升级迭代，完全消除区块链开发和运营的技术门槛，真正使在公有链 / 联盟链上实现关键的现实应用成为可能。

此外，中国特色社会主义的领导核心——中国共产党的建设与治理也是一个重大课题。截至 2017 年 12 月 31 日，中国共产党党员为 8956.4 万人，为世界第一大政党，党的建设意义重大。党的建设必须坚决实现五项基本要求：第一，坚持党的基本路线；第二，坚持解放思想，实事求是，与时俱进，求真务实；第三，坚持全心全意为人民服务；第四，坚持民主集中制；第五，坚持从严管党治党。而链政经济体系为民主集中制的落实提供了新的探索渠道，区块链的分布式结构为党内民主提供了发展的空间，而党中央作为党的核心权力机构可在链上作为超级节点的形式存在，达到履行集中职能的效果。在数字经济时代，我们需要探索民主集中制这一科学制度的新的实现形式。而在从严管党治党层面，链上治理模式为党员的财产、位置等信息提供了高效、快捷、准确的追溯途径，完善了信息时代下的从严管党治党模式。

5.3 有利于实现民族伟大复兴的中国梦

实现中华民族伟大复兴的中国梦是习近平总书记在中国共产党第十九次全国代表大会报告上提出的。中华民族伟大复兴中国梦是以习近平同志为核心的党中央提出的重大战略思想，是党和国家面向未来的政治宣言。它着眼于坚持和发展中国特色社会主义，体现了中国共产党高度的历史担当和使命追求。自 2012 年 11 月 29 日习近平总书记在参观《复兴之路》展览时提出“中国梦”的概念之后，他在一系列重要讲话中深刻阐述了中国梦的定义、基本内涵、奋斗目标和实现路径，逐步使中国梦成为一项系统的战略思想。而区块链行业同样具有中国梦，那就是建立性能优越、布局合理、世界领先的公链和联盟链体系。而中兴芯片和华为事件以及中美贸易摩擦再一次为我们敲响了警钟，掌握核心技术仍然是强国关键。设立科创板并试点注册制是提升服务科技创新企业能力、增强市场包容性、强化市场功能的一项资本市场重大改革举措。通过发行、交易、退市、投资者适当性、证券公司资本约束等新制度以及引入中长期资金等配套措施，增量试点、循序渐进，新增资金与试点进展同步匹配，力争在科创板实现投融资平衡、一二级市场平衡、公司的新老股东利益平衡，并促进现有市场形成良好预期。

习近平总书记对中国梦战略思想作出过系统阐释。首先，中国梦的基本内涵有三个层面：国家、民族、人民。从国家层面看，中国梦就是强国梦。中国要成为强大的现代化国家，赢得世界认同，并成为引领世界发展的主导力量。从民族层面看，中国梦就是民族复兴梦。中华民族要对人类发展作出更大、更多、更重要的贡献。从人民层面看，中国梦就是每个中国人的梦。“中国梦归根到底是人民的梦”，每一个中国人共同享有人生出彩的机会、共同享有梦想成真的机会，同时，实现中国梦也需要每一个人的努力。

国家、民族、人民的三个层面是把国家、民族和个人作为一个命运共同体，从而使国家利益、民族利益和每个人的具体利益都紧紧地联系在一起。国家、民族和个人的层次可分别对应区块链中的公链、联盟链以及私链，并通过跨链技术紧密相连。

其次，中国梦的现实基础是实现“两个一百年”奋斗目标，即到中国共产党成立 100 年时全面建成小康社会，到中华人民共和国成立 100 年时建成富强、民主、文明、和谐的社会主义现代化国家。实现国家的富强需要我们抓住最新的数字化、信息化浪潮，而区块链在其中扮演了极其重要的基础设施角色。而民主则有越来越丰富的表现形式，不仅具有传统内涵，而且更多了投资民主化、信息民主化等内涵，数字金融和区块链分布式记账下全息性的特点对于投资民主化和信息民主化具有非常积极的促进作用。当下在全球范围内信息和数据越来越多地被数字资本主义所垄断，金融资本主义和数字资本主义的合流趋势也反映了普通用户的数据权也在逐步地成为被剥削对象。而我国社会主义的本质则保护人民包括经济权利、数据权利、政治权利等在内的所有权利，并以此为契机构建人类命运共同体。

文明是有史以来沉淀下来的、有利于增强人类对客观世界的适应和认知、符合人类精神追求、能被绝大多数人认可和接受的人文精神、发明创造以及公序良俗的总和。文明从信息维度考察即为信息的获取能力和处理能力的提高，区块链的分布式记账给信息获取提供了一种全新的方式，而当前基于不同共识算法下的探索则是对不同处理方式的尝试。和谐的基本特征是“民主法治、公平正义、诚信友爱、充满活力、安定有序、人与自然和谐相处”，而链政经济体是一个逻辑自洽、不断演变和迭代的开放体系，符合和谐的内涵和外延。打造健全完善的链政体系对于实现中华民族伟大复兴的中国梦意义重大。

5.4 有利于全面深化改革

党的十八届三中全会审议通过的《中共中央关于全面深化改革若干重大问题的决定》，提出了全面深化改革的指导思想、目标任务、重大原则，描绘了全面深化改革的新蓝图、新愿景、新目标，合理布局了深化改革的战略重点、优先顺序、主攻方向、工作机制、推进方式和时间表、路线图，汇集了全面深化改革的新思想、新论断、新举措，是我们党在新的历史起点上全面深化改革的科学指南和行动纲领。然而全面深化改革既不是没有重点，也不是平均用力。那重点是什么？而着力点又是什么？这一问题在上述《决定》中讲得很清楚，“经济体制改革是全面深化改革的重点，核心问题是处理好政府和市场的关系，使市场在资源配置中起决定性作用和更好发挥政府作用”。而市场在资源配置中如何起决定性作用？政府又如何更好发挥作用？这里的关键在于“必须切实转变政府职能，深化行政体制改革，创新行政管理方式，增强政府公信力和执行力，建设法治政府和服务型政府”。

如何实现资源的有效配置、充分发挥市场的决定性作用一直是政商学界关注的重要命题。而链政经济体系的最大特点在于让政府的归政府，市场的归市场，同时保留政府“最后调控人”的权力。“最后调控人”的概念来源于“最终贷款人”（Lender of Last Resort），即在出现危机或者流动资金短缺的情况时，负责应付资金需求的机构，行使“最后调控人”职责的通常是中央银行。而“最后调控人”是防止完全信任算法和机器而可能带来的风险。

在链政经济体系中，正常情况下整个体系的运行以算法和机器共识为基础，但是任何时候都不能完全放弃人工干预这一模式，而在极端情境下具有人工干预权限的机构和相关人员被笔者定义为“最后调控人”。与“货币政策 + 宏观审慎政策”双支柱政策框架类似，货币政策日益技术化和算法化，而宏观审慎政策主要防控系统性金融风险，采取的是阈值的干预措施。链政经济体系中是“以区块链为基础的算法政策 + 极端情景最后调控人相机决策”的双支柱框架。链政经济体系的双支柱框架在正常运营的绝大多数时期以区块链共识机制和算法为基础，而这一体制运作的基础来源于市场，市场各个主体都将作为区块链节点按照市场规则（会被设定为共识机制）进行运作，而政务系统的大部分信息和资产（除部分涉及公共安全和国家安全外）都需要上链，这将极大地推动“阳光政府”的建设，也实现了政府职能的转变，向“深化行政体制改革，创新行政管理方式，增强政府公信力和执行力，建设法治政府和服务型政府”迈进了一大步。

而公务人员的财产公示制度也可通过资产上链得以推进廉政反腐建设，当前反腐工作进入深水区，习近平总书记在 2018 年 12 月中共中央政治局就深化国家监察体制改革举行第十一次集体学习主持学习时强调，在新的起点上持续深化党的纪律检查体制和国家监察体制改革，促进执纪执法贯通，有效衔接司法，推进反腐败工作法治化、规范化，为新时代完善和发展中国特色社会主义制度、推进全面从严治党提供重要制度保障。而链政经济体系则为推进反腐工作法治化、规范化、程序化提供了贯彻落实的基础设施。

5.5 有利于走和平发展道路

中国和平发展道路是中国社会发展的国际战略。2005 年年底，中国政府发表《中国的和平发展道路》白皮书，阐述了中国走和平发展之路的立场和决心。走和平发展道路在中国有深厚的历史文化渊源和基础，体现了中国人民的真诚愿望和不懈追求，也是中国顺应时代潮流、走向现代化的必然要求。2018 年 3 月 11 日，第十三届全国人民代表大会第一次会议通过的宪法修正案，在“中国坚持独立自主的对外政策，坚持互相尊重主权和领土完整、互不侵犯、互不干涉内政、平等互利、和平共处的五项原则”后增加“坚持和平发展道路，坚持互利共赢开放战略，推动构建人类命运共同体”。

2020 年 5 月 14 日，中共中央政治局常委会会议首次提出“深化供给侧结构性改革，充分发挥我国超大规模市场优势和内需潜力，构建国内国际双循环相互促进的新发展格局”。之后新发展格局在多次重要会议中被提及。2020 年 8 月习近平总书记召开的经济社会领域专家座谈会上说：“要推动形成以国内大循环为主体、国内国际双循环相互促进的新发展格局。”这个新发展格局是根据我国发展阶段、环境、条件变化提出来的，是重塑我国国际合作和竞争新优势的战略抉择。国内国际双循环格局是我国在疫情防控常态化下推动世界和平发展的基本路径。

新冠肺炎疫情暴发使世界百年未有之大变局加速演变，加速演变的核心在于中国经济加速追赶。得益于及时有效的疫情防控、经济社会发展工作的统筹、数字化转型的快速推进，中国经济受新冠肺炎疫情冲击幅度相对较小且率先实现复工复产和经济复苏。2020 年二季度中国经济当季已恢复正增长，2020 年前三季度经济累计增速已由负转正。新冠肺炎疫情对全球经济的冲击程度并不亚于大规模战争和国际金融危机（朱鸿鸣，2020）。

从历史经验来看，重大冲击后全球经济复苏格局往往呈现出“大分化”特征。“二战”后的德国和日本经济增速远超英国和法国，国际金融危机后中国经济复苏领先全球，美国则领先于主要发达经济体。当前，中国经济的率先复苏和在疫情防控方面的明显优势有望推动中国在新冠肺炎疫情结束后经济复苏“大分化”中取得领先地位。

2020 年中国成为唯一保持正增长的主要经济体，2020 年和 2021 年两年经济累计增速远超世界平均水平和其他主要经济体。复苏“大分化”意味着对美国加速追赶，2020 年和 2021 年，中国经济累计增速将高出美国 11.59 个百分点。

崛起大国对守成大国的快速追赶，往往伴随着守成大国的战略焦虑和对崛起大国的围堵遏制。新冠肺炎疫情暴发以来，美国冷战思维、经济民族主义和经济霸凌主义盛行，美国通过扩大实体清单范围并加大对清单内企业制裁力度，极力拉拢其他国家“选边站队”进而构建各类排华联盟等形式推动对中国脱钩，严重威胁中国的经济产业安全。在当前单边主义、保护主义愈演愈烈的情况下，全球化势力有抬头迹象，中国成为再全球化的核心力量。贸易、交流与融合是全球和平发展的主要途径，其反面则是孤立、分裂与战争。

2020年11月东盟十国以及中国、日本、韩国、澳大利亚、新加坡等15个国家，在东盟峰会上正式签署了区域全面经济伙伴关系协定（Regional Comprehensive Economic Partnership，RCEP），标志着全球规模最大的自由贸易协定正式达成，是东亚区域经济一体化进程的重大里程碑，也为推动区域乃至世界经济复苏注入了新的动力。

RCEP是一种基于协定国家之间相互给予统一规则和制度的多边俱乐部型公共产品，协议的签署给东亚区域经济复苏注入了新动能，区域内将形成统一的经贸规则和便利的跨国营商环境，有利于区域内商品、技术、服务、资本、人员的便捷流动，促进成员国之间的贸易投资并增强对域外投资的吸引力，形成显著的贸易创造、投资创造以及域外“溢出效应”，将进一步促进东亚地区的贸易投资往来，加强区域产业链供应链合作，实现地区国家优势互补、互惠互利。作为RECP区域内发展的领头羊，协议的签订虽然在部分领域会让中国付出一定的代价，但整体看将更有利于为中国未来的持续发展提供持续产业升级的动力和市场，也可以为中日韩自贸区发展奠定坚实的基础。RCEP协定对于整合亚洲区域一体化的最大贡献之一，在于区域内采取共同的原产地规则。协定实施意味着RCEP成员之间的贸易只需要一张原产地证书，免去了过去原产地规则的繁琐程序，有效降低了贸易制度成本。

RCEP对我国的重要意义有以下若干点：

第一，为我国实现“双循环”提供强力支撑。随着RCEP的不断深化，会有更多的东盟国家和地区选择以人民币进行计价交易，人民币作为投资和储备货币的功能也会日益凸显。更关键的是，RCEP抢先尘埃落定，为中国应对美国主导的TPP（跨太平洋伙伴关系协定）提供抗衡力量。

第二，将缓解中美经贸摩擦给区域带来的不利影响。RCEP 协定达成，将在“十四五”期间降低中美贸易摩擦对我国的负面影响。机械设备、钢铁及金属制品、建材、轻工、公共服务及建筑业等国内生产受中美贸易摩擦负面影响较大的产业，其国内生产均有所恢复，且几乎所有产业的进出口都会实现增长，尤其是农产品、纺织服装、建材、轻工、汽车及零部件等产业的受益较大。RCEP 所形成的稳固的区域供应链及统一市场，将对美国单方面采取的贸易扰乱行为起到较大的缓冲作用，为区域经济贸易的发展提供坚实的基础。

第三，为中日韩自贸区推动奠定坚实基础。中日韩三国经济规模大，GDP 合计超过 16 万亿美元，与欧盟 GDP 18 万亿美元规模相当；三国对外贸易额近 7 万亿美元，占全球贸易额的 20% 以上。中日韩三国经济产业存在互补空间，产业链高度融合，日本拥有相对丰厚的资本和尖端科技，韩国是新兴工业化国家，在半导体领域占有优势，而中国则是制造大国。

面对部分西方国家的逆全球化浪潮和日趋脆弱的全球治理体系，构建人类命运共同体、实现共赢共享是解决全球治理难题的中国方案。人类命运共同体理念将世界视为一个整体，强调全球贸易的互动与协作以及各国之间的和谐与共生，对全球贸易治理体系变革具有重要意义。人类命运共同体理念下的全球贸易共治，核心目标并非促进资本增值，而是扩大全球范围内的总收益以及全球收益的合理、有序分配，这可以弱化国际贸易中的利益关系冲突，强化各国间的和谐交流。

区块链技术的目标是通过技术设计实现制度的开放、透明、高效，其中的理念就是在多中心的技术支持下，实现数据流程的透明、公开，从而增加行为的可信度，这样的理念与全球贸易共治中“弱冲突 + 强和谐”的治理逻辑相契合。这意味着链政经济不仅适用于一国内循环的治理，而且对于国内国际双循环具有重要意义。

在全球贸易治理中，区块链技术可以通过联盟链的形式将全球贸易整合在一起，通过创新工作量证明机制（Proof of Work，POW）实现全球收益的有序分配。

利用区块链技术的这一特征，WTO既可以保证对贸易大国进行利益激励，也可以避免弱小国家的利益被大国侵蚀。区块链的算法共识有助于克服全球治理中南北之间的二元对立。全球治理中南北二元对立形成的原因，是在西方冲突逻辑的指导下，发展中国家关注的利益被排除出国际贸易，发达国家继续享有不平等的全球贸易份额。区块链中各节点平等的特征可以避免不同国家间利益分配和话语权的冲突，从而实现“弱冲突＋强和谐”的全球贸易共治。具体而言：

利用区块链技术建立统一的跨境交易平台，降低全球贸易融资的成本。在融资过程中，审批流程的繁琐导致跨国贸易融资的审查成本较高。在全球性数字货币的基础上，区块链可以为缩短审批流程提供帮助。区块链技术通过图像识别和算法设计，可以实现金融文件的即时审批。区块链所提供的信息共享，可以降低金融机构获取原始信息的成本。

我国在利用区块链推动对外贸易层面走在全球前列。2018年9月中国人民银行贸易金融区块链平台上线，是由中国人民银行发起，数字货币研究所和中国人民银行深圳市中心支行建设和运营的金融科技基础设施，致力于打造立足湾区、辐射全球的开放金融贸易生态。2018年12月，中国银行业协会“中国贸易金融跨行交易区块链平台”正式上线运行。2019年10月中国建设银行发布了BCTrade2.0区块链贸易金融平台。区块链可以实现贸易的智能清算，可以通过智能合约替代传统合约；可以建立基于区块链代码仲裁；可以即时地追溯贸易产品价值形成的全过程，及时调整国与国之间贸易平衡问题，减少贸易冲突发生的可能性。

目前，我国的贸易金融区块链平台已成功实现供应链应收账款多级融资、跨境融资、国际贸易账款监管、对外支付税务备案表、央行再贴现快速通道项目等多项业务上链运行。截至2019年10月，在深圳市参与推广应用的银行29家，网点485家，发生业务的企业1898家，已实现业务上链3万余笔，业务发生笔数5000余笔，业务发生量约合750亿元人民币。

此外，以2020年8月抖音海外版（TikTok）和WeChat（微信海外版）在美国可能被禁用事件为代表的跨境数据流动问题引起了全球的广泛关注，如何界定包括知识产权在内的无形资产的产权成为重要性日益凸显的问题。而利用区块链在溯源等方面的优势，可强化各国在知识产权等无形资产保护这一领域的合作。在知识产权保护中，长期存在确权耗时长、维权难度大的问题。区块链技术令IP永久保存、不可篡改、可追溯的特性可以助力知识产权治理。通过分布式账本机制和共识机制，分布在全球各地的节点都能够对知识产权的IP进行管理和保存。通过知识产权的上链，区块链可以在每一次访问中为相应区块增加时间戳。这不仅能够实现交易信息的溯源，也可以降低知识产权维权中的取证难度和维权成本。同时，通过对现有法律的自动化处理，智能合约的有效监控可以保障参与知识产权交易的各方进行真实的交易。这既有助于各方扩大知识产权领域的合作空间，又有助于完善交易各方的知识产权保护体系，促进各国的知识产权法治建设。

未来各国法定数字货币的出台将进一步便利贸易全球化。基本上所有的贸易行为都包括商品的交付和资金的交付这两个环节。当法定数字货币的应用成熟后，可将支付一类行为直接写入代码中，这样就进一步提高了贸易效率，降低了贸易成本，从贸易和资本两个维度提高了全球一体化程度。

事实上，我国在推进法定数字货币研发、积极参与数字货币国际规则制定的进程中也不是一帆风顺的。我国被排斥在美元主导的国际货币金融体系之外的现象，延伸到了数字货币领域，我国在数字货币标准制定上面临被排斥的局面，并对数字范式下的人民币国际化造成障碍。当前以数字货币为主要形式的国际数字金融竞争愈演愈烈，以美元、欧元、人民币等为记账单位的数字货币区正在形成。数字货币区的核心区域是CBDC，外围区域是全球稳定币。2020年4月发布的Diem白皮书2.0版本中提出，各国央行可直接在Diem网络上发行本国CBDC，Diem多货币稳定币LBR本质上基于智能合约将Diem网络上选定的CBDC按照一定的权重合成。数字货币区基础的信用来源是主权信用，但在信用的拓展上则重点依靠商业信用，这体现了数字货币的公私合营机制。

在CBDC领域，不仅需要一国的系统内部安全可控，而且需要在跨境和兑换场景中实现互操作性。当前CBDC联合工作组包含了美、英、欧、日、加、瑞典、瑞士等国央行，但没有允许一个发展中国家加入，本质上反映了金融资本主义试图对数字货币这一新兴领域实现垄断。我国作为全球第二大经济体的最大的发展中国家，在CBDC的研发和测试中较为领先，我国CBDC业务负责人员也在大型科技企业对金融稳定影响的国际研究工作中贡献了中国经验，CBDC联合工作组没有将我国纳入导致了其全球代表性的缺失，也体现了以美国为代表的资本主义国家在国际标准制定上对我国的排斥。

在全球稳定币领域，尽管我国有腾讯、阿里、蚂蚁、京东、美团等大型科技企业，也在全球移动支付领域取得了突出成绩，但无一成为Diem协会的会员；在抵押资产层面，也没有将人民币资产纳入框架内。同时，美、英、欧、日等央行掌握Diem的生杀大权，IMF、FSB、BIS、FATF等国际金融组织对全球稳定币的监管体系构建也具有重要影响。总结而言，不管是在CBDC领域，还是在全球稳定币领域，我国在国际标准制定上都面临排斥，游离在全球数字货币范式之外将对数字人民币的国际化形成巨大阻碍。

尽管在推进全球化、构建人类命运共同体的道路上荆棘遍布，但我国已成为中流砥柱式的力量。我国将以新发展理念和总体国家安全观为理念指导，以国内大循环为主体、国内国际双循环相互促进为基本形态，以深层次改革、高水平开放、高质量创新为基本动力，以超大规模市场优势和内需潜力为基础支撑，以高水平经济循环、高质量发展和开放型世界经济为发展目标的格局，推动构建人类命运共同体。

5.6 有利于推进国家治理体系和治理能力现代化

2013年11月党的十八届三中全会提出："全面深化改革的总目标是完善和发展中国特色社会主义制度，推进国家治理体系和治理能力现代化。"2019年11月中共十九届四中全会通过《中共中央关于坚持和完善中国特色社会主义制度推进国家治理体系和治理能力现代化若干重大问题的决定》，提出到中华人民共和国成立一百年时，全面实现国家治理体系和治理能力现代化，使中国特色社会主义制度更加巩固、优越性充分展现。

国家治理体系是规范社会权力运行和维护公共秩序的一系列制度和程序，规范包括政府、市场主体和社群组织等各类主体行为的制度安排。换句话说，国家治理就是生产力及与之相适应的社会生产关系的演化和发展过程。改革开放四十多年来，我国通过对内启动和深化市场化改革，对外扩大开放并深度参与经济全球化，生产力获得了极大的发展，基本完成工业化过程，进入到数字化时代，并成为具有重要影响的数字经济大国。

国家治理现代化的目标就是为了实现国家的有效治理，而有效的国家治理需要回答三个基本问题：谁治理（治理主体包括哪些人），如何治理（治理机制是什么），治理得如何（治理效果是怎么样的）（俞可平，2014）。治理机制会决定哪些治理体会在其中发挥什么作用，并最终决定治理效果，因此治理机制选择以及与之相匹配的治理工具的选择是关键，而治理机制的实施效果本身是由治理工具来决定的。目前国家治理体系的工业化时代特色明显，与数字经济时代的发展需求匹配度较低。在数字经济时代，社会各类主体相互联系密切、互动频繁，技术迭代快速导致社会环境和生产环境复杂多变，现有具有显著工业化痕迹的治理体系存在运转效能不高、成本较大、潜在风险积累等突出问题，很难适应数字范式下社会经济可持续发展的需求。国家治理体系和治理现代化就是要适应数字化时代的发展需求，降低经济社会的发展成本和风险。要进行国家治理现代化改革，就要求采用现代化的治理理念和治理工具，以适应数字时代的发展要求。

而区块链就是一套治理架构，其核心是基于多种技术组合建立新的信任机制和信息连接方式，在促进社会治理结构扁平化、治理及服务过程透明化、提高政府社会治理数据可信性和安全性等方面具有独特优势。但是，技术本身不是万能的，对新技术的运用不当或失于管控，不仅不会给国家治理能力提升带来正向效应，同时还会导致技术误导下的社会畸形化渐变，会给国家治理体系和治理能力现代化带来深刻挑战。如何将技术的理念和特征与经济、政治、社会等方面有机融合是重中之重。链政经济体系本质上是基于区块链技术框架的政府宏观调控下的社会主义市场经济，通过区块链作为基础设施，将政府各层次、各部门和各市场主体融为一体，中央政府作为最高权限节点，实时掌控链上所有信息，对所有历史信息可实现追溯，通过数字货币对系统内价值进行瞬间转移，并结合链下举措实现科学、综合、精准的治理。链政经济具有分级治理、授权准入、物链融合、集约开放的治理特征，对于推进国家治理体系和治理能力现代化具有重要意义。

5.7 有利于构建链网空间命运共同体

链政经济具有鲜明的主权区块链特征，对于推动以国内大循环为主体、国内国际双循环相互促进的新发展格局、构建全球以互联网—区块链为核心框架的链网空间命运共同体具有重要意义。2016 年 12 月习近平主席在于浙江乌镇举办的第二届世界互联网大会上就共同构建网络空间命运共同体提出五点主张：第一，加快全球网络基础设施建设，促进互联互通；第二，打造网上文化交流共享平台，促进交流互鉴；第三，推动网络经济创新发展，促进共同繁荣；第四，保障网络安全，促进有序发展；第五，构建互联网治理体系，促进公平正义。这为构建网络空间命运共同体指明了方向。

但事实上，近五年来传统互联网带来的问题如信息和技术垄断、隐私泄露、贫富差距扩大等问题导致“反互联网”浪潮甚嚣尘上，在 2019 年 4 月的《纽约时报》上甚至出现了一篇爆红文章《减少互联网是唯一的答案（*The Only Answer Is Less Internet*）》。在此之前，仅 2019 年 4 月一个月，西方主流媒体就出现了 20 篇左右泛互联网行业负面评论，撰文媒体覆盖纽约时报、华盛顿邮报、VICE、Buzzfeednews、NBC、哈佛商业评论、《财富》、The Verge 等不同类型媒体。而在国内，2020 年 11 月计划在科创板和港交所上市、总市值达 2.1 万亿元、有望创造全球历史上最大规模 IPO 的蚂蚁集团的上市“搁浅”，不仅引发了如何对互联网平台进行监管的思考，而且引发了对互联网平台“屠龙少年”是否变成“恶龙”的思考。

1996 年 2 月，作为对美国 1996 年电信法案的回应，数字前哨基金创始人、全球最著名的黑客之一约翰 · 佩里 · 巴洛（John Perry Barlow）发布了《赛博空间独立宣言》，第一次清晰地提出了技术极客们的世界观：“工业世界的政府们，你们这些令人生厌的铁血巨人们，我来自网络世界—— 一个崭新的心灵家园。作为未来的代言人，我代表未来，要求过去的你们别管我们。在我们这里，你们并不受欢迎。在我们聚集的地方，你们没有主权。”这是一个典型的技术决定论的宣言，它代表了早期互联网从业者对整个互联网技术乌托邦式的美好幻想，尽管这些幻想对于普罗大众而言存在一些不切实际的地方。但从长期来看，新技术必将作用于社会并被社会反作用。例如，只要接入赛博空间的电脑、手机和支撑起赛博空间的服务器、路由器和实体光缆仍然是由工业大机器生产的，任何一个赛博空间都不可能逃脱“工业世界的政府”的监管。这也是“网络并非法外之地”的现实基础，即政府可以通过对运营商的监管实现对互联网的监管。

此外，大型科技平台（BigTech）的高歌猛进愈发引起监管部门的不适感，这也成为全球的普遍现象，其中代表性的事件是 2020 年 11 月蚂蚁集团上市的“搁浅”。蚂蚁集团一直在淡化自身的金融属性，强化科技色彩。定义为科技公司最直接的好处是可以获得更高的估值，因为资本市场对于科技公司的估值水平远远高于金融公司，金融公司市盈率往往仅有几倍、十几倍，而科技公司可以高达几十倍甚至百倍以上。按照蚂蚁集团的招股说明书，今年上半年，公司的收入结构中，36% 来自数字支付业务（支付宝），39% 来自微贷科技平台（花呗、借呗），16% 来自理财平台（余额宝），8% 来自保险业务（相互宝等）。蚂蚁集团上市“搁浅”引发了我国金融界和科技界的大讨论，也将成为互联网监管和发展具有里程碑式的事件。

此外，由于逆全球化之风也体现在互联网领域，从 2015 年左右，全球互联网开始进入“互不联网”时代，这种现象在 2020 年下半年到了一个顶峰。2020

年8月美国总统特朗普签署行政令，要求中国字节跳动公司在90天内剥离抖音海外版（TikTok）在美国运营的所有权益，45天后将禁止美国人士与中国应用程序TikTok和WeChat（微信海外版）进行交易。笔者在2020年9月在新华社客户端上发表了名为《深化与分裂：全球数字经济新趋势》的文章，其中提到深化发展是数字经济发展的大趋势，而整体割裂下的"联盟化"则是数字经济发展的小趋势。

正如2018年谷歌（Google）前CEO埃里克·施密特所预言："未来十年内，世界上将产生两套截然不同的互联网：一个由美国领导，另一个由中国领导。"此外，以英日欧为代表的"第三极"已经作壁上观，日后一旦与中美其中一方互认，将形成事实意义上最大的数字经济共同体，而另一方则较为被动。在走出这一轮大国博弈周期之前，联盟化将取代全球化，成为数字经济发展的小趋势，分裂和冲突难以避免。在数字经济联盟内，可实现数据跨境自由流动，这将带来商品、服务、资本、人才等生产要素的联盟化，非联盟内的数字企业开展业务运营将在强监管、强治理区域内付出极高的成本，并面临巨大的合规风险。

事实上，当前构建网络空间命运共同体面临的困境可通过链政经济解决，链政经济体系同样可适用于全球网络空间，我们可基于链政经济体系构建链网空间命运共同体。链政经济可通过授予不同节点不同权限实现主权性，防范数字经济时代的"新无政府主义"，通过将数据纳入生产要素实现数字经济的深化发展，通过实现数据的治理功能实现全球数字财富的分配与再分配，通过跨链和实现互操作实现不同联盟之间信息和价值之间的互通有无。

第六章　链政经济的落地现状、障碍与路径

2019 年 10 月习近平总书记在中央政治局第十八次集体学习时强调，探索利用区块链数据共享模式，实现政务数据跨部门、跨区域共同维护和利用，促进业务协同办理，深化“最多跑一次”改革，为人民群众带来更好的政务服务体验。其后，各中央部委、地方政府和企事业单位等对将区块链应用到政府系统进行了研究、实践和探索。例如，2020 年 9 月，国务院办公厅印发的《关于加快推进政务服务“跨省通办”的指导意见》指出，要充分运用大数据、人工智能、区块链等新技术手段，打破地域阻隔和部门壁垒。

此外，还有多个省市、部委和企事业单位出台了将区块链应用到政务系统中的文件和计划。2020 年 6 月北京市人民政府办公厅印发了《北京市区块链创新发展行动计划（2020—2022 年）》的通知，通知提出：推动政务服务“数据共享，业务协同”。推进基于区块链的政务服务共性基础设施建设，助力政务数据跨部门、跨区域可信共享，提高业务协同办理效率。率先聚焦不动产登记、京津冀“一网通办”、财税领域统一电子票据等场景开展示范应用，减环节、减材料、减跑动、减时限，提升企业和群众的获得感。此事由北京市金融监管局牵头，由中关村管委会配合。

2020 年 10 月湖南省人民政府办公厅印发了《湖南省区块链发展总体规划（2020—2025 年）》的通知，通知提出完成“区块链 + 民生”项目 20 个以上，政务数据共享率达 80% 以上。

2020 年 8 月数字广西建设领导小组印发了《广西壮族自治区区块链产业与应用数据发展规划（2020—2025 年）》，明确提出以区块链技术与经济社会深度融合应用为一条发展主线，以赋能实体经济、推进信息惠民、增强数字政府、提质智慧城市、支撑中国—东盟信息港为五大应用领域。

2020 年 5 月 9 日，海南省工业和信息化厅发布《关于印发海南省加快区块链产业发展若干政策措施的通知》。《措施》提到，要加快推动区块链技术和产业创新发展，培育打造“链上海南”区块链产业生态。

数据治理作为链政经济的重要治理功能，也受到中央的高度重视。2020 年 12 月 30 日习近平总书记主持召开中央全面深化改革委员会第十七次会议并发表重要讲话，会议审议通过了《关于建立健全政务数据共享协调机制　加快推进数据有序共享的意见》，强调建立健全政务数据共享协调机制、加快推进数据有序共享，要坚持统筹协调、应用牵引、安全可控、依法依规，以业务协同为重点，加强技术创新、应用创新、模式创新，全面构建政务数据共享安全制度体系、管理体系、技术防护体系，打破部门信息壁垒，推动数据共享对接更加精准顺畅，提升法治化、制度化、标准化水平。

在此之前的 2020 年 12 月 23 日，国家发展改革委、中央网信办、工业和信息化部、国家能源局发布了《关于加快构建全国一体化大数据中心协同创新体系的指导意见》，强调加强全国一体化大数据中心顶层设计。优化数据中心基础设施建设布局，加快实现数据中心集约化、规模化、绿色化发展，形成“数网”体系；加快建立完善云资源接入和一体化调度机制，降低算力使用成本和门槛，形成“数纽”体系；加强跨部门、跨区域、跨层级的数据流通与治理，打造数字供应链，形成“数链”体系；深化大数据在社会治理与公共服务、金融、能源、交通、商贸、工业制造、教育、医疗、文化旅游、农业、科研、空间、生物等领域协同创新，繁荣各行业数据智能应用，形成“数脑”体系；加快提升大数据安全水平，强化对算力和数据资源的安全防护，形成“数盾”体系。

发展目标是：到 2025 年，全国范围内数据中心形成布局合理、绿色集约的基础设施一体化格局。东西部数据中心实现结构性平衡，大型、超大型数据中心运行电能利用效率降到 1.3 以下。数据中心集约化、规模化、绿色化水平显著提高，使用率明显提升。公共云服务体系初步形成，全社会算力获取成本显著降低。政府部门间、政企间数据壁垒进一步打破，数据资源流通活力明显增强。大数据协同应用效果凸显，全国范围内形成一批行业数据大脑、城市数据大脑，全社会算力资源、数据资源向智力资源高效转化的态势基本形成，数据安全保障能力稳步提升。

但是将区块链应用到政务系统中不完全等同于链政经济：第一，链政经济是将区块链技术融合于政务系统中，并和市场经济相互作用形成的综合生态系统。其中的主要元素不仅包括区块链和政务系统，还有广大的市场主体。第二，链政经济不仅采用了区块链技术，而且采用了区块链的机制内核，区块链的意义不局限于“器物”层面。第三，链政经济需要进行顶层设计，是一项全局性的事业。当然，这项全局性的事业离不开自下而上的局部探索，当前各个地方和单位的局部探索也为链政经济提供了有益探索，但这绝对不是链政经济的全貌。基于以上现实，本章主要分析链政经济的落地现状、存在的障碍以及推进路径，以期为我国构建完善的链政经济框架提供切实可行的方案。

6.1 链政经济的探索实践

我国对链政经济的探索与实践方兴未艾。总体而言，现阶段对链政经济的探索和实践具有以下特点：

第一，在缺乏顶层设计的情况下，以场景化为主要突破口；第二，当前的主要落地方式为信息开放、数据存证和金融归集，以更有效率地统筹链政经济系统内的财权和事权；第三，从长期来看，链政经济的发展将秉承链改的四条基本路径，一是思维逻辑，二是资产形态，三是组织方式，四是技术框架。

尽管从中央到地方各级党政机关都在着力将区块链应用到政务系统中，但由于当前的诸多原因并没有形成顶层设计。事实上，本书的价值之一也是为决策性形成区块链政务系统应用的顶层设计提供借鉴。同时，区块链大规模应用的一个必要条件是一定程度的数字化基础设施。比如，我们各种行为产生的数据需要通过物联网进行采集后上链，物联网就是数字化基础设施的一部分。在这种形势下，区块链在政务系统的应用以场景化为主。当前政务系统的应用场景主要包括政务共享、民生服务、人才服务、社会治理、人力资源、卫生教育、社保医保等。事实上，货币金融作为市场经济最基础的设施，也属于广义范畴下政务的一部分，我国的货币金融体系也呈现出了链政经济系统下的一些特征。

就我国的货币金融而言，2020 年 5 月人民银行 2020 年科技工作电视电话会议召开，要求不断完善与现代央行制度相适应的科技体制机制。加强科技支撑，深入开展“数字央行”建设，提升金融服务水平和金融监管能力；加强金融业网络安全和信息化统筹指导，推动落实金融领域密码应用与创新发展，筑牢金融网络安全屏障；推动金融科技高质量发展，提升金融服务实体经济能力；推进 LEI 应用，优化标准供给，提升金融标准治理水平。

在我国货币金融系统的第二层——商业银行层面，除了按照人民银行的总体部署推动法定数字货币落地外，开放银行（Open Bank）也在成为我国银行业发展的另一大趋势。开放银行指银行向外部机构开放数据，让第三方开发人员围绕来自银行的数据开发应用和服务，催生出即插即用式的金融科技应用程序接口（API），依托银行和外部机构的有效协调与合作，最终为客户带来更好的服务体验。开放银行有银行、外部机构、监管方和用户这四个参与方，银行是开放的主体；外部机构提供产品开发和技术增值；监管方保障开放银行生态的稳健运行；用户是初始数据的所有者和开放银行的受益人，用户价值最大化是开放银行的出发点和落脚点。

由于银行业的系统重要性，我国的商业银行系统以国有为主，同时商业银行的辐射范围几乎已经覆盖全民。根据中国人民银行 2019 年第三季度支付体系运行总体情况数据，我国共开立银行账户 110.17 亿户，其中单位银行账户 6 673.41

万户，个人银行账户 109.50 亿户，人均拥有银行账户数达 7.85 户。事实上，银行业掌握的数据是公共数据，而开放银行做的事情是基于公共数据提供更加优质的服务。按照这种逻辑，开放银行则属于链政经济的框架，但只是初级的形态。因为开放银行的数据来源具有公共性，但在收入分配上没有体现出公共性，这反映了当前数据治理尤其是公共数据治理层面的缺失。

另一个链政经济探索实践的典型案例是智慧城市。智慧城市可看作链政经济在中观层面初期的探索实践。智慧城市是把新一代信息技术充分运用在城市中各行各业基于知识社会下一代创新（创新 2.0）的城市信息化高级形态，以实现信息化、工业化与城镇化深度融合。智慧城市通过区块链、人工智能、物联网、云计算、地理空间基础设施等新一代信息技术以及维基、社交网络、Fab Lab、Living Lab、综合集成法、网动全媒体融合通信终端等工具和方法的应用，实现全面透彻的感知、宽带泛在的互联、智能融合的应用以及以用户创新、开放创新、大众创新、协同创新为特征的可持续创新。

在老百姓的生活层面，一切都会变得更加简单方便：教育享受电子学历和电子身份证，不再为丢失学历证和学位证担忧，也不必为无法证明“我是谁”而烦恼；出行享受绿色环保的智能交通，甚至在未来可能会每天体验智能驾驶的乐趣；大量的公共服务由机器人完成，降低人与人之间的密切接触率。从政府公共管理的角度出发，政府通过对城市全息数据（包括城市实时交通状况、居民的多维度信息等）的管理，提高公共管理效率，降低行政成本，打造新一代的数字政府，实现更加科学化和精细化的管理。

全球各地的智慧城市都在如火如荼地建设中，我们期望中的智慧城市是一个涵盖政务、民生、教育、交通、医疗、零售等多场景的智能综合信息处理系统，其核心是城市数据互联共享平台，这是智慧城市的“脑神经网络”，这个神经网络集内部有着紧密相连的处理系统和多场景大数据集成，进而实现数据互联共享，打破各场景下的数据壁垒，消除数据孤岛，协同各个场景实现“城市大脑”的智能决策和城市高效发展。具体而言，智慧城市的整体架构如图 6-1 所示：

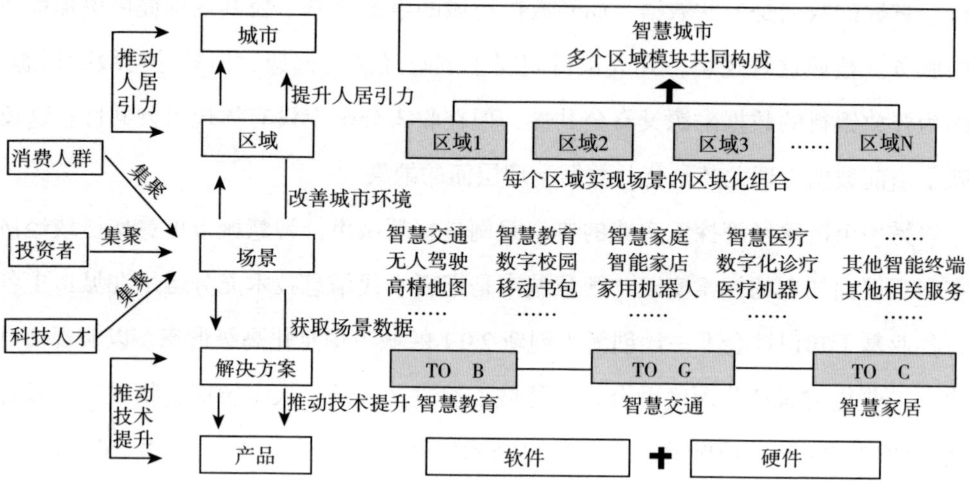

图 6–1　智慧城市整体架构图

资料来源：吴桐．链改：重塑社会结构和经济格局［M］．北京：中国发展出版社，2018。

从国际层面而言，新加坡、日本、巴塞罗那等地是智慧城市的典型。以新加坡为例，新加坡的智慧城市建设采取了“技术驱动、政府主导、应用引领”的模式。在技术维度，新加坡在多个科技周期都着力推动智慧城市建设和信息技术产业同步，不断实现迭代升级，在 PC（个人计算机）时代推动全社会电脑化，在互联网时代推动信息与应用的整合，在当下的数字经济新时代又着力推动城市信息互联互通和数据交换共享。

在建设主体方面，新加坡以政府为主导，强化资源整合，实现城市综合信息共享和网络融合：在智慧城市建设的不同阶段，政府发挥了不同程度的作用，引导数字化在各个领域的应用，建立统一的数字化管理体制，实现自上而下式决策，做好城市级层面信息资源整合，推动政府、社会、企业等主体的共同参与和协同作战。

在应用落地方面，新加坡注重加强智慧城市试点示范，以应用推动企业技术创新：新加坡政府联合以裕廊为主的知名开发商设立智慧城市试点项目，实现企业技术落地，利用数据资源，驱动企业技术的创新和升级。

具体到我国而言，当前的智慧城市模式基本上是各个城市基于自身的实际情况进行数字化的探索和建设。截止到2012年，我国提出智慧城市建设的总数量已经超过了150个，计划投资规模超过1.1万亿元，近五年智慧城市建设更是如火如荼地开展。2020年3月习近平总书记在杭州城市大脑运营指挥中心视察“数字杭州”建设情况，强调运用大数据、云计算、区块链、人工智能等前沿技术推动城市管理手段、管理模式、管理理念创新。

以杭州市智慧城市建设为例，杭州智慧城市建设以杭州城市大脑为核心。城市大脑包括警务、交通、文旅、健康等11大系统和48个应用场景，日均数据可达8000万条以上。杭州城市大脑建设提出了“531”的逻辑体系架构。

“5”即“五个一”：打通“一张网”，一张确保数据无障碍流动的网，通过统一标准，支撑“城市大脑”的数据资源需求；做大“一朵云”，一朵将各类云资源连接在一起的“逻辑云”；汇聚“一个库”，形成城市级数据仓库，同时做好数据治理，确保数据鲜活、在线；建设“一个中枢”，作为数据、各系统互通互联的核心层，实施系统接入、数据融合、反馈执行；建强“一个大脑”，在全市实施统一架构、一体化实施，彻底打破各自为政的传统建设模式，实现市、区两级协同联动，防止重复建设。

“3”即“三个通”：第一个“通”是市、区、部门间互联互通。第二个“通”是中枢、系统、平台、场景互联互通。第三个“通”是政府与市场的互联互通。

“1”即“一个新的城市基础设施”。“城市大脑”通过全面打通各类数据，接入各业务系统，实施融合计算，将为城市建设一个会思考、能迭代进化的数字化基础设施。未来“城市大脑”将会随时为杭州市民、来杭游客提供服务，如同道路、水电一样，成为必不可少的基础设施。

之所以说当前的智慧城市是链政经济的初期探索实践，是基于以下若干原因：第一，当前的智慧城市仍然是各个城市基于自身的实际情况进行探索和建设，缺乏顶层设计。当前的智慧城市发展到一定程度后需要在顶层设计下统筹发展，增强互操作性。第二，当前的智慧城市仅仅在一定程度上实现了信息维度的贯通，但没有实现价值维度的贯通。链政经济要做的是实现信息——价值两个维度的融会贯通。第三，当前的智慧城市模式仅仅是在一定程度上实现了信息维度的贯通，实现的模式依托于政府的权威，但无法实现信息数据的全域贯通。"要数据跟要饭一样"这句话不是空穴来风。数据的全域贯通需要实现数据的确权、定价和交易，须依托公共信用、商业信用和技术信用，只有在链政经济的框架下才能实现。

也有一些城市在建设智慧城市的过程中，优先和侧重发展区块链技术，比如素有"链城"之称的湖南省娄底市。娄底将区块链作为建设智慧城市的核心技术主要出于三个方面的考虑：第一，娄底市属于资源枯竭型城市，利用区块链发展机遇打造"链城"有助于实施城市产业转型；第二，早年间，民间融资击垮了娄底的城市信用体系，以区块链为核心的智慧城市有助于娄底恢复城市信用、重塑城市形象；第三，加大区块链方面的招商引资力度，优化营商环境，需要创造性的落实放管服政策。

在市委市政府的支持下，娄底选择了工商登记、不动产登记、中小微企业融资等作为落地场景。以不动产登记为例，在 2018 年 11 月到 2019 年 11 月的一年时间里，娄底市全市 15 万户、35 万套不动产完成上链登记，新增不动产登记全部实时上链，已经为法院、公积金中心、银行提供不动产信息共享服务，群众可以直接在银行办理不动产抵押登记业务，办结时间从 5 个工作日缩短到 6 个小时以内。

除了区块链在泛政务领域的应用落地，区块链的基础设施也在稳步推进。比如，区块链服务网络（Blockchain-based Service Network，BSN）意图通过建立一套区块链运行环境协议将所有数据中心连接。与互联网类似，BSN 的愿景也是跨云服务、跨门户、跨底层框架的全球性基础网络，包括区块链技术框架、公共城市节点、门户和运维中心四个板块。在运营结构上，BSN 分为中国区块链服务网络 BSN（BSN 中国）和国际区块链服务网络 BSN（BSN 国际）两部分，两者独立运营，BSN 中国采用联盟链的技术框架，BSN 国际可以选择公有链技术框架。

BSN 分为中国版和国际版，是区块链基础设施服务国内国际双循环新格局形成的体现。整体而言，BSN 的设计兼顾了国内国际不同的监管治理框架，同时不仅有底层技术框架，而且有数据中心和运维中心，各个省级节点也在积极推进，整体设置还是非常科学合理的。

目前 BSN 基本按照计划推进，比如进行常规的季度版本更新，持续优化现有功能的同时发布新产品和服务。同时，各个省市的节点也在积极建设中。一些场景应用也在逐步落地，比如，中国银联利用 BSN 搭建了基于区块链的应收账款平台，上线两个月，登记的应收账款升至 8000 万元。

在区块链基础设施逐步完善的情况下，在产业数字化和数字产业化发展如火如荼的当下，推动区块链落地应用如“下饺子”般得心应手，得以规模化复制是发挥链政经济作用的必要条件。供应链金融、电子存证、电子签约、去中心化身份认证等领域起到了链政经济体系中先行先试的作用。链政经济牛鼻子是数据治理，区块链具体应用宜先从数据存证、信息共享入手，这是非常务实的策略，技术框架以开放联盟链为主。开放许可链的链形态是链政经济的最佳实践路径：一方面，开放许可链具备联盟链的共识特色，可以通过限制共识节点数量提升性能；另一方面开放许可链还具备公链的开放属性，开放记录节点、开放数据的访问以实现最大范围的跨机构、跨应用的数据和业务的协作。开放许可链另一个重要特征在于打通 B 端（企业端）和 C 端（用户端），实现区块链的普惠性。从 2018 年开始，区块链服务（Blockchain as a Service，简称“BaaS”）成为大公司们“to B”的变现方向，互联网巨头们在 BaaS 方向上密集投入，如百度、阿里、京东等都在这一年推出了自己的 BaaS 平台产品。同时，互联网巨头拥有包括内容、图片版权保护业务、可信广告投放、电子合同、签约等在内的丰富 C 端内部场景，这些场景同时需要司法、公证、银行等各方加入。

比如，百度的百度超级链项目。2019 年 5 月百度超级链开源其自主研发的区块链底层技术。2020 年年初，百度超级链在线上产品发布会上正式官宣超级链开放网络（XuperOS）。百度超级链开放网络基于百度自主研发的底层超级链

（Xuperchain）技术构建，这是无须搭链、快速低成本上链的全民上链产品，在上线初期用户只花 2 元就能够使用百度提供的一站式合约开发管理、丰富的合约模板、强大的功能组件及多语言 SDK 等服务。这些可自由选择的灵活组件，为开发者节省了大量的代码开发时间，从而帮助快速将业务落地。百度将原先专注于服务于 B 端客户搭链的 BaaS 业务进行了改造，使用开放网络的用户不再需搭建一条专属的链，甚至可以直接围绕溯源、积分、存证等各类场景，直接在超级链开放网络上搭建自己的 DAPP 应用。从技术层面而言，百度超级链开放网络的底层使用的是百度自研的 XuperChain，背后有 240 余项专利支撑，2020 年单链性能在 8.7 万 TPS（每秒数据吞吐量）左右，并有效地解决了高并发问题。

同时，链政经济的发展要求加强国产密码算法的应用和创新发展，以保障我国区块链安全可控。2020 年 1 月正式实行的《密码法》为数据的安全可控提供了坚实的保障，是密码工作历史上具有里程碑意义的大事，为密码依法管理提供了根本遵循，为密码科学发展提供了法律支撑，为维护网络空间安全提供了法治保障，为密码领域国际经贸斗争提供了法律武器。

区块链在信息维度的难以篡改性使得链政经济另一个探索实践的“试验田”出现在存证领域。区块链应用于电子证照主要发挥了区块链在存证方面的优势。通过区块链技术下分布式记账的特点，有关单位可以使不同的网络节点、多机构间及不同区域间能够共享分布式账本。首先，这使得账本里记载的各类信息的任何变动都可以被所有参与者及时获知，各管理部门就可以第一时间进行跟进和监督；其次，完善的原始数据支撑也可以减少登记出错的可能性，并且区块链技术构建的数据库不可篡改，大大加强了安全性；再者，通过智能合约技术处理数据的准确性、可靠性和高效性也远远高于人工，因此大大提高了登记效率并节约了行政资源。

2020 年 7 月《北京市政务服务领域区块链应用创新蓝皮书》指出，“电子存证存照”以数据共享交换为基础，将电子证照这一具有特殊法律意义和业务价值的数据上链存证，以“证”和“照”作为数据共享交换的表现形式，提升证照及相关公文的可信性和验证效率。电子证照是证明权利人享有不动产权利的有效电子凭证，与纸质证照具有同等法律效力。通过区块链数据共享模式，目前北京市规划和自然资源委员会已获取公安、市场监管局、民政、税务、住建等部门的共享数据，其中公安部门和市场监管部门已实现全国数据共享，民政部门已实现2003年后在北京市办理婚姻登记的数据共享，税务部门已实现契税完税信息的共享，住建部门已实现网签信息的共享。

2020年10月，自然资源部办公厅发布不动产登记电子证照标准，进一步推进和规范不动产登记电子证照建设，支撑“互联网+不动产登记”。2020年11月湖南省娄底市不动产登记中心发布公告，自12月1日起，市不动产登记全面启用区块链不动产登记电子证照。目前我国在不动产电子证照领域面临的问题主要是多层级、多部门的不动产登记造成的行政信息不对称，登记所需的原始数据不能够共享、各类登记资料的系统性和完整性难以得到保障。

在区块链电子证照中，不动产交易平台可将业务数据通过非对称加密并使用节点记账等方式保证其不可篡改，可有效提升业务数据的真实性，此外，联盟链的设置可促使上链节点保持数据结构一致性，确保证照数据的原始性与完整性。百度金融为ABS（资产证券化）搭建了BaaS平台，项目中的各参与机构（百度金融、资产生成方、信托、券商、评级、律所等）成了联盟链上的参与节点，ABS市场长期存在的资产不透明、资产信用不可靠、信用体系不健全等痛点问题迎刃而解，百度打造的这套ABS区块链方案也成了ABS市场中的一大创新趋势。

在电子存证领域，百度超级链牵头电子合同存证标准建设，推进合同签约数字化发展。百度超级链可信存证支持文档、图片、视频、电子合同等多种类型数据直接上传存证、SDK调用两种方式。各类中小企业也可以直接上链查询，保障自己合法权益的同时，提升业务推进效率。百度超级链可信存证还应用于百度百科、大闸蟹真伪辨识、文物数字化版权等领域，以技术优势，让各个虚假数据没有立足之地，加速推动合同签约数字化转型发展。

在以BSN、超级账本、百度超级链、金链盟为代表的区块链底层技术设施不断完善的情况下，以电子存证、法定数字货币、供应链金融、数字版权等为主要抓手的应用场景也在不断扩大，这为链政经济的发展实践提供了宝贵的经验与探索。

6.2 链政经济落地障碍

尽管链政经济在顶层设计层面有所体现，也出现了大量的实践和探索，但总体而言其实现仍然任重道远，一些关键的问题需要解决。现阶段链政经济落地至少存在以下两大障碍。

第一，区块链应用仍存在较大的现实困境。存在治理机制尚不成熟、智能合约难以履行完全契约职能、链上数字资产价格波动过于剧烈以及无法支撑起安全的商业应用等局限性。造成这些局限的原因不只是技术成熟度有待提高，还有区块链治理机制和基础设施不完善、链上投机炒作现象严重以及社会接受度和理解力较弱等。如何克服这些局限性是进一步推进链政经济建设的关键所在。

其一，区块链治理机制尚不成熟。根据区块链治理和决策方式的不同，可分为链上治理和链下治理。链上治理与传统金融治理模式具有一定的相似性，比如持有公有链 Token 可获得类似于股票的收益权和治理权，其中收益权通过分红、回购等方式实现，治理权通过参与重大决策投票实现。但公有链链上治理与传统治理机制也有所差异，公有链的组织形式大多不是公司，而是 DAO，不存在传统意义上的资产负债表。同时 Token 还具有消费功能，可在公链生态内进行消费，最为典型的是加密货币交易所的平台币，平台币持有者可用平台币向加密货币交易所支付相关的交易费用，并享受交易费用的打折优惠。基于工作量证明机制（POW）的公有链出块确认遵循“少数服从多数”原则，一旦一方掌握超过 51% 的算力，便能够成功篡改和伪造链上数据，在某一公有链处于早期阶段时，记账节点较少，掌握 51% 的算力相对容易，便有可能发生数据篡改和伪造。

链下治理在区块链治理中也发挥着重要作用，现阶段重要程度更甚于链上治理。比特币技术开发团队 Bitcoin Core 在版本升级前一般会开放社区辩论，讨论是否应该升级及实施机制，社群意见领袖在其中发挥重要作用，在各方意见达不成一致的情况下，区块链就可能面临分叉，每次分叉都会对公有链共识程度和 Token 价格产生重大影响。2017 年 8 月由于就比特币区块大小及其他问题达不成一致，比特币发生硬分叉，产生比特币现金。2018 年 11 月 Bitcoin ABC 团队和以 Craig Wight 为代表的开发团队就比特币现金版本升级产生意见分歧，再次引发硬分叉。联盟链的链下治理扮演更重要的角色。比如，2019 年推出的全球稳定币项目 Diem 就是以联盟链作为底层技术框架，系统的重大决策依托于链下的 Diem 协会成员（包括 Coinbase、Xapo、Anchorage、Bison Trail、Creative Destruction Lab、Andreessen Horowitz、Thrive Capital、Ribbit Capital、Union Square Ventures、Breakthrough Initiatives、Illiad、Vodafone、Farfetch、Uber、Lyft、Kiva、Mercy Corps、Women's World Banking、Spotify、PayU 等）按照"一人一票"的原则进行。我国的联盟链项目也是按照各记账节点协商共治的原则进行。此外，政府监管政策、社会认知水平、部署区块链成本等也构成链下治理的要素。

同时区块链也存在一些不容忽视的治理短板。首先，证券法通过原始股锁定机制实现原始股东和公司的激励相容，公有链由于缺乏监管难以实现强制锁仓制度，对 Token 锁仓相当于放弃了在二级市场高价出售的权利，项目方为实现锁仓只能实行经济激励，为锁仓者支付较高利息，这增加了项目运行成本，也提高了协调项目方和 Token 持有者利益的难度。同时 Token 进入交易所流通的价格一般数倍于其私募价格，也增大了 Token 持有者在上所后的抛售动机和锁仓难度。其次，区块链项目的运营主体往往是 DAO，DAO 不产生负债，也不像公司需要面临负债约束，通过债券及其衍生品发挥治理机制难以实现。再次，通过区块链实现价值广泛流转需要交易概念中的"货币"和"商品"同时上链，否则若商品流转发生在链下，则仅靠区块链难以完成。实现物理资产上链的一个方案是用上链的电子凭证来表征物理资产，从而做到一一对应，但这同样会面临悖论。仅靠区块链而不依赖中心化机构难以保证电子凭证与物理资产间的一一对应关系，物理资产变动与对应的电子凭证同步更新则需要依赖物联网等技术的发展。在现阶段区块链更适合处理不需要现实物流、能实时交割的数据资产和链上资产，在技术条件、法律政策以及社会接受度等条件全面成熟后再涉及实物资产交割（张礼卿和吴桐，2019）。

其二，智能合约在应用层面存在局限性。智能合约是部署在区块链节点中离散的计算机程序组件，其工作原理类似于计算机程序的“if–then”语句，越复杂的智能合约包含越多语句。当智能合约被部署的时候，代码的哈希值会被计算出来并打上数字签名，单向哈希值、数字签名和代码会被同时复制到由参加区块链的节点组成的网络中，并被盖上时间戳，这使得智能合约具备难以篡改和伪造的特点。

智能合约被赋予实现经济学中“完全契约”的使命，但就现实状况而言，智能合约距理想状态存在较大差距，主要体现在以下七点：一是智能合约仍是不完全契约，复杂的现实状况可能会让基于代码的智能合约与本意背道而驰；二是智能合约需要通过链下信息触发，现阶段去中心化预言机尚不成熟；三是智能合约难以保证链上债务和义务的履行；四是不依靠中心化机构难以保证链下义务的履行；五是智能合约没有完善的修正和退出机制；六是各国法律政策的差异限制了智能合约的适用空间；七是智能合约质量参差不齐，在缺乏统一标准的情况下，每一次合作都需要较大成本审查代码。

经典理论假定契约是完全的，在现实并非如此。Maskin E. et al. 将导致不完全契约的原因归结为三种：一是预见成本，各契约方无法做到完全理性，只能做到有限理性，无法预见所有或然状态；二是缔约成本，以一种各缔约方没有争议的语言形成契约需要成本；三是证实成本，契约的重要信息对缔约方是可观察的，对于第三方证实则需要成本。基于区块链的智能合约本质上是将传统合约中的商业语言转换成代码，传统合约中的条款转换成代码中的预定义规则，智能合约框架上呈现“if–then”的语言状态，如果达到“if”语句中触发的时间或事件，则执行相应“then”语句中的行为。从导致不完全契约的三种成本看，尽管智能合约采用“if-then；else-then”的语句，仍然难以穷尽所有细分的可能结果，从而导致预见成本的产生。智能合约采用代码编写，不仅具有法律门槛，而且具有技术门槛，这反而可能会增加缔约成本。智能合约最有可能降低的是证实成本。因此智能合约同样是不完全契约，如果缔约方在协商时没有考虑到某些情景而将其归入到“else”语句中，可能会出现与本意背道而驰的结果。

当智能合约的触发条件取决于链外信息时，需满足的前提条件是将相关信息预先写入链内，现阶段主流解决方案是预言机。预言机是一个为区块链系统提供外部信息的平台，允许区块链连接到现有 API，提供履行合约的必要条件。预言机发挥作用主要依赖两种路径：一是依赖以媒体为代表的中心化信息源，但媒体信息并不能保证完全真实，也极大提高了中心化程度；二是将链外信息进行分布式处理后用经济激励记录到链上，这种机制依靠系统集体决策，根据投票结果对投票人按照既定原则实施奖惩，机制类似凯恩斯的“选美理论”，并不能保证大多数情况下决策的科学合理。总结而言，链上和链下仍处于相对割裂状态，弥合两者需要基础设施、治理机制及其他技术等多方面支持。

智能合约保证链上债务和义务履行的基础是交易方具有履约能力。数字货币是系统内运行智能合约的“燃料费”，当履约条件触发时，债务方履约的前提是地址内有不少于须支付数量的数字货币作为备付金。链下债务履约可基于抵押、担保和声誉机制等方式放松备付金要求，链上则缺乏这些柔性机制，其数字账户的资金占用率会比链下模式更高，数字衍生品由于可通过加杠杆进行双向投资，其备付金数量更加难以确定。Lawrence .L 早在 21 世纪前就将代码和法律并列，主张用技术手段代替传统纸张法典，用代码代替文字，在互联网时代这一现象并未形成。随着区块链的发展，“Code as Law”和“Code is Law”的阐述再次引起讨论，能否实现存在较大不确定性，链外义务履行是智能合约的薄弱之处，不依靠中心化机构难以保证。

智能合约没有完善的修正和退出机制，完全基于预设条件及触发机制自动履行，一旦启动就不可撤销，整体运行过于刚性。同时，智能合约没有价值判断功能，在对社会产生福利损害或违法违规的情况下也无法自行修正和退出，公共安全领域已开始考虑如何防止基于智能合约实现悬赏杀人之类危害公共安全的事件发生。如果欲对某人实行暗杀，可以设计智能合约将暗杀行为的诸多要素（如悬赏金额、完成时间、揭榜押金）发布到链上，当有人支付数字货币作为押金揭榜，并在约定时间内完成暗杀后，悬赏金额和押金就会以数字货币的形式自动转到支付押金的账户，暗杀是否完成则需通过预言机进行验证。区块链的技术中性决定了其没有价值判断能力，而社会主体在使用区块链时则不可不进行价值判断。

各国法律政策的差异限制了智能合约的适用空间，并引发潜在冲突。智能合约链上治理的盲点决定了通过中心化机构进行链下治理的必要性。区块链的全球性特征与各国法律政策的差异导致鉴定链下治理依据何处的法律政策存在不确定性，法律适用的属人管辖和属地管辖也可能会存在冲突。智能合约对标准统一的需求客观上要求更加多维和深入的全球化，这与现阶段全球化困境具有潜在矛盾。

此外，现阶段智能合约质量参差不齐，其中可能蕴含着未知缺陷，甚至包含恶意逻辑。智能合约的编写和审查提高了合约缔结成本，在缺乏统一标准的情况下，每次合作相关方都需要耗费精力去编写和审查智能合约代码，这抑制了智能合约在实践中的运用。而智能合约缺乏修正和退出机制则提高了审查代码的必要性，这也进一步推高了成本。

其三，基于区块链的原生数字资产价格波动过于剧烈，并且难以与实体产生紧密关系。货币的三大基本职能为价值尺度、流通手段、贮藏手段，尽管习惯上把基于区块链发行的 Token 称为“加密货币”，但缺乏价值内涵、价格波动剧烈等原因导致其难以发挥货币基本职能，实质上更类似于金融资产。在基于主权信用的法币时代，贮藏手段职能已消失殆尽，价值尺度和流通手段成为货币最基本的职能。

除价格波动过大外，主流加密货币如比特币、以太币等数据吞吐量都较低，比特币 TPS（每秒处理交易笔数）约为 7，以太坊 TPS 约为 25，这难以满足流通手段职能。此外大量经济学者通过不同方式论证其作为流通手段的不足之处（Urquhart A，2016）。履行流通手段职能的另一个要素是低廉的交易费用，不同于主要依据金额大小收取交易费用的传统金融机构，比特币交易费用取决于交易数据字节在区块中所占的空间，因此比特币交易费用相对金额边际增速递减，使用比特币进行大额支付相比传统方式支付成本更加低廉，基于比特币的小额支付相对于传统支付方式成本相对高昂（Houy N.，2014）。这一特点也被比特币的反对者抨击为“交易费不亲民”，这种交易费用特征会导致在金融网络中长尾流动性的缺失，进而不利于发挥流通手段职能。

从价值尺度层面考察，当前仅存在部分主流加密货币（如比特币）为其他加密货币进行定价，绝大多数加密货币都可以用法币（如美元）进行标价。2018年5月后，加密货币进入价格下行通道，法币对加密货币的定价权增强，锚定法币的稳定币（如USDT、TUSD等）流动性比重也逐步增大。此外行使价值尺度的另一必要条件是币值保持相对稳定，为克服加密货币价格波动过大以及推进跨境支付发展，Facebook在2019年6月发布了定位于全球数字货币的Diem白皮书，意在锚定一篮子银行存款和短期国债实现价格稳定。同时，在2019年下半年，包括中国在内的多国法定数字货币研发提速，这在前面的章节已有详细论述，此处不再赘述。除锚定法定货币的稳定币外，加密货币价格波动幅度都较传统金融资产更大，致使无法行使价值尺度职能。

以比特币为代表的加密货币风险性近年被广泛讨论，其全天候、无涨跌停的交易机制和无统一监管的现状使其具备了良好的投机性。比特币的初始价格近乎为零，大多数比特币投资者也是认可其成长性才进行风险投资。比特币的区块链不具有可拓展性，无法产生现金流，仅可作为交易媒介进行流通，不具备内在价值，因此无法利用传统模型进行估价，这也是部分学者将其认定为投机品和资产泡沫的原因（Bouri E et al.，2017）。此外，比特币无法为消费信贷或者其他贷款合同计价，难以纳入具有存款保险特征的银行体系。当然，这一现象也正在发生变化，越来越多的上市公司开始持有比特币、以太坊等数字资产。在公司财报中，特斯拉将比特币资产认定为一种“无限期无形资产”（indefinite-lived intangible assets），以成本法计入在“无形资产—商誉（intangible assets- Goodwill）”项下。

截至2021年3月2日，根据Bitcointreasuries数据，已经有42家公司持有135万枚比特币，占2100万比特币供应上限的6.43%，价值约为650亿美元。其中比特币的最大持有者是灰度信托（Grayscale），拥有649 130个比特币，占2100万个供应上限的3.09%。截至2021年3月，美国尚没有比特币ETF（交易型开放式指数基金，Exchange Traded Fund），因此灰度比特币信托是美国投资者在股市上购买比特币的少数渠道之一。投资者通过灰度信托参与比特币投资可有以下若干优势：一是能让比特币的投资符合免税账户的条件，如养老金账户。二是能让投资更容易进行加密交易，而不必亲自涉足加密货币；对于那些不熟悉加密交易的投资者而言，在加密货币市场上进行操作仍然是一件很麻烦和复杂的事。三是灰度信托受美国证券交易委员会SEC的监管，相比加密货币交易所更为有序。此外，灰度信托向投资者收取约2%的管理费，在大多数时期灰度信托的比特币基金在市场上非常受欢迎，以至于其股票通常都是以溢价进行交易——每份股票（GBTC）的价格都超过了实际用来购买比特币的价格。但在2021年3月的比特币回调行情中，GBTC罕见地出现了负溢价。

此外，2021年2月特斯拉15亿美元购入比特币，比特币大约占特斯拉资产负债表的8%。美股上市公司MicroStrategy甚至多次发行超过10亿美元的债券去购买比特币。美国支付巨头Square也在2020—2021年多次加仓比特币。2020年3月港股上市公司美图斥资4000万美元买入比特币和以太坊。可以预见的是，上市公司购买比特币、以太坊等加密货币将蔚然成风。

综合而言，稳定币之外的加密货币的货币属性较弱，资产属性较强；而各国的法定数字货币基本都处在研发或测试阶段，距离大规模推广测试仍有一段距离。2018年11月中国人民银行发布的《中国金融稳定报告》中将以比特币、以太币为代表的加密资产单独列出。该报告指出，加密资产是一种民间金融资产，其价值主要基于密码学和分布式记账技术，加密资产不由货币当局发行，不具有法偿性与强制性等货币属性，不具有与货币等同的法律地位。更为重要的是，现阶段区块链上的原生数字资产与实体经济并无直接关系，而链政经济系统则要求区块链发挥赋能实体的功能。

其四，无法支撑起安全的商业应用。《金融市场基础设施建设原则》（PFMI）是各国金融市场基础设施建设的纲领性指导文件。2008 年国际金融危机爆发后，国际社会对引起危机的根源进行了深刻反思，得到的共识之一就是要建立安全、高效、透明、规范的金融市场基础设施。PFMI 由国际清算银行支付结算体系委员会（CPSS）和国际证监会组织（IOSCO）于 2012 年 4 月共同发布，是加强和保证金融稳定性的关键标准之一。PFMI 中将金融市场基础设施定义为参与机构间用于清算、计算或记录支付、证券、衍生品及其他金融交易的多边系统，并定义了五类主要机构：支付系统、中央证券存管、证券结算系统、中央对手方以及交易数据库。效率和安全是 PFMI 的主要目标，其中安全目标旨在控制和减少系统性风险，增强金融基础设施透明度和金融稳定性。PFMI 同样也应成为区块链金融商用的重要标准。

加拿大央行在 2017 年率先使用 PFMI 评估区块链系统，随后欧洲央行、日本央行和 SWIFT 等机构也先后在多个金融科技项目中就区块链进行评估，初期结果并不乐观，尽管后续随着区块链技术发展评估结果渐趋积极，但距符合 PFMI 支撑起大规模、安全金融商业应用的要求仍然任重道远。具体而言，当前区块链系统还达不到可监管性、可回滚性、实时交易性等 PFMI 基本要求。

金融发展总是遵循“创新—监管—创新”的历史轨迹，背后逻辑是效率和稳定的平衡，这种平衡需要良性互动机制，这种机制的一种重要表现是金融监管制度化。当前对区块链监管仍然秉承互联网监管的平台逻辑，监管重点对象是本辖区内的互联网服务提供商和提供互联网基础服务的大型中介机构，这些机构往往被授权维护互联网秩序。但区块链和互联网存在区别，互联网之所以能被政府有效管制，在于其不是完全分布式，而是存在中心控制点，这些中心控制点的运营商通常位于特定实体空间，在特定国家管辖范围内运作，政府可通过监管运营商来施加影响。而公有链则是完全分布式的，互联网监管的平台逻辑对监管以加密货币交易所为代表的区块链平台和联盟链效果较好，对监管分布式运作的公有链则力有不逮，整体而言可监管性并没有实现。

可回滚性是健全完善的金融市场基础设施的必要条件之一，意味着商业体系的容错机制，可有效防控操作风险和恶意交易。当用户密码丢失时，可通过手机、身份证等信息找回，但基于区块链的数字货币私钥丢失则无法找回。可回滚性从技术上并非无法做到，基于 POW 的区块链联合 51% 以上的算力就可以实现回滚，在需回滚交易之前矿工重新挖一个分叉，剔除掉那笔需要回滚的交易和后续交易，正常打包原链上的其他交易，在新分叉长度超过原来的链后就会发生区块重组；但这种模式意味着后续相关交易都必须回滚，而不只是回滚特定的单笔交易。与此同时，这种模式下的回滚需要较高的经济成本。在 2019 年 5 月加密货币交易所币安被盗 7000 余枚比特币后，比特币核心开发者 Jimmy Song 估算了通过区块重组恢复被盗比特币的经济成本，最经济的模式是 100% 矿工同意重组，其成本为 725 个比特币（市值约为 4000 万人民币）。此外，交易回滚可能会对区块链共识机制造成影响，进而引发新一轮的分叉。

此外，大多数公有链系统难以满足实时交易性。“三元悖论”是指区块链技术难以同时实现去中心化、安全性、高效率三项目标。去中心化程度可用权利相同的记账节点的数量衡量，记账节点数量越多，去中心化程度越强。安全性主要基于身份验证、访问控制、加密体系和隐私、密码算法、匿名性、抗攻击能力等六个方面考察。效率主要体现在数据处理能力上，高效的区块链系统意味着高的数据处理能力和低延迟。较为经典的区块链项目如比特币、以太坊等选择了去中心化和安全性的角点解，舍弃了高效率，比特币的 TPS 约为 7，以太坊的 TPS 约为 25，这种数据处理能力难以与中心化处理器进行匹敌，微信、支付宝和 Visa 的平均 TPS 都至少在千数量级。事实上，提高数据处理的并发能力也是数字人民币着力去做的事情。

在区块链技术没有取得突破性进展的情况下，对区块链“三元悖论”的解决方式是将选择从角点解转向非角点解。为进一步研究“三元悖论”，我们将“三元悖论”进行了空间化（见图 6–2），即建立以去中心化程度 X、数据吞吐能力 Y 以及安全性程度 Z 的三维坐标系，这三个方向分别代表了区块链项目所期望的三个目标。为了简化分析，将去中心化程度、数据吞吐能力以及安全性程度三个变量都单位化。在 X 轴上去中心化程度在［0，1］之间进行选择，0 表示完全中心化的区块链项目，如私有链等；1 表示完全去中心化的区块链项目。在 Y 轴上数据吞吐能力在［0，1］之间进行选择，越接近 1 代表数据吞吐能力越强。在 Z 轴上安全性程度在［0，1］之间进行选择，越接近 1 代表安全性越强。在点 F（1，0，1）表示舍弃数据吞吐能力，保留安全性强和去中心化的区块链项目，比特币和以太坊比较接近这种组合。相应地，点 G（1，1，0）表示舍弃安全性，保留数据吞吐能力和去中心化的区块链项目，安全性对于区块链具有极其重要的作用，没有安全性区块链项目难以发展；点 D（0，1，1）表示舍弃去中心化，保留数据吞吐能力和安全性的区块链项目，比如各公司内部部署的私有链。区块链在“三元悖论”下面临的约束为 X+Y+Z ≤ 2，△ FGD 所在的平面构成了区块链目标的选择上界，也就是说一个区块链项目在进行上述三个目标的选择时，不能超出平面 FGD。

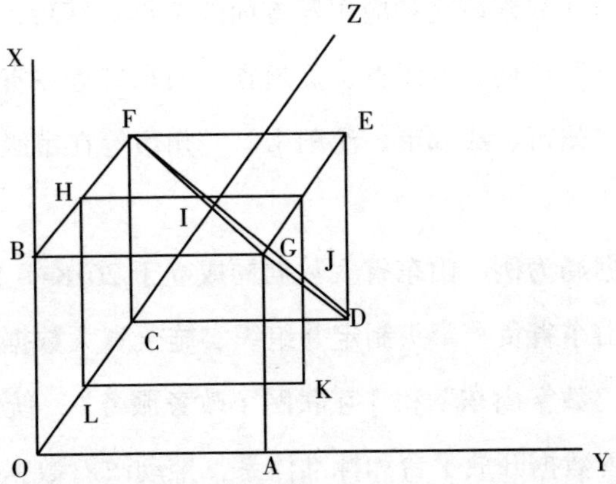

图 6–2 三维坐标下的区块链“三元悖论”

安全性是区块链发展的基础和前提，当前区块链项目的基本发展思路是在保障安全性的前提下寻求去中心化和高数据吞吐能力的平衡，在三维坐标下则意味着在尽可能使 Z 为 1 的前提下平衡 X 和 Y 的大小。比较典型的公有链如采用代理权益证明（DPOS）共识机制的 EOS，通过削减记账节点的数量（21 个超级节点）来提高系统数据吞吐能力。联盟链同样只有若干记账节点，数据吞吐能力较强，全球头部联盟链项目的数据处理能力都非常可观，根据 2018 年的实测数据，Hyperledger Fabric 的 TPS 在 300—500 之间，FISCO BCOS 单链 TPS 可达到 1000 以上，Coco 的 TPS 约为 1600，Quorum 在 Istanbul BFT 协议下的 TPS 可达到 400—800。处于防控金融风险的考虑，各国政府在积极推广许可区块链应用的同时，对大部分非许可链项目仍采取审慎态度。尽管许可区块链具有较高的数据处理能力，但由于保留了部分的中心化色彩，也在一定程度上背离了区块链去中心化的初衷，难以形成市场化程度较高的区块链经济系统。链政经济体系是满足数十亿人使用的区块链普惠系统，解决高并发问题是必要条件。

第二，数据权作为各商业主体和政府职能部门最重要的权力，在实现共享方面存在障碍。政府对数字经济时代来临的一个突出反应是成立大数据局。早在 2014 年 2 月，广东省作为改革先锋率先设立了大数据局，它以广东省经信委内设机构的形态出现在公众面前，负责研究、拟定、组织实施大数据战略、规划和政策措施，引导和推动大数据研究和应用等方面的工作。其后，多个省市加入了大数据局的“先行先试”行列，浙江省、贵州省、山东省等在省级层面先后设立了大数据管理机构，广州市、成都市、沈阳市、兰州市等在市级层面也设立了大数据管理局。

以山东省大数据局为例。山东省大数据局成立于 2018 年 10 月，为山东省人民政府直属机构。山东省负责牵头制定并组织实施全省大数据发展应用规划和政策措施，加快建设“数字山东”和“互联网 + 政务服务”；统筹规划大数据基础设施建设，建立完善数据开放平台和标准体系，推动政府数据开放共享利用，承担政务服务平台建设管理工作；指导协调大数据产业发展，健全大数据安全保障体系等。其他省市的大数据局职能与此类似。

但是仅靠成立大数据局这样的职能部门无法解决数据共享和流转问题。事实上，数据和资金构成了任何一个现代主体（既包括政府，也包括企业）最核心的两个维度，当获取了一个现代主体的全部数据时，该主体的任何行为将会无所遁形。在现实中，一个现代主体既存在显性数据，又存在隐性数据。在一定程度内显性数据比重的提高，既是社会数字化程度的提高，也是人类文明的进步。当然，如果显性数据的比重过高，则可能会导致侵犯隐私和影响数据安全。比如，一个人的全部人生经历构成了其全部的人生数据，而身高、体重、学历、各种从业资格证等构成了其显性数据，其他主体可根据特定目的进行快速调取。而一些仅就本人或少数人知道的经历则构成了其隐性数据，需要极大的成本进行调取，甚至根本无法调取。一旦实现了对隐性数据的低成本调取，在社会层面意味着运行成本的大幅度降低，但对该主体而言则意味着自由度的极大挤压。这也是当前大数据局面临的困境之所在。大数据局的行政级别一般比党政机关低两级，比如省级的大数据局一般是正厅级，地级市的大数据局一般是正处级，与各省厅和各市局都是平级，对于收集、反馈和监管各单位的数据存在较大的难度。因而当前成立大数据局难以从根本上推动数据共享和数据流转。因此链政经济系统注定是一套顶层设计体系，需要进行最顶层的设计，由党中央进行统一统筹，各省市、各部委打造不同层次、不同系统的政务链条。

6.3 新基建——链政经济的大规模安装

基础设施（infrastructure）指为社会生产和生活提供基础性、大众性服务的工程和设施，是社会赖以生存和发展的基本条件。国际上对基础设施的定义共分为三层：狭义上指的是交通运输（铁路、公路、港口、机场），能源，通信，水利四大经济设施基础。更广义的定义包括社会基础设施（科技、教育、医疗卫生、文化、体育等社会事业），油气和矿产，更广义的定义延伸至房地产。基础设施的地位决定其建设必然要适度超前经济社会发展。我国的存量基建已居于世界第一位，但人均水平和质量与发达国家相比存在明显差距。在传统基建的基础上，我国加速了新基建的建设步伐。2015 年 7 月新基建第一次出现在国务院文件中，2018 年 12 月第一次出现在中央经济会议中，2020 年 1 月国务院常务会议、2020 年 2 月中央全面深化改革委员会也对新基建持续密集部署。2020 年 3 月，中共中央政治局常务委员会召开会议提出，加快 5G 网络、数据中心等新型基础设施建设进度。

2020 年 4 月，国家发改委明确了新基建的范畴，新型基础设施是以新发展理念为引领，以技术创新为驱动，以信息网络为基础，面向高质量发展需要，提供数字转型、智能升级、融合创新等服务的基础设施体系。新型基础设施主要包括三个方面内容：一是信息基础设施。主要是指基于新一代信息技术演化生成的基础设施，比如，以 5G、物联网、工业互联网、卫星互联网为代表的通信网络基础设施，以人工智能、云计算、区块链等为代表的新技术基础设施，以数据中心、智能计算中心为代表的算力基础设施等。

二是融合基础设施。主要是指深度应用互联网、大数据、人工智能等技术，支撑传统基础设施转型升级，进而形成的融合基础设施，比如，智能交通基础设施、智慧能源基础设施等。三是创新基础设施。主要是指支撑科学研究、技术开发、产品研制的具有公益属性的基础设施，比如，重大科技基础设施、科教基础设施、产业技术创新基础设施等。

正如前文所言，链政经济最大程度发挥功效的环境是高度发达的数字化环境。在这种环境中，微观主体和宏观部门的行为在很大程度上得以用数据刻画，数据治理对宏微观的影响也能更大程度地发挥。因此新基建逐步落地的过程，也就是链政经济的大规模安装过程。不同于以公路、铁路、桥梁、水利等为代表的传统基建，新基建的核心是 5G、人工智能、大数据、区块链、数据中心、工业互联网等。

2017 年 10 月习近平总书记在党的十九大报告中强调：中国特色社会主义进

入新时代，我国社会主要矛盾已经转化为人民日益增长的美好生活需要和不平衡不充分的发展之间的矛盾。在这种历史背景下，新基建的要求是适应我国主要社会矛盾转化和经济迈向高质量发展的要求，更好地支持科技创新、绿色环保和消费升级，不仅要补短板，更要为新引擎助力。因此，新基建带有浓厚的时代色彩。事实上，从大历史维度来看，我们可以将2008年国际金融危机后我国推出的“四万亿”计划与2020年加速推动的新基建做一个对比，以便我们当下寻找一条更优的发展路径，无愧历史的传承和担当。

面对2008年来势汹汹的全球金融危机，中国政府应对迅速而且开出了重药方，斥资四万亿元人民币救市。资金的来源由中央财政及其他公共投资等新增中央投资1.18万亿元，其他投资2.82万亿元主要来自地方财政预算、地方政府债券、吸引民间投资等。中央1.18万亿元的投资计划在两年内实施完成，其中2008年四季度完成投资1040亿元，2009年完成投资4875亿元，2010年完成投资5885亿元。其中，中央出台扩大内需的十大举措具体如下：

一是加快建设保障性安居工程。加大对廉租住房建设支持力度，加快棚户区改造，实施游牧民定居工程，扩大农村危房改造试点。

二是加快农村基础设施建设。加大农村沼气、饮水安全工程和农村公路建设力度，完善农村电网，加快南水北调及其他重大水利工程建设和病险水库除险加固，加强大型灌区节水改造。加大扶贫开发力度。

三是加快铁路、公路和机场等重大基础设施建设。重点建设一批客运专线、煤运通道项目和西部干线铁路，完善高速公路网，安排中西部干线机场和支线机场建设，加快城市电网改造。

四是加快医疗卫生、文化教育事业发展。加强基层医疗卫生服务体系建设，加快中西部农村初中校舍改造，推进中西部地区特殊教育学校和乡镇综合文化站建设。

五是加强生态环境建设。加快城镇污水、垃圾处理设施建设和重点流域水污染防治，加强重点防护林和天然林资源保护工程建设，支持重点节能减排工程建设。

六是加快自主创新和结构调整。支持高技术产业化建设和产业技术进步，支持服务业发展。

七是加快地震灾区灾后重建各项工作。

八是提高城乡居民收入。提高明年粮食最低收购价格，提高农资综合直补、良种补贴、农机具补贴等标准，增加农民收入。提高低收入群体等社保对象待遇水平，增加城市和农村低保补助，继续提高企业退休人员基本养老金水平和优抚对象生活补助标准。

九是在全国所有地区、所有行业全面实施增值税转型改革，鼓励企业技术改造，减轻企业负担1200亿元。

十是加大金融对经济增长的支持力度。取消对商业银行的信贷规模限制，合理扩大信贷规模，加大对重点工程、“三农”、中小企业和技术改造、兼并重组的信贷支持，有针对性地培育和巩固消费信贷增长点。

我国推出四万亿计划后，一批重大铁路项目相继开工建设，公路、机场等基础设施项目有序推进，城市电网改造加快，保障性安居工程、农村民生工程、社会事业以及灾后重建等一大批与人民群众生产生活直接相关的惠民工程相继开工和完工。随着中央“保增长、扩内需、调结构”一揽子计划和政策措施的持续作用，中国经济走出了一个漂亮的“微笑弧线”型的反转态势，经济刺激计划对经济的拉动作用显著。在中央扩大投资政策带动下，全社会投资增长势头强劲，2009年前9个月全社会投资增长33.4%，增幅比2008年同期提高6.4个百分点。投资结构进一步优化，国家重点鼓励和支持的农业与教育、卫生、社会保障、文化等民生工程投资均同比大幅增长42%—72%。三季度国内生产总值增长8.9%，增幅比上半年和一季度分别提高1个和2.8个百分点。

此外，四万亿计划的推出也对我国金融市场产生了不可逆的影响，中国诞生了庞大的影子银行系统和地方政府融资平台。在我国利率市场化改革未完成之前，商业银行存贷款利率有着严格的限制，正规市场利率长期处于较低的水平。

一方面，过低的资金成本刺激了企业贷款需求，使得资金供不应求；另一方面，过低的存款利率使得人们不断寻求更高回报的投资机会。在这种情况下，正规金融市场无法满足资金供需双方的需求，影子银行应运而生。不同于以资产证券化为主的国外影子银行体系，我国影子银行依附于传统商业银行，是商业银行表外业务的衍生。影子银行能够绕开监管，为资金短缺企业提供贷款的同时也为投资者提供了新的投资渠道，部分承担了传统商业银行的信用中介职能。然而随着利率管制逐步放开，影子银行的生存空间正在被压缩，其行为特征也发生了改变。由于其中介优势不再，部分影子银行由于收益降低而开始剥离存贷理财业务，转向资本证券化，与商业银行的关联关系亦发生了相应的变化。

选取 2003—2018 年的中国统计年鉴、Choice 数据库的数据对我国影子银行的绝对规模进行测算，其公式为：

影子银行绝对规模 = 社会融资规模 - 人民币贷款社会融资规模 - 企业债券社会融资规模 - 非金融企业境内股票社会融资规模

我国 2003—2018 年影子银行规模如表 6-1 所示：

表 6-1　2003—2018 年影子银行规模(单位：亿元)

年份	社会融资规模	人民币贷款社会融资规模	外币贷款(折合人民币)社会融资规模	企业债券社会融资规模	非金融企业境内股票社会融资规模	影子银行绝对规模
2003	34113	27652	2285	499	559	3118
2004	28629	22673	1381	467	673	3435
2005	30008	23544	1415	2010	339	2700
2006	42696	31523	1459	2310	1536	5868
2007	59663	36323	3864	2284	4333	12859
2008	69802	49041	1947	5523	3324	9967
2009	139104	95942	9265	12367	3350	18180
2010	140191	79451	4855	11063	5786	39036
2011	128286	74715	5712	13658	4377	29824
2012	157631	82038	9163	22551	2508	41371

（续表）

年份	社会融资规模	人民币贷款社会融资规模	外币贷款（折合人民币）社会融资规模	企业债券社会融资规模	非金融企业境内股票社会融资规模	影子银行绝对规模
2013	173169	88916	5848	18111	2219	58075
2014	158761	97452	1235	24329	4350	31395
2015	154063	112693	–6427	29388	7590	10819
2016	178159	124372	–5640	30025	12416	16986
2017	194445	138432	18	4421	8759	42815
2018	192584	156712	–4201	24756	3606	11711

如表 6–1 所示，2003—2012 年影子银行规模大体呈上升趋势，在早期发展阶段中，影子银行对我国经济发展作出了很大的贡献，特别是在 2009—2010 年政府实施经济刺激政策期间，影子银行在向实体经济中信贷不足和潜在风险较高的行业提供资金方面发挥了重要作用，其规模也在不断扩张。但由于 2013 年银行业出现“钱荒”和 2014 年部分信托产品发生到期兑付危机等金融风险事件的发生，使得 2013—2015 年影子银行规模急剧下降。在 2016—2017 年，由于较为宽松的货币政策的实施，实体投资成本增加，导致资金“脱实向虚”，影子银行规模持续攀升。与此同时，影子银行内资金链条拉长、杠杆率的提升加剧了经济波动，使得资源错配现象严重，从而产生房地产泡沫，使得金融市场风险积聚。自 2016 年 7 月以来，金融去杠杆和一系列监管政策的实施，使得 2017—2018 年影子银行规模呈大幅下降趋势。这反映了传统基建模式对经济发展和金融演进的负面影响。而链政经济则和新基建是相辅相成的，新基建的建设过程即是链政经济的大规模安装过程，而链政经济的不断完善也为新基建的落实提供了通畅的信息和价值传递渠道。具体而言，2008 年“四万亿计划”推动的传统基建和当下倡导的新基建对比，具有以下不同：

从具体内容而言，2008 年“四万亿计划”是主要涉及铁路、公路、桥梁等领域的“铁公基”。但新基建具有时代特征，涉及 5G、人工智能、区块链、物联网、大数据等科技创新领域，不仅是基础设施建设，更是一个新兴产业。同时，也是数字经济时代未来 20—50 年中国经济社会繁荣发展的基石。

从投资主体而言，传统基础设施建设投资主要由政府主导，投资主体相对单一。而新基建则是市场和政府共同推动，市场化程度有了较大提高。

从经济结构变化而言，2020 年的经济结构与 2008 年相比已然大相径庭，现阶段的经济新常态下，消费是经济增长的第一推动力。根据国家统计局数据，2019 年最终消费支出对 GDP 增长的贡献率为 57.8%，而 2008 年消费对经济的贡献率仅为 30%。

从信贷投放角度来看，2008 年的“四万亿计划”是以大规模信贷放水为基础的，各金融机构的杠杆率出现了大幅度上升。2020 年不是 2008 年的简单再现，诸多方面都已出现较大不同。出于降杠杆的要求和培养经济新动能的长远考量，涉及新基建的信贷投放是相当审慎和克制的，在融资主体层面也尽可能地把市场化主体纳入其中。

新基建通过对 5G、人工智能、区块链、大数据、云计算、物联网等数字技术的大规模安装，将人类带到一个前所未有的数字时代，从全球范围来看，将形成数字范式的人类命运共同体，在这其中区块链将扮演纽带般的重要角色，而链政经济也将成为基于人类命运共同体的经济形态。

新基建的建设具有以下特点：第一，门槛较高。投资规模较大，只有较大的投资者（如政策性银行、主权投资基金等）才能获得基础设施投资机会；第二，流动性较低。尽管存在私人基础设施基金，但投资者的退出选择权有限，无法构建具有可选择性的投资组合；第三，缺乏选择性。流动性不足阻碍了最佳投资组合的建仓，限制了资产多元化；第四，费用高昂。缺乏直接投资机会和相关中介的断层导致投资者的成本和费用增加。而正如笔者在 2020 年 11 月第三届中国进博会上的主旨发言《基于人类命运共同体的基础设施通证化》所言：区块链作为一种创新型融合技术，将为全球范围内的新型基础设施融资提供一种新的范式，提供了全球多方协作的技术架构，保证了底层基础设施项目的真实可控，为全球新基建的一、二级市场提供了高流动性。全球基础设施融资的区块链底层系统如

图 6-3 和图 6-4 所示。

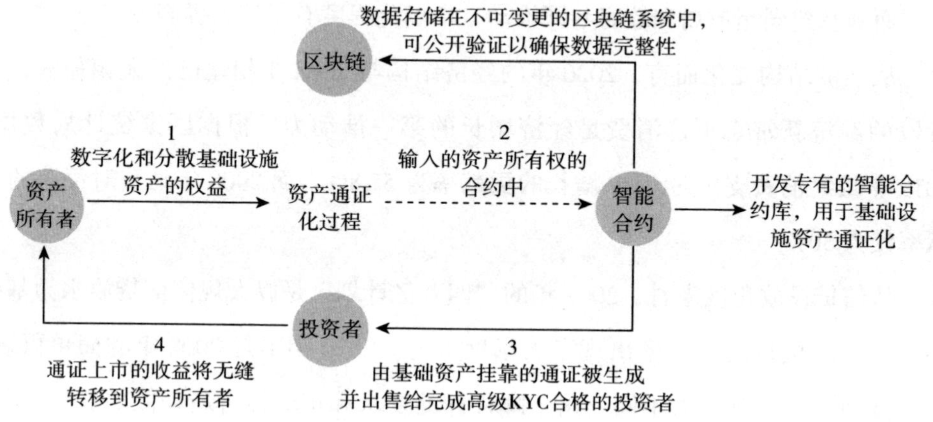

图 6-3 基于区块链的全球基础设施融资平台

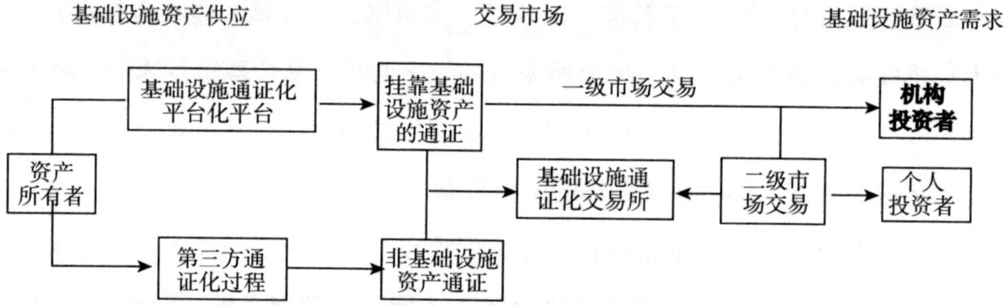

图 6-4 全球基础设施融资与通证化系统

区块链在全球基础设施融资平台中起到数据存储的功能，用户可以对其进行公开验证以保存数据完整性。资产所有者通过平台数字化分散基础设施资产的权益，这就完成了“资产通证化”的第一步。其后，开源的平台会不断开发迭代专有的智能合约库，用于完成基础设施资产通证化的特定模块功能。之后，由基础资产挂靠的通证被生成并出售给完成高级 KYC（Know-Your-Customer，充分了解你的客户）合格的投资者。最后，通证上市的收益将无缝在区块链上转移给资产所有者，进而完成业务闭环。

在商业逻辑层面，全球基础设施融资可分为基础设施资产供应、基础设施交易市场和基础设施资产需求三个主要环节。在基础设施资产供应环节，资产所有者在基础设施通证化平台通过第三方完成通证化的过程。在基础设施资产需求端，机构投资者和满足一定条件的个人投资者进行认证后可在一级市场进行参与，完成认证的机构投资者和个人投资者都可以参与其二级市场。贯穿供应和需求两个环节的是交易市场，其中包括挂靠基础设施资产市场和非基础设施资产市场。

从历史的演进轨迹来看，相比2008年国际金融危机后出台的“四万亿计划”，加速推动新基建具有更为显著的主动性、长期性和战略性。我国在抗击新冠肺炎疫情方面取得令人瞩目的成绩，2020年我国经济正增长2.3%，成为世界上主要经济体中唯一实现正增长的国家，经济总量突破101万亿元。此外，我国的存贷款基准利率也显著高于欧美主要经济体，具有丰富的货币政策和财政政策空间，推动新基建是我国在百年未有之大变局下的主动选择。

2021年十三届全国人大四次会议通过的《中华人民共和国国民经济和社会发展第十四个五年规划和2035年远景目标纲要》提出：“加快数字化发展，建设数字中国。迎接数字时代，激活数据要素潜能，推进网络强国建设，加快建设数字经济、数字社会、数字政府，以数字化转型整体驱动生产方式、生活方式和治理方式变革。”“培育壮大人工智能、大数据、区块链、云计算、网络安全等新兴数字产业，提升通信设备、核心电子元器件、关键软件等产业水平。”这反映了我国推进新基建的长期性和战略性，新基建的建设与完善至少会贯穿21世纪的前50年，对于建成富强民主文明的社会主义国家、实现中华民族的伟大复兴具有重要意义。具体到区块链，《纲要》提出：“推动智能合约、共识算法、加密算法、分布式系统等区块链技术创新，以联盟链为重点发展区块链服务平台和金融科技、供应链管理、政务服务等领域应用方案，完善监管机制。”《纲要》再次强调政务服务，为链政经济的实践落地提供了顶层支持。

尽管链政经济的落地仍然存在一定障碍，但已经在局部出现了大量探索和实践，同时落地路径的不确定性也较大程度地降低，中央着力推进的新基建为链政经济提供了大规模安装的主要途径。一个微观上更加市场化、宏观上调控能力更强的链政经济正在逐步落地，一个更加富强、民主、文明、和谐的社会主义现代化中国也正在向世界走来。

附录　参考文献

［1］吴桐，李家骐 . 区块链和金融的融合发展研究［J］. 金融监管研究，2018（12）：98–108.

［2］吴桐 . 链改：重塑社会结构和经济格局［M］. 北京：中国发展出版社，2018.

［3］吴桐 . 基于区块链的开放式金融的优势、制约与推进对策［J］. 经济纵横，2020（2）：91–98.

［4］吴桐，李铭 . 区块链金融监管与治理新维度［J］. 财经科学，2019（11）：1–11.

［5］吴桐 . 广义通证经济的内涵、逻辑及框架［J］. 广义虚拟经济研究，2018（4）：5–16.

［6］吴桐，郭建鸾 .Facebook 加密货币 Diem 的经济学分析：背景、内涵、影响与挑战［J］. 贵州社会科学，2019（9）：144–152.

［7］吴桐，李家骐，陈梦愉 . 法定数字货币的理论基础与运行机制［J］. 贵州社会科学，2020（3）：139–146.

［8］张礼卿，吴桐 . 区块链在金融领域的应用：理论依据、现实困境与破解策略［J］. 改革，2019（12）：65–75.

［9］吴桐 . 区块链共识机制的经济学分析［J］. 广义虚拟经济研究 . 2020（2）：49–58.

［10］吴桐，徐云松，李家骐，丁庆洋．数字货币具有稳定的避险性吗？——基于宏观经济金融不确定的视角［J］．金融发展研究，2020（7）：1-12.

［9］李建军，朱烨辰．数字货币理论与实践研究进展［J］．经济学动态，2017（10）：115-127.

［10］Satoshi Nakamoto，Bitcoin：A Peer-to-Peer Electronic Cash System，2008.

［11］Back，A.（2002），“Hash cash—A denial of service counter-measure”，USENIX Technical Conference.

［12］［美］诺伯特·维纳．控制论（或关于在动物和机器中控制和通信的科学）［M］．北京：北京大学出版社，2007.12.1．

［13］［美］詹姆斯·格雷克．信息简史［M］．北京：人民邮电出版社，2013.10.

［14］何大安．互联网应用扩张与微观经济学基础——基于未来“数据与数据对话”的理论解说［J］．经济研究，2018（8）：177-192.

［15］Bengt Holmstrom，Understanding the role of debt in the financial system，BIS Working Papers，14 January 2015.

［16］马宝成，安森东．中国行政体制改革40年：主要成就和未来展望［J］．行政管理改革，2018（10）．

［17］周小川．数学规划与经济分析［M］．北京：中国金融出版社，2019.1.

［18］［美］杰里米·里夫金．零边际成本社会：一个互联网、合作共赢的新经济时代［M］．北京：中信出版社，2017.10.

［19］李仪，徐金海．数字经济的内涵、特征与未来［J］．金融时报，2019年1月10日。

［20］姚前，孙浩．数字稳定代币的试验与启示［J］．中国金融，2018（19）．

［21］Minsky H.. Debt- defation Processes in Today’s Institutional Environment［J］．PSL

Quarterly Review，1982，35（143）：375-393.

［22］Minsky H..The Financial Instability Hypothesis［R］.The Jerome Levy Economics

Institute Working Paper，1992，No. 74.

［23］Basel Committee on Banking Supervision（BCBS）.The transmission channels between the financial and real sectors: a critical survey of the literature.BCBS working aper No.18，2011.

［24］Bernanke B.S.，M. Gertler，1995，" Inside the Black Box: The Credit Channel of

Monetary Policy Transmission"，Journal of Economic Perspectives，9，pp. 27–48.

［25］N Kiyotaki，J Moore. Credit Cycles. Journal of Political Economy 1997，7(1): 65–79.

［26］N Kiyotaki，J Moore.Liquidity，Business Cycles，and Monetary Policy. Social Science Electronic Publishing，2012，16 :page. 5–28.

［27］瞿强，王磊．由金融危机反思货币信用理论［J］．金融研究，2012（12）: 1–10.

［28］蔡昉．经济全球化潮流不可阻挡．人民日报，2018–9–12（07）.

［29］林左鸣．广义虚拟经济——二元价值容介态的经济［M］．北京：人民出版社，2010.3.

［30］于涛．当代亚文化的生成、特征及其发展趋向［J］.学术交流，2017(10): 89–94.

［31］Wiedman C. Discussion of "voluntary disclosure and equity offerings: Reducing information asymmetry or hyping the stock？"［J］. Contemporary Accounting Research，2000，17（4）: 623–662.

［32］Healy P M，Palepu K G. Information asymmetry，corporate disclosure，and the capital markets: A review of the empirical disclosure literature［J］. Social Science Electronic Publishing，2001，31（1－3）: 405–440.

[33] 汪祥耀，邵毅平 . 美国会计准则研究：从经济大萧条到全球金融危机 [M] . 上海：立信会计出版社，2010，6.

[34] Christiano L，Motto R，Rostagno M. Financial factors in business cycles [R]. Working Paper，2008.

[35] Zheng Z，Xie S，Dai H，et al. An overview of blockchain technology: Architecture，consensus，and future trends [C]. 2017 IEEE International Congress on Big Data (BigData Congress) IEEE，2017.

[36] 胡跃飞 . 供应链金融——极富潜力的全新领域 [J] . 中国金融，2007，(22)：38-39.

[37] Lamoureux M. A supply chain finance prime [EB/OL]. http: //www. Esourcingwiki. corn /index. php/A_Supply_Chain — Financejrimer，2008.

[38] Chen Z D，Yu Z，Duan Z B，et al. Inter-blockchain communication [C]. 2017 2nd International Conference on Computer Science and Technology (CST 2017)，2017.

[39] 刘荣茂，刘恒昕 . 沪港通对沪市股票市场有效性的影响 [J] . 经济与管理研究，2015 (8)：54-62.

[40] 严佳佳，郭玮，黄文彬 . "沪港通" 公告效应比较研究 [J]. 经济学动态，2015 (12)：69-77.

[41] Tapscott，D.，1996. The Digital Economy: Promise and Peril in the Age of Networked Intelligence，McGraw-Hill，New York，NY.

[42] Lane，N.，1999. Advancing the digital economy into the 21st century [J]. Information Systems Frontiers，1 (3)，317-320.

[43] Margherio，L. et al.，1999. The Emerging Digital Economy，Department of Commerce，Washington，DC. http://www.esa.doc.gov/sites/default/files/emergingdig_0.pdf

[44] Kling，R. & Lamb，R. 2000. IT and organizational change in digital economies，in Understanding the Digital Economy，E. Brynjolfsson & B. Kahin (eds)，

MIT Press, Cambridge, MA, 295–324.

[45] Brynjolfsson, E. & Kahin, B. 2000b. Introduction, in Understanding the Digital Economy, E. Brynjolfsson & B. Kahin (eds), MIT Press, Cambridge, MA, 1–10.

[46] Mesenbourg, T.L., 2001. Measuring the Digital Economy, US Bureau of the Census, Suitland, MD. https://www.census.gov/content/dam/Census/Diemry/working-papers/2001/econ/umdigital.pdf.

[47] EC, 2013. Expert Group on Taxation of the Digital Economy, European Commission, Brussels. http://ec.europa.eu/taxation_customs/sites/taxation/files/resources/documents/taxation/gen_info/good_governance_matters/digital/general_issues.pdf.

[48] OECD, 2013. The Digital Economy, OECD, Paris. http://www.oecd.org/daf/competition/The-Digital-Economy-2012.pdf.

[49] DBCDE, 2013. Advancing Australia as a Digital Economy: An Update to the National Digital Economy Strategy, Department of Broadband, Communications and the Digital Economy, Canberra. http://apo.org.au/node/34523.

[50] EC, 2013. Expert Group on Taxation of the Digital Economy, European Commission, Brussels. http://ec.europa.eu/taxation_customs/sites/taxation/files/resources/documents/taxation/gen_info/good_governance_matters/digital/general_issues.pdf.

[51] British Computer Society, 2014. The Digital Economy, British Computer Society, London.https://policy.bcs.org/sites/policy.bcs.org/files/digital%20economy%20Final%20version_0.pdf.

[52] European Parliament, 2015. Challenges for Competition Policy in a Digitalised Economy, European Parliament, Brussels. http://www.europarl.europa.eu/RegData/etudes/STUD/2015/542235/IPOL_STU (2015) 542235_EN.pdf.

[53] House of Commons, 2016. The Digital Economy, House of Commons Business, Innovation and Skills Committee, London. https://www.publications.parliament.uk/pa/cm201617/cmselect/cmbis/87/87.pdf.

[54] G20 DETF, 2016. G20 Digital Economy Development and Cooperation Initiative, G20 Dahlman, C., Mealy, S. & Wermelinger, M., 2016. Harnessing the Digital Economy for Developing Countries, OECD, Paris. http://www.oecd–iDiemry.org/docserver/download/4adffb24–en.pdf.

[55] Elmasry, T. et al., 2016. Digital Middle East: Transforming the Region into a Leading Digital Economy, McKinsey & Company, New York, NY. http://www.mckinsey.com/global–themes/middle–east–and–africa/digital–middle–east–transforming–the–region–into–a–leading–digital–economy.

[56] Bahl, M., 2016. The Work Ahead: The Future of Businesses and Jobs in Asia Pacific' s Digital Economy, Cognizant, Chennai. https://www.cognizant.com/whitepapers/the–work–ahead–the–future–of–business–and–jobs–in–asia–pacifics–digital–economy–codex2255.pdf.

[57] Knickrehm, M., Berthon, B. & Daugherty, P., 2016. Digital Disruption: The Growth Multiplier, Accenture, Dublin. https://www.accenture.com/_acnmedia/PDF–4/Accenture–Strategy–Digital–Disruption–Growth–Multiplier.pdf.

[58] Rouse, M. 2016. Digital Economy, Techtarget, Newton, MA. http://searchcio.techtarget.com/definition/digital–economy.

[59] Dahlman, C., Mealy, S. & Wermelinger, M., 2016. Harnessing the Digital Economy for Developing Countries, OECD, Paris. http://www.oecd–iDiemry.org/docserver/download/4adffb24–en.pdf.

[60] Deloitte, n.d. What is Digital Economy ？ , Deloitte, New York, NY. https://www2.deloitte.com/mt/en/pages/technology/articles/mt–what–is–digital–economy.html.

[61] 丁文文，王帅，李娟娟，袁勇，欧阳丽炜，王飞跃 . 去中心化自治组织：发展现状、分析框架与未来趋势［ J ］. 智能科学与技术学报，2019（ 2 ）：202—213.

[62] L. G. Baxter. Adaptive Financial Regulation and RegTech: A Concept Article

on Realistic Protection for Victims of Bank Failures [J]. Duke Law Journal, 2016 (66): 568 — 604.

[63] [加] 马歇尔 · 麦克卢汉 . 理解媒介——论人的延伸 [M]. 北京：商务印书馆，2000.

[64] Laudon, K. C. Markets and Privacy [J] . Communications of the ACM, 1996 (9): 92—104.

[65] Acquisti, A., C. Taylor, L. Wagman. The Economics of Privacy [J] . Journal of Economic Literature, 2016 (2): 442—492.

[66] Wagner, A. "Digital VS. Virtual currencies", Bitcoin Magazine, 2014, https: / /bitcoin magazine. com.

[67] The Financia1 Action Task Force, "Virtual currencies: Key definitions and potential AML/CFT risks", 2014, http: / /www.fatf — gafi.org.

[68] Kraus, P. "Digital currency: Risks, rewards and investigative techniques", 2017, Doctoral Dissertation, Utica College.

[69] Barrdear J., Kumhof M. The Macroeconomics of Central Bank Issued Digital Currencies [R] . Bank of England, 2016, Staff Working Paper No. 605.

[70] 姚前 . 法定数字货币的经济效应分析：理论与实证 [J]. 国际金融研究，2019 (1): 16–27.

[71] Broadbent B. Central Banks and Digital Currencies. http: //www. bankofengland. co.uk / publications/pages/ speeches/2016 /886. aspx, 2016.

[72] J. Griffin, A. Shams. Is Bitcoin Really Un — Tethered ? 2019, https: / / ssrn. com/ abstract = 3195066.

[73] Kumhof, M. , C. Noone. "Central bank digital currencies – design principles and balance sheet implications", Bank of England, 2018, Staff WP No. 725.

[74] Panetta, F , 2018, "21st century cash: central banking, technological innovation and digital currency", in: E. Gnan and D. Masciandaro (eds.), Do We Need

Central Bank Digital Currency？ SUERF Conference Proceedings 2018，23–32.

［75］Bernanke，Ben S.，Gertler，Mark，Gilchrist，Simon. The Financial Accelerator in a Quantitative Business Cycle Framework. NBER Working Paper No. w6455，1999.

［76］陈雨露 . 当前全球中央银行研究的若干重点问题［J］. 金融研究，2020（2）：1–14.

［77］Botta Joseph，"The Federal Reserve Bank of New York's experience of managing cross–bordermigration of US dollar banknotes"，BIS Papers，2003.

［78］Nicholas Bloom，James Liang，John Roberts，Zhichun Jenny Ying. Does Working from Home Work？ Evidence from a Chinese Experiment.［J］.The Quarterly Journal of Economics，2015（2）：165 – 218.

［79］李俊生，姚东旻 . 重构政府与市场的关系——新市场财政学的"国家观""政府观"及其理论渊源［J］. 财政研究，2018（1）：20 – 32.

［80］王沪宁 . 集分平衡：中央与地方的协同关系［J］. 复旦学报（社会科学版），1991（2）：27–36.

［81］吕冰洋 ."顾炎武方案"与央地关系构建：寓活力于秩序［J］. 财贸经济，2019（10）：50–65.

［82］方兴东，潘可武，李志敏，张静 . 中国互联网 20 年：三次浪潮和三大创新［J］. 新闻记者，2014（4）：3–14.

［83］朱鸿鸣 . 双循环新发展格局的内在结构与误区廓清［J］. 东北财经大学学报，2020（6）：3–11.

［84］俞可平 . 国家治理体系的内涵本质［J］. 理论导报，2014（4）：15–16.

［85］Maskin E，Tirole J. 1999 ，"Unforeseen Contingencies and Incomplete Contracts"，Review of Economic Studies 66：83–114.

［86］Lawrence Lessig. Code，and other Laws of Cyberspace:Basic Books，1999.

［87］Urquhart A. The inefficiency of Bitcoin［J］. Economics Letters，2016（148）：

80–82.

[88] Bouri E, Jalkh N, Moln á r, Peter, et al. Bitcoin for energy commodities before and after the December 2013 crash: diversifier, hedge or safe haven [J] . Applied Economics, 2017: 1–11.

[89] Wu Tong, Chen Jiayou. A study of the economic impact of Central Bank Digital Currency under global competition [J] . China Economic Journal, 2021 (1) .

图书在版编目（CIP）数据

链政经济：区块链如何服务新时代治国理政 / 吴桐，王龙 著 . — 北京：东方出版社，2021.9
ISBN 978-7-5207-2254-4

Ⅰ.①链… Ⅱ.①吴… ②王… Ⅲ.①区块链技术—应用—电子政务—中国 Ⅳ.① F713.361.3 ② D63-39

中国版本图书馆 CIP 数据核字（2021）第 126242 号

链政经济：区块链如何服务新时代治国理政
（LIANZHENGJINGJI:QUKUAILIAN RUHE FUWU XIN SHIDAI ZHIGUOLIZHENG）

作　　者：吴 桐 王 龙
责任编辑：刘 峥
出　　版：东方出版社
发　　行：人民东方出版传媒有限公司
地　　址：北京市西城区北三环中路 6 号
邮　　编：100120
印　　刷：北京文昌阁彩色印刷有限责任公司
版　　次：2021 年 9 月第 1 版
印　　次：2021 年 9 月第 1 次印刷
开　　本：710 毫米 × 1000 毫米　1/16
印　　张：23.5
字　　数：339 千字
书　　号：ISBN 978-7-5207-2254-4
定　　价：59.80 元
发行电话：（010）85924662　85924644　85924641